아동·청소년 외상 및 외상적 애도 치유하기

아동·청소년 외상 및 외상적 애도 치유하기

Judith A. Cohen·Anthony P. Mannarino·Esther Deblinger 지음
이혜지·강영신 옮김

사회평론아카데미

아동·청소년의 외상 및 외상적 애도 치유하기

Treating Trauma and Traumatic Grief in Children and Adolescents 2nd ed.

2023년 1월 18일 초판 1쇄 인쇄
2023년 2월 1일 초판 1쇄 발행

지은이 Judith A. Cohen · Anthony P. Mannarino · Esther Deblinger
옮긴이 이혜지 · 강영신
편집 임현규
디자인 김진운
본문 조판 토비트
마케팅 정하연 · 김현주

펴낸이 고하영 · 권현준
펴낸곳 (주)사회평론아카데미
등록번호 2013-000247(2013년 8월 23일)
전화 02-326-1545
팩스 02-326-1626
주소 03993 서울특별시 마포구 월드컵북로6길 56
이메일 academy@sapyoung.com
홈페이지 www.sapyoung.com

ISBN 979-11-6707-091-3 (93180)

저자 소개

주디스 코언(Judith A. Cohen, MD)은 이사회 인증을 받은 아동·청소년정신과 의사이자, 펜실베이니아 피츠버그에 소재한 앨러게니 종합병원(Allegheny General Hospital)의 소아청소년 외상 스트레스 센터 의료부장이며, 드렉셀 의과대학(Drexel University College of Medicine)의 정신과 교수이기도 하다. 1983년부터 외상을 입은 아동의 평가 및 치료에 대한 연구를 수행해온 코언 박사는 앤서니 매나리노(Anthony P. Mannarino)와 에스터 데블링거(Esther Deblinger)와 함께 아동 및 그들의 비가해 부모를 위한 '외상중심 인지행동치료(Trauma-Focused Cognitive-Behavioral Therapy, 이하 TF-CBT)'를 개발, 테스트해왔다. 그녀는 아동 학대 미국 전문 협회(American Professional Society on the Abuse of Children, APSAC)와 외상 스트레스 연구 국제 협회(International Society for Traumatic Stress Studies, ISTSS) 이사회에서 일했고, ISTSS에서는 '임상 우수성 부문 세라 헤일리 추모상(Sarah Haley Memorial Award for Clinical Excellenc)'을, APSAC에서 '우수 전문가상(Outstanding Professional Award)'을, 미국 소아청소년 정신의학 아카데미(American Academy of Child and Adolescent Psychiatry, AACAP)에서 '리거 과학 공로상(Rieger Award for Scientific Achievement)'을 수상했다. 또한 ISTSS에서 출간한 「외상 후 스트레스 장애 치료 안내서」의 공동 저자이자 AACAP에서 출간한 「아동 및 청소년의 PTSD 치료 수행」의 주요 저자이다. 코언 박사는 세서미 워크숍(Sesame Workshop)과 생존자를 위한 비극 지원 프로그램(Tragedy Assistance Program for Survivors)에서 아동기의 외상적 애도 치료를 위한 상담을 하고 있다.

앤서니 매나리노(Anthony Mannarino, Phd)는 소아청소년 외상 스트레스 센터의 소장이자 앨러게니 종합병원 정신과의 부원장이며, 드렉셀 의과대학의 정신과 교수이기도 하다. 1980년대부터 아동의 외상 스트레스 증상의 임상 과정과 외상 아동 및 가족을 위한 효과적인 치료 접근법 개발에 관한 광범위한 연구를 수행해온 그는 APSAC 의 '올해의 아동 학대 논문상(Child Maltreatment Article of the Year Award)'과 그레이 터 피츠버그 심리학 협회(the Greater Pittsburgh Psychological Association)의 공로상 (Legacy Award)을 수상하는 영예를 안았다. APSAC과 미국심리학회(American Psychological Association)의 아동 및 가족 정책 실천 부문에서 아동 학대 분야(37분과)의 회 장을 역임했으며, 현재도 활발하게 임상 활동을 하고 있다.

에스터 데블링거(Esther Deblinger, Phd)는 뉴저지주 스트랫포드에 있는 로완대학 교 정골의과대학(Rowan University School of Osteopathic Medicine)의 정신의학과 교 수이며, 같은 지역에 있는 아동 학대 교육 및 서비스 연구소(Child Abuse Research Education and Service, CARES)의 공동 설립자이자 공동 감독이다. 아동 학대가 정신건강 에 미치는 영향, PTSD 및 기타 학대 관련 문제 해결에 관한 광범위한 연구를 수행해 왔다. 그녀는 수많은 과학 논문과 저서에 저자로 참여했으며, 전문가용 서적과 아동을 위한 교육서를 집필했다. 지역 및 국내외 학회에 자주 초청되는 강연자이기도 한 그 녀는 APSAC 이사회에서 활동했으며, APSAC의 '우수 연구 경력 공로상(Outstanding Research Career Achievement Award)'과 콜로라도 아동병원(Children's Hospital Colorado)의 '로젠베리 상(Rosenberry Award)' 등을 수상하는 영예를 안았다. 데블링거 박 사는 행정, 연구 및 교육 업무 외에 임상가 및 관리자로서도 활발하게 활동하고 있다.

역자 소개

이혜지(Hyeji Lee, PhD)

캐나다 토론토 소재 요크 대학교(York University)의 심리학과를 졸업한 후 청소년 기에 어머니를 상실한 여성에 관한 애도 연구로 전남대학교에서 박사학위를 취득하였다. 현재 전남대학교 심리학과에서 강사로 재직하고 있으며, 심리학 분야에서 통역 및 번역 활동을 하고 있다. 상실과 애도를 주제로 심층면접을 통한 질적 연구 위주의 논문 작성을 수행해왔으며, 다양한 어려움을 호소하는 내담자들에게 심리상담 서비스를 제공하고 있다.

강영신(Young-Shin Kang, PhD)

현재 전남대학교 심리학과 교수로 재직 중이며, 미국 보스턴 소재 노스이스턴 대학교(Northeastern University)에서 상담심리 전공으로 박사학위를 취득하였다. 수년 동안 아동 및 청소년의 상실, 트라우마, 애도 문제에 대한 상담을 실시하였고, 애도 상담 및 외상 후 성장 등을 포함한 다양한 주제에 관한 역서와 논문을 발표하였다. 대표 역서로 『애도상담: 상실과 비애에 관한 상담지침서』, 『애도상담의 실제: 강점 기반 애도 상담을 위한 평가와 개입 워크북』, 『외상 후 성장: 상담 및 심리치료에의 적용』 등이 있다.

역자 서문

외상으로 삶이 끝나지 않습니다. 애도가 시작되면 치유도 함께 시작됩니다.

다양한 대상과의 사별이나 이별은 슬픔을 안깁니다. 그 대상이 소중한 사람이었다면 남은 사람들은 틀림없이 자신만의 방식으로 어떻게든 외상과 외상에 따른 애도를 경험하게 됩니다. 소중한 누군가와 사별한 후 장례식과 같이 상실에 대한 슬픔을 일시적으로 표현할 수 있는 현장에서 우리는 표면적으로 '애도했다'고 하지만, 많은 경우 애도는 우리 몸과 마음속에서, 삶에서 오래 이어질 수 있습니다. 우리는 살면서 만나온 각 사람과 각 관계에 무수히 많은 특별한 의미를 부여하고 있고, 사람이나 관계의 상실은 그 특별한 의미 하나하나를 이제 대상 없이 홀로 처리해야 하는 지난한 과정을 예고하는 시작이 될 수 있습니다.

많은 사람들은 외상에 대해 이미 잘 알고 있습니다. 직접 외상을 경험했고 몸과 마음에 그 상처와 잔여물들이 남아 있기 때문입니다. 자녀들이 외상이라 할 수 있는, 제 나이에 감당하기 어려운 경험을 하고 난 후 잘 적응하지 못할 때 많은 부모와 보호자들은 여러 이유에서 막연함과 막막함을 경험합니다. 그저 왜 아이가 빨리 회복하지 못하는지 이해하기 어려워하기도 하고, 아이가 힘들어할 때 도움이 되고 싶지만 구체적으로 어떻게 도울 수 있을지를 몰라 전전긍긍하기도 하고, 자신은 할 수 있는 게 없으니 무조건 전문가의 도움만을 찾아 '문제'가 해결되기만을 바라기도 합니다.

사람들은 대부분 살면서 반드시 한 번 이상의 상실과 외상을 경험합니다. 이러한 익숙함에 비해 상실과 외상 그 이후, '애도'와 '애도 치유(애도를 통한 치유)'라는 것에는 그리 익숙하지 않은 것 같습니다. 저조차도 사랑하는 가족원과 사별했을 당시, 삶이 힘들고 세상이 가혹하다고 생각했을 뿐 '애도'라는 단어는 떠올리기 어려웠던 것을 기억합니다. 상실과 외상, 그리고 애도를 주제로 연구를 하고, 관련 경험을 한 사람들을 인터뷰해 분석하고, 상담실에서 내담자들을 만나면서 모든 상실에는 애도가 뒤따른다는 것을 알게 되었습니다. 그 애도가 건강할 수도, 한 사람의 삶을 매우 곤혹스럽게 할 수도 있다는 것도 말입니다. 그러나 '애도 치유'는 한 개인을 외상 이전보다 더욱 성숙하고 건강한 단계로 이끌 수 있다는 것을 배우게 되었습니다.

이제 겨우 '애도'라는 단어가 매우 익숙하고 편안한 의미로 다가올 때쯤 이 교재를 한국어로 옮기게 되는 귀한 기회를 얻었습니다. 긴 내용과 새롭게 접하는 기법들, 그리고 영문 특유의 표현과 문화적인 요소들을 번역하는 과정이 녹록지는 않았으나, 한국 아동·청소년 및 부모들에게 실제 적용할 수 있는 자연스러운 내용이 될 수 있도록 신중을 가했고, 그 결과로 나온 본 한국판 교재가 독자들에게 유익하게 읽힌다면 그것이 번역 작업의 큰 보상이 될 것이라 생각합니다.

아동·청소년들은 외상 이후 애도를 건설적으로 할 수 있다는 생각에 미치기 어렵기 때문에 심리치료사를 비롯한 주변 어른들이 세심한 지지와 전문적인 기법으로 도울 수 있어야 합니다. 『아동·청소년 외상 및 외상적 애도 치유하기』에서는 아동·청소년과 부모가 각각 어떻게 건설적으로 애도 작업에 참여하는 것을 도울지에 대해 자세하고 구체적으로 기술되어 있습니다. 또한 아동·청소년과 부모가 공동 회기에서 애도 작업을 통해 보다 건강한 일상을 유지해나갈 힘을 기를 수 있도록 치료사로서 수행할 수 있는 방식과 순서, 기법의 구성요소들을 익힐 수 있을 것입니다. 이로써 아동·청소년과 부모는 자신의 외상을 무조건 외면하지 않고 외상의 과정과 결과를 안전하게 살펴보며 자신의 경험으로 온전히 수용할 수 있습니다. 나아가 이를 타인과 공유하고, 비슷한 아픔을 경험할 만한 다른 이들에게 전해줄 수 있는 적절한 위로와 격려의 언어까지 배울 수 있을 것입니다.

책의 출판을 흔쾌히 허락해 주신 사회평론아카데미에 감사의 마음을 전합니다. 『아동·청소년 외상 및 외상적 애도 치유하기』를 번역하면서 동시에 귀한 배움을 얻을 수 있었습니다. 더불어 출판되기까지 편집 업무를 꼼꼼히 해주신 임현규 선생님을 포함한 편집부 선생님들께 감사드립니다.

역자 대표 이혜지

저자 서문

이 책은 우리가 기존에 출판한 치료 교재(Cohen, Mannarino, & Deblinger, 2006)의 개정판이자 최신판이다. 기존 교재에서는 아동기의 외상적 애도를 포함해 외상 스트레스 반응을 보이는 아동을 위한 외상중심 인지행동치료(Trauma-Focused Cognitive-Behavioral Therapy, TF-CBT)의 사용법을 설명하였다. 이 교재는 우리가 도출한 연구 결과를 반영하고, 에드나 포(Edna Foa)와 그녀의 동료들이 수행한 이전 연구에서 나온 중요한 아이디어를 통합하였다. 한편, 이 교재는 미국 전역뿐만 아니라 국제적으로 TF-CBT를 전파, 실행하기 위해 지역사회 전문가들과 함께 협력적 노력을 기울인 결과물이다. 동시에 본 저자들의 작업과는 독립적으로 이루어진 최신의 TF-CBT 연구 결과를 담은 것이기도 하다.

운이 좋게도, 국립정신건강연구소(National Institute of Mental Health)로부터 지난 20년 동안 우리가 연구를 수행하면서 여러 치료 결과를 도출한 곳이자 우리의 소속 센터인 앨러게니 종합병원 아동·청소년외상스트레스 센터(Allegheny General Hospital Center for Traumatic Stress in Children and Adolescents)와 CARES(Child Abuse Research Education and Service)에서 TF-CBT를 실행, 보급하기 위한 연구 기금을 받게 되었다.

이 연구에는 400명 이상의 아동과 그들의 부모가 참여하여 두 기관에서 공동으로 수행한 여러 과제가 포함되었다. 우리는 여러 외상에 노출된 아동들을 위한 TF-CBT의 효과성을 기록했으며(Cohen, Deblinger, Mannarino, & Steer, 2004), 이 외에도 TF-CBT가 치료를 시작할 때 훨씬 높은 수준의 우울 증상을 보이는 아동에게 특히 도움이 될 수 있다는 사실을 발견했다(Deblinger, Mannarino, Cohen, & Steer, 2006). 지역사회 전문가들이 추가로 시행한 무작위 실험에서도 TF-CBT를 활용해 매우 단축된(예: 8회기) 개입으로도 일반적인 치료보다 아동에게 더 긍정적인 결과를 얻을 수 있다고 보고하였다(Cohen, Mannarino, & Iyengar, 2011).

우리의 아동기 외상적 애도 모델을 위한 예비 연구는 매우 유망한 것으로 나타났다(Cohen, Mannarino, & Knudsen, 2004; Cohen, Mannarino, & Staron, 2006). 다른 연구팀의 후속 연구도 동일한 결과를 도출하였고, 기존 연구는 더욱 확장되었다. 예를 들어, TF-CBT는 지역 의료기관에서 치료받은, 다발성 외상을 지닌 노르웨이 청년들의 외상 후 스트레스 장애(이하 PTSD), 우울증, 일반 정신건강 문제 등의 증세를 개선하는 데 일반적인 돌봄보다 월등히 우수한 것으로 나타났고(Jensen et al., 2013), 복합 외상을 입은 이들을 포함하여 다발성 외상을 입은 독일 청년들의 PTSD, 우울증, 불안, 부적응적 기능, 행동 문제 등을 개선하는 데 대기 통제 조건보다 훨씬 우수한 것으로 나타났으며(Goldbeck, Muche, Sachser, Tutus, & Rosner, 2016), 아동 성착취를 당해 다발성 외상을 입은 콩고 소녀들의 PTSD, 우울증, 불안, 행동 문제 개선에 대기 통제 조건보다 월등히 우수한 것으로 나타났다(O'Callaghan, McMullen, Shannon, Rafferty, & Black, 2013). 앞서 살펴본 연구 결과들의 강점을 고려했을 때, 외상을 입은 아동에게 치료를 제공할 가능성이 큰 지역사회 전문가들에게 TF-CBT 모델을 전파하는 것은 그 어느 때보다 중요하다고 할 것이다.

2001년에 일어난 9·11 사건과 물질 남용 및 정신건강 서비스국(Substance Abuse and Mental Health Services Administration, SAMHSA)이 후원하는 국립 아동 외상 스트레스 네트워크(National Child Traumatic Stress Network, NCTSN)의 구축 이후 TF-CBT 수련을 요청하는 치료사의 수는 기하급수적으로 증가했다. 그러나 이러한 수련이 일방적으로만 이루어진 것은 아니다. 지역사회 기반 치료사들이 TF-CBT 모델을 배우는 동안, 우리는 이 모델이 일선 지역사회 환경에서 특히 다양한 문화적 배경 및 까다로운 임상적 증상, 복잡한 가족 상황을 겪는 아동들을 대상으로 어떻게 가장 적절히 구현될지에 대해 그들로부터 많은 것을 배웠다. 우리는 우리가 배운 많은 것을 이 교재에 담기 위해 노력했다. 지혜와 전문성을 공유해준 모든 임상 전문가들에게 감사한다.

우리는 TF-CBT의 성공적인 전파와 구축에 몇 가지 요인이 기여했다고 믿는다. 첫째, 이 모델의 강력한 경험적 연구 기반은 지속적으로 성장하고 있다. 이는 기관 관리자, 기금 제공자, 보험사, 개별 치료사, 그리고 가장 중요하게는 부모와 자녀에게 이 치료 모델이 유익할 수 있다고 설득하는 데 대단히 중요한 요소이다. 대부분 아동이 상당한 이익을 얻는다는 사실은 아동과 부모가 이 치료에 참여하도록 돕는 강력한 유인책이다. 우리는 TF-CBT 모델의 정확도 확립 및 관찰에 대해 기대하는 바를 포함하여, TF-CBT 연구를 위한 서면 표준안을 개발하였다.

둘째, 2003년에 사우스캐롤라이나 의과대학(Medical University of South Carolina, MUSC)에 속한 국가범죄피해자 연구치료센터(National Crime Victims Research and Treatment Center)는 최초의 웹 기반 외상 학습 프로그램을 개발하는 데 사용할 모델로 TF-CBT를 선정하였다. 우리는 MUSC와 협업하여 TF-CBT의 핵심 요소에 대한 텍스트 설명 및 비디오 시연, 문화적 고려사항, 다운로드 및 인쇄 가능한 자료를 포함한 원격 학습 과정인 TF-CBT Web(www.musc.edu/tfcbt)을 개발하였다. 이 프로그램은 각 개인의 속도에 맞춰 학습할 수 있고, 반복 학습이 가능하며, 프로그램을 완료하면 10건의 교육비 공제를 받을 수 있다. 2005년에 이 강좌가 소개되었을 때 우리는 다른 학습 기회가 없는 수백 명의 치료사가 이 정보에 접근하기를 기대했다. 그로부터 10년 후, 25만 명 이상의 치료사가 이 강좌에 접속하였고, 그중 50% 이상이 이 과정을 수료하였다. 현재 여러 언어로 사용이 가능한 TF-CBT Web 강좌는 TF-CBT가 전 세계로 전파되는 데 성공적으로 기여하고 있다.

셋째, 우리는 SAMHSA NCTSN의 기금으로 세 가지 프로그램을 개발·표준화하였는데, 이른바 TF-CBT 수련자 교육(Train-the-Trainer), 자문가 교육(Train-the-Consultant), 감독자 교육(Train-the-Supervisor)이 그것이다. 각 프로그램은 개별 아동과 부모 또는 보호자에게 TF-CBT 모델을 적용하는 수년간의 경험과 더불어 의료 감독, 기관 협의, 인지행동 또는 외상중심 원칙에 대한 수련을 제공하는 상당한 경험을 요구한다. 프로그램마다 정식 신청 절차가 필요하며, 이 과정에 합격한 지원자는 TF-CBT 개발자들과 함께 엄격한 수련 교육에 참여하여 TF-CBT 감독, 자문, 또는 국가 교육 및 전화 상담 방법을 배운다. 이러한 프로그램을 통해 우리는 TF-CBT의 지속적인 전파와 지속 가능성에 기여하는 국내외 TF-CBT 전문 교육자, 조직 자문위원과 기관 감독자들의 연결망을 개발하였다. 프로그램의 전파와 실행이 국내외적으로 계속 확장됨에 따라 우리는 프로그램의 모든 졸업생과 정기적으로 지속적인 연락을 유지하여 새로운 연구 결과와 훈련 기술을 그들에게 업데이트하고 치료 모델에 대한 지속적인 충실성을 보장하고 있다.

　마지막으로, 치료사와 치료사 제공 기관, 정부 관할 당국의 요구에 대한 응답으로 우리는 국가 TF-CBT 치료사 인증 프로그램을 만들었다. 인증서 교부는 전적으로 선택사항이지만, 많은 치료사가 권장되는 교육 요구사항을 충족했다는 것을 문서화하기를 원한다. 관심이 있다면 프로그램 웹사이트(https://tfcbt.org)에서 더 많은 정보를 얻을 수 있다.

　최근까지 많은 치료사가 치료 매뉴얼 사용을 거부해왔다. 왜냐하면 부분적으로 치료사들이 매뉴얼을 경직되고 창의적이지 않은 유형의 치료 접근법과 연관시켰을 수 있기 때문이다. 그러나 특히 TF-CBT가 SAMHSA에 의해 아동기 외상 치료 및 물질 남용 예방을 위한 "모델 프로그램"으로 인정받은 이후로(www.modelprograms.sam-hsa.gov), 우리는 TF-CBT 매뉴얼에 대한 요청 쇄도에 만족하고 있으며, 이는 이 교재의 초판이 발간되도록 이끌었다. 새로운 연구 결과와 더불어 교육과 자문을 통해 지역사회 치료사들로부터 받은 지속적인 조언은 이번 개정판에 큰 도움을 주었다.

　교재에는 이 책의 출간 시점까지 수행된 모든 TF-CBT 연구를 설명하는 새로운 장(chapter)이 추가되었다. 또한, 매우 복잡한 외상을 보이는 청소년들을 포함하여 세 가지 연구에서 집단 기반 TF-CBT의 효과성을 보고했기 때문에(McMullen, O'Callaghan, Shannon, Black, & Eakin, 2013; O'Callaghan, McMullen, Shannon, Rafferty, & Black, 2013; O'Donnell et al., 2014), 우리는 집단 형식으로 TF-CBT를 실행하는 방법을 설명하는 장을 포함했다. 또한 PTSD 및 외상적 애도와 특별히 관련이 있는 새로운 DSM-5(American Psychiatric Association, 2013)의 용어를 반영하기 위해 평가를 설명하는 장을 업데이트하였다. 우리는 여전히 외상의 영향하에 있고, 복잡한 외상 이력 및 임상적 증상을 보이는 청소년에게 TF-CBT를 실행하는 방법과 관련된 고려사항에 대한 논의를 크게 확장시켰다. 예를 들어, 복합 외상과 관련된 심각한 행동 및 정서 조절 장애를 지닌 아동을 수용하기 위해 TF-CBT 단계가 어떻게 조정될 수 있는지 설명한다(Cohen, Mannarino, Kliethermes, & Murray, 2012). 또한, 치료의 길이나 시간 할애의 큰 조정 없이도 전형적인 TF-CBT를 실행하는 것이 복잡한 이력 및 임상적 증상을 보이는 많은 아동에게 충분할 수 있다는 새로운 연구도 확인하였다(예: Sacher,

Keller, & Goldbeck, in press). 외상적 애도에 대한 부분은 부적응적인 애도를 설명하는 DSM-5 기준과 관련하여 새로운 복잡성과 불확실성을 고려해보도록 확장하였다.

1판에서처럼 이 교재는 세 부분으로 구성된다. 첫 번째 부분은 TF-CBT 모델을 소개하고, 두 번째와 세 번째 부분은 이 모델의 외상중심 및 애도중심 구성요소를 각각 구체적으로 설명한다. (그러나 책의 본문에서 나올 테지만, 임상 실습에서 외상적 애도를 치료할 때는 외상중심 및 애도중심 구성요소가 일반적으로 서로 얽혀 있다.) TF-CBT 구성요소를 설명하기 위해 쉽게 기억되는 약어인 PRACTICE가 교재 전체에 걸쳐 사용된다. PRACTICE 및 애도중심의 각 치료 구성요소에 대해 아동과 부모 개입과 더불어 문화, 발달, 문제 해결의 특성을 설명한다. 이 교재는 치료를 검토하고 종결하는 간략한 부분에 이어 세 개의 부록으로 마무리된다. 부록 1은 가족을 위한 유용한 유인물과 정보 자료, 부록 2는 아동·부모·치료사를 위한 자원 목록, 부록 3은 치료사를 위한 부가적인 교육 정보를 제공한다.

『아동·청소년 외상 및 외상적 애도 치유하기』 개정판이 TF-CBT 모델을 실행하는 방법을 배우려는 치료사들의 요구를 충족하기를 바란다. 어떤 치료 모델이든, 그것이 작용하는 방법에 대해 단순히 책을 읽는 것만으로는 충분하지 않다. 치료사들이 TF-CBT에 대해 제대로 배우려면 외상을 입은 아동을 치료할 때 이 모델을 직접 실행에 옮기는 것이 도움이 될 것이다. 만일 여러분이 치료 제공자라면 이 교재를 읽는 것에 더해 무료 TF-CBTWeb 과정을 수강해보고(www.musc.edu/tfcbt), 미국 전역에서 제공되는 많은 TF-CBT 교육 중 하나에 참여해보길 강력히 권장한다. 여러분의 TF-CBT 사례와 관련해 전화로 팔로업(follow-up) 컨설팅도 받을 수 있다. 다양한 출처로부터 TF-CBT에 대해 배우고 전문적인 임상적 자문을 받아 실행에 옮기는 것이 이 모델이 아동과 청소년의 외상 및 외상적 애도를 어떻게 효과적으로 치료할 수 있는지 배우는 가장 좋은 방법이다. TF-CBT 모델에 대한 여러분의 의견·질문·피드백을 환영하며, 향후 개정판에 통합시킬 수 있기를 바란다.

감사의 글

우리는 이 교재를 몇 년 동안 저술하면서 다양한 분야에 있는 많은 친구와 동료들의 지혜와 임상적 경험의 도움을 얻었다. 우리가 속한 기관인 앨러게니 종합병원과 CARES 연구소는 업무를 수행할 수 있는 매우 지지적인 환경을 제공해왔다. 또한, 우리가 이 치료 모델을 개발하기 위한 노력은 각 기관에 있는 모든 동료의 지원과 도움이 없었다면 불가능했을 것이다. 우리 병원과 치료연구에 TF-CBT를 구현한 치료사와 감독자들이 특히 귀중한 통찰과 창의적인 아이디어를 제공해주었고, 그들의 큰 기여에 진심으로 감사를 드린다.

또한, 이 치료 모델을 개발하고 테스트하는 데 지원해준 자금 지원 기관에 감사를 표하는 바이다. 이러한 자금 지원 기관으로는 국립 아동 학대 및 방임 센터(National Center on Child Abuse and Neglect, NCCAN)—현 아동 학대 및 방임 사무소(Office on Child Abuse and Neglect, OCAN), 국립 정신건강 연구소(National Institute of Mental Health, NIMH), 물질 남용 및 정신건강 서비스국(Substance Abuse and Mental Health Services Administration, SAMHSA), 피츠버그 유대인 의료 재단(Jewish Healthcare Foundation of Pittsburgh), 피츠버그 스탠턴 농장 재단(Staunton Farm Foundation of Pittsburgh), 뉴저지 의치학대학교 재단(Foundation of the University of Medicine and Dentistry of New Jersey), 로버트 우드 존슨(Robert Wood Johnson Foundation), 로완 재단(Rowan Foundation)이 있다.

또한, 미국 전역의 외상 치료 프로그램 단체이자 SAMHSA의 자금 지원을 받는 국립 아동 외상 스트레스 네트워크(National Child Traumatic Stress Network, NCTSN)와 아동 학대 및 아동 외상 분야의 다른 전문가들에게도 감사드린다. 이들은 이 교재를 개정하여 외상을 입은 아동과 작업하는 지역 치료사들의 요구에 더 잘 대응하도록 지속적이고 건설적인 제안을 해주었다. 이름만으로는 언급할 수 없을 만큼 이렇게 많은 친구와 동료들은, 우리가 30년 넘게 알고 지냈던 사람들이기도 하고, 최근에 만난 사람들이기도 하다. TF-CBT 개발과 테스트 과정 내내 그들은 꾸준하게 전문적이고 개인적인 지원과 격려를 해주었고, 우리는 많은 도움을 얻었다. 특히, 이들은 이 모델을 실현하는 데 문화의 역할에 대한 귀중한 통찰력을 제공하였다. 더불어 위에서 설명한 웹기반 교육 과정을 개발한 사우스캐롤라이나 의과대학의 국립 범죄 피해자 연구 및 치료 센터의 동료들에게 감사드린다.

이 교재에 기술된 아동의 외상적 애도 치료 구성요소의 개발, 개정, 테스트는 부분적으로 NCTSN의 아동의 외상적 애도 위원회의 지원을 통해 이루어졌다. 아동·청소년의 외상적 스트레스에 대해 앨러게니 종합병원 동료들, 즉 탐라 그린버그(Tamra Greenberg)와 수잔 패들로(Susan Padlo), 캐리 세슬로(Carrie Seslow), 그리고 캐런 스투벤보트(Karen Stubenbort)는 이러한 아동의 외상적 애도 구성요소의 초기 버전을 개념화하는 데 특히 중요한 역할을 했고, 우리는 그들의 중요한 공헌에 감사를 드린다.

우리는 가족들로부터 받은 인내와 사랑, 지지에 가장 감사함을 느낀다. 마지막으로, 삶의 매우 어려운 시기에 우리의 치료를 믿고 참여해준 많은 부모와 아동에게 감사드린다. 우리는 그들에게 배울 수 있는 기회를 얻은 것을 영광스럽게 생각한다. 그들은 우리에게 아동-부모 간 유대의 중요성과 이러한 연결의 치유력에 관한 생각을 강화해주었다.

이 교재를 우리가 함께 작업했던 모든 아동과 우리 자녀와 손주들에게 바친다.

차례

1부

외상중심 인지행동치료 개요 및 개념적 틀

1장

외상과 애도가 아동과 가족에 미치는 영향

무엇이 아동기 외상을 구성하는가?

많은 아동[*]이 자라면서 스트레스를 주는 사건을 경험한다. 부모의 이혼이나 사랑하는 할아버지, 할머니의 죽음과 같은 어려운 상황에 직면하게 되고, 이런 경험은 개인마다 정도는 다르지만 받아들이기 어렵고, 고통스러우며, 스트레스가 될 수 있다. 그러나 이러한 경험이 정의상 질적으로 다른 외상적(traumatic)인 것으로 간주되지는 않는 게 일반적이다.『정신질환의 진단 및 통계 편람』제5판(DSM-5; American Psychiatric Association, 2013)에서는 '외상적'인 것(즉, 외상 후 스트레스 장애[PTSD]와 같은 외상성 진단으로 이어질 수 있는 증상)으로 한정되는 사건의 정의가 개정되어 아동이 실제적

---

[*] 이 교재 전체에서 '아동'은 아동과 청소년을 의미한다. '부모'는 반드시 아이의 친부모만을 가르키는 것은 아니고 아이와 함께 치료에 참여하는 애정 어린 부모 또는 일차적 보호자를 의미한다.

또는 위협적인 죽음, 심각한 부상 또는 성폭력과 관련된 사건을 직접 경험 또는 목격하거나 알게 되는 사건들도 포함되었다(American Psychiatry Association, 2013, p. 271). 몇 가지 예로는(이 밖에도 많지만) 아동의 신체적·정서적·성적 학대나 방임, 가정이나 지역사회나 학교 폭력의 목격 또는 이의 직접적인 피해자가 되는 것, 심각한 자동차 사고나 기타 사고, 자연적 및 인간이 초래한 재해, 부모형제 또는 기타 중요한 애착 인물의 폭력적 또는 우발적 사망, 전쟁·테러 또는 난민 상황에 대한 노출, 다중 또는 복합 외상 등이 있다. 아동 외상 분야에서는 외상 반응으로 이어질 수 있는 경험 유형과 그러한 외상 반응의 특성을 개념화하는 데 DSM의 개념이 너무 협소하지 않은가에 대한 활발한 논의가 이루어지고 있다. 많은 연구자는 이 두 가지 개념을 이해할 때 새로운 진단을 할 수 있는 진단적 실체가 필요하다고 믿고 있다(Briere & Spinazzola, 2005).

그러한 외상적인 사건을 경험한 후에도 많은 아동은 회복탄력성을 보이고, 지속적인 외상 증상을 보이지 않는다. 발달 수준과 내재적 또는 학습된 회복탄력성, 외부의 지지 자원을 포함하는 몇 가지 요인들은 어떤 아동이 어려움을 겪게 될지에 영향을 미칠 수 있다. 외상적인 사건에 대한 아동의 반응은 나이와 발달 수준에 따라 조정될 수 있다. 예를 들어, 외상의 기간이 짧으면, 나이가 많은 아동보다 어린 아동이 외상에 대한 부모 반응에(외상에 노출된 정도와 관계없이) 더 많이 의존하는 것으로 보인다. 즉, 부모가 잘 대처하고 아동에게 지지적인 태도를 보이면, 대다수의 어린 아동은 심각하거나 오래 지속되는 외상 증상을 보이지 않는다(Laor, Wolmer, & Cohen, 2001). 그러나 인생 초기에 시작되는 지속적인 대인관계 외상은 나이가 많은 아동보다 어린 아동에게 훨씬 더 심각한 외상 증상을 일으킬 수 있는 잠재성을 지닌다. 아이를 보호해 주어야 하는 사람이 아동을 보호하지 못하거나 심지어 폭력을 저질렀을 때, 어린 아동은 그 상황을 이해하거나 스스로 조절할 수 있는 발달 능력이 없다(Lieberman & Van Horn, 2008, pp. 22-24). 그러므로 어떤 외상적 상황에서는 어린 나이가 보호요인이 될 수 있는 반면, 다른 상황에서는 어린 나이가 오히려 큰 위험을 초래할 수도 있다.

외상에 대한 아동 반응에 큰 영향을 미치는 것으로 알려진 다른 요인은, 아동이 받는 양적·질적인 외상 관련 정서적 지지이다. 실제로, 외상중심 인지행동치료(TF-CBT)를 적용한 치료 결과를 보고한 두 가지 연구에서 부모의 지원은 아동의 정신건강 결과의 중요한 예측 변인으로 나타났다(Cohen & Mannarino, 1996b, 1998b, 2000). 또한, 치료사는 부모의 지지를 교육하고 모델링할 수 있다는 사실을 기억하는 것이 중요하다. 부모는 외상이 일어난 후 다양한 방법으로 자녀에게 구체적인 지원을 줄 수 있다. 예를 들어, 부모가 계속 아이 옆에 있을 것이고 지켜줄 것이라고 안심시키기, 사랑과 지지를 보여주고 표현하기, 긍정적인 말로써 상황이 나아질 것이라고 아이가 이해할 수 있도록 돕기, 정서와 행동 조절을 모델링하기, 아이에 대한 믿음을 언어와 다른 방식으로 표현하기 등이 이에 해당된다. 유사한(또는 동시에 경험되는) 스트레스원의 영향은 각 아동의 내적 회복탄력성, 학습된 대처 기제, 그리고 외부 영향을 받는 신체적·정서적·사회적 지원 여부에 따라 크게 달라질 수 있다. 보편적으로 외상적이라고 여겨지는 스트레스원(예: 강간 피해자, 살인 목격)도 어떤 아이들은 다른 아이들보다 훨씬 덜 외상적인 것으로 경험한다. 이러한 차이는 온라인에서 만난, 강간당한 경험이 있는 두 명의 13세 소녀의 대조적인 증상으로 설명될 수 있다. 각 사례에서, 소녀는 15세 소년과 처음 대면하여 데이트하기 위해 사적인 장소에서 만난다고 믿고 있었다. 두 사건 모두에서 소녀는 소년이 아닌 훨씬 나이 많은 남성과 만났다. 그 남성은 소녀를 강제로 차에 태운 후 외딴곳으로 차를 몰았고, 소녀를 비난하는 말과 질타를 하며 난폭하게 성폭행했다. 각 소녀는 부모에게 몇 달 안에 강간 사실을 알렸고, 각 부모는 딸의 말을 믿고 지지해주었으며 도움을 구했다. 두 소녀는 모두 과거 정신과적 이력이 없었다. 첫 번째 소녀는 보통의 PTSD 증상을 보였다. 하지만 두 번째 소녀는 심각한 PTSD와 우울 증상은 물론, 자해 행동(손목 긋기 등)과 물질 남용, 학교 무단결석, 그리고 자신의 성 정체성에 대한 의심을 보였다. 첫 번째 소녀는 강간이 가해자의 범죄 행동 때문에 일어났다고 믿었다. 두 번째 소녀는 "그 사람[가해자]이 말한 것처럼 나는 멍청하고 쓸모없기" 때문에 강간이 일어났다고 믿었다. 이러한 대조적인 인식은 매우 다른 대처 반응(그리고 아마도 유전적 또는 다른 요인에 기초한 내재적 회복탄력성)과 더불어, 개입이 각 소녀의 요구에 맞게 개별적으로 조정될 방법의 필요성을 시사한다.

동일한 끔찍한 사건에 노출된 같은 가족의 형제자매들 사이에서조차 동일한 외상에 대한 아주 다양한 반응을 흔히 관찰할 수 있다. 예를 들어, 부모가 지속적 방임과 물질 남용을 하는 한 사례에서는 10세 아들과 13세 딸이 며칠 동안 집에 오지 않던 어머니가 복도에 누워 있는 것을 발견했다. 어머니는 명백한 약물 과다복용으로 사망한 것이었다. 이때 아들은 심각한 PTSD 증상을 보였지만, 딸은 어머니의 죽음에 대해 어떠한 PTSD 또는 슬픔도 표현하지 않았고, 주로 어머니에 대한 분노와 외현적인 행동 문제를 보였다. 또 다른 사례가 있다. 오랜 가정폭력의 역사를 지닌 가족이 있었다. 아버지는 아이들 앞에서 어머니를 총으로 쏘았고, 막내아들을 죽인 다음 자신에게 총을 쏴 스스로 목숨을 끊었다. 이 일이 일어났을 때 생존 자녀 모두 그곳에 함께 있었다. 하지만 세 아이 다 뚜렷하게 다른 반응을 보였다. 생존한 막내인 7세 소녀는 심각한 PTSD 증상을 보였다. 14세 아들은 명백한 PTSD나 우울 증상은 없었지만, 심각한 공격성 문제가 있어서 입원해야 했다. 12세 딸은 보통의 우울 증세만 보였고 여동생을 돌보고 위로하는 데 집중했다. 이렇게 상이한 반응이 나타난 것에는 분명 복잡한 이유가 있을 것이다. 그러나 중요한 점은 외상 경험은 단순히 외상 사건에 대한 노출뿐만 아니라 그 사건에 대한 개별 아동의 반응에도 달려 있다는 것이다.

이렇게 다양한 반응이 일어나는 부분적인 이유는, 외상 사건을 이해하고, 사건에 대한 의미를 자신과 연결해 만들고, 가족 및 다른 형태의 지지 자원에 접근하며, 사건과 관련된 심리적·생리적인 스트레스에 대처하고, 사건과 자기를 통합시켜 더 큰 자아감각을 가지는 데 아이마다 가진 고유한 방식이 있기 때문이다. 특히, 아동이 대인관계 외상(예: 아동 학대, 가정폭력, 외상적 사망)을 경험하면 과잉 공포증이나 부적응적인 인지 및 과각성과 같은 '전형적인' PTSD 반응이 나타날 뿐 아니라, 종종 자신의 주요 애착 인물과 가족 내에서의 자기 역할 상실로 어려움을 겪는다. 많은 아동은 애착 인물과 자기 역할 상실 및 변화가 가장 어렵고 고통스럽다고 보고한다. 한 10대 여자아이는 어머니가 거래하는 마약상들에 의해 만성적인 방치와 성적 착취를 당했다. 이 아이는 어린 동생들을 돌보았고, 이렇게 자기 역할을 하느라 자주 학교를 빠지거나 굶은 상태에서 학교에 가곤 했다. 담임교사가 아이의 무단결석을 보고한 후 아동보호서비스 기관(Child Protective Services, CPS)에서 조사했고, 어머니가 더 이상 그녀와 동생들을 양육하지 못하게 했다. 그렇지만 각각 다른 위탁가정에 보내져서, 그녀는 동생들과 헤어지게 되었다. 그로부터 얼마 지나지 않아, 아이의 어머니는 헤로인 과다복용으로 사망한 채 발견되었다. 치료가 시작되고 아이는 자신이 생각하는 '최악의' 외상

이 엄마의 보살핌을 못 받게 된 것과 동생들과 헤어지게 된 것이라고 말했다. 아이는 CPS가 그녀와 동생들을 집에 머물지 못하게 했기 때문에 자신이 '엄마를 감시'할 수 없게 되었다며, 어머니의 죽음을 CPS의 탓으로 돌렸다. 아이는 동생들을 계속 걱정했고, 가정을 해친 '제도'에 극도의 분노를 보였다. 아이에게 성적 학대와 방임과 관련된 PTSD 증상이 있었지만, 가장 시급한 개입을 요하는 초기 증상은 동생들과의 분리, 그리고 보호자 역할의 상실과 관련된 것이었다. 이러한 반응은 아이가 가족이 생존하는데 어떤 것이 도움이 되었는지 지각하는 맥락에서 이해할 만한 것이었다.

이 교재에 기술된 치료 모델인 TF-CBT는 외상을 입은 아동을 위해 개발되었다. 다른 치료 모델과 마찬가지로, TF-CBT는 누구에게나 적합한 '유일한' 접근방식은 아니다. 이 모델은 외상적 경험에 노출된 모든 아동이 아니라, TF-CBT에서 치료대상이 되는 외상 관련 정서 및 행동 문제('외상 반응')가 있는 아동에게만 적합하다.

이러한 외상 반응은 자주 PTSD의 증상과 일치하지만, 항상 그런 것은 아니다. 아동이 TF-CBT를 받거나 이로 인한 혜택을 받기 위해 전체 PTSD 진단 기준을 충족할 필요는 없다. 어떤 아동은 전형적인 PTSD 관련 증상이 상대적으로 매우 적지만, 다른 유형의 외상 반응을 보일 수 있다. 아동의 외상 반응에는 정서·행동·생리·인지·대인 및 애착 관계 또는 지각 등의 조절곤란이 포함될 수 있는데, 이에 대해서는 다음 절과 장에서 더 자세히 설명된다. 다양한 증상을 보이는 아동이 TF-CBT의 혜택을 받는다. 그렇다고 해서 모든 행동이나 정서적 증상이 반드시 아동의 외상 경험과 관련 있는 것은 아니다. 신중하고 숙련된 평가와 사례 개념화는 TF-CBT를 효과적으로 실행하는 데 중요한 초기 단계이다. 이 과정은 다음 장에 자세히 설명된다.

또한 TF-CBT 모델은 개별 아동의 필요에 맞게 제작될 수 있다. 예를 들어, 복합 외상이 있는 아동에게는 더 많은 TF-CBT 회기(복합 외상 아동의 경우 25회기까지)를 제공하고, 초기 안정화 기술에 더 초점을 두는 TF-CBT 단계 비율을 조정하고, 연구에서 설명된 것처럼 치료 초기에 안전 요소를 강화하는 등의 수정이 있을 수 있다(Cohen, Mannarino, Kliethermes, et al., 2012).

또한, 이 교재는 외상적 애도를 경험한 아동을 위한 TF-CBT의 적용을 다루는데, 이에 대해서는 아래에 자세히 설명된다. 우리는 아동기의 외상적 애도를 부모나 형제자매 또는 다른 중요한 애착 인물의 죽음에 따른 주요 외상 증상의 발달로 정의한다. 이 증상은 일상적인 애도 반응을 방해하고, 동반 외상과 부적응적 애도 반응을 낳기도 한다. 외상적이면서 복합적이거나 부적응적인 애도 반응이 발달하는 것에 대해 가장 적합한 정의와 설명, 그리고 평가를 어떻게 할 수 있을지에 대한 논의는 계속되고 있다. DSM-5에 '후속 연구를 위한 조건'으로 지속적인 복합 사별 장애를 포함한 것이 가장 최근의 예이다(American Psychiatric Association, 2013, p. 789). 이러한 어려움이 앞으로 어떻게 정의되든 간에, 아동의 정신건강 관련 증상을 개선하려는 효과적인 개입이 필요하다. 특히, 중요 애착 인물의 죽음으로 인해 수개월 또는 심지어 수년간 지속되는 증상에 대해서는 더욱 필요하다. 이 교재에서 외상적 애도 치료 접근은 외상중심과 애도중심의 구성요소를 통합하여 순차적으로 제시된다. 이를 통해 외상 증상이 완화되면 치료사는 아동과 부모가 더욱 일반적인 애도 과정을 경험할 수 있도록 돕는다. 외상중심 치료의 구성요소는 이 책의 제2부에서, 애도중심 치료의 구성요소는 제3부에서 다루어진다.

외상 증상이란?

외상 경험과 직접적으로 관련된 정서, 행동, 인지, 신체 및 대인관계 어려움을 일컬어 '외상 증상'이라고 하겠다. 이러한 증상은 종종 PTSD 증상과 일치하지만, 항상 그런 것은 아니다. 우울, 불안, 행동 및 물질 사용 문제와 관련된 다른 증상도 포함하는 경우가 흔하다. 외상 증상을 지닌 아이들은 한 개 이상의 외상 사건에 노출되는 결과로 자신, 세상, 또는 타인을 바라보는 방식에 아주 큰 변화를 경험할 수 있다. 이러한 변화는 아동의 인지와 정서 반응에서 나타나며, 이 반응들은 모두 외상과 관련된 인지 및 부정적인 기분 변화를 기술한 DSM-5의 새로운 군집(D군)에 포함되어 있다. 이에 해당하는 아동 중 다수가 심리생리학적 변화도 경험한다는 증거가 증가하고 있는데, 이러한 변화는 심리적 증상을 유지하는 원인이 될 수 있다. 이러한 증상을 몇 가지 일반적인 범주로 나누었다. 즉, 정서, 행동, 인지, 대인관계, 복합 외상, 생리학적 외상 증상의 범주가 있다. 이렇게 구분하는 것은 다소 임의적인 부분이 있는데, 어려움을 겪는 영역들이 서로 겹치기도 하고 지속적으로 상호작용하기 때문이다. 예를 들어, 앞서 설명한 것처럼, 외상 후에 발생할 수 있는 두 가지 중요한 변화는, 중요한 애착 관계 상실과 가족 역할 상실이다. 우리는 이 요소를 정서·인지·대인관계 범주에 포함했지만, 사실 각각 별개의 범주로 나누어질 수도 있다.

외상 증상은 외상 알림요인('촉발요인'이라고도 함)에 대한 반응으로 발생하는 경우가 많다. 외상 알림요인(trauma reminders)은 아동에게 처음 경험한 외상을 상기시키는 내부 또는 외부 신호이다. 이 신호는 아동이 외상 사건과 관련시키는 사람, 장소, 사물, 대화, 활동, 대상, 상황, 생각, 기억, 소리, 냄새, 또는 내부 감각 등이 될 수 있다. 아동이 외상 알림요인에 직면하면 원래 겪었던 외상 때와 비슷한 느낌을 받을 수 있다. 이로 인해 아동은 현재 안전한데도 마치 외상이 다시 일어나는 것처럼 생각하고 행동할 수 있다. 이런 예가 있었다. 한 가해자는 피해 아이가 신체 및 성적 학대를 폭로하지 못하도록 큰 목소리로 위협했다. 그 후 아이는 위탁보호를 받았는데, 위탁모 또는 학교 교사가 아이를 훈육하기 위해 목소리를 높이면 아이는 극도로 통제감을 잃고 분노했다. 한 번은 위탁모가 아이를 바로잡기 위해 목소리를 강하게 냈다. 그러자 아이는 위탁모가 자신을 학대할까 봐 두려워서 도망간 적도 있다. 그렇지만 아이와 위탁모 모두 아이가 크고 거친 목소리라는 외상 알림요인에 반응하고 있다는 것을 알아차리지 못했다. TF-CBT 과정에서 모두가 이 사실을 알았고, 성공적인 대안 전략을 만들 수 있었다.

아동은 외상 이력 때문이 아니라, 행동이나 정서조절이 어려워 치료받도록 안내받기도 한다. 이는 특히 여러 기능 영역에서 심각한 조절곤란을 보이는 복합 외상을 가진 청소년의 경우에 그렇다. 부모와 다른 어른은 종종 이 문제가 아동의 기존 외상 경험과 관련된다는 것을 이해하지 못한다. 그러므로 이를 알아차리고, 확인하고, 외상 알림요인과 아동이 보이는 증상을 연결하는 것이 중요하다. 가족이 아동의 문제를 외상 반응으로 개념화하도록 돕는 것이다. 이는 가족 구성원들이 아이에게 외상중심 치료가 필요하다는 것을 받아들일 수 있게 한다.

외상적 애도를 경험하는 아동은 상실 알림요인과 변화 알림요인에 의해 영향을 받기도 한다. 상실 알림요인(loss reminders)은 아동이 사망한 사람을 기억하도록 신호를 보낸다. 이런 알림요인은 고인의 사진을 보는 것, 고인에 관한 이야기를 듣는 것, 생일이나 기념일, 어버이날과 같은 중요한 날 등을 포함한다. 변화 알림요인(change reminders)은 중요 인물의 죽음 이후 아동의 삶의 방식이나 정체성이 어떻게 변화했는지에 관한 생각을 촉발하는 신호이다. 예를 들어, 군인인 아버지가 전사한 아이가 복무자들 사이에서 생활하다가 민간 가정으로 옮겨가야 할 때, 아이는 아버지뿐 아니라 그가 살아오던 방식 또한 잃은 것이다. 아이 어머니는 이제 막 과부가 되어 온전히 혼자 생계를 유지해야 한다. 아이가 아버지를 상실한 것은 말할 것도 없고, 삶을 지속하면서 큰 혼란을 겪을지도 모른다.

정서적 외상 증상

일반적인 정서적 외상 증상으로 두려움, 슬픔이나 우울 증상, 분노 및 심각한 정서조절 곤란(즉, 빈번한 기분 변화 또는 부정적 정서 상태 견디기 어려움) 등이 있다. 두려움(fear)은 본능적이면서도 무서운 상황에 대한 학습된 반응이다. 아동은 본능적으로 삶을 위협하는 상황에서 두려움을 느낀다. 자율신경계가 아드레날린성 신경전달물질을 과다 분비함으로써 감지된 위험에 반응하며 불안을 강화하는 것이다. 또한 무서운 기억은 외상적이지 않은 기억과는 다르게 뇌에 암호화된다. 어떤 아이들은 외상 사건을 상기시키는 요인(예: 사망자가 있었을 수도 있는 심각한 교통사고를 당한 아이에게, 당시 사고 현장)에 노출된 후, 실제 외상 때와 동일한 생리적·심리적 두려움 반응을 경험할 것이다. 이러한 두려움 반응이 일반화되어, 본질적으로는 위험하지 않아도 아동에게 외상 사건을 상기시킬 만한 사람·장소·사물 또는 상황에 처하면 원래의 외상과 동일한 수준의 두려움(예: 차를 타고 어디를 가든지 두려움을 느낄 수 있음)을 일으킬 수 있다. 침투적인 두려운 기억은 PTSD의 특징이다. 아동은 낮 동안 침투적이고 무서운 생각을 하거나 밤에 무서운 꿈을 꿀 수 있다. 어린 아동에게 무서운 꿈의 내용은 명확하게 외상 사건과 관련이 없을 수도 있지만, 대신 많은 아이는 다른 무서운 것들을 묘사할 수 있다. 즉, (시기적으로 외상 사건과 가깝다는 것 이외에 외상과 명백한 관계가 없는) 새로운 두려움의 발생이 아주 어린 아동의 PTSD 증상일 수도 있다(Scheeringa, Zeanah, Myers, & Putnam, 2003).

특정 두려움 외에도 갑작스럽고 예측할 수 없는 외상의 특성으로 인해 불안감(anxiety)이 더 커질 수도 있다. 이런 불안 상태는 아동이 안전하지 않다고 느끼게 하고 과각성 상태에 이르게 한다. 이는 이다음에 기습당하지 않도록 자신을 보호하기 위함이다. 위험이 곧 닥칠 것 같은 느낌은 발달적으로 적절한 과제에 참여하는 아동의 능력에 지장을 줄 수 있으며, 일반적으로 아동 연령에 적합한 성숙도 수준을 훨씬 넘어서는 책임감을 느끼게 하기도 한다. 또는 학교와 건전한 또래, 가족에게서 멀어지고 매우 공격적으로 되기도 한다. 이렇게 하는 것이 살아남는 유일한 방법이라는 믿음에서 기인한다. 일반적인 불안은 아동의 '부모화(parentification)'를 유발하거나 아동이 향후 잠재적 위협을 피하고자 '완벽'해지려는 노력에 기여할 수도 있다. 위협의 징조에 대한 지속적인 경계와 기타 불안으로 인한 행동도 유지될 수 있다. 이 모든 행동은 건강한 적응을 방해하고, 범불안 장애 등 다른 동반질환의 발달로 이어질 수 있다.

아동은 외상 후 압도적으로 슬프거나 우울한 기분(depressive feelings)을 느낄 수 있다. 이러한 현상은 타인과 세상에 대한 갑작스러운 신뢰 상실(예: 순수함 또는 믿음, 미래에 대한 희망 상실)에 반응하여 일어난다. 외상을 입은 많은 아동은 더 뚜렷한 상실을 경험하게 되고, 이는 극심한 슬픔으로 이어진다. 특히 부모의 투옥·추방·아동의 위탁보호 경험 또는 다른 환경으로 인해 갑자기 일어날 수도 있는 죽음이나 외상적 이별 후, 아동은 강렬한 슬픔과 애착 인물에 대해 갈망하고 재통합하고자 하는 열망을 보일 수 있다. 외상적 애도를 하는 아동은 사망한 부모 또는 사망한 다른 애착 인물과 재통합하려는 노력으로 지속적인 자살 생각을 할 수도 있다. 다른 아동은 외상 동안 뚜렷한 상실을 경험하고 큰 슬픔을 느낄 수 있다. 예를 들어, 총에 맞았거나 차에 치인 아이 또는 신체적 학대로 심하게 두들겨 맞거나 화상을 입은 아이는 신체적인 고통뿐만 아니라 신체 부위의 기능 상실이나 외형 손상을 경험하기도 한다. 성적 학대는 고통스러운 성기 손상 또는 성병을 불러일으킨다. 화재나 자연재해는 아동의 개인 소지품, 집 또는 심지어 사랑하는 사람들의 생명을 잃는 결과를 초래할 수 있다. 이러한 실제 상실에 직면하는 아동은 종종 부적응적인 신념 또는 인지(아래 설명됨)를 갖게 되는데, 이는 우울 및 기타 부정 정서 상태에 큰 영향을 미친다. 예를 들어, 아동 발달에서 적절하다고 보는 자기중심적 세계관을 고려할 때, 아동은 외상 사건에 관해 자기비난을 할 수 있다. 이는 결과적으로 죄책감, 수치심, 자존감 저하, 무가치하다는 느낌, 심지어 죽고 싶은 욕구를 포함하는 우울 증상으로 이어질 수 있다. 부정적인 자기상(自己像, self-image: 외상을 입은 많은 아동에게 중요한 문제)은 또래 및 연애 관계에서의 부적응적인 선택, 물질 남용, 손목 긋기(cutting), 안전하지 않은 성행위, 자살 시도와 같은 자기 파괴적인 행동으로 이끌 수 있다. 이러한 행위는 아동 학대나 다른 외상 이력과 매우 밀접하게 연관되어 있다. 요컨대, 커다란 슬픔 및 기타 우울 증상은 PTSD의 D군(정서의 부정적 변화)의 일부로 나타날 수 있다.

분노(anger)는 아동이 외상을 '입어 마땅한' 어떤 일도 하지 않았다는 점에서 외상 사건이 불공평하다는 의식에서 비롯될 수 있다. 다른 아동, 특히 신체적인 학대나 괴롭힘을 경험한 아이들은 좌절이나 어려움에 부적절하게 대처하는 보호자나 다른 사람들의 행동을 관찰하면서 분노를 느낄 수 있다. 가정폭력을 경험한 아동은 가해자에 동조하는 "외상적 유대감"(Bancroft & Silverman, 2002, pp. 39 – 41)을 가질 수도 있다. 외상을 입은 아동의 분노는 순응하지 않는 행동, 예측할 수 없는 분노나 짜증, 또는 재산이나 타인에 대한 신체적인 공격 등의 형태를 취할 수 있다. 성적 학대를 경험한 아동 또한 타인에 대해 성적 공격성을 드러낼 수 있다. 그러나 어떤 아이들은 외상 사건이 일어나기 전부터 커다란 분노 또는 외현화된 행동 문제가 있었다는 것을 명심하는 것이 중요하다. 이는 외상 치료가 개별 아동에게 적합한지를 결정할 때 신중한 평가와 사례 개념화를 수행하는 것의 중요성을 다시 한번 강조하는 것이다.

심각하게 또는 만성적으로 외상을 입은 아동은 외상 알림요인(예: 이전의 외상과 관련시키는 행동 또는 상황)에 매우 예민(sensitve)해지고 과하게 반응(overreactive)할 수 있다. 예를 들어, 한 연구에서 신체적으로 학대당한 아이들은 비신체적으로 학대당한 아이들보다 화난 얼굴(신체 학대 아동에게 해당하는 외상 알림요인)을 훨씬 더 쉽게 감지한다는 것을 보여주었다(Pine et al., 2005). 복합 외상을 경험한 아동은 일반적으로 지각된 거부에 대한 역기능적 수준의 과민성 또는 분노를 발달시킨다. 왜냐하면 과거 경험에서 부모의 거절 또는 다른 형태의 거절이 학대나 다른 외상적 행위와 관련되어 있고, 그러한 거절의 행위는 또 다른 외상에 대한 조기 경고 신호로 작용하기 때문이다. 심각한 외상을 입은 아동은 정서조절 곤란(affective dysregulation)을 보이는 경우가 많다. 이는 정서조절력을 회복하는 데 어려움을 동반하는 갑작스럽거나 극단적인 변화를 말한다. 심각한 정서조절 곤란은 비의도적인 단일 외상 사건을 경험한 아동보다 다발성 또는 복합 외상 경험(예: 아동 학대 또는 가정폭력)이 있는 아동에게서 훨씬 흔하게 발생하며, 이에 대해서는 아래에 설명된다. 외상 후 아이들에게 속상한 감정 상태를 관리하는 방법을 모델링해주는 등 양육과 지지, 잘 조절된 대처 반응을 해주기는커녕, 아이가 두려움이나 슬픔·분노를 표현하면 무시·거부하거나, 심지어 처벌하는 부모는 외상을 더 복잡하게 만든다. 예를 들어, 가정폭력을 목격한 한 아이는 부모로부터 "닥쳐라"는 말을 들었고, 아이를 때리고 소리를 지르는 일이 계속되었다. 따라서 이 부모는 아이의 정당한 감정을 인정해주고 아이를 위로하거나 달래주거나 효과적인 정서적 대처를 모델링하는 데 실패했을 뿐만 아니라, 아이를 처벌함으로써 정서조절 곤란을 더욱 복잡하게 만들었다.

또한 외상을 입은 아동은 신경생물학적 변화도 보이는데, 이에는 정서조절 어려움을 증가시키는 에피네프린(아드레날린)과 같은 스트레스 호르몬과 아드레날린성 신경전달물질이 만성적으로 증가하는 현상이 포함된다(DeBellis et al., 1999a). 따라서 만성적으로 외상을 입은 아동에게는 정서조절 곤란에 영향을 미치는 심리적·신경생물학적 요소가 모두 존재할 수 있다.

행동적 외상 증상

아동은 자신을 보호하려는 목적으로 고통스러운 느낌을 피하려 시도하지만, 더 큰 어려움으로 이어질 수 있는 행동을 발달시킨다. 외상 알림요인의 회피(avoidance)는 PTSD의 대표적인 특징이다. 압도적으로 부정적인 느낌을 피하려고 아동은 외상 경험을 회상하게 하는 생각이나 사람, 장소, 상황과 같은 외상 알림요인을 회피하려할 수 있다. 만일 이러한 알림요인이 광범위하게 일반화된다면, 발달학적으로 적절한 활동에 심각한 제약을 받을 수 있으며, 이는 이차적인 문제로 이어질 수 있다. 예를 들어, 밤에 성적으로 학대를 당한 한 여자아이는 밤마다 두려움을 느꼈다. 두려움이 점점 일반화되면서 아이는 밤에 낯선 환경에 있는 것을 피하고, 친구 집에서 하룻밤을 지내는 등 아이가 이전에 즐겼던 상황을 점차 견디지 못하게 되었다. 그 결과 아이는 점점 사회적으로 고립되었고 더 큰 슬픔을 느꼈다. 아이는 또한 학대가 "내가 뭔가 잘못해서, 나는 친구가 없으니까" 발생했다고 생각하기 시작했다. 중학교에 다니는 한 남학생은 동성애자였는데, 체육시간이 끝난 뒤 샤워장에서 집단 괴롭힘과 구타, 성폭행을 당했다. 그 후로는 집에서조차 샤워하는 것을 피하게 되었다. 이는 개인적인 위생 문제, 더 심한 괴롭힘과 사회적 거절로 이어졌고, 그는 결국 자살 시도를 하기에 이르렀다.

일반적으로 아동이 모든 외상 알림요인을 피하기란 어려운 일이다. 지속적인 가정폭력을 목격한 아이에게는 부모 둘 다가 외상 알림요인이 될 수 있다. 만연해 있는 사회적 폭력을 경험하는 아이에게는 동네 전체가 외상 촉발요인이 될 수 있다. 외상 알림요인이 어떤 장소든지 일반화되어 있는 아동에게는 회피가 성공적인 장기적 대처 전략이 되는 경우가 드물다. 회피가 아동을 압도적인 부정적 정서로부터 보호하는 데 실패할 때, 아동은 정서적 마비(numbing), 또는 더 심각한 경우 해리(dissociation)를 발달시킬 수 있다.

외상 관련 행동도 모델링 또는 외상적 유대감(traumatic bonding)으로 인해 나타날 수 있다(Bancroft & Silverman, 2002). 학대적이거나 폭력적인 가정이나 지역에서 자란 아동이 부적응적 행동(maladaptive behaviors)과 대처 전략을 관찰하고 배울 기회가 많으면 모델링(modeling)이 일어난다. 그러한 행동들이 반복적으로 보상받는 것도 보게 된다. 예를 들어, 신체적 학대와 가정폭력을 경험하는 아이는, 분노와 학대가 좌절에 대처하는 적합한 방법이라고 잘못 결론지을 수 있다. 또한, 만일 아이가 학대를 가하는 부모를 가족 활동, 정서적인 분위기, 가정 경제 등에 대한 통제권을 가지고 있는 사람으로 여기고, 반대로 학대를 당하는 부모를 반복적으로 상처 입는 무력한 사람으로 여기게 되면, 아이는 구타 행위를 용인되는 행동, 심지어 유리한 행동이라고 단정할 수 있다. 또 다른 예로, 성적 행동(sexualized behaviors)은 성적 학대를 받는 중에 모델링된다. 성적으로 학대당한 아이가 이러한 행위가 보상받는다는 것을 알게 되면(피해자를 통제할 힘을 가해자에게 주는 것, 또는 신체적으로 자극을 받는 것), 아이는 지속적인 성적 행동을 발달시킬 수 있다. 마지막 예로, 지역사회를 어지럽게 하는 사람이나 마약 거래자의 경우가 있다. 만일 그들의 괴롭힘, 폭력 또는 불법적인 행동이 보상받는 것에 대해 다른 사람들이 그들을 강하다고 여기거나 추앙하게 되면, 아이들은 현재 처한 환경에 대안적인 긍정적 모델이 존재하지 않는 한 그들의 행동이 바람직하다고 여겨 그들을 모방할 수도 있다.

외상적 유대감(traumatic bonding)은 부적절한 행동과 부적응적인 애착의 역동을 모두 모델링하는 것을 포함한다. 여기에는 부적절한 행동에 대한 부정확한 설명을 받아들이는 것도 해당한다. 이것은 정신분석학 문헌에서는 공격자와의 동일시로 설명되며, 법 집행에서는 스톡홀름 신드롬(Stockholm syndrome)으로 설명되었다. 자녀가 폭력적이거나 공격적인 부모의 통제하에 있는 동안 나머지 부모가 자기 자신 또는 자녀를 보호할 능력이 없을 때, 부모와의 애착과 소속에 대한 자연스러운 욕구가 왜곡되고 충돌한다. 이러한 상황에서 아동이 큰 혼란과 갈등을 겪지 않고서는 부모 모두와 동등한 관계를 유지하기는 어렵다. 이런 경험을 자주 하는 아이들은 학대하는 부모를 두려워하면서도 사랑하기 때문이고, 또한 학대받는 부모를 변호하려고 시도했다면, 이는 아동 자신이 학대를 경험했을 수도 있기 때문이다. 또한 자기 보호 차원에서 폭력적인 부모와 유대감을 가질 수 있다. 피해를 받는 부모를 등지는 것에 대한 죄책감과 인지 부조화를 다스리기 위해 아동은 폭력적인 부모의 견해와 태도, 행동을 채택해 피해 부모를 대하고 스스로 학대하거나 폭력적으로 될 수 있다. 예를 들어, 배우자를 때리는 부모는 폭행 행위의 탓을 구타당하는 부모에게 돌릴 수 있고(예: "당신이 제때 저녁을 준비했다면 이런 일은 일어나지 않았을 거야"), 그것을 보는 아이는 때리는 부모와 외상적 유대감을 갖게 되어, 피해 부모가 때리는 부모를 어쩔 수 없이 폭행을 저지를 수밖에 없도록 "만들었다"는 이유로, 피해 부모에게 분노나 공격성을 보일 수 있다. 따라서 모델링과 외상적 유대감이 외상을 입은 아동의 공격적인 행동을 불러일으킬 수 있다는 것은 명백한 사실이다.

외상적 유대감은 성착취를 경험한 청소년 사이에서도 문제가 된다. 이러한 유대감은 성착취에 따른 외상 행동을 불러일으킬 수 있다. 예를 들어, 탈주(착취자와 '착취 당하던 삶'으로 돌아가는 것), 물질 남용, 절도, 거짓말, 다른 청소년을 성착취로 끌어들이기, 그리고 착취자의 의도 또는 그의 '안정적인' 계급을 강화하기 위해 다른 피해 청소년에게 공격성을 보이는 행동 등이 포함된다. 아래에 상세히 기술되겠지만 이러한 행동들은 가해자에 대한 청소년들의 인식과 관련이 있는 경우가 많다.

아동에게서 다른 외상 관련 행동이 나타날 수도 있다. 예를 들어, 외상을 입은 아이들은 대개 건강한 또래와의 상호작용을 피하고, 정서 및 행동 문제를 공유하는 아이들과 어울리기를 원한다. 아래에서 논의하겠지만 이러한 아이들의 친구 선택은 많은 외상 아동이 발달시키는 부정적인 자기상과 관련이 있을 것이다. 이들은 '정상적인' 또래에 의한 거절을 두려워하고, 대인관계에서 지속적인 학대와 같은 비슷한 상황을 경험하는 아이들과 어울리는 것이 더 익숙하거나 편안하다고 느낄 수 있다. 많은 외상 아동이 발달시키는 분노는 전형적으로 반항적, 공격적 및 파괴적인 행동을 통해 드러난다. 또한 외상을 입은 아동은 더 큰 물질 남용 위험에 놓여 있다. 물질 남용은 외상 알림요인을 피하기 위한 전략이자 부정적인 자기상에 대한 대처 방식으로 사용될 수 있고, 다른 문제 아동과 어울림으로써 결과적으로 발생할 수도 있다.

손목 긋기, 자해, 화상 또는 다른 형태의 자기 상해뿐만 아니라 자살 행동과 같은 자해(self-injury)도 어린 시절 외상과 관련이 있다. 자해하는 청소년 중 일부는 이러한 행동이 그들이 느끼는 무감각함을 되돌리려는 방법이라고 묘사한다. 예를 들어, 한 청소년은 "내 손목을 베어서 다칠 때가 내가 진짜라는 것을 아는 유일한 때다."라고 말했다. 다른 청소년은 더욱 적응적인 방법으로 얻을 수 없다고 느끼는 관심을 얻으려 할 수도 있다. 하지만 어떤 청소년은 진심으로 자신을 해치려 노력함으로써 그들이 느끼는 절망과 견딜 수 없는 고통에 반응하고 있는지도 모른다. 또 다른 청소년은 손목 긋기 행동을 불안을 다스리기 위한 수단으로 묘사한다. 외상과 관련된 다른 위험 감수 행동(risk-taking behaviors)에는 다음 같은 것들이 포함된다. 매우 위험한 성적 행동, 환각·음주 운전, 결과를 전혀 고려하지 않은 총기나 무기 사용, 심각한 부상을 당하거나 사망할 수 있는, 혹은 이를 초래할 가능성이 큰 환경에 놓일 만한 무모하고 매우 위험한 다양한 행동들이다. 무모하고 자기파괴적인 행동은 DSM-4에 새로운 PTSD 진단 기준으로 포함될 정도로 흔한 외상적 결과이다(American Psychiatric Association, 2013, p. 272). 일부 심각한 위험성이 있는 청소년 행동을 감소시키고 안전을 강화하기 위해, 안전 강화 요소를 포함한 TF-CBT의 시작이 꼭 필요하다. 가장 극단적인 경우(예: 능동적 자살경향성), 외상중심 치료의 시작을 고려하기 전에 위험한 행동을 안정시키기 위해 입원이 필요할 수도 있다.

자주 간과되는 또 다른 행동적 문제는 과도한 기능 또는 '부모화(parentification)'이다. 부모의 정신질환, 물질 남용 및 상황적 요인이 아동의 외상 경험에 영향을 미치는 경우가 너무 많다. 이러한 시나리오에서, 가족 중 한 아이는 더 어린 형제 또는 장애가 있는 부모를 돌보는 과제를 떠맡을 수 있다. 시간이 흐르면서 가족 전체는 그 아이가 돌봄의 역할을 하리라 기대하고, 아이는 이것이 없어서는 안 될 자신의 역할이라고 믿게 되는데, 이 모든 요소는 아이의 과도한 기능 유지에 영향을 미친다. 이러한 부모화는 아이가 가정으로부터 분리되더라도 지속되는 경우가 많다. 이러한 아동이 적절한 발달적 기능을 배우도록(즉, '아이로 존재하기') 돕는 것은 중요한 치료 목표이다.

인지적 외상 증상

아동기 외상은 아동(및 부모)이 자신, 외상의 가해자, 타인, 사회적 접촉, 그리고 세상에 대해 가지는 인지(사고)를 바꾸기도 한다. 외상 사건 후, 일반적으로 아동은 왜 그토록 끔찍한 일이 자신 또는 사랑하는 사람에게 일어났는지에 대한 설명을 찾아 헤맨다. 만일 합리적인 설명이 없다면, 아동은 조금이라도 통제감이나 예측 가능성을 얻기 위해 사건의 원인에 대해 부정확(inaccurate)하거나 비합리적인(irrational) 인지를 발달시킬 수 있다. 매우 흔한 비합리적 신념은 아동이 사건 자체에 대한 책임을 지려 하거나("내가 원피스를 입었기 때문에 그가 나를 성적으로 학대했다") 사건을 예측하고 피하지 않은 것에 대해 스스로를 비난하는 것("아빠가 기분이 나쁜 줄 알았어야 했는데. 아빠가 엄마를 때리지 않도록 아빠에게 엄마가 좀 더 기분 좋게 대하라고 왜 진즉 말하지 않았을까?")을 포함한다. 또는, 아동이 외상 사건에 대해 직접적으로 자신을 탓하지 않을지라도, 나쁜 일이 자신에게 벌어졌다는 것을 '정당화'하는 방식으로 자신이 나쁜 사람이고, 수치스럽다거나, 그도 아니면 어찌 됐든 자신이 부족하기 때문이라고 믿게 될 수 있다 (예: "나에게 이런 일이 일어났다니, 나는 바보인 게 틀림없어"). 세상이 이런 방식으로 아동에게 공정하고 예측 가능하며, 이치에 맞는 것으로 인식된다. 단지 자신만이 불운을 겪게 되어 있다고 믿는 것이다. 지속적인 대인관계 외상(예: 아동 학대 또는 방임, 가정폭력)에 노출된 아동은 이러한 유형의 인지적 증상에 특히 취약한 것으로 보인다. 아마도 학대 행위가 전형적으로 의도적이고, 개인적이며, 일반적으로는 아동을 해치기보다 보호해야 마땅한 부모 또는 다른 어른들에 의해 저질러지기 때문일 것이다. 책임에 대한 현실적인 인지(즉, 가해자인 부모를 탓하는 것)를 발달시키는 것은 아동이 자신을 탓하기보다 훨씬 더 어렵고 고통스러운 일이다.

또 다른 부정확한 인지는 타인(즉, 비학대자)과 관련하여 발생할 수 있다. 아동은 누군가에 의해 배신당한 경험을, 누구도 신뢰할 수 없다고 의미 부여하는 것으로 일반화할 수 있다. 이러한 믿음은 또래 관계 어려움 또는 공격적이지 않은 부모와 기타 어른들과의 애착 형성 어려움으로 이어질 수 있다. 이는 아동의 손상된 자기상에도 영향을 미칠 수 있다(즉, 아동은 이러한 관계를 훼손하고, 그에 대한 실망을 자신의 개인적 실패 탓으로 돌린다). 또는, 아동은 안전할 수도 있고 그렇지 않을 수도 있는 또래나 어른들과의 부적절한 친밀 관계를 찾아냄으로써, 신뢰가 배신당한 것에 대해 그들의 경험을 '수정'하거나 되돌리려고 반복적으로 노력할 수도 있다. 그러나 이러한 전략은 자주 반복적인 학대의 형태로 나타난다. 또는, 친밀감에 대한 아동의 부적절하거나 부당한 기대가 거절됨으로써 추가적인 고통스러운 경험으로 이어진다. 어떤 아동은 성적 학대를 경험한 이후에 "누군가가 나를 사랑해주는 유일한 방법은 내가 그들과 성적 관계를 맺어야만 가능하다"는 부적응적인 인지를 발달시킨다. 핀켈호어와 브라운(Finkelhor & Browne, 1985)은 이를 '외상적 성애화(traumatic sexualization)'라고 묘사하고 성적 학대의 핵심 역동이라고 보았다. 성착취를 경험하는 청소년 대다수는 대인관계 외상의 과거 이력을 가지고 있으며, 한 연구에서는 이들 중 70% 이상이 아동 성학대 이력을 보고한다고 밝혔다(West Coast Children's Clinic, 2012). 성착취를 경험한 청소년이 착취한 사람에 대해 처음에는 가해자가 아닌 '남자친구'로, "그 어떤 누구보다 나를 아끼는" 사람으로 묘사하는 일은 매우 흔하다. 이러한 묘사의 밑바탕에는 연애 관계에 관여하는 것이 무엇을 의미하는지에 대한 오래된 부적응적 인지가 깔려 있는 경우가 많다. 예를 들어, "누군가 당신을 사랑할수록 그는 당신을 더 아프게 한다.", "모든 좋은 관계에는 약간의 폭력이 있다.", "나를 때리는 것은 그가 나를 아끼고 있음을 보여주는 그의 방식일 뿐이다."와 같은 인지가 있는 것이다. 이러한 신념을 조정하는 것은 이들을 성공적으로 치료하기 위한 중요한 요소이다(Cohen, Mannarino, & Kinnish, 2016).

외상 아동은 정의나 신, 순탄한 미래에 대한 믿음의 상실을 불러일으키는 인지를 발달시킬 수 있다. 이러한 사고방식은 '자기충족 예언(self-fulfilling prophecies)'이 되는 행동 선택으로 이어질 수 있다. 예를 들어, 한 10대 청소년은 형과 몇몇 친구들이 지역사회의 폭력 사태로 인해 죽었는데, 이 경험은 그가 자신의 스무 번째 생일을 맞을 때까지 살아 있을 것 같지 않아 생산적인 삶을 살 이유가 없다는 부적응적인 신념을 형성하는 데 영향을 미쳤다. 결과적으로 그는 약물을 사용하기 시작했고, 범죄조직에 들어갔으며, 학교를 중퇴했다. 이러한 행동은 그가 긍정적인 미래를 경험할 수 있는 기회를 매우 감소시켰다. 그는 다수의 새로운 외상을 경험했을 뿐만 아니라, 심각한 약물과 총기 사용 혐의로 유죄판결을 받고 수년간의 징역형을 선고받았다. 자신의 부정적인 기대 또는 자기 실패에 대한 '예언'은 그가 두려워했던 바로 그 실패로 이어졌다.

앞에서 언급한 바와 같이, 애착 인물로부터의 분리와 가족 역할의 상실은 종종 대인관계 외상을 경험하는 아동에게 두드러진 문제이다. 하지만 이러한 요소가 외상적으로 남는 정도는 이와 관련된 아동의 인지에 의해 크게 달라진다. 예를 들어, 한 13세 여자아이는 아버지의 성적 학대를 폭로했는데, 아버지는 학대 사실을 부인했다. 아버지 가족 중 아무도 아버지가 그녀를 학대했다고 믿지 않았다. 아이는 항상 친조부모와 가까웠고, 어린 조카에게는 대모이기도 했지만, 이 일로 인해 조카를 더 이상 볼 수 없었다. 그녀는 친조부모의 상실과, 특히 매주 돌봐주던 조카를 볼 수 없게 된 것에 대해 매우 절망했다. 그녀의 인지는 이러했다. "이건 나의 잘못이야. 학대당하는 것은 그렇게 나쁘지 않았어. 아버지가 시킨 대로 비밀로 했어야 했어. 나는 이제 모든 걸 잃어버렸어."

부정확한 인지에 대한 위의 설명 외에도, 아동은 정확하지만 도움이 되지 않는 인지(accurate but unhelpful cognitions)를 발달시킬 수도 있다. 도움이 되지 않는 사고는 현실을 정확하게 반영하는 맥락으로 이루어지지 않거나, 상황의 부정적인 측면에만 초점을 두기 때문에 부정적인 정서 상태와 행동에 영향을 미칠 수 있다. 예를 들어, "누가 너를 성적으로 학대할지는 결코 알 수 없어."라는 인지는 특정 환경에서는 진실일 수 있다. 그러나 "대부분 남성은 아이를 성적으로 학대하지 않는다."라는 대안적 인지도 마찬가지로 진실이 될 수 있다. 첫 번째 사고는 두려움과 회피를 조장할 가능성이 있지만, 두 번째는 첫 번째와 동등하게 정확한 사고이면서도 훨씬 안심되고 희망적이다. 외상 아동은 종종 타인에 대한 부정적인 기대와 파괴적인 자기관을 강화하는 등 부정확하거나 도움이 되지 않는 인지에 집중한다. 이러한 인지적 증상은 PTSD, 기타 형태의 불안, 우울감과 행동 장애의 유지에 크게 영향을 미친다.

대인관계 외상 증상

외상을 경험하는 아동은 대인관계 변화를 경험하는 경우가 많다. 덜 심각한 형태로는 또래로부터 멀어지거나 일상적인 활동을 즐기는 데 어려움을 겪는 것이다. 시간이 지나면서 이러한 경향은 다양한 수준으로 사회적 상호작용을 방해할 수 있다. 외상 경험과 관련된 수치심이나 낙인을 느끼는 아동은 심지어 매우 친한 친구들과도 자기 경험을 공유하지 않을 수 있고, 외상 아동이 친한 친구를 매우 필요로 할 때조차 우정 관계를 제대로 이용하지 못할 수 있다. 한 여자아이는 삼촌 집에서 하룻밤 묵었다가 삼촌에게 성폭행당했다. 그녀는 이 사실을 부모에게 알렸는데, 부모는 이 일이 "가족들만 알아야 하는 비밀"이라며 누구에게도 이 사실에 관해 이야기하지 말라고 했다. 아이는 수치스럽고 혼란스러움을 느꼈으며, 집 밖에서 자는 것에 대한 두려움이 생겼다. 그녀는 가장 친한 친구와 하룻밤을 보내며 노는 것을 더 이상 하지 않았고, 그녀의 친구는 반복되는 초대가 거절되는 것에 대해 상처받았다. 그 친구는 그녀가 더 이상 자신과 친구가 되고 싶어 하지 않는다고 믿었고, 외상을 입은 여자아이는 절친한 친구가 정말로 필요했던 바로 그 당시에 친구를 잃게 되었다. 그렇게 이 여자아이는 다수의 애착 인물을 잃음으로써(가해자의 아내이자 그녀가 가장 좋아했던 숙모를 더 이상 볼 수 없게 되었고, 그녀의 절친한 친구는 거절당했다고 여김) 분리의 고통을 겪었다. 그녀에게 조카딸과 절친한 친구로서의 정체성은 모두 중요한 것이었고, 이제 그 둘 다를 잃은 것이다. 그녀의 부모는 그녀가 처녀성을 잃었기 때문에 '멋진' 남성들이 그녀를 좋아하지 않을 것이라고 말했다. 이것은 그녀에게 또 다른 정체성의 상실이었다.

심각하고 지속적인 대인관계 외상(예: 아동 학대 또는 방치, 가정폭력)을 범하는 부모 또한 아동이 향후 신뢰할 수 있는 대인관계를 배우고 모델링하는 일차적인 자녀-부모 애착 관계를 훼손한다. 이러한 훼손의 결과는 일반적으로 매우 심각하다. 신뢰에 기초한 어떠한 관계도 그 자체로 초기 외상을 범한 부모라는 외상 알림요인으로 작용하기 때문에, 애착 관계에서 외상을 입은 아동은 종종 새로운 관계를 형성하려고 할 때 지속적인 어려움을 경험한다. 위에서 언급한 바와 같이, 어떤 청소년은 외상 경험 후에 또래가 그의 경험을 이해하지 못할 것이라고 느끼고 비행청소년들과 어울리기 시작한다. 이는 남들과 다르다는 것과 '주류에 속하지 못하는' 느낌을 그들만이 유일하게 알 수 있을 것이라는 전제 때문이다. 그러나 이러한 어울림은 추가적인 외상에 대한 노출과 더 심각한 외상 반응 발달의 위험을 증가시킬 수 있다.

복합 외상 후 스트레스 장애(PTSD)

초기 대인관계 외상, 특히 보호자에 의해 저질러진 외상(예: 아동 학대, 가정폭력)에 직면한 일부 아동은 여러 기능적 측면에 걸쳐 심각하고 만연한 조절곤란을 경험할 수 있다. PTSD는 1980년에야 DSM에 도입된 비교적 새로운 진단명이다. 아동기 외상 경험과 관련된 복합 외상 결과를 지니는 개인에 대해 복합 PTSD 하위유형을 포함해야 할 필요가 있는지, 별도의 장애(예: 발달 외상 장애)를 포함해야 하는지, 이 두 가지를 평가하기 위한 다양한 작업이 있었다. DSM-5에는 복합 PTSD에 대한 공식적인 진단이 포함되어 있지 않지만, 2018년 발간 국제질병분류(International Classification of Diseases, ICD-11) 11번째 판에는 이러한 진단이 포함될 것이다. 복합 PTSD의 기준은 다음의 두 가지를 모두 포함한다. (1) 복합 PTSD를 지닌 개인은 만성(일반적으로 대인

관계적) 외상을 경험했을 것이다. (2) PTSD의 핵심 특징인 침습, 회피, 위협감 외에도, 복합 PTSD를 지닌 개인은 반드시 정서조절 장애, 부정적인 자기개념, 그리고 대인 관계 장애의 두드러진 점을 보여야 한다(Cloitre, Garvert, Brewin, Bryant, & Maercker, 2013). 복합 PTSD를 보이는 청소년들은 또한 해리, 생물학적 조절곤란, 그리고 위험한 행동을 두드러지게 나타낸다.

아동과 청소년의 복합 외상 결과를 평가하는 단일 도구는 아직 없으나, TF-CBT 연구에서는 일반적으로 복합 외상의 영향과 관련된 결과로 나타나는 여러 기능적 영역을 살펴봤다. TF-CBT는 본래 성적 학대(전형적인 복합 외상 경험)를 경험한 아동을 치료하기 위해 개발된 것이므로, TF-CBT가 복합 외상을 지닌 청소년이 겪는 문제를 다루는 데 효과적으로 적용되어왔다는 사실은 자명하다. 제4장에서 설명할 여러 연구는 TF-CBT 후 복합 외상 경험과 영향에 대한 긍정적인 결과를 보고하였다(예: Cohen, Deblinger, et al., 2004; Cohen et al., 2016; McMullen et al., 2013; Murray et al., 2015; O'Callghan et al., 2013). 독일 전역의 8개 지역 클리닉에서 완료된 새로운 연구에서는 특별히 복합 PTSD에 대해 제안된 ICD 기준을 충족하는 아동과 PTSD 기준을 충족하는 아동들을 비교했다. 두 집단 모두 대기자 통제 조건으로 무작위 선발된 아동보다 TF-CBT를 통해 훨씬 더 큰 향상을 경험했으며, 복합 PTSD와 PTSD 하위집단의 향상은 동일하게 나타났다(Goldbeck et al., 2016). 이 연구는 TF-CBT의 효과성이 복합 PTSD 아동뿐만 아니라 보다 전형적인 PTSD 증상에도 적용된다는 것을 시사한다. 복합 외상을 지닌 청소년에게 TF-CBT를 적용하는 방법에 대한 더 자세한 정보는 제2장과 기타 연구에 설명되어 있다(Cohen, Mannarino, Kliethermes, et al., 2012).

생물학적 외상 증상

아동의 뇌와 신체는 감정, 인지 과정, 행동의 발달과 발현에 필수적으로 관여한다. 사람이 무엇을 하고, 생각하고, 느끼는 모든 것은 아무리 일시적이고 사소하더라도 뇌 활동과 관련이 있음을 이해하는 것이 중요하다. 따라서 외상이 뇌 기능을 바꿀 수 있는 잠재력이 있다는 것은 당연한 일이다. 뇌 기능의 이러한 변화가 장기간 지속될 때

(경우에 따라 외상 사건이 끝난 후로 오랜 시간이 지날 때), 앞서 설명한 많은 외상 증상이 유지될 수 있다. 어떤 경우에는 이러한 만성적 기능 변화가 뇌의 구조적인 변화에 영향을 줄 수도 있다.

뇌의 물리적 구조는 역동적이다. 어느 정도까지는 뇌의 구조가 뇌의 기능과 상호작용한다는 의미이다. 예를 들어, 다양한 신경전달물질에 대한 뇌의 수용체 수는 스트레스를 포함한 많은 요인에 반응하여 증가하거나 감소할 수 있다. 스트레스는 뇌와 신체의 다른 부분(예: 부신) 모두에서 신경전달물질과 호르몬 활동을 변화시키는 것으로 알려져 있다. 변화된 신경전달물질과 호르몬 활동은 심박수·호흡·혈압의 증가, 골격근으로 흐르는 혈류의 전환, 그리고 경계심 증가와 같은 생리적인 반응을 일으킨다. 아동기 외상, 특히 PTSD는 이러한 생리학적 영역의 만성적인 변화와 관련이 있다. 즉, 외상 아동은 더 높은 휴식기 맥박과 혈압, 훨씬 높은 육체적 긴장, 그리고 과민반응을 보일 수 있다. 외상 아동, 특히 아동 학대나 가정폭력과 같은 대인관계 외상을 경험한 아동에게서는 뇌 기능과 구조의 다른 변화도 보고되었다. 예를 들어, 한 연구에서 성적 학대, 신체적 학대, 또는 가정폭력에 노출된 과거 이력이 있는 아동은 그러한 외상 이력이 없는 아동보다 훨씬 작은 두개골 부피(뇌 크기), 낮은 지능지수(IQ), 낮은 성적, 작은 뇌량(우뇌와 좌뇌를 연결하는 뇌의 부분), 그리고 훨씬 더 높은 해리 점수를 받은 것으로 나타났다. 게다가, 이러한 변화의 심각성은 학대의 지속기간과 상관관계가 있었다(DeBellis et al., 1999b).

뇌의 기능과 구조가 우리의 삶의 경험, 생각, 느낌, 행동과 상호작용한다는 것을 고려하면, 더욱 적응적인 심리적 기능으로의 복귀가 뇌 기능과 어쩌면 구조에까지도 상응하는 정상화와 관련이 있다는 것은 일리가 있다고 볼 수 있다. 이러한 사고방식은 아동의 정서적·인지적·행동적 기능의 재조절(reregulation)을 가능하게 하는 치료적(또는 기타) 개입을 통해 뇌와 신체에 미치는 외상의 부작용을 최소화하거나 역전시킬 수 있음을 시사한다. 구체적으로, 외상 경험 후에는 새로운 신경생물학적 연결고리가 발달하듯이, 외상에 대한 공포 반응과 경쟁할 수 있는 새로운 반응도 배울 수 있다. 시간이 지남에 따라 이러한 새롭고 더욱 회복탄력적인 반응을 연습하면 공포 반응이 사라질 수 있다(Craske et al., 2008).

일부 전문가들은 특정 유형의 치료적 활동(예: 눈동자 운동 또는 신체 치료 기술)만이 뇌 변화를 위한 경로에 접근할 수 있으며, CBT와 그 밖의 '대화' 치료로는 외상 아동에게 뇌 또는 신체 변화를 만들어낼 수 없다는 견해를 옹호하기도 한다. 그러나 우리는 TF-CBT 모델을 통한 방법을 포함하여 다양한 방식으로 적응적인 심리생물학적 기능을 복원하는 것이 가능하다고 믿는다. 우리는 현재 TF-CBT의 신경생물학적 영향을 평가하기 위해 미국 전역의 여러 학술 기관 동료들과 협력하고 있다. 또한 우리는 외상 아동을 위한 다른 치료 양식을 사용하여 잘 설계된 신경생물학적 연구를 환영한다. 외상 치료에 관한 신경생물학 관련 연구는 초기 단계에 있으며, 아동 외상 치료의 신경생물학적 영향에 대한 과학적 결론을 내리기에는 아직 이르다. 앞서 설명한 일부 전문가의 옹호 내용과 같이 TF-CBT와 그 밖의 다른 형태의 심리치료에 대한 반응으로 외상과 관련된 기능적 또는 구조적 뇌 변화가 긍정적으로 일어나지 않는다고 하더라도, 이러한 견해는 아동의 심리적 증상을 줄이고 적응적인 기능과 삶의 질을 개선하는 데 심리치료의 가치를 절대 떨어뜨리지 않을 것이다.

아동의 외상적 애도

아동은 중요한 애착 인물의 죽음 이후에 외상적 애도를 경험할 수 있는데, 이는 일반적인 애도 반응을 방해하는 주요 외상 증상들에 의해 분명하게 나타난다. 아동기의 외상적 애도 과정에서 죽음에 대한 아동의 경험은 위에서 설명한 외상 증상뿐만 아니라 복합적이거나 부적응적인 애도 반응의 발달로 이어진다. 이 역동은 아래에 더 자세히 설명된다.

아동기의 외상적 애도는 자동차 사고, 기타 사고, 살인, 자살, 자연재해, 전쟁, 테러 행위와 같이 예상치 못하거나 폭력적이거나 우발적인 사망에 따라 일어날 수 있다. 그러나 아동은 예측 가능하거나, 폭력적이지 않거나, 예견된 죽음을 겪은 후에도 외상적 애도를 경험할 수 있다. 예를 들어, 학령기 아동과 청소년들을 대상으로 한 연구에서 장기간의 질병으로 인한 부모의 죽음을 경험한 아동·청소년이 갑작스러운 자연적 원인(예: 심장 발작)으로 부모의 죽음을 경험한 아동·청소년보다 PTSD와 부적응적 애도 증상을 발달시킬 가능성이 훨씬 큰 것으로 나타났다(Kaplow, Howell, & Layne, 2014). 이러한 결과는 '외상적'이라고 객관적인 판단을 내리지 않을 만한 사망의 유형을 포함하여 많은 다른 유형의 사망 후에 아동기의 외상적 애도가 일어날 수 있음을 시사한다.

복합적이지 않은 애도

개인의 애도 반응은 다양하다. 중요한 애착 인물의 죽음 이후에 단 하나의 '옳거나', '정상적인' 애도 방법이란 존재하지 않는다. 복합적이지 않은 애도(uncomplicated grief), 즉 '일반적인' 애도는 중요한 애착 인물의 죽음 이후 대부분 아동이 경험하는 애도 과정을 의미한다. 복합적이지 않은 애도는 주요 우울 장애(MDD)와 유사하나 몇 가지 주목할 만한 차이점이 있다(American Psychiatric Association, 2013, p. 126). 예를 들어, 애도에서 주된 감정은 공허함, 슬픔, 죽은 사람에 대한 갈망이다. 하지만 MDD의 지배적인 감정은 지속적으로 우울한 기분과 행복 또는 즐거움의 부족(무쾌감증)이다. 애도와 관련된 부정적인 정서는 주로 수일에서 수주에 걸쳐 점차 감소하며, 고인이나 고인의 죽음을 상기시키는 것을 마주하면 물밀듯 밀려오거나 갑자기 찌르는 듯한 정신적 고통으로 경험되기도 한다. 이로 인한 슬픔은 고인에 대한 긍정적인 기억과 결합된다. 이와는 다르게, MDD의 부정적 정서는 지속적이며 특정 사고의 내용과 연결되지 않는다. 일반적인 애도 과정에서 아동은 죄책감이나 낮은 자존감을 가지지 않지만, MDD에서는 이러한 특징들이 뚜렷하게 나타난다. 만일 아동이 일반적인 애도의 일부로 죽음에 관한 생각에 사로잡혀 있다면, 이는 고인이 된 소중한 사람과 함께 있고 싶은 바람 때문이지, 진정으로 죽고 싶은 마음 때문이 아니다. 그러나 MDD에서 자기 삶을 끝내는 것에 대해 생각하는 것은 자신의 무가치감과 우울증의 고통에 대처하지 못하는 무능력함과 관련이 있다. 흥미롭게도, 최근의 한 인구 기반 연구는 부모 사망을 경험한 아동은 최소 25년 이상 높은 자살 위험에 처해 있으며, 특히 남자 아이들의 경우 더욱 그렇다고 보고하였다(Guldin et al., 2015). 이 아이 중 일부가 외상적 애도를 경험했는지는 분명하지 않다.

초기 관련 저서에서는 퀴블러 로스(Kübler-Ross)와 동료들이 설명한 것처럼 애도의 표준 단계가 있음을 제시했으나, 더욱 최근의 개념화는 아동의 일반적 애도의 과제를 설명한다(Worden, 1996; Wolfelt, 1991). 아동은 다양한 방법과 서로 다른 순서, 그리고 다양한 기간에 걸쳐 이러한 과제를 완수한다. 일반적으로, 애도하는 아동이 큰 장애나 문제없이 이러한 과제를 처리한다면 전형적인 애도를 하는 것으로 간주된다. 애도의 과제는 다음과 같다.

① 고인의 죽음과 관련된 깊은 고통 경험하기
② (아동의 발달 능력에 적합하게) 죽음의 영구성 수용하기
③ 고인의 전체적인 부분을 되새기고 수용하기
④ 고인과의 관계를 상호작용의 형태에서 기억의 형태로 변환하기
⑤ 고인의 중요한 긍정적인 측면을 아동의 자기정체성에 통합하기
⑥ 현재의 긍정적인 관계에 전념하기
⑦ 건강한 발달의 궤적을 되찾기

복합 애도 반응

'일반적인' 애도 반응과 '복합적인' 애도 반응을 어떻게, 그리고 어느 시점에 구분할 것인지에 대한 논란은 계속되고 있다(예: Melhem, Porta, Payne, & Brent, 2013). 불필요한 치료 제공을 피하려는 욕구(예: 일반적인 애도 반응이 자연스럽게 해결될 수 있는 아동), 그리고 치료 가능한 문제로 불필요하게 고통받는 것을 예방하려는 동등한 수준의 욕구(예: PTSD 또는 잠재적으로 장기적인 위험을 수반하는 기타 증상) 사이에서 균형을 유지하는 것이 중요하다. 어떤 아동이 어떤 범주에 속하는지, 그리고 죽음 이후 얼마나 빨리 이러한 구별이 이루어질 수 있는지 결정하는 것은 어려운 일이다.

복합 애도(complicated grief), 부적응적 애도(maladaptive grief), 외상적 애도(traumatic grief)를 포함한 비일반적인 애도 반응을 설명하기 위해 다양한 용어와 개념적

틀이 사용되어왔다. 예를 들어, DSM-5는 지속성 복합 애도 장애를 후속 연구를 위한 조건으로 제시했는데, 이 장애는 세 가지 증상군(분리의 고통, 죽음에 대한 반응적 고통, 사회적/정체성 붕괴) 각각에서 지정된 수의 증상을 필요로 한다(American Psychiatric Association, 2013, p. 790; Kaplow, Layne, Saltzman, Cozza, & Pynoos, 2013). 흥미롭게도, 이러한 증상군은 이 장의 앞부분에서 설명한 다른 유형의 대인관계 외상도 설명한다. 지속성 복합 애도 장애에 대한 평가 도구는 제2장에서 설명된다. 이렇게 제안된 조건에서 외상적 사별은 '죽음이라는 외상적 특성과 관련해 지속적이고 괴로운 집착'이 동반되는 살인이나 자살로 인한 사망으로 제한된다(American Psychiatric Association, 2013, p. 790).

아동의 복합 애도 반응을 이해하고 평가하기 위한 대안적 접근방식은 아동의 복합 애도 도구 개정판(Inventory of Complicated Grief Revised for Children; ICG-RC)을 사용하는 것이다. 이 접근방식은 부모의 죽음 이후에 복합 애도 반응을 보이는 아동을 식별하는 데 있어 DSM-5에서 제안된 기준보다 훨씬 우수한 것으로 나타났다(Melhem, Porta, Shamsedden, Payne, & Brent, 2011; Melhem et al., 2013). 멜험(Melhem)과 동료들(Melhem and colleagues, 2013)은 복합 애도를 발달시킬 위험이 있는 아동을 식별하기 위한 평가 및 간단한 선별 도구를 제공하고 있다. 제2장에서 이에 대해 더 자세히 설명될 것이다.

아동기의 외상적 애도

아동기의 외상 반응을 치료하는 데 초점을 맞추어 '외상적 애도'라는 용어를 사용하기로 한다. 이는 상당수의 사별 경험 아동이 외상 증상과 부적응적인 애도 증상을 보이며(Kaplow et al., 2014; Melhem et al., 2004, 2011, 2013; Melhem, Walker, Moritz, & Brent, 2008; Wilcox et al., 2010), 일련의 TF-CBT 외상 및 애도중심 개입을 제공하는 것이 외상과 부적응적 애도 증상 각각을 크게 개선한다고 보고하는 데이터에 의해 뒷받침된다(Cohen, Mannarino, & Knudsen, 2004; Cohen, Mannarino, & Staron, 2006; O'Donnell et al., 2014). 예를 들어, 한 연구에서 부모가 죽은 후 9개월 동안 약 40%의 아이들의 복합 애도, PTSD, 우울증, 그리고 불안 점수를 측정한 결과, 모든 부분에서 매우 높은 점수를 받은 것으로 나타났다. 게다가, 10%의 아이들은 부모 사망으로부터 33개월 후에도 복합 애도, PTSD, 우울증, 그리고 불안에 있어 높은 점수를 유지했다 (Melhem et al., 2011). 우리는 이 아이들이 외상 증상의 부정적인 영향을 완화하고 더욱 일반적인 방법으로 애도할 수 있는 능력을 향상시키는 데 효과적인 정신건강 치료의 혜택을 받을 수 있다고 믿는다. 외상적 애도의 근원에 대한 이론적 이해와 위의 데이터들을 종합했을 때, TF-CBT의 외상 및 애도중심 구성요소를 순차적으로 제공하는 것은 아동의 외상적 애도 증상 치료에 효과적일 가능성이 크다는 것을 알 수 있다. 그러나 위에서 지적한 바와 같이, (즉, 외상적 애도는 단순히 살인이나 자살 때문이 아닌 다양한 원인에 의한 사망 후에 발생할 수 있다는 점에서) 아동의 외상적 애도에 대한 우리의 개념화는 DSM-5에서 제안된 정의보다 더 광범위하다(American Psychiatric Association, 2013). 우리는 부모나 형제가 심각한 질병으로 죽을 것이라고 예상하거나 이해하지 못하는 어린 아동이 외상적 애도를 경험한다는 것을 자주 발견해왔다. 많은 아동의 경우, 사망자와 가족원이 괴로워하는 생생한 이미지를 보고 듣는 것을 매우 무서워했다(그리고 당혹스럽거나 혼란스러웠을 수 있다). 다른 경우에서는 애착과 역할 상실이 아동의 외상적 애도에서 가장 두드러지게 나타난다. 예를 들어, 한 여자아이는 남동생의 숙제를 도와주었고, 어머니가 장시간 근무하는 동안 남동생을 친구 집에 데려다주곤 했다. 남동생이 암 진단을 받았을 때, 여자아이는 동생의 상태가 악화되는 것을 지켜보았고 동생이 죽었을 때 곁에 있었다. 이들의 어머니는 아들이 죽은 후 극도로 우울해졌고 딸에게 정서적으로 잘 대해주지 못했다. 그녀는 동생의 죽음에 대한 침습적인 이미지와 악몽을 반복해 경험했고, 동생에 대한 언급이나 기억하는 것을 피했으며, 동생을 '살리지 못했다'고 스스로를 비난했다. 신체적 증상이 나타났고 성적도 떨어졌다. 이를 개념화해보자면, 그녀는 적응적인 기능과 남동생의 죽음과 관련해 정상적인 애도 과제를 수행하는 능력을 방해하는 심각한 외상 증상과 외상적 애도를 겪고 있었다. 그녀의 현저한 PTSD 증상에도 불구하고, 애착 상실/붕괴(남동생과 어머니 각각과의 애착)와 '큰누나' 또는 가족을 돌보는 사람으로서의 정체성 상실이 그녀에게 가장 즉각적인 고통을 주었다. 외상적 애도를 경험하는 아동을 치료할 때, 이러한 문제들을 인지하고 PTSD 증상과 함께 다루는 것이 중요하다. 이러한 맥락에서 이 여자아이의 어머니를 치료에 포함하는 것은 필수적이었고, 이에 따라 TF-CBT에서 부모가 결정적인 역할을 한다는 것을 다시 강조하는 바이다.

요약하면, 아동의 부적응적인 애도를 어떻게 정의하고 측정할 것인가에 대한 논란이 있다. 위에서 설명한 바와 같이, 아동이 일반적인 애도 과제를 수행해나가는 능력을 방해하는 죽음 관련 외상 증상을 나타낼 때, 우리는 이를 '아동기의 외상적 애도'라고 정의한다. 이러한 아동의 대부분은 순차적인 TF-CBT 외상 및 애도중심 치료로 혜택을 받을 가능성이 크다.

외상 및 애도중심 치료

우리의 임상 경험뿐만 아니라 많은 저자의 연구를 바탕으로 했을 때, 외상과 애도 증상이 모두 나타날 때는 애도 문제가 성공적으로 치료되기 전에 외상의 문제를 다루고, 최소한 부분적으로라도 해결하는 것이 권장되고, 이러한 작업은 종종 필수적이기도 한 것으로 보인다(Nader, 1997; Rando, 1996; Layne, Saltzman, Savjak, & Pynoos, 1999; Cohen, Mannarino, & Knudsen, 2004; Cohen et al., 2006). 특히 이러한 원칙은 특정 외상 알림요인에 적용할 수 있다. 예를 들어, 아동이 죽음의 가장 무서운 측면에 사로잡혀 있고, 고인이 어떻게 죽었는지에 대한 정확한 정보를 가지고 있지 않으며 죽음과 관련된 부적응적인 인지(예: 자기비난)를 가지고 있는 경우에 그러하다. 이러한 아동은 자주 고인에 대한 긍정적인 기억(애도 과정을 잘 수행하는 데 중요한 요소)조차도 외상 알림요인으로 경험하기도 한다. 이런 경우 아동은 죽음에 대한 무서운 세부사항을 기억하고 죽음과 관련된 부정적인 생각과 감정에 사로잡히지 않고는 고인을 생각할 수 없다. 더욱이, 회피 증상이 있는 아동은 감정과 너무 분리되어 애도를 경험할 수 없는 경우도 있다. 이러한 이유로 일부 외상중심 개입은 일반적으로 아동기의 외상적 애도를 치료하는 초기 단계에서 활용되며, 애도의 문제는 치료 후반기에 다루어진다. 그러나 아동마다 자기만의 속도와 방향으로 나아가게 마련이다. 어떤 아동은 애도의 문제로 넘어가기 전에 대부분의 또는 모든 외상 증상을 해결하겠지만, 많은 아동은 서로 다른 시기에 어떠한 문제가 가장 대두되는지에 따라 애도와 외상 작업을 함께 다루어야 할 필요가 있을 것이다. 따라서 임상적으로 제안되는 바와 같이 치료의 외상 및 애도 단계는 한데 엮어 다룰 수 있다.

외부 요인도 치료를 진행하는 데 영향을 줄 수 있다. 예를 들어, 고인의 죽음이나 가족의 죽음(자연적인 원인에 의한 경우에도)과 관련된 조사, 언론의 관심이나 소송 과정 등은 이전에 소멸했던 외상 알림요인, 지나친 회피, 분노 또는 기타 PTSD 증상을 다시 촉발할 수 있다. 이러한 상황에서는 반드시 외상중심 개입으로 돌아와야 한다. 외상 및 애도 문제를 순차적으로 다루기 위해, 이 책에서는 외상중심 구성요소와 애도중심 구성요소를 별도로 제시하고자 한다.

요약

외상 사건을 경험하는 어떤 아동은 회복탄력성이 높지만, 다른 많은 아동은 그들의 발달·건강·안전에 오래 지속되는 부정적이고 지대한 영향을 미칠 수 있는 외상 증상을 나타낸다. 이러한 외상 증상에는 정서적·행동적·생물학적·대인관계적·인지적 문제와 복합 외상 문제가 포함된다. 아동의 진단과 관계없이, 외상 관련 어려움은 아동과 가족의 기능에 매우 부정적인 영향을 미친다. 아동은 아동기의 외상적 애도를 경험할 수 있는데, 이는 일반적인 애도를 방해하고 부적응적인 애도 반응으로 이어지는 외상 증상을 나타내는 것이다. 이 책에서 설명되는 외상 및 애도중심 TF-CBT 구성요소는 이러한 유형의 어려움을 겪는 아동을 돕는다. 다음 장은 외상적 스트레스 및/또는 외상적 애도 반응을 경험하는 아동을 평가하고 TF-CBT가 특정 아동에게 적합한 치료 접근인지를 결정하는 방법에 초점을 맞춘다.

2장

외상을 입은 아동을 위한 평가 전략

TF-CBT 모델은 응용 범위가 넓어서, 임상 전문가들이 아동과 가족을 대상으로 외상의 여파로 경험되는 광범위한 정신 장애의 존재를 평가하는 것은 중요한 일이다. 치료 과정을 아동과 가족의 개별적인 필요에 맞게 조정하기 위해서는 철저히 평가하는 것이 중요하다. 평가는 아동과 가족의 정보가 면접·관찰·표준화된 자기 보고와 부모 보고식 측정과 같은 다양한 방법을 활용한 복수의 주체로부터 얻어질 때 최적이라고 할 수 있다. 그러나 더욱 중요한 것은, 아동의 기능에 대해 편향되지 않고 명백한 관점을 살펴보기 위해, 아동과 부모 면접을 따로 해야 한다는 것이다. 부모의 대처 능력, 적응성, 그리고 치료 과정에 온전히 참여할 수 있는 능력 등을 평가하는 것도 중요하다. 또한, 정신병리의 정확한 진단이 필요한 치료에 자금을 지원하고 치료 시설을 인증하는 기관에 대응하기 위해서는 잘 문서화된 평가도 필수 요소가 되었다. 아동의 일반적 정신의학적 평가를 수행하는 방법은 다른 자료에서 자세히 설명되며(American Academy of Child and Adolescent Psychiatry, 1997), 아동기 외상 및 PTSD를 평가하기 위한 특정 도구와 기법도 관련 자료를 통해 찾아볼 수 있다(American Academy of Child and Adolescent Psychiatry, 2010; Kisiel, Conradi, Fehrenbach, Torgersen, & Briggs, 2014). 여기서는 아동과 청소년의 외상적 노출 및 외상 관련 증상을 평가하는 데 도움이 되는 전략을 논의한다.

외상적 노출 평가

아동의 외상적 노출을 평가하는 것은 임상 전문가가 아동의 삶에 관한 더욱 넓은 맥락을 이해하는 데 도움이 된다. 또한 외상적 노출 평가는 일반적으로 아동이 스스로 판단하기에 최악의 외상 경험 및 기타 외상과 연결 지을 수 있으면서도 시기적·임상적 관점에서 아동의 현재 어려움과 관련이 있는 것으로 보이는 외상 증상을 평가하는 데 필수적이다. 아동의 외상에 대한 주관적 관점과 실제 현재 어려움을 살펴보는 이러한 평가를 고려하는 것이 중요한 이유는, 일부 아이들이 특정 외상(예: 성적 학대, 가정폭력)을 인정하지 않기 때문이다. 그렇게 함으로써 외상의 심각성과 영향을 최소화할 수 있다. 많은 임상 전문가는, 주로 하는 평가에 외상 이력에 대한 자세한 조사를 포함한다. 아동기 외상은 일반적으로 잘 보고되지 않고, 여러 외상적 요소가 동시에 자주 일어나므로(Saunders, 2003) 외상 이력에 대해 매번 물어보는 것이 매우 권장된다. 또 다른 옵션은(면접 또는 자기/부모 보고식 도구로서) 표준화된 형식을 활용하여 다양한 아동기 외상 경험을 조사하는 것이다. 그 예로는 DSM-5 기준에 부합하도록 최근에 개정된 UCLA PTSD 반응 지표(UCLA PTSD Reaction Index; Pynoos & Steinberg, 2014)와 외상 사건 선별 도구-아동편(Traumatic Events Screening Inventory-Child Version[TE-SI-C]; Ford et al., 1999). 이 도구들은 아동이 자신이 경험한 각 외상 사건의 심각성을 판단하고 평가하도록 하고, 자신을 가장 괴롭히는 사건을 고르도록 요구한다. 그런 다음, 최악이라고 지목된 사건은 외상 관련 증상을 평가하기 위한 지표로 사용된다.

PTSD 증상 평가

PTSD 증상 평가는 다양한 방법으로 수행할 수 있다. 간단히 말해, PTSD에 대한 DSM-5 진단 기준은 "실제 죽음이나 죽음에 대한 위협, 심각한 상해 또는 성폭력"(American Psychiatric Association, 2013, p. 271)을 요구한다. 외상에 대한 노출은 직접적인 경험으로 일어날 수도 있고, 다른 사람이 외상 사건을 경험하는 것을 목격하는 간접적인 경험으로 일어날 수도 있다. 또한 가족 구성원이나 가까운 친구가 외상에 노출되는 것을 알게 되거나, 그러한 외상의 세부내용에 반복적 또는 극단적으로 노출될 수도 있다(예: 최초 대응자). 더 구체적으로, 진단 기준은 개인에게 4개의 개별 증상군에 지정된 수의 증상이 있어야 함을 요구한다. 그러나 TF-CBT를 받기 위해 PTSD 진단이 필요한 것은 아니며, 6세 이하의 아동은 그 이상의 아동과 성인에 비해 기준이 다소 다르다는(더 적은 증상 요구) 것에 유의해야 한다. PTSD 진단 기준을 충족하는 데 필요한 하위 증상의 수와 마찬가지로, 7세 이상의 아동과 성인에게 맞는 4개의 증상군은 아래와 같다.

침습 증상(다음의 증상 중 1개 이상 존재)
(1) 반복적, 불수의적, 침습적인 고통스러운 기억 및 아동이 보이는 반복적인 외상 관련 놀이
(2) 고통스러운 외상 관련 꿈 반복(아동의 꿈은 명확하게 이해할 만한 내용 없음)
(3) 해리성 증상 또는 플래시백(아동에게서는 외상 관련 놀이 재현이 나타날 수 있음)
(4) 내부 또는 외부의 외상 알림요인에 대한 극심하거나 장기적인 고통
(5) 내부 또는 외부의 외상 알림요인에 대한 뚜렷한 생리적 반응

회피 증상(다음의 증상 중 1개 이상 존재)
(1) 외상과 관련된 생각, 감정 또는 기억을 회피하려는 노력
(2) 외상과 관련된 외부의 알림요인 회피(예: 외상과 관련된 사람, 장소, 사물, 대화)

외상 이후 인지와 기분의 부정적인 변화 발생 또는 악화(다음의 증상 중 2개 이상 존재)

    (1) 외상의 일부를 기억할 수 없는 해리성 기억상실

    (2) 자신, 타인 또는 세상에 대한 부정적인 믿음

    (3) 외상(들)의 원인과 결과에 대한 지속적인 왜곡된 사고

    (4) 지속적인 부정적 기분

    (5) 이전에 즐겨하던 활동에 대해 현저하게 저하된 흥미

    (6) 고립감

    (7) 긍정적 감정을 경험할 수 없는 불능

외상 관련 각성 및 반응성 변화(다음의 증상 중 2개 이상 존재)

    (1) 민감한 행동 또는 이유 없는 분노 폭발

    (2) 무모하고 자기파괴적인 행동

    (3) 과각성

    (4) 과장된 놀람 반응

    (5) 집중력 문제

    (6) 수면 교란

마지막으로, 각 증상군마다 위에 명시된 증상의 수를 보여주는 것 외에도, PTSD의 진단은 최소 1개월 동안 증상이 나타나고 그 증상이 불법 물질 사용, 약물 복용 또는 기타 조건의 생리적인 영향 탓으로 돌릴 수 없는 심각한 기능 손상일 때에만 내려질 수 있다. 상세한 반구조화 면접의 사용이 이러한 PTSD 증상의 존재를 평가하는 '최고의 표준'이다(American Academy of Child and Adolescent Psychiatry, 2010). 그러나 이는 시간과 노동이 많이 소모되며, 임상 환경에서 정기적으로 이러한 면접법을 사용할 수 있는 자원을 가진 치료사는 거의 없다. 아동의 PTSD 증상을 평가하는 데 있어 임상적 사용을 허용할 수 있는 신뢰도와 타당도를 가진 몇 가지 자기 보고식 도구가 있다. 여기에는 앞서 언급했듯이 DSM-5 기준에 부합하도록 최근 개정된 UCLA

PTSD 반응 지표(Pynoos & Steinberg, 2013)가 포함된다. 이 도구는 PTSD에 대한 가장 널리 사용되는 아동의 자기 보고식 척도이며 '경미, 보통, 심각, 매우 심각' 수준의 PTSD 점수를 나타낸다. UCLA PTSD 반응 지표는 현재 구매하여 이용해야 하므로 무료로 사용할 수 있는 아동 PTSD 증상 척도(Child PTSD Symptom Scale[CPSS]; Foa, Johnson, Feeny, & Treadwell, 2001)가 선호되기도 한다. CPSS는 DSM-5에 맞게 타당화되었다(Foa, Asnaani, Zang, Capaldi, & Yeh, 2016). PTSD 진단을 받지 않은 개인과 비교했을 때 PTSD 진단 기준을 충족하는 개인은 다른 정신 장애를 경험할 가능성이 80% 더 높다(American Psychiatric Association, 2013). 따라서 PTSD 기준을 충족하는 아동이 다른 정신질환 진단 기준에도 충족될 가능성이 있는지 평가하는 것이 중요하다.

기타 정신 장애 평가

기타 정신 장애의 유무를 평가하는 것은 필수적이다. 아동에게 능동적인 자살 사고, 자살 의도나 계획, 또는 물질 남용 문제가 있는지 평가하는 것은 특히 중요하다. 이러한 문제는 복합 외상을 경험한 아동에게서 나타날 가능성이 더 크다. 아동기 초기에 중요한 애착 관계를 방해하는 만성적 외상을 겪은 아동은 여러 가지 기능적 영역에서 장애를 보일 가능성이 더 크다. 평가를 통해 이러한 아동을 조기 판별하는 것이 중요하다. 왜냐하면 경우에 따라, 기술 향상을 목표로 하는 TF-CBT의 초기 단계를 몇 회기 정도 늘리는 것으로도, 아동의 정서조절 능력과 스트레스 감소 기술을 향상해 전반적인 안정성을 높일 수 있기 때문이다. 우울증(자살 가능성 포함), 물질 사용 장애, 정신질환 및 기타 정신 장애의 유무를 평가하기 위해 표준이 되는 아동 정신의학 평가 절차를 사용해야 한다(American Academy of Child and Adolescent Psychiatry, 1997; Kisiel et al., 2014). 특히 진정한 정신병적 환각·망상과 PTSD의 증상일 수 있는 플래시백(flashback) 또는 침습적인 생각을 구별하는 것이 중요하다. 마찬가지로, 심각한 행동 문제(예: 행동 장애)를 보이는 아동의 경우 이러한 품행 문제가 최소한 일시적으로라도 외상 및 관련 증상의 발현 시점과 관련이 있는지를 확인하는 것이 중요할 수 있다. TF-CBT 모델에 설명된 대로, 많은 아동의 행동 문제는 행동 관리 전략에 관해 부모와 함께 작업함으로써, 그리고 동시에 아동에게 정서조절 전략을 가르침으로써 적절하게 해결될 수 있다. 이러한 작업은 궁극적으로 아동의 외상 경험을 다루는 데 도움이 될 것이다. 그러나 다른 아동, 특히 행동 문제 또는 기타 자기파괴적인 행동에 대한 오래된 이력이 있는 아동은 TF-CBT를 시작하기 전에 정서적·행동적 안정화에 초점을 맞춘 치료를 더 오래 받아야 할 수도 있다. 임상 전문가는 외상중심의 작업을 시작하기 전에, 아동의 행동을 안정시키는 치료에 주력해야 할지를 결정하는 데 임상적 판단을 활용할 필요가 있을 것이다. 만일 위에서 설명한 심각한 정신의학적 조건이 과거에 있었거나 현재에 나타난다면 치료 과정 전체에 걸쳐 이러한 상황을 관찰하고 기록해야 한다. 치료사는 이러한 상황에 해당하는 아동에게 외상중심 개입을 사용하기 전에 수퍼바이저나 TF-CBT 모델 사용 경험이 있는 기타 전문가에게 자문받는 것을 고려해야 한다.

그러나 최근의 연구에 따르면 다수의 외상 및 심각한 우울 증상을 경험한 아동은 비지시적 치료 접근에 덜 반응할 수 있으며, TF-CBT의 구조, 기술 향상, 외상중심 접근으로부터 이익을 얻을 수 있다(Deblinger, Mannarino, Cohen, & Steer, 2006).

제1장에서 설명한 바와 같이, 외상 경험은 다양한 영역에서 아동의 기능에 영향을 미칠 수 있다. 따라서 초기 평가 회기 동안 PTSD에 대한 평가 외에도, 아동의 기능에 대한 가능한 한 많은 정보를 수집하는 것이 중요하다. 지적했듯이, 복합 외상을 지닌 아동은 여러 영역에서 손상을 보일 가능성이 있다. 이러한 손상의 세부사항을 파악하면, 개별적으로 맞추어진 TF-CBT 계획을 설계하기 위한 기초를 마련하는 사례 개념화가 가능할 것이다. TF-CBT 구성요소는 아래의 문제 영역의 많은 부분을 치료하도록 설계된다. 각 문제 영역을 CRAFTS라는 약어로 요약할 수 있다.

- 인지적 문제(Cognitive problems): 왜곡 또는 부정확한 사고(예: 외상 사건에 대한 자책)와 도움이 되지 않는 사고(예: 최악의 가능성에 집착)를 포함하는 자기와 타

인, 상황에 대한 부적응적인 사고 양상

- 관계 문제(Relationship problems): 또래와 어울리지 못하는 어려움, 취약한 문제 해결 또는 사회적 기술, 대인관계 상호작용에 대한 과민증, 친구 사귀기에 대한 부적응적 전략, 관계 신뢰의 손상
- 정서적 문제(Affective problems): 슬픔, 불안, 공포, 분노, 부정적인 정서 상태를 견디거나 조절하는 능력 취약, 자기 위로 능력 취약
- 가족 문제(Family problems): 양육 기술 부족, 취약한 부모-자녀 소통, 가족 학대 또는 폭력으로 인한 부모-자녀 유대관계 어려움
- 외상 행동 문제(Traumatic behavior problems): 외상 알림요인 회피, 외상 관련 성적, 공격적 또는 비협조적 행동, 위험 행동
- 신체적 문제(Somatic problems): 수면 장애, 외상 단서에 대한 생리학적 과민증 및 과각성, 신체적 긴장, 신체화 증상(두통, 복통 등)

아동과 부모 면접을 별도로 하고, 위의 각 영역에서 아동의 기능을 확인하기 위해 임상적으로 관찰하는 것 외에도, 일반 모집단과 관련하여 아동의 적응 수준에 대한 객관적인 평가를 제공할 수 있는 표준화된 척도가 있다. 부모 또는 교사는 주로 아동의 행동 기능을 평가하는 데 가장 적합한 자원이다. 널리 사용되는 몇 가지 아동 행동 측정 도구에는 아동 행동 체크리스트(Child Behavior Checklist: CBCL; Achenbach, 1991), 아동을 위한 행동 평가 시스템(Behavior Assessment System for Children: BASC; Reynolds & Kamphaus, 1992), 강점·난점 설문지(Strength and Difficulties Questionnaire: SDQ; Goodman, 1997; Goodman & Goodman, 2009) 등이 있다. 전 세계적으로 TF-CBT의 사용이 점점 더 널리 보급되고 있다는 것을 고려하면, 위의 측정 도구 중 SDQ는 많은 다양한 언어로 번역되었으며 인터넷을 통해 무료로 이용할 수 있다는 점에 주목할 만하다. 이러한 수기 측정 도구는 아동과 청소년의 내재화 및 외현화 증상을 평가하며, 부모, 청소년 및/또는 교사에게 실시할 수 있다.

비록 부모와 교사가 관찰 가능한 어려움(예: 공격적 행동 표출, 가족 및 또래 관계 문제)에 대해 가장 정확한 정보를 제공할 수 있을지라도, 아동 자신만큼 자신의 내적 고

통에 관해 가장 적합한 보고를 할 수 있는 사람은 없을 것이다(Rey, Schrader, & Morris-Yates, 1992). 따라서 아동·청소년에게서 우울증, 불안 및 기타 내적 외상 증상의 가능성 존재를 평가하기 위해 아동에게 직접 질문하는 것 그리고 표준화된 자기 보고식 측정 도구를 활용하는 것이 중요하다. 사용할 수 있는 일반적인 외상 증상 측정 도구는 두 가지인데, 아동용 외상 증상 체크리스트(Trauma Symptom Checklist for Children; Briere, 1995)와 아동에 미치는 사건의 영향 척도(Children's Impact of Events Scale; Wolfe, Gentile, Michienzi, Sas, & Wolfe, 1991)이다. 아동의 우울증을 평가하기 위해 특별히 사용되는 표준화된 자기 보고식 측정 도구에는 아동 우울증 척도(Children's Depression Inventory; Kovacs, 1985; 7-16세), 벡 청소년 우울척도(Beck Youth Depression Inventory; Beck, Beck, & Jolly, 2001) 및 벡 우울척도 2판(Beck Depression Inventory - II; BDI-II; Beck, Steer, & Brown, 1996; 13세 이상) 등이 있다. 아동과 청소년의 불안을 평가하는 표준화된 자기 보고식 측정 도구에는 아동의 상태-특질 불안 척도(State - Trait Anxiety Inventory for Children; Spielberger, 1973), 아동을 위한 불안 표출 척도(Manifest Anxiety Scale for Children: MASC; March, Parker, Sullivan, Stallings, & Conners, 1997), 아동 불안 관련 정서 장애 검사 도구(Screen for Child Anxiety Related Emotional Disorders: SCARED; Birmaher et al., 1997) 등이 있다.

가능하면 외상 경험(들) 이전에 아동의 대처 방식, 적응력, 기능에 대한 적절한 과거 이력을 확보하는 것도 도움이 된다. 연구에 의하면 외상에 대한 아동의 심리사회적 반응이 그들의 기질, 기존 정신병리, 귀인 또는 대처 방식에 의해 조절될 수 있다(Feiring, Taska, & Lewis, 2002; Spaccareli, 1994). 다시 말하자면, 이러한 정보는 면접을 통해 얻어질 수 있으나, 특히 외상과 관련된 대처 및 귀인 반응을 평가하는 데 도움을 제공하는 몇 가지 측정 도구가 있다. 아동의 귀인 및 지각 척도(Children's Attribution and Perception Scale; Mannarino, Cohen, & Berman, 1994)와 아동의 외상 후 인지 도구(Children's Post-Traumatic Cognitions Inventory; McKinnon et al., 2016)이다.

TF-CBT의 중심에는 확인된 외상 사건(들)에 대한 상세한 논의 및 글쓰기가 포함되어 있으므로 긍정적인 인생 경험에 관한 이야기를 제공하는 아동의 능력을 평가하는 것이 도움이 된다. 흥미롭게도 스턴버그 등(Sternberg et al., 1997)은 아동이 학대

혐의에 대한 조사를 받기 전에 중립적이거나 긍정적인 사건에 관한 상세한 설명을 하도록 요청받으면, 혐의가 제기된 학대에 대해 자세한 정보를 제공하는 아동의 능력이 크게 커지는 것으로 보인다는 것을 발견하였다. 우리는 이들의 접근방식을 수정하여 아이들에게 중립적이거나 긍정적인 경험과 관련하여 그들의 감정, 생각, 심지어 신체적 감각을 공유하는 연습을 포함했다(Deblinger, Behl, & Glickman, 2006). 이러한 평가 방식은 치료가 진행됨에 따라 중요해질 기술을 연습할 기회를 아동에게 제공한다. 더불어, 치료 계획 평가의 맥락에서 아동에게 좋아하는 활동을 묘사하도록 요청하는 것은 라포(rapport)를 형성하며, 그들이 세부내용을 표현하고 생각·감정·감각을 공유하는 능력의 기준치를 예상하는 데 도움이 될 것이다. 아동이 좋아하는 활동을 공유할 수 있는 능력을 파악하는 것은 그들이 어른에게 편안함을 느끼고, 세부사항을 말하고, 어른과 소통하는 측면에서 발달적·문화적 영향을 얼마나 받았는지에 대한 중요한 정보를 제공한다. 예를 들어, 아동이 제공하는 기본적인 중립적/긍정적 이야기는 그 아동이 감정을 느끼는 데 매우 제한된 어휘를 가지고 있으며, 중립적이거나 긍정적인 활동에 대해 세 단어 이상의 문장을 설명할 수 없다는 것을 드러낼 수 있다. 이러한 수준의 서술은 감정 표현과 관련하여, 그리고 나중에 외상 이야기를 하는 동안 나타날 것이라 기대하는 세부내용의 정도와 관련하여, 아동에게 어느 정도 기술 향상이 필요함을 나타낸다. 또는 아동의 전반적인 발달 능력을 바탕으로 치료사가 아동의 기대를 조정할 필요가 있음을 드러낸다. 사실, 아동에게 매우 세부적인 외상 관련 이야기를 기대할 것이 아니라, 그 깊이와 세부성 면에서 아동이 중립적인 서술과 유사한 외상 이야기를 하는 데 노력을 기울이는 것에 박수를 건네야 한다.

평가 중에, 또는 외상중심 작업을 시작하기 전에, 긍정적인 사건 공유와 아래에 설명된 기본적인 외상 이야기를 할 수 있도록 아동을 격려함으로써 가장 기본적인 외상 관련 이야기를 하도록 요청할 수 있다.

치료사: ○○(이)를 알게 되어 정말 기뻐. 내가 ○○(이)를 더 잘 알 수 있는 한 가지 방법은 ○○(이)가 최근에 참여한 활동에서 정말로 즐거웠던 모든 걸 말해주는 거야. 최근에 가서 좋았던 활동이나 파티에 대해 말해줄래?

아이: 음, 이번 주말에 갔던 생일 파티에 대해 말할 수 있지만 별로 재미있지는 않았어요.

치료사: 그래도 괜찮아. 어쨌든 그것에 대해 들어보고 싶어.

아이: 네.

치료사: 나는 그 생일 파티에 가지 않았으니, ○○(이)가 그곳에 도착했을 때부터 생일 케이크가 나왔을 때까지 일어난 모든 걸 얘기해주면 좋겠어. ○○(이)가 파티에 있는 동안 어떤 느낌이었고 또 혼자 뭐라고 생각했었는지 말해주면 ○○(이)를 이해하는 데 정말 도움이 될 것 같아.

가능한 한 아이가 자발적으로 이야기를 하도록 허용하라. 그러나 아이가 말하기를 멈추는 시간이 길어지거나 크게 집중하지 못하게 되는 경우 다음의 질문 또는 진술 중 하나를 골라 개입할 수 있다.

1. 넓은 개방형 질문

"무슨 생각을 하고 있었니?"

"혼자 무슨 생각을 하고 있었니?"

"어떤 느낌이 들었니?"

"다음에는 어떤 일이 일어났니?"

2. 명확하고 반영적인 진술

"~에 대해 더 말해줄 수 있겠니?"

"나는 그곳에 없었기 때문에 ~에 대해 말해줄래?"

"~에 대해 모두 알고 싶어."

"~에 대한 부분을 다시 한 번 말해줄래?"

이번에는 외상 경험에 이 작업을 적용하여 반복해본다.

치료사: 오늘 엄마가 ○○(이)를 나에게 데려왔는지 말해줄래?

아이: 제 생각에는 경찰이 아빠를 데려갔을 때 무슨 일이 있었는지 선생님께 말하길 원하시는 것 같아요.

치료사: 그래. 그것에 대해 좀 더 말해주었으면 해. 생일 파티할 때 있었던 일을 다 말해준 건 정말 잘했어. 이제, 경찰이 ○○(이)의 집에 왔던 날 있었던 모든 일에 대해 말해주었으면 해. 경찰이 ○○(이)의 집에 오기 전에는 무슨 일이 있었는지, 아니면 경찰이 ○○(이)의 집에 오고 나서 무슨 일이 있었는지 말해줄래?

아이: 경찰이 오기 전에 일어났던 무서운 일은 선생님이 듣고 싶지 않을 테니까 그 사람들이 오고 나서 무슨 일이 있었는지 말해줄게요.

치료사: 나는 무서운 얘기도 듣고 싶어. 하지만 오늘은 경찰이 ○○(이)의 집에 도착해서 떠날 때까지 있었던 모든 일을 말해줬으면 좋겠어. 그리고 이 모든 일이 일어나는 동안 ○○(이)가 어떻게 느꼈는지, 그리고 혼자 어떤 생각을 하고 있었는지 말해주렴.

아이: 네. 노력해볼게요.

이 초기 진술은 치료에서 기준점으로 간주된다. 이는 이러한 진술이 아이와 작업하기 전에 아이의 정서조절이나 스트레스 관리 기술 측면에서 얼마나 회피적인지에 대한 어느 정도의 정보를 제공하기 때문이다. 외상에 대한 이러한 초기 대화 동안에, 개방형 질문 방식으로 물어봄으로써 아동이 무엇을 말하든 수용하는 것이 중요하다. 이 초기 단계에서는 아동에게 더 자세한 내용을 말하도록 강요할 필요가 없다. 오히려, 라포를 형성하고 아동이 말할 수 있는 것을 모두 말했다는 것에 대해 아동을 칭찬하는 데 집중하는 것이 중요하다.

여러 연구는 부모의 고통 수준이 아동의 외상에 대한 반응뿐만 아니라 치료에 대한 반응에도 상당한 영향을 미칠 수 있다고 강조한다(Cohen & Mannarino, 1996b, 2000; Deblinger, Lippmann, & Steer, 1996; Spaccareli, 1994). 부모는 자녀의 보호자로서 TF-CBT에 참여하는데, 부모는 이 치료에서 자신의 개인적인 어려움(예: 치료와 관련 없는 일 또는 결혼 문제)에 대한 직접적인 수혜를 받지 못할 수도 있다. 그렇더라도 치료 중이나 치료 후의 부모의 적응력과 자녀에게 제공하는 효과적인 역할모델, 그리고 그들의 지원 능력을 평가하는 것은 매우 중요하다. 따라서 부모가 외상에 노출된 정도와 그에 대한 심리사회적 반응에 대한 과거 이력이 포함된 정보를 얻는 것이 중요하다. 부모의 외상과 관련된 환경과 영향에 대해 그들을 면접함으로써 그들의 대처 능력에 대한 정보를 얻을 수 있다. 그리고 자녀 또는 부모 자신이 가장 논의하기 어렵다고 느낄 수 있는 외상의 요소를 파악하는 데 도움이 될 수 있다. 이러한 정보는 특히 외상 중심의 작업을 시작할 때 도움이 될 수 있다. 부모의 외상별 반응을 평가하는 데 유용한 측정 도구는 사건충격척도(Impact of Events Scale; Joseph, Williams, Yule, Walker, 1992), 부모의 정서 반응 설문지(Parental Emotional Reaction Questionnaire; Mannarino & Cohen, 1996), 그리고 앞서 언급한 DSM-5에 부합하는 척도인 UCLA PTSD 반응지표(UCLA PTSD Reaction Index; Pynoos & Steinberg, 2013) 등이 있다. 또한, 부모의 일반적 증상 수준을 평가하는 데 이용할 수 있는 표준화된 척도는 많이 존재한다(예: BDI-II [Beck et al., 1996]; Symptom Checklist - 90 [SCL-90; Derogatis, Lipman, & Covi, 1973]).

위에서 지적한 바와 같이, 부모에게 심각한 정신질환이 있는지를 검사하는 것도 중요하다. 경우에 따라, 치료 계획을 평가하는 과정에서 능동적인 물질 남용 문제, 심각한 정신건강 문제(예: 정신질환 또는 자살 가능성), 또는 자녀를 위험에 빠뜨리는 행동(예: 신체적 학대)으로 인해 부모의 참여 능력이 제한적이라는 사실이 드러날 수 있다. TF-CBT를 시작하기 전, 효과적으로 사례를 관리하기 위해 이러한 문제가 적절히 해결되어야 한다. 관련 법규에 따라 임상적 위탁자 및 해당 기관(예: 아동보호서비스 기관)에 보고서를 제출해야 한다. 지지적인 어른의 참여가 아동에게 가장 적합하기는 하지만, 연구에서는 아동의 보호자로 어른이 활발하게 참여하지 않을지라도, 특히 PTSD를 극복하는 측면에서는 아동이 TF-CBT로부터 혜택을 얻을 수 있다(Deblinger et al., 1996). 또한, 법적 보호자의 동의를 얻어 조부모나 계부모, 이모나 고모, 양부모, 성인 형제자매, 일선 주거종사자 등 다른 지지 자원으로서의 어른이 참여하면 아동에게 도움이 될 수 있다.

아동기의 외상적 애도 평가

아동기의 외상적 애도에 대한 임상 평가에서는 부모나 다른 보호자뿐만 아니라 아이로부터 각각 별도의 개별적 평가 회기에서 직접 정보를 얻는 것이 중요하다. 슬픔에 잠긴 아동을 평가하기 위한 몇 가지 계획안(Webb, 2002; Fox, 1985)은 죽음 특성, 애도 의식 등에 대한 정보를 얻을 수 있는 지침을 제공한다. 어떤 아동은 사랑하는 사람의 상실 후 바로 회복하는 반면, 다른 아동은 죽음이 특히 폭력적, 우발적, 또는 갑작스러울 때 상당한 어려움을 겪는다. 최근 연구 결과에 따르면, 부모의 갑작스러운 죽음을 경험한 아동 중 최소 10%가 죽음 이후 3년이 지나도록 장기간에 걸친 심각한 애도 반응과 높은 우울증 위험, 복합적인 기능 장애를 계속 겪을 수 있다(Melhem et al., 2011). 이러한 아동은 시간이 지남에 따라 학교, 가정, 또래 관계에서의 기능을 손상시키는 외상적 애도 증상을 보이는 경우가 많다. 아동기의 외상적 애도에 대한 현재의 개념화는 다음과 같은 사항을 포함하고 있어야 한다.

(1) 아동이 외상적이라고 인식한 상황에서 중요한 사람의 죽음
(2) 현저한 PTSD 증상 존재
(3) PTSD 증상이 일반적인 애도 반응을 방해하여 복합 또는 비정상적 애도 반응 초래

다음 절들은 이러한 영역에 대한 정보를 수집하는 데 초점을 맞춘다.

죽음의 외상적 특성

아동기의 외상적 애도를 다루는 대부분 사례에서는, 중요한 사람이 객관적으로 외상적인 방식으로, 즉 갑작스럽게, 우발적으로, 폭력적으로, 또는 잔혹하게 사망한다(예: 타살, 자살, 전쟁, 갑작스러운 사고, 재난). 그러나 어떤 경우에는 중요한 사람이 자연

사했어도, 죽음이 아동에게 주관적으로 외상적이다. 이는 그 죽음이 전적으로 예상치 못한 것이었거나(예: 심장마비 또는 뇌졸중), 아동이 충격을 받거나 무력감을 느낄 정도의 요소가 수반되었거나(예: 죽어가는 사람이 쓰러짐, 피를 많이 흘림, 토함, 파랗게 질림), 아동이 죽은 사람을 보며 참을 수 없을 정도로 고통스러워했기(예: 아동이 숨을 헐떡거림, 고통에 비명을 지름, 도움을 간청함) 때문이다. 국립 아동 외상 스트레스 네트워크의 아동 외상 애도 위원회(National Child Traumatic Stress Network's Child Traumatic Grief Committee)는 사랑하는 사람의 죽음과 관련하여 아동과 생존 부모의 경험에 대한 정보를 수집하는 데 사용할 수 있는 두 가지 버전의 면접법을 개발했다. 이러한 면접법은 죽음의 특성(characteristics)과 귀인(attributions), 죽음에 노출된 후 반응(responses after exposure to death)을 유도하며(CARED-아동 및 부모 버전; Brown, Cohen, Amaya-Jackson, Handel, & Layne, 2003), 이러한 유형으로 아동기의 외상적 애도 분야에서 개발된 첫 번째 도구 중 하나였다.

죽음 관련 PTSD 증상

이 장의 앞부분에서 아동의 PTSD 증상을 평가하는 방법을 설명한 바 있다. 간략하게, 중요한 사람의 죽음과 관련하여, 특히 발달적으로 적절한 방식으로 PTSD 증상에 관해 질문하는 것이 필수적이다. 또한, 어떤 증상은 부모에 의해 더 쉽게 관찰되고 보고되고(예: 예민함, 외상 관련 놀이), 또 어떤 증상은 아동이 스스로 보고하도록 요구되므로(예: 침습적 사고, 회피, 미래가 단축된 것 같은 감각), 아동과 부모에게서 별도로 정보를 얻는 것이 중요하다. 위에서 지적한 바와 같이, PTSD 진단은 필수가 아니지만 외상적 애도를 경험하는 대부분 아동은 일부 PTSD 증상을 보고할 것이다.

PTSD 증상이 일반적 애도에 미치는 부정적인 영향

여기서 중요한 요인은 외상 증상이 일반적인 애도 반응에 부정적인 영향을 미치는가, 그리고 그렇다면 어떻게 영향을 미치는가이다. 제1장에서 설명한 바와 같이, 외상 및 애도 분야에서 성인과 아동의 복합적 또는 외상적 애도를 어떻게 가장 잘 평가할 것인가에 대한 활발한 논쟁은 현재 진행중이다.

최근에는 아동·청소년의 지속성 복합 애도 장애(Persistent Complex Bereavement Disorder, PCBD)를 평가하기 위해 8~18세의 아동과 청소년을 위한 39개 항목의 체크리스트가 개발되었다(Layne, Kaplow, & Pynoos, 2014). 이 체크리스트는 아동이 PCBD로 정리된 증상을 보이는 정도를 평가하며, DSM-5에서는 PCBD에 대한 후속 연구의 필요성이 제안되었다(American Psychiatric Association, 2013). PCBD 조건에 대한 기준을 충족시키려면 아동·청소년은 반드시 사랑하는 사람의 죽음으로부터 6개월 이상 해당 장애 증상을 보여야 한다. PCBD 증상에는 세 가지 하위범주가 있다(American Psychiatric association, 2013).

(1) 사랑하는 사람 또는 죽음 당시 환경에 대한 지속적인 갈망, 계속되는 강렬한 애도 및/또는 사랑하는 사람에 대한 집착
(2) 죽음에 대한 반응적 고통 증상
(3) 사회적/정체성 혼란

최근 한 연구에서 연구자들은 부모 죽음의 후유증으로 지속성 애도 반응의 위험이 있는 아동을 평가하는 데 아동의 복합 애도 도구 개정판(Inventory of Complicated Grief—Revised for Children: ICG-RC) 및 도구와 관련된 6개 항목을 선별하는 도구의 중요도를 조사했다(Melhem et al., 2013). 연구 결과를 바탕으로, 저자들은 이 평가 도구가 지속성 애도 반응의 위험에 있는 아동·청소년을 파악하는 데 PCBD 진단 기준보다 더 나은 결과를 얻을 수 있다고 제안한다. 그러나 이러한 결과를 다른 유형의 외상적 상실을 경험한 아동에게 반복 및 일반화하는 데 추가 연구가 필요하다는 것에는 의문의 여지가 없다. 마지막으로, 연구자들은 성인의 복합 애도를 평가하는 도구인 복합 애도 도구(Inventory of Complicated Grief: ICG)를 개발했다. 이 척도는 외상적 상황에서 배우자, 연인, 또는 자녀를 잃은 성인의 증상 유무를 평가하는 데 사용될 수 있다(Prigerson et al., 1995).

가족에게 평가에 대한 피드백 제공

　적절하다고 판단될 경우, 치료를 시작하기 전에 아동과 부모 모두에게 평가 결과와 치료 개념화를 제시하는 것이 중요하다. 평가 결과를 요약해줌으로써 부모는 매우 안심할 수 있다. 부모는 개인적으로, 그리고 가족원으로서, 외상이 그들의 삶에 미치는 영향을 치료사가 제대로 이해하고 있는지 확신이 서지 않을 수도 있기 때문이다. 구체적인 진단이 제시될 수는 있으나, 부모들은 진단에 대한 솔직한 설명과 표준화된 점수를 훨씬 더 의미 있게 느끼고 덜 무섭게 받아들이며, 표준화된 점수를 통해 낙인에 대한 걱정이 줄어든다. 또한 아동에게서 확인된 강점을 평가 결과에 통합하여 제시하는 것도 매우 중요하다. 복합 외상을 경험하고 다양한 영역에서 정서적으로 어려움을 겪는 아동조차도 강점을 지니고 있으며, 그 강점을 발견해주어야 한다. 일반적으로, 단일 외상, 복합 외상, 또는 만성 외상 후 치료에 참여하는 아동은 어느 정도 그들의 어려움을 인정하고 치료에 참여하려는 의지 및 회복탄력성을 보이는데, 이는 충분히 강조할 수 있는 강점이다. 대부분 아동은 그들이 뛰어나다는 것을 보여주는 재능, 관심사 및 학업적 영역뿐만 아니라, 건강한 관계와 우정을 발달 시키고 유지할 수 있는 능력을 포함하는 강점을 지니고 있다.

　평가 결과의 개요를 제시한 후, 특히 증상이 아동의 외상 이력과 어떻게 연결되어 있는지에 관해 치료사는 치료 계획을 제시해야 한다. 평가에서 확인된 어려움을 어떻게 치료할 것인지, 그리고 아동과 부모의 강점을 어떻게 활용할 것인지 구체적으로 서술된 계획을 제시하는 것이 도움이 된다. 특히 이 단계에서는, 부모의 지원이 자녀의 외상 회복에 강력한 영향을 미칠 수 있다는 것을 힘주어 설명하여, 부모가 치료 과정에서 수행하는 중요한 역할을 강조하는 것이 중요하다. 치료 개요를 제공하고, 아동과 부모를 위한 개별적 회기 다음에 부모-자녀가 함께 참여하는 회기에 대한 치료의 구조를 설명함으로써, 치료사는 부모가 치료 전반에 걸쳐 자녀에게 가장 귀중한 치료 자원이 될 것이라는 기대를 강조할 수 있다. 공식적인 치료 회기가 모두 끝났을 때 이를 강조하는 것은 더욱 중요하다. 기회가 생길 때마다, 회기 수(예: 12~18회기) 및 치료를 완료하는 데 필요한 적절한 시간 계획의 차원에서 부모에게 일반적인 기대감을 부여하는 것이 도움이 된다. 이러한 정보는 부모와 아동을 안심, 그들이 치료 과정 전체에 전념할 가능성을 높일 수 있다.

　부모가 터놓고 이야기하고 자유롭게 질문할 수 있도록, 치료사가 부모에게 평가 결과를 제시하는 동안에는 자녀가 함께 참석하지 않도록 해야 한다. 즉, 아동의 어려움과 강점에 대한 평가에서 파악한 것을 고려하여, 아동의 연령에 따라 그 결과를 아동에게 따로 제시하는 것이 도움이 될 수 있다. 그리고 치료사는 간단하고 구체적인 용어로, 특히 아동 평가에서 발견된 몇 가지 어려움을 극복하는 데 치료가 어떤 도움이 될지에 관한 치료 계획을 간략하게 설명할 수 있다. 다시 말하지만, 치료사는 너무 많은 정보로 아이를 어쩔 줄 모르게 해서는 안 된다. 예를 들어, 시작 단계에서 상세한 진술을 정리한 자료를 아동에게 보여주는 것은 큰 불안감을 유발할 수 있으므로 삼가야 한다. 이보다는, 평가 검토 및 치료 계획을 소개함으로써 더욱 일반적인 평가 결과뿐만 아니라 치료의 구조와(부모와 자녀 모두 도움을 받으리라는) 기술 향상 측면에 초점을 맞추어야 한다. 이로써 치료가 가족의 강점을 기반으로 하여 모든 가족 구성원이 경험하는 외상에 효과적으로 대처하도록 도울 것이라는 확신을 불어넣을 수 있다.

　마지막으로, 비공식적인 평가는 치료 과정을 안내하기 위해 치료 전반에 걸쳐 지속되어야 한다. 특히 대처 능력 부족과 인지 왜곡을 식별하고, 외상중심 작업을 계획하며, 가족 회기의 시기를 효과적으로 정할 때 지속적인 비공식적인 평가가 필요하다. 치료 후 평가는 치료 전에 사용되었던 표준화된 측정 도구를 활용하는 것이 이상적이며, 계획된 치료의 종료 시점 직전에 실시해야 한다. 비록 TF-CBT가 아동과 부모가 안정을 되찾고 PTSD를 극복하도록 돕는 데 탁월한 성공을 보여왔다 할지라도, 매번 증상이 100%의 제거되는 것은 아니다. 외상 관련 증상이 완전히 해결되지 않았다고 해서 임상 전문가는 치료의 종료를 연기해서는 안 된다. 사실, 최근의 한 연구에서 아동과 부모가 외상 경험을 극복할 때 치료는 종료됐지만, 그들이 배운 기술을 활용하고 더욱 건강한 관점을 얻으며 개선을 보인다고 보고한다(Mannarino, Cohen, Deblinger, Runyon, & Steer, 2012). 게다가, 외상의 일부 영향은 항상 경험될 것이며, 이러한 경험이 반드시 건강하지 않은 것은 아니다. 요컨대, 치료 후 평가는 향후 아동과 부모가 치료를 다시 필요로 할 수 있다는 조건과 함께 마무리 계획의 전반적인 적절성을 검증하는 한편, 치료 과정을 문서화하고 치료가 끝난 것을 축하하기 위해 활용되어야 한다.

3장

TF-CBT 모델은
어떻게 작용하는가

이 책의 나머지 부분에서는 TF-CBT에 대해 설명한다. TF-CBT는 경험적으로 뒷받침된 치료 모델로, 외상 경험의 후유증과 관련하여 아동, 청소년, 부모를 조력하기 위해 설계되었다. TF-CBT는 외상에 적절한 개입, 인지·행동적 원칙뿐만 아니라 애착, 발달 신경생물학, 가족, 역량 강화, 그리고 인본주의적인 이론적 모델의 측면을 통합하여 외상 경험(들)의 영향을 받는 아동과 가족의 요구를 최적으로 해결하고자 하는 구성요소 기반의 혼합 접근법이다.

TF-CBT는 특히 PTSD, 우울증, 불안의 증상뿐만 아니라 이러한 증상들과 관련된 다른 행동 및 정서적 어려움도 다룬다. TF-CBT는 특정 행동 문제를 다루어 성공적으로 해결할 수 있으나, 아동의 주요 어려움이 기존의 심각한 행동 문제를 반영한다면 그러한 경우에는 TF-CBT가 이상적으로 적합하지는 않을 것이다. 이럴 때, 행동 문제에 대해 TF-CBT에 이어 다른 증거 기반의 치료를 사용하는 것이 임상적으로 적절할 수 있다. 반면에, 행동 문제의 결과로 외래 진료에 의뢰된 아동은 외상(들) 경험이 있는지 검사를 받아야 한다는 점에 유의해야 한다. 외상 경험은 광범위한 정서 및 행동 문제의 기저를 이룰 수 있으며, TF-CBT의 경우 아동이 행동 문제를 극복하는 데 도움을 주는 효과성을 증명해왔다.

점진적 노출 및 단계 기반 치료

TF-CBT는 치료의 첫 시작부터 외상에 초점을 두지만, 아동의 외상 경험에 대한 세부사항을 다루는 과정은 점진적이고 단계 기반적이라는 것을 유념해야 한다. 첫 번째 치료 단계는 안정화 및 기술 개발 단계(stabilization and skill-building phase)이다. 이 단계는 경험된 외상의 역동, 여파, 충격, 치료에 대한 더욱 일반적인 교육에 초점을 맞추고, 부분적으로는 외상 알림요인을 관리하는 기술을 개발하기 위한 기술 향상에 초점을 둔 회기로 시작한다. 아동의 외상 기억에 대한 세부사항은 점진적으로 얻게 되며, 치료 중간 단계에 걸쳐 논의되거나 기록되는데, 이 중간 단계를 외상 서술 및 처리 단계(trauma narration and processing phase)라고 한다. 그 후 치료의 마지막 단계는 외상과 매우 비슷한 실제 상황(in vivo)에 대한 적응 숙달에 중점을 두고 학습된 것을 통합 및 강화(integration and consolidation)하는 것에 초점을 맞춘다. 이로써 부모–자녀 간 직접적인 외상 관련 의사소통, 안전 기술 개발, 학습된 교훈의 내재화를 증진할 수 있다. 일반적으로는 전체 치료의 3분의 1씩이 각 치료 단계에 할애된다. 그러나 복합 외상을 경험한 아동을 치료하는 경우, 안정화 및 기술 개발 단계에 더 많은 시간이 필요할 수 있다. 이런 경우에는 회기의 약 절반이 치료의 초기 단계에 할애되고, 나머지 두 단계(즉, 외상 서술 및 처리 단계와 통합 및 강화 단계)는 치료의 후반부를 구성하게 된다. 이러한 치료 계획은 필수적인데, 아동기 초기에 복합 외상을 경험한 아동은 복합 외상 정의에 따라 여러 기능적 영역에서 어려움을 겪는 경우가 많기 때문이다. 특히 심각한 정서, 인지, 대인관계 및 행동 조절곤란에는 대처 기술 개발과 안정화를 위한 시간이 추가적으로 필요할 수 있다. TF-CBT의 3단계의 길이와 양을 조절하는 것에 대한 자세한 내용은 관련 문헌들에서 찾아볼 수 있다(Cohen, Mannarino, Kliethermes, et al., 2012; Kliethermes & Wamser, 2012).

TF-CBT 모델의 핵심적 가치는 CRAFTS라는 약어로 요약할 수 있다.

- 구성요소 기반이다(Components-based).
- 문화적 가치를 존중한다(Respectful of cultural values).
- 적응적이고 유연하다(Adaptable and flexible).
- 가족 기반이다(Family-focused).
- 치료적 관계가 핵심이다(Therapeutic relationship is central).
- 자기효능감이 강조된다(Self-efficacy is emphasized).

구성요소 기반(Components-based) 치료는 이전에 통합된 기술을 점진적으로 발전시켜가는 일련의 핵심 기술을 강조한다. TF-CBT는 엄격한 회기별 치료 접근법보다 상호 관련된 요소들을 설명하는데, 각각의 요소들은 개별 아동과 가족의 요구에 가장 잘 맞는 방법과 강도, 기간을 고려하여 제공되어야 한다. 치료의 첫 단계인 안정화 및 기술 개발 단계에서 치료사는 내담자의 요구를 가장 잘 충족시키는 구성요소의 순서로 재량껏 조정할 수 있다.

개인, 가족, 종교, 지역사회, 문화적 가치 등에 대한 존중(Respect)은 모든 심리사회적 개입이 효과적으로 작용하기 위해 필수적이다. TF-CBT 치료사는 치료가 반드시 가족의 더 큰 지역사회 및 문화적 맥락과 조화를 이루어야 한다는 인식을 하고, 아동 및 부모와 함께 가족을 위한 핵심 구성요소들을 구현하기 위해 최선의 방법을 결정한다. 이는 논의되고 있는 치료의 구성요소(예: 양육 태도, 문화적으로 영향을 받거나 종교에 기초한 대처 전략)와 관련될 수 있는 태도와 문화적 가치에 대해 질문함으로써 가능할 것이다.

적응성과 유연성(Adaptability and flexibility)은 TF-CBT 모델을 성공적으로 적용하는 데 매우 중요하다. 치료사는 이 치료의 핵심 구성요소들을 실행할 때 창의적이고 유연해야 한다. 각 치료사의 임상적 판단과 창의성은 높이 평가되고 존중되며, 이러한 자질은 TF-CBT의 구성요소를 각 아동과 가족을 돕기 위해 어떻게 사용할지 결정하는 데 결정적이다. 또한, TF-CBT가 제공되는 상황 및 환경뿐만 아니라 내담자마다 지니는 발달적 차이와 성차를 다루기 위해 치료의 구성요소를 조절하여 실행할 수 있다(Cohen, Mannarino, & Deblinger, 2012).

가족의 참여(Family involvement)는 TF-CBT 모델의 가장 중요한 특징 중 하나이다. 부모는 아동의 치료에 필수적으로 포함되며, 치료의 주된 초점은 부모–자녀 간 상호작용과 의사소통, 친밀성을 향상시키는 것이다. 사실, 부모의 참여가 아동의 결과를 향상하고 부모에게도 이익을 준다는 상당한 근거가 있다(Cohen & Mannarino, 1996b, 1998b; Cohen, Deblinger, et al., 2004; Deblinger et al., 1996, 2011). 형제자매는 임상적으로 적절하다고 판단될 때 치료에 참여할 수 있다.

치료적 관계(Therapeutic relationship)는 TF-CBT 접근에 있어 핵심적이다. 외상의 정의에 따라, 외상은 대인관계 및 사회적 계약(즉, 어른과 시민 사회의 규범이 아동을 해롭지 않게 지켜줄 것이라는 기대)의 맥락에서 신뢰에 대한 근본적인 배신을 의미한다. 많은 경우 부모들도 가해자(들) 및 법적 제도와 아동보호 제도 등이 아동과 가족을 위해로부터 보호하지 못했다는 것에 배신감을 느낀다. 따라서 외상을 입은 아동과 부모의 신뢰, 낙관성, 자존감을 회복하기 위해 신뢰와 수용, 공감을 바탕으로 한 치료사와의 치료적 관계를 유지하는 것이 필수적이다. 최근의 치료 결과 연구에서는 TF-CBT를 받는 아동과 가족이 가장 긍정적인 결과를 경험하는 데 있어 강력한 치료적 동맹의 이점이 발견되었으나, 효과를 비교하기 위한 다른 치료에서는 치료적 동맹의 이점이 발견되지 않았다(Ormhaug, Jensen, Wentzel-Larsen, & Shirk, 2014).

외상의 영향을 받는 모든 영역(정서, 신체, 행동, 대인관계, 인지)의 자기조절 능력을 포함하는 자기효능감(Self-efficacy)은 TF-CBT 접근법의 장기적인 목표이다. TF-CBT는 치료가 종료된 후에도 아동과 부모, 가족이 지속적으로 성장할 수 있도록 삶의 기술을 제공하고 개인의 강점을 증진하는 것을 목표로 한다. TF-CBT는 시간 제한적인 모델로 아동과 부모가 이러한 기술을 개발하도록 격려하여 장기적인 치료로 이어지지 않도록 한다. 최근 연구에 따르면 TF-CBT는 증상 감소로 이어질 뿐만 아니라 전반적인 회복탄력성에 대한 아동의 지각에도 긍정적인 영향을 미칠 수 있다(Deblinger, Pollio, Runyon, & Steer, 2016).

TF-CBT 모델 개발

여기서 설명하는 치료 모델은 외상적 스트레스 및 애도로 고통받는 아동과 부모의 정신적 건강과 관련된 요구를 최적으로 다루도록 설계된 개입이며, 이 모델이 개발되고 평가됨에 있어 우리의 지속적인 헌신이 들어가 있다. 30여 년 전에 시작된 초기 연구부터, 우리의 임상적 작업과 연구는 외상을 입은 아동이 직면하는 어려움을 이해하고(Cohen & Mannarino, 1998a, 1998b; Deblinger, McLeer, Atkins, Ralphe, & Foa, 1989), 확인된 문제를 개선할 수 있는 개입을 고안하는 데 초점을 맞춰왔다(Deblinger, McLeer, & Henry, 1990; Cohen & Mannarino, 1993). 우리 연구팀은 TF-CBT 모델의 효율성을 검증하는 여러 사전·사후 조사와 9개의 무작위 통제 실험을 수행했다(제3장에서 검토됨). 또한, 다른 연구자들은 외상 스트레스를 겪는 아동에게 TF-CBT 및 유사한 CBT 모델의 효과를 뒷받침하는 연구를 하였다(King et al., 2000; March, Amaya-Jackson, Murray, & Schulte, 1998). 외상의 고통을 경험한 아동에게 유용할 가능성이 큰 치료 접근법은 많으나, 아동 성학대 치료 결과에 관한 문헌을 리뷰한 최근 연구들은 TF-CBT가 아동 집단의 PTSD 및 관련 어려움에 대한 치료 효과성을 가장 엄격하게 뒷받침한다는 경험적 증거를 제시하였다(American Academy of Child and Adolescent Psychiatry, 2010; Putnam, 2003; Saunders, Berliner, & Hanson, 2001). 외상 스트레스 및 애도와 자주 관련된 증상 및 어려움을 치료하는 데 TF-CBT의 효과성이 입증되었으므로, 아동과 부모를 위한 TF-CBT는 광범위한 외상 경험(예: 외상적 애도, 가정 또는 지역사회 폭력에 대한 노출, 다중 또는 복합 외상)이 있는 아동에게 적용되고 있고, 이에 대한 경험적인 평가도 지속적으로 이루어지고 있다.

이 책은 아동 성학대의 영향을 받은 미취학 아동과 학령기 아동·청소년을 위해 예전부터 외상중심 치료 매뉴얼을 독자적으로 개발하고 실험을 진행했던, 피츠버그(Cohen과 Mannarino)와 뉴저지(Deblinger)의 임상 연구자들 간 오랜 협업 결과물이다(Deblinger & Heflin, 1996; Cohen & Mannarino, 1992, 1994). 이러한 치료 매뉴얼은 여러 면에서 겹치는 부분이 있으나, 다른 구성요소마다 각각 다소 다른 강조점을 가졌다.

출간된 데블링거의 치료 매뉴얼은, 아동에게 점진적인 노출 기법을 사용하는 데 선구적인 인지행동모델로 알려져 있다(Deblinger & Heflin, 1996). 이 기법에는 두려운 외상 알림요인에 대한 실제적 노출은 물론, 자세한 외상적 경험과 관련된 사고·느낌· 감각에 대해 아동이 설명하거나 또는 글을 쓰도록 격려하는 것까지 포함된다. 데블링 거는 부모가 자녀와의 공동 회기에 참여하는 것을 격려함으로써 부모의 잠재적인 치 료적 역할도 강조하였다. 코언과 매나리노의 초기 치료 매뉴얼은 인지행동적 원칙에 기초했으나, 그들은 다른 이론적 체계의 측면도 통합하고자 했다. 그들의 구성요소 기 반의 매뉴얼에서 강조한 측면들은 다음과 같다.

(1) 가해 부모 및 그렇지 않은 부모와 아동의 관계 맥락에서의 학대의 의미(애착 및 가족의 영향)
(2) 아동의 대인관계 신뢰와 자기효능감의 수준(강화 요인)
(3) 아동의 학대 경험이, 그리고 많은 경우 어머니의 기존 학대가 아동과 부모가 다른 사람과 맺는 관계에 반영된 양상

또한, 코언과 매나리노는 가정폭력과 외상적 애도를 포함해 성적 학대 외에도 많 은 종류의 외상을 경험한 아동에게 프로그램을 제공해왔다. 그들은 동료들과 함께 부 모, 형제자매 또는 다른 중요한 애착 인물의 외상적 죽음을 겪은 아동을 수년간 치료 한 경험을 바탕으로 아동기의 외상적 애도에 대한 치료 매뉴얼을 개발하였다(Cohen, Greenberg, et al., 2001).

1997년에 치료 매뉴얼 개발, 자금 지원, 여러 곳에서 이루어진 공동 연구의 수행 으로, 우리와 유사한 접근방식을 통합 치료 모델에 포함하였다. 이 통합 치료 모델은 성폭력, 외상적 상실, 가정폭력에 대한 노출, 그리고 다중 또는 복합 외상의 영향을 받 는 아동을 대상으로 가장 엄격하게 이루어지는 경험적 평가 접근법이다. 또한 이 모 델은 우리의 임상 센터에서 다른 외상적 사건을 경험한 아동에게 광범위하게 사용되 어왔다. 코언과 매나리노가 국립 아동 외상 스트레스 네트워크(NCTSN)에서 수행한 초기 연구를 통해, 우리는 2001년 9월 11일 발생한 테러 공격 이후 시작된 NCTSN

과 뉴욕의 아동·청소년치료 및 서비스(Child and Adolescent Treatment and Services: CATS)의 컨소시엄과 연계된 지역사회 치료사들의 많은 제안을 포함하도록 이 책을 대폭 수정했다. NCTSN을 통한 지속적인 자금 지원과 기타 협력적인 노력을 통해, TF-CBT는 복합 외상 경험이 있는 아동·청소년과 다양한 인구에 높은 관심을 두고, 다양한 환경에서 외상을 입은 아동과 청소년에게 적용되고 평가되고 있다. 이들은 위탁보호, 거주형 치료, 청소년 사법 제도 아래에 있는 아동·청소년은 물론, 레즈비언·게이·양성애자·성전환자·퀴어(Lesbian, Gay, Bisexual, Transgender, Queer: LGBTQ) 청소년, 성착취 피해 아동·청소년, 그리고 국제적으로 아프리카·유럽·아시아의 많은 인구를 포함한다. TF-CBT 모델을 사용한 치료 결과는 이러한 다양한 환경과 인구에 대해 지속적으로 긍정적인 효과를 입증해왔다.

개별 아동, 개별 부모, 그리고 공동 치료 회기

TF-CBT에서는 개별 아동과 부모 회기뿐만 아니라 공동 회기도 통합적으로 진행된다. 일반적으로 이 모델은 개별적인 형식으로 적용되지만, 집단 치료 형식으로 진행될 때도 이점이 있다는 증거들이 늘어나고 있다(제16장 참조). 그러나 지역사회 관행으로 볼 때 외상을 입은 아동을 개별적으로 의뢰받는 것이 더 일반적이다. 이러한 환경에서 집단적 개입을 계획하려고 노력하는 치료사들은, 같은 종류의 외상성 스트레스원을 경험하는 유사한 발달 수준의 아이들을 충분히 많으려 할 때 겪는 어려움에 익숙하다. 더구나 그러한 아이들이 같은 날 같은 시간에 치료받기는 어렵다. 게다가, 회기를 놓치고 나머지 회기에서 다른 집단원들의 치료 속도를 맞추지 못한 채 끝나버리는 문제도 있다. 개별 치료는 이러한 복잡성을 제거하고 치료사가 개별 아동 및 가족의 필요에 맞게 치료를 조정할 수 있도록 한다. 이러한 형태의 개입을 제공하기로 선택하는 임상 전문가와 제공받기를 선호하는 가족에게 개별적인 치료 방법을 제시하는 것은 중요하다. 그러나 TF-CBT가 위의 잠재적 우려를 피하면서 집단 치료도 가능한 형식으로 개정되었다는 점은 주목할 만하다(Stauffer & Deblinger, 1996; Deblinger et al., 2001; McMullen et al., 2013; O'Callaghan et al., 2013; O'Donnell et al., 2014; Deblinger, Pollio, & Dorsey, 2015). 관심 있는 치료사를 위해 TF-CBT 집단 치료 적용에 관한 정보는 책의 뒷부분에 제시된다. 쉬운 설명을 위해, TF-CBT 실행에 대해서는 아동과 부모에게 개별 치료 형식으로 진행하는 것으로 기술하겠다.

회기의 구조 및 유연성

일반적으로 부모와 아동은 매주 같은 시간 동안 치료사와 개별적으로 만난다. 회기 진행 시간은 50분에서 90분까지 달라지는데, 아동과 부모에게 균등하게 분배된다. 한편, 가족의 필요에 따라, 특히 중요한 행동 문제를 다루기 위해, 초기 기술 개발 단계에서 치료사는 일부 회기 동안은 때때로 아동과 부모를 잠시 함께 만날 수 있다. 치료의 마지막 단계 후반부에서는, 배운 기술을 통합하고 외상에 대한 부모-자녀 간 의사소통을 증진하기 위해, 공동 참여 회기가 매우 중요해진다. TF-CBT의 각 구성요소에 부모가 개입하는 회기에 대한 설명이 포함된다. 일반적으로 부모와 자녀는 주어진 모든 치료 회기에서 치료사와 동일한 구성요소를 가지고 협력한다. 그러나 앞서 언급한 바와 같이, 치료사가 아동에게는 하나의 구성요소를, 부모에게는 또 다른 구성요소를 제공하는 상황이 있을 수 있다.

회기는 일반적으로 특정 치료 단계에 적절한 주제와 관련하여 치료사에 의해 구성된다. 예를 들어, 아동 회기는 회기들 사이에 연습하도록 장려했던 대처 기술의 요약으로 시작해, 지속적인 교육 또는 기술 요소를 적용하며 진행된다. 그다음에는 역할극과 기술을 연습하도록 조력하고, 다음 주 동안 아동이 연습하도록 격려하는 것으로 끝낼 수 있다. 부모 회기는 아동이 외상 알림요인에 대응하여 기술을 사용하는 진행 과정을 요약하는 것으로 시작하며, 아동의 개별 회기에서 아동이 이야기한 것을 공유하고, 부모는 아동이 이를 인지적으로 처리하는 데 도움을 줄 수 있다. 그리고 부모가 양육 기술을 지속적으로 수행하는 방법을 함께 연습하고, 다음 주 동안 집에서 이러한 기술을 계속 사용할 수 있도록 격려한다. 치료의 구조는 내담자가 더 안정감을 느낄 수 있도록 도와주며, 혼란스럽고 예측 불가능한 경험을 견뎌낸 아동에게는 더욱 중요한 예측 가능성을 제공한다. 또한 회기의 구조는 해당 주에 일어날 수 있는 행동적 위기에 직면할 때조차 치료가 지속적으로 진행되도록 유지하는 데 도움이 된다. 이러한 위기는 주로 내담자에게 TF-CBT에서 사용된 기술 또는 당면한 위기를 해결할 때 사용될 수 있는 효과적인 대처 기술을 파악하도록 요청함으로써 치료 구조의 맥락 안에서 다루어지는 한편, 계획된 회기 주제(예: 외상 이야기 진행, 계획된 안정화 기술 학습 지속)를 위한 시간을 따로 마련해 진행할 수 있다. 사실, 임상 전문가는 더욱 구조화된 증거 기반 개입의 사용을 선호할 수 있는데, 이러한 개입을 통해 치료사가 예측 가능성을 지닐 수 있고, 만일 그렇지 않다면 내담자의 외상 정보 또는 행동적 위기에 압도될 수 있기 때문이다. 이러한 구조는 TF-CBT의 맥락 내에서 회기의 성과를 높일 수 있다.

부모의 치료 참여의 이점

부모는 직접적으로든 대리적으로든 아동의 외상 경험으로 인해 그들 스스로 외상을 입기도 한다. 예를 들어, 가정폭력에 노출된 아동의 부모는 그들 스스로 폭력의 직접적인 희생자이다. 홍수, 허리케인, 테러와 같은 지역사회 재난으로 외상을 입은 아동의 부모도 마찬가지로 이러한 사건을 경험한 것이기에, 부모 자신만의 외상 증상을 보일 수 있다. 따라서 부모를 치료에 참여시킨다면, 부모가 더 잘 대처할 수 있도록 도울 수 있는 기술 개발 구성요소를 교육하는 것은 물론이고, 효과적인 대처 기술을 연습하는 자녀에게 가장 알맞은 모델링을 해주고 격려할 수 있게 도울 수 있다. 여러 지역에서 수행된 연구 결과는, TF-CBT가 가정폭력의 피해자가 된 부모의 개인적인 우울 증상뿐만 아니라 학대와 관련된 고통을 극복하는 데 효과적인 도움을 준다는 것을 입증했다(Cohen, Deblinger, et al., 2004; Deblinger et al., 2011).

그렇지만 TF-CBT 모델은 아동 중심(child-focused)이라는 것을 명심해야 한다. 부모의 개인적인 증상과 어려움 중 일부는 TF-CBT 과정에서 다루어질 수 있는데, 특히 부모와 아동 모두 외상 증상과 외상 알림요인을 관리하는 데 도움이 되는 대처 기술을 배우고, 이를 연습하도록 격려되는 첫 번째 치료 단계에서 다루어질 수 있다. 실제로, 기존 연구의 치료 결과는 TF-CBT에 대한 반응으로 부모의 우울증 증상이 눈에 띄게 개선되었음을 보고하였다(Cohen, Deblinger, et al., 2004; Deblinger et al., 2011). 다만, 부모의 개인적인 심리사회적 어려움(예: 심각한 개인적 외상, 물질 남용, 조울증 등)에 대해서는 그들의 정신건강 치료를 다른 전문가에게 의뢰하고, 동시에 자녀의 TF-CBT에 참여하도록 조처해야 하는 경우도 있다.

이 책에는 부모 개입이 아동 개입과 같은 순서로 제시된다. 치료사는 초기 교육 및 기술 개발 구성요소의 순서를 유연하게 조정하여 치료 과정에서 발생하는 부모의 문제를 잘 다루면서도, 각 아동의 치료에 맞게 개별적으로 치료 모델을 조절·제공할 수 있어야 한다. 이렇게 부모와 자녀 회기에 대한 병렬적인 형식은 각 아동 회기에서 다루어지는 내용을 부모에게 알려주므로, 부모가 회기들 사이에 자녀와 치료 내용을 함께 모델링하고 강화하도록 준비하는 데 최적의 방법이다. 가정에서 부모의 노력이 중요하다는 점을 일관되게 강조하기 위해, 회기마다 치료 과제의 성공 여부를 물어보는 것은 각 부모 회기를 시작하는 데 도움이 된다. 그러나 부모에게 자녀와는 다른(병렬적인 형식이 아닌) 구성요소가 필요한 상황이 있을 수 있다. TF-CBT 모델은 이러한 때를 대비할 수 있는 유연성 또한 지니고 있다.

비록 여러 집단 치료 접근방식(특히 학교 현장에서 수행되는 방식)은 부모 치료 구성요소를 포함하지 않았으나(예: Layne, Pynoos, et al., 2001; March et al., 1998; Stein et al., 2003; Goenjian et al., 1997), 부모를 TF-CBT에 참여시킴으로써 분명 외상을 경험한 대부분 아동에게 매우 도움이 될 것이다. 심리적 어려움이 환경 요인의 영향을 크게 받을 수 있는 것처럼, 외상 관련 문제로부터 회복하는 일도 아동의 환경에 의해 촉진되거나 방해받을 수 있다. 대부분 아동에게 가장 즉각적이고 영향력 있는 환경은 가족이다. 부모는 아동이 외상 관련 문제로부터 회복할 수 있을지, 그렇다면 어느 정도까지, 그리고 얼마나 빨리 회복할지에, 큰 영향을 미칠 수 있다. 또한 부모는 아동의 개선이 일시적일지(즉, 아동이 치료에 참여하는 시간만 개선이 있을지) 아니면 그러한 개선이 치료가 끝난 후에도 오래 유지될지에 영향을 미칠 수 있다. 부모는 치료 과정에서, 또는 그 이후에도 아동의 성장을 위한 중요한 지지 및 강화의 원천이라고 할 수 있다. 부모의 치료 참여는 자녀의 강점을 지원하고 강화하는 동시에, 부모의 양육효능감, 부모-자녀 소통, 가족 애착을 증진하는 TF-CBT 목표를 달성하는 최적의 수단이다. 특히, 부모와 자녀가 모두 참여함으로써 그들의 관계에 지속적인 긍정적 변화를 불러일으키는 가장 좋은 기회가 된다. 따라서 많은 이유에서 부모의 참여는 아동이 외상 증상으로부터 회복하는 데 중요한 요소임이 분명하다. 이는 특히 외상 관련 행동 문제를 보이는 많은 아동에게 중요하다. 환경적으로 우연히 발생하는 변화가 없다면, 아동만 참여하는 치료에서는 외현화된 행동 문제가 잘 해결되지 않기 때문이다.

TF-CBT에 부모를 적극적으로 참여시키는 것이 도움이 된다는 과학적 근거도 존재한다. 한 연구에서는 성적 학대를 겪은 아이들을 네 가지 치료 조건 중 하나에 무작위 할당해 부모 구성요소가 포함되었을 때의 영향을 직접 조사했다(Deblinger et al., 1996). 네 가지 치료 조건은 각각 자녀 전용 TF-CBT, 부모 전용 TF-CBT, 자녀와 부모 공동 TF-CBT, 그리고 지역사회 전문가에게 치료를 의뢰한 경우로 구성되었다. 이 연구는 부모에게 치료를 제공하는 것이, 심지어 자녀가 치료에 개별적으로 나타나지 않은 경우에도, 자녀의 우울 및 외현화된 행동 증상에 훨씬 유의미한 개선을 불러일으킨다는 것을 입증하였다. 더욱이, 치료에 적극 참여해야 하는 치료 조건에 배정된 부모들은 그들의 양육 수행이 훨씬 향상되었음을 보고하였다. 이러한 결과는 더욱 최근의 연구에서도 뒷받침되었다(Deblinger, et al., 2011).

또 다른 연구에서는 가족 치료 요소를 포함했더니, 치료가 끝나고 3개월 후에 아동의 학대 관련 공포 수준이 낮아진 것으로 나타났다(King et al., 2000). 두 개의 다른 연구는 부모의 치료 참여의 이점을 간접적으로 평가했다. 코언과 매나리노(Cohen & Mannarino, 1996b)는 성폭력 피해 이력이 있는 어린(3~7세) 아동의 경우 아동 학대와 관련된 피해 부모의 정서적 고통이, 치료 직후에 나타나는 TF-CBT 반응의 강력한 예측변수라는 사실을 발견했다. 치료가 끝난 지 12개월 만에 부모의 지지가 아동의 증상을 유의미하게 예측했다(Cohen & Mannarino, 1998b). 그보다 연령이 높은 아동(8~14세)을 대상으로 한 비슷한 연구에서도 부모의 지지가 TF-CBT 반응의 강력한 예측변수라는 것을 발견하였다(Cohen & Mannarino, 2000). 복합 외상을 입은 아동(Cohen, Deblinger, et al., 2004; Deblinger et al., 2011)과 외상적 사별을 경험한 아동(Cohen, Mannarino, et al., 2004)에 대한 최근 연구에서는, 부모 치료의 초점이 부모의 개인적 증상보다는 자녀의 문제에 맞추어져 있었음에도, TF-CBT의 개입을 통해 아동의 증상과 참여하는 부모의 개인적인 PTSD 및 우울 증상이 모두 개선되었음을 입증하였다. 다른 종류의 외상에 노출된 아동에 대한 연구를 통해서도 부모의 낮은 고통과 가족의 충분한 지원이 외상이 아동에게 미치는 부정적인 영향을 완화한다는 증거가 늘어나고 있다(Laor et al., 2001; Kliewer, Murrelle, Mejia, Torresde, & Angold, 2001). 따라서 부모가 아동의 외상에 대한 정서적인 고통을 해결하고, 아동을 지지해줄 수 있는 능력을 최적화하는 개입은, 아동에게 어떤 개입이 직접적으로 제공되든 그 이상으로 아동의 결과를 향상할 가능성이 있다. TF-CBT 과정 동안 보호자 행동을 조사한 최근의 연구에서는 보호자의 행동이 아동의 적응에 미칠 수 있는 잠재적인 영향을 강조했다. 즉, 외상 서술 및 처리 단계에서 보호자의 회피, 그리고 보호자가 아동을 비난하는 것은 치료가 완료된 후 아동의 내재화 및 외현화 증상이 악화되는 것과 관련이 있는 것으로 나타났다(Yasinski et al., 2015). 이러한 발견은 TF-CBT의 교육, 기술 개발 및 외상 다루기 작업에 부모를 효과적으로 참여시키는 것의 중요성이 큼을 강조한다.

이러한 점은 위탁보호시설에서 사는 아동에게 훨씬 더 중요할 수 있다. 이 아동들은 복합 외상을 경험하였고, 위탁부모를 믿지 못하며 위탁부모가 아동의 외상 이력을 잘 모르는 경우가 많다. 최근 연구에 따르면, 위탁부모를 TF-CBT에 참여시키기 위해 할 수 있는 노력을 다함으로써 치료 과정에서 이러한 형태의 가정의 참여를 크게 향상시키고 치료의 조기 탈락 방지를 도울 수 있다(Dorsey et al., 2014).

많은 부모가 치료사(또는 다른 사람들)가 아이의 외상 및 현재 증상에 대해 자신들을 탓한다고 잘못 생각할 수 있다. 부모를 TF-CBT에 효과적으로 참여시키기 위한 가장 중요한 전략 중 하나는, 치료사가 위의 연구들에서 나온 정보를 활용하여 부모가 왜 아이의 회복에 그토록 중요한지 설명하는 것이다. 이러한 정보를 받는 부모는 TF-CBT 과정, 그리고 자녀의 기능 향상에 자신이 어떻게 기여할 수 있을지에 대해 더 잘 이해할 수 있을 것이다.

비밀보장과 부모-자녀 간 개방적 소통 격려

어떤 치료사들은 비밀보장에 대한 우려(즉, 아동 또는 청소년 치료에 대한 정보를 부모와 공유하는 것이 윤리적인지에 대한 여부)를 제기한다. 이 치료 모델의 일반적인 원칙은 가족 내에서 건강하고 개방적인 의사소통을 격려하는 것이다. 그러나 우리는 그러한 소통을 하기 전에 의사표현을 할 수 있는 아동과 청소년의 동의를 얻는 것의 중요성을 알고 있다. 그렇지만 지금까지 만난 아동·청소년들은 어떤 정보든 부모와 공유하는 것을 절대적으로 거부하지 않았다. 우리는 청소년들이 비밀로 했으면 하는 특정 정보를 알고 있었고, 안전 문제가 존재하지 않는 한 그들의 요청을 존중해왔다. 우리는 외상 관련 정보를 부모와 공유하는 것에 대해 아이들이 가지고 있는 근본적인 우려를 아이들과 함께 탐색하는 것이 도움이 됨을 발견했다. 아이들의 우려는 비밀보장과 관련이 있는 것이 아니라, 오히려 부모에게 더 큰 정서적 고통을 주는 것에 대한 걱정이거나, 외상과 관련해 아이가 어떤 일을 했거나 아니면 아무것도 하지 않은 것에 대해 부모에게 비난이나 처벌을 받는 것에 대한 두려움인 경우가 많다. 이러한 탐색을 통해 아동의 인지 왜곡(예: 부모가 외상에 대해 아동을 비난했다고 믿음)을 파악하고, 치료사와 부모가 아동이 경험하는 고통의 근원을 적절하게 다룰 수 있도록 도울 수 있다. 이로써 부모와 자녀 간에 보다 열린 소통과 외상 서술의 공유를 촉진할 수 있다.

한 남자아이가 성적 학대를 당한 사례에서, 가해자가 성폭행 후에 피해 아이에게 금전과 선물을 주었다. 아이는 어머니가 학대에 대해 자신을 비난하거나 가해자와 공모했다고 추궁할까 봐 어머니에게 털어놓는 것을 두려워했다. 치료사는 아이에게 어머니가 그를 비난하지 않을 것이라고 말했다. 왜냐하면 어머니는 아이들이 그러한 유인책에 속아 나이에 부적절한 성적 상호작용에 어떻게 연루되는지 배웠기 때문이다. 이 아이는 여전히 어머니와 세부내용을 공유하는 것을 걱정했지만, 치료사가 그의 어머니에게 교육을 제공했다는 사실에 안도했다. 치료사는 이 문제를 어머니와 상의한 후 공동 참여 회기에서 함께 논의하였다. 비록 어머니는 처음에 아이가 가해자로부터 선물을 받았다는 사실을 알고 화가 났으나, 치료사의 도움으로 아동 성학대 사례에서 나타나는 전형적인 그루밍(grooming) 성범죄라는 역동을 이해함으로써 자신의 반응을 인지적으로 처리할 수 있었다. 이러한 논의의 결과, 아이와 어머니는 학대 현실에 대해 더욱 열린 대화를 나누었고, 공동 참여 회기 동안 어머니는 아이를 지지함으로써 문제를 적극적으로 다룰 수 있었다. 따라서 부모를 치료에 포함하는 것은 아동의 외상 관련 문제와 학대 관련 두려움을 해결하는 데 매우 중요하다.

한편, 청소년과 어린 아동의 발달적 차이를 인식하고, 청소년의 연령에 맞는 독립과 부모로부터의 분리/분화를 격려하는 동시에 부모-청소년 간 의사소통과 부모의 지원을 증진하는 것이 중요하다. 청소년들과 치료하는 동안 어떤 문제는 적절하게 비밀로 유지하더라도, 어떤 문제는 공유하는 것이 적절할 수 있다. 예를 들어, 10대 청소년들은 자신의 데이트 경험의 세부내용을 부모와 당연히 공유하고 싶지 않을 수 있다. 그렇다면 치료사는, 부적절하거나 폭력적인 행동이 발생하지 않는 한, 청소년이 자기 경험을 노출하고 싶지 않다는 점에서 사생활 존중을 원하고 기대하는 것이 연령에 적합한 일이라는 것을, 부모가 인식할 수 있도록 도와야 한다. 부모가 청소년 자녀를 위해 연령에 맞는 경계와 사생활에 대한 존중을 한다면, 부모와 자녀 사이 신뢰의 질과 깊이는 향상되고 그들의 관계는 치료 과정 동안 성공적으로 보듬어질 것이다. 복합 외상을 입은 청소년, 특히 아직 새로운 부모를 신뢰하기 어려운 위탁가정에 있는 청소년의 경우, 치료사는 청소년의 고민을 타당화하고 복합 외상에 대해 TF-CBT를 적절하게 적용해야 한다. 이에 대한 자세한 정보는 관련 연구에서 찾아볼 수 있다(Cohen, Mannarino, Kliethermes, et al., 2012).

비밀보장과 관련하여 종종 발생하는 또 다른 문제는, 외상 치료에 관해 아동의 교사 또는 학교의 다른 담당자와 소통하는 것이다. 교육 기록을 얻고 교육 담당자와 지속적인 소통을 유지하는 것은 아동의 정신건강 평가와 치료에서 일반적인 과정이다.

그러나 외상을 입은 아동과 부모는 아동의 외상 정보에 대해 다른 교육자들과 공유하기를 꺼려하며, 치료사가 교육자들과 소통하는 것에 동의하지 않는 경우가 많다. 이는 상당한 치료의 방해를 불러일으킬 수 있다. 특히 아동이 학교에서 심각한 문제 행동을 보이고, 학교 현장에서 외상 알림요인을 경험하며, 또는 학교 현장에서 실제 상황(in vivo)에 대한 노출 숙달 계획을 세우는 데 학교와 관련된 것을 과잉 회피할 때 더욱 그렇다. 이러한 상황에서 치료사는 아동 또는 부모의 감정을 타당화하고 그들이 근본적으로 걱정하는 것을 탐색해야 한다. 경우에 따라 가족이 학교 측과 정보를 공유하지 않는 타당한 이유가 있을 수 있다(예: 과거에 학교에서 사생활이 존중되지 않을 때, 아동이 다니는 학교에서 외상이 발생한 때 등). 이러한 경우에는 적절한 대안 전략과 권장되는 보조적인 서비스가 있는지 탐색해야 한다(예: 전학 고려).

그러나 정보를 공유하는 것에 대한 가족의 우려가 아동의 외상에 대한 수치심이나 낙인 때문이라면, 치료사는 가족에게 다른 교직원과 의사소통하기 위해 동의를 요청하는 목적에 대한 심리교육을 제공하고, 정보를 공유할 수 있는 학교의 특정인(예: 생활지도 상담사, 담임교사, 보건교사 등)을 파악할 수 있다. 가족의 희망에 따라 치료사가 공유하고 공유를 제한할 정보를 정확하게 전달하는 것 또한 도움이 될 수 있다(예: 치료사는 아동이 경험한 특정 유형의 외상에 대해서는 공개하지 않기로 동의할 수 있음). 이러한 정보를 학교 측과 공유하는 것이 왜 도움이 되는지(예: 아이가 학교에서 외상 알림 요인을 마주하게 될 때 담임교사가 아이의 문제 행동을 관리하기 위한 계획을 개발하기 위해), 학교에서 누가 정보를 받을 것인지(예: 온전히 담임교사가 받음), 아동의 생활기록부에 무엇이 기록될 것인지(예: 담임교사는 아동의 생활기록부에 외상 또는 정신건강 치료에 대해 어떠한 것도 기록하지 않을 것) 등에 대해 가족이 정확하게 이해할 수 있도록 돕는 것은, 가족이 학교와 소통에 동의/승인할지를 결정하는 데 도움이 될 것이다. 점점 더 많은 정신건강 치료사들이 TF-CBT와 기타 증거 기반 외상 치료를 학교에서 집단 형식으로 자주 제공하고 있다. 학교 기반의 치료가 임상기관에 기반한 치료보다 더 쉽게 접근할 수 있는 경우가 많다(Jaycox et al., 2010). TF-CBT의 집단 수행에 대한 설명이 포함된 장은 책의 후반부에 제시된다(16장을 보라).

부모 참여의 딜레마

　　부모가 치료에 참여할 수 없거나 참여에 동의하지 않는 상황이 발생할 수 있다 (예: 아동이 집단 수용 시설에 있는 경우, 위탁부모가 참여를 거부한 경우, 아동의 한 부모가 사망해 아동이 임시보호소에 맡겨진 경우, 가출 아동의 경우). 어떤 경우에는 성인 형제자매, 사회복지사 또는 아동을 대변할 수 있는 기타 보호자(집단 수용 시설 또는 거주 시설)와 같은 다른 성인 보호자 또는 역할모델이 치료에 대해 적절히 동의함으로써 참여할 수 있다. 부모 또는 보호자를 치료에 참여시키는 것이 최적이다. 하지만 우리는 데블링거 등(Deblinger et al., 1996)의 연구에서와 같이 아동에게만 TF-CBT를 제공해왔고, 이는 PTSD 증상의 상당한 개선을 보여주었다. 거주형 치료 시설(residential treatment facilities: RTFs)의 청소년의 경우, 부모의 참여가 어려울 수 있다. 예를 들어, 부모가 가해자일 수도 있고, 청소년이 RTF에 간 후 위탁부모가 위탁 과정을 종료했을 수도 있기 때문이다. 이러한 상황에서 청소년이 동의하면 RTF의 직속 돌봄 직원이 청소년과 함께 TF-CBT에 참여하거나, 성인 보호자 없이도 TF-CBT를 받을 수 있다. 성인 참여가 없는 경우에도, TF-CBT는 RTF에서 생활하도록 법적으로 지시된 청소년에게 긍정적인 결과를 가져왔다는 연구 결과가 있다(Cohen et al., 2016). 이처럼 부모나 다른 성인 보호자가 치료에 참여하는 것이 강력하게 권장되나, 부모가 참여하지 않아도 아동은 혜택을 받을 수 있다. 그러나 일부 치료기관에서는 아동이 성행동 문제 또는 다른 심각한 표출 행동에 관여하는 경우 보호자의 참여를 치료의 필수조건으로 제시할 수도 있다. 이러한 지표는 경우에 따라 아동보호 제도를 자극하는 역할을 하여, 아동을 보호하는 방법이 부족해 아동 및 기타 관련인들이 위험에 처할 때 아동보호 제도를 통해 어떤 유형의 보호자 치료 참여가 적합할지 규명하여 요구하도록 한다.

TF-CBT 모델에서 문화의 중요성

제4장에서 자세히 설명되겠지만, TF-CBT 모델은 다양한 문화에 걸쳐 적용되어 왔고 그 결과는 대부분 긍정적이었다. 다른 나라와 문화에서 온 아동에게 이 모델을 구현하기 위해 문화적 개정이 크게 필요한 경우는 거의 없었다. 그러나 TF-CBT 치료사들이 외상의 영향을 이해하고 서로 다른 배경을 지닌 아동과 가족에게 TF-CBT 모델을 적용하는 방법에 대해 문화적인 역량을 갖추는 것은 매우 중요하다.

여러 연구에 따르면, PTSD는 다양한 문화에서 발생한다는 결과가 나타나고, 문화적인 요인은 이 장애가 어떻게 나타나는지에 영향을 미칠 수 있다(Ahmad & Mohamad, 1996; DiNicola, 1996; Jenkins & Bell, 1994). 예를 들어, 어떤 히스패닉계 아동의 PTSD 증상은 서스토(susto)로 나타날 수 있다. 이는 '두려움' 또는 '영혼 상실'이라는 의미를 내포하는 질병으로 영혼이 몸에서 떠나게 하는 무서운 사건으로 인해 발생하며 신체화 증상, 수면 및 식욕 부진, 슬픔, 자존감 저하, 기능 손상 등의 증상을 초래한다(American Psychiatric Association, 2013). 히스패닉계 가족들은 사랑하는 고인에 관한 꿈에 대해 다른 문화권과는 다른 의미를 부여할 수 있다. 이로 인해 외상적으로 사별을 경험한 히스패닉계 아이들은 그러한 꿈에 대해 다른 문화권의 외상 사별 경험 아동과는 다르게 반응할 수 있다. 미국 원주민들은 유령병(ghost sickness)에 걸려 죽음과 고인에 대한 집착으로 악몽을 꾸고, 위험·두려움·절망감·공황 증상도 경험할 수 있다(American Psychiatric Association, 2013).

또한, 다른 문화적·종교적 집단은 외상과 스트레스에 대처하는 그들만의 전통과 의식이 있다. 가족과 지역사회가 모두 지닌 아동의 가정 기반 및 가정 역할을 하는 요인들이 그들이 고통을 표출하고 지원을 받는 방식에 미치는 영향을 고려하면, 외상 아동의 치료사들은 필수적으로 그들 세상의 더 넓은 맥락을 이해하고 있어야 한다(Cohen, Deblinger, Mannarino, & De Arellano, 2001). 치료사는 이러한 주제를 부모와 직접 논의해야 하며, 때에 따라서는 아이와도 논의해야 한다. 치료사가 이러한 지식을 갖추는 것은 TF-CBT 개입을 아동의 문화와 종교를 존중하고 아동이 혜택을 얻는 방식으로 적용하는 데 도움을 준다. 치료사들은 당연히 자신의 문화를 바꿀 수도 없고, 그들이 치료하는 모든 아동과 동일한 사회적 환경에 속하지도 않을 것이지만, 여전히 각 아동에게 지지와 치유의 원천으로서 기능할 수 있다. 알리시아 리버만(Alicia Liberman, 개인적 대화, 2003년 12월)은 외상 아동을 이상적으로 둘러싸고 있는 '지원의 교향곡'을 언급한다. 즉, 치료사만이 이 교향곡에서 유일한 구성요소이며, 가족과 지역 공동체는 아동이 치유되고 성장할 수 있는 문화적 맥락을 제공한다는 의미이다. 치료사는 외상이 아동과 아동을 돌보는 가족에게 주는 고통뿐만 아니라, 외상 반응의 보편성을 인식하고 존중해야 한다. 다양한 문화권의 아동과 가족에게 TF-CBT를 적용하는 것에 대한 자세한 내용은 관련 자료에서 찾아볼 수 있다(Cohen, Mannarino, & Deblinger, 2012).

필요시 보조 서비스의 중요성

적응적인 기능(즉, 가족·친구·학교 또래와 신체적·정서적인 건강 상태 측면에서 최적으로 기능할 수 있는 능력)을 가장 잘 활용할 수 있으려면, 이차적인 문제를 예방 또는 최소화하는 것이 중요하다. 외상 사건의 맥락에서 이차적인 문제란, 외상 사건 자체의 결과를, 또는 아동이나 부모의 외상 관련 반응에 부차적으로 발생하는 모든 심리적·재정적·법적·의료적·기타 상황을 말한다.

많은 외상 사건 후에 완수되어야 하는 법적·행정적 조치의 복잡성에 대해 사전에 정보를 얻거나 대비하는 사람은 거의 없다. 성적 학대의 경우, 아동이 학대에 대해 폭로한 이후에는 수사, 아동보호 및 법 집행 절차에 일반적으로 여러 기관이 관여하게 된다. 가정폭력 사례는 치안판사, 아동보호서비스 기관(CPS), 경찰, 피해자 지원단체, 그리고 보호명령을 획득하고 시행하기 위한 다른 프로그램 등의 개입을 요구한다. 화재나 폭발로 가족은 집과 중요한 재무 또는 법률 문서(예: 재무 기록, 수표책, 신용카드)를 잃어버릴 수 있다. 자동차 사고로 인해 교통수단의 상실은 물론 형사 및 민사소송 절차를 밟아야 할 수도 있다. 예상치 못한 가족 급여소득자의 외상적 사망 또는 다른 재난 상황은 가족이 식량이나 전기, 주택담보대출금 지급과 같은 필수 요소에 접근할 수 있는 능력을 저해할 수 있다. 이러한 외상 사건 중 어느 것이라도 심각한 신체적 부상, 입원, 그리고 지속적인 의료비를 초래할 수 있다.

이러한 이차적인 문제들은 외상적 사망 사례에서 주검이 발견 또는 확인되지 않거나 피해자 이름의 공식 발표가 장기간 지연될 때 더욱 복잡해진다. 이차적 문제는 테러 공격, 파괴적인 허리케인, 토네이도, 산불, 해일 또는 비행기 사고의 여파로 발생할 수 있다. 아무리 외상 사건이 잘 처리되어가고 있다고 해도, 재무 기록을 찾고, 고인의 금융 자산에 대한 접근권을 확보하며, 고인의 재산을 정리하고, 보험급여를 받는 등의 조치는 모두 잠재적으로 어려운 과제라고 할 수 있다. 외상적 애도는 이러한 과제들을 적절한 시기에 완수하는 생존 부모의 능력을 손상시킬 수 있으며, 이는 가족의 재정적 상황에 부정적인 영향을 미칠 수 있다.

마지막으로, 부모를 모두 잃었거나 유일한 보호자였던 한부모를 잃은 아동의 특별한 요구를 알아차리는 것이 중요하다. 이러한 아동은 외상과 부모 상실을 경험할 뿐만 아니라, 친척이나 위탁부모와 함께 살게 되면서 가정, 학교, 또래 및 지역사회에서 분리될 가능성이 크다. 이러한 아동은 대규모 변화에 적응할 때, 일반적으로는 아동을 조력하던 부모의 지지와 안정감을 박탈당하기 때문에 극복하는 데 더 큰 어려움을 경험한다. 이러한 경우, 자격이 되는 보호자(즉, 가급적 아동이 편안함을 느끼는 대상과 아동의 부모를 이미 알고 있는 친척 또는 가족의 친구)와 함께 머물 수 있도록 하는 것이 첫 번째 우선순위가 되어야 한다. 새로운 보호자도 상당한 어려움에 직면할 수 있는데, 여기에는 실질적인 어려움(재정, 법적 양육권, 새로운 학교, 소아과 의사 포함 이전에는 다른 일상에서 자란 아이를 수용하기 위한 가족의 일상을 조정하는 일 등)과 정서적인 어려움(외상 및 사별을 경험한 아이에게 보호자가 되어 적응하는 일)이 있다. 치료사는 아동과 새로운 보호자가 최적의 의사소통을 할 수 있도록 새로운 가족을 도울 수 있다(예: 아동과 보호자 각자의 규칙, 기대에 적응하는 데 있어 양측의 유연성을 촉진함). 이와 관련된 내용은 부모 양육에 관해 기술한 부분에서 논의되지만, 치료 과정 전반에 걸쳐 다루어질 필요가 있다.

이러한 필요사항을 다루기 위해 부모/보호자가 정보와 자원을 제공받는 것은 필수적이다. 어떤 때는 치료사가 그러한 정보를 가장 잘 제공할 수 있는 정보원일 수 있다. 이러한 이유로, 외상 아동의 치료사는 국가가 운영하는 피해자 보상 서비스, 미국 적십자(화재나 기타 재난 상황의 생존자를 위한 비상식량, 피난처 및 의복 제공), 무료 또는 할인된 법적 보조 서비스, 부양 아동 지원(식료품 할인 구매권 등), 그리고 이러한 영역을 다루는 기타 사회복지 기관에 대해 잘 알고 있어야 한다. 또 다른 경우에는 치료사가 비치료적인 환경에서도 아동을 지원할 필요가 있을 것이다(예: 학교의 담당자가 아동이 학교에서 기능할 수 있는 능력을 손상시킬 만한 외상적 행동을 알아차리도록, 그리고 교육 환경에서 아동의 외상적 애도를 인식하고 반응할 수 있도록 돕는 것[Cohen & Mannarino, 2011]). 이러한 개입은 공식적으로는 TF-CBT 구성요소에 포함되지 않으나, 치료사가 제공하는 개입만큼 아동의 회복에 중요한 요소일 수 있다.

기존의 정신과적 또는 의학적 증상을 지닌 아동이 외상 사건에 노출되고 나면 기존 어려움이 더 악화하는 것을 경험할 수 있다. 특히, 기존에 불안장애를 겪은 아동은 외상적 노출에 따른 PTSD에 더 취약하다(LaGreca, Silverman, & Wasserstein, 1998). 이러한 조건(예: 학교 공포증, 학업 실패, 폭력적 또는 공격적인 행동)과 관련된 이차적인 문제를 예방하기 위해 치료사는 아동 정신질환의 전체 스펙트럼을 진단하고 적절한 치료 및 참조 자원을 제공한 경험이 있어야 한다.

TF-CBT 치료사는 보조적인 정신과 서비스에 대한 부모의 잠재적인 요구에 민감해야 하는 역량도 필요하다. 많은 부모가, 대처 기술에 초점을 둔 TF-CBT의 첫 번째 단계로부터 혜택을 받는다. 하지만 심각한 PTSD나 기타 큰 정신과적 증상을 계속 경험하고 있는 부모들은 적절한 해결을 위해 개별적인 치료(심리치료 및 약물치료)에 의뢰되는 것이 필요할 수도 있다. 만일 부모의 증상이 정서적 가용성이나 판단력을 크게 손상해, 치료사 소견상 부모의 이러한 능력이 적절한 양육 수행을 방해할 정도라면 다른 전문가에게 의뢰하는 것은 특히나 중요하다. 치료사는 이러한 우려를 부모에게 지지적이고 비판단적인 방법으로 직접 이야기해야 한다. 어떤 부모는 자녀의 필요를 우선시하여, 먼저 자녀 치료에 대해 도움을 받고, 치료 중간이나 치료가 끝날 무렵 부모 자신을 위한 치료 소개에 더 잘 반응할 수 있다. 여기서 유의할 점이 있다. 신체적 학대의 위험이 있는 가족을 대상으로 한 어떤 치료 조사에서 발견되었는데, 아동 및 부모를 위한 추가적인 정신건강 또는 돌봄 서비스가 지나치게 많으면 충분한 혜택의 경험으로 이어지지 않을 수 있다는 점이다(Chaffin et al., 2004). 부가적인 서비스는 가족의 스트레스와 시간적 요구를 가중할 수 있다. 그러므로 여러 개의 동시다발적인 서비스는 때로 치료가 성공하는 데 역효과를 가져올 수 있다는 점을 고려하여, 부가 서비스의 추구를 장려하는 것의 장단점은 주의 깊게 논의되고, 내담자의 최선의 이익을 염두에 두고 평가되어야 한다.

교재 사용에 대한 일반적 고려 사항

이 책의 나머지 부분에서는 TF-CBT와 애도중심 구성요소가 별도로 설명된다. 구성요소 중 일부는 다른 요소들보다 개별 아동 또는 가족에게 더 관련이 있거나 도움이 될 수 있다. 이 책에서는 TF-CBT를 교육하기 위해 별개의 구성요소로 제시하지만, 실제로는 구성요소가 서로 연결되고 상호 영향을 주며 진행된다. 임상적 판단은 치료 과정에서 어떤 구성요소를 어느 시점에 처음 소개하거나 초점을 맞출지, 그리고 다른 구성요소로 넘어가기 전에 특정 구성요소에 어느 정도 시간을 할애할지를 결정하는 데 중요하게 작용한다. 일단 치료에 특정 구성요소가 소개되더라도 치료의 후기에 다시 다룰 수 있다. 이러한 기술 관련 구성요소는 아동과 가족이 직면할 수 있는 다양한 상황에 광범위하게 적용될 수 있다.

TF-CBT 구성요소는 앞서 학습한 기술과 개념을 점진적으로 발전시키는 순서로 소개될 것이다. 예를 들어, 아동이 외상에 대해 이야기하는 기술에 앞서 이완(relaxation)과 기타 정서조절 기술이 먼저 소개된다. 이는 이완과 정서조절 기술이 아동이 자신의 외상 기억을 견디며 공유할 수 있다는 자신감을 더 가질 수 있게 돕기 때문이다. 그러나 어떤 아동은 외상에 대해 비교적 편하게 이야기할 수 있으므로 이러한 아동의 경우 보다 집중적인 작업에 참여하기 전에 이완요법이 크게 필요하지 않을 수 있다는 점을 유념해야 한다. 그렇지만 모든 아동은 생각과 감정을 효과적으로 공유하기 위해 정서 및 인지적 표현 기술을 향상시켜야 할 필요가 있을 것이다. 마찬가지로, 외상 경험이 인지적으로 다루어지기 전에 일반적으로 외상에 대한 서술이 먼저 다루어지는데, 이는 아동의 인지적 왜곡이 이야기하는 과정에서 처음 나타나기 때문이다. 실제로, 아동이 자신의 서술문 중간중간에 서술 내용을 검열하고 수정하지 않도록 이야기를 완전히 마칠 때까지 아동의 인지 왜곡을 교정하는 것에 초점을 맞추지 않는 것이 바람직하다. 오히려 외상 당시에 아동이 실제로 느끼고 생각했던 것을 그대로 공유할 수 있도록 도와야 한다. 그러나 임상적 판단과 아동의 개별적 상황에 따라 TF-CBT의 구성요소를 다른 순서로 적용할 수도 있다. 대부분의 TF-CBT 구성요소가 앞에서 설명한 단계 지향적 접근으로 활용되고 숙달되는 동안에는 치료의 진행 순서를 유연하게 결정하는 것은 TF-CBT의 원리와 일치한다.

많은 임상적 상황에서 여러 구성요소가 단일 회기에서 혼합되어 최적의 개입을 제공할 수 있다는 점을 인식하는 것 또한 중요하다. 예를 들어, 또래나 형제자매 관계에 문제가 있는 아동은 이러한 관계를 개선하기 위해 이완요법, 정서조절, 인지적 대처, 그리고 행동 기술을 활용할 필요가 있을 것이다. 이러한 점에서 효과적인 양육 전략도 긍정적인 변화를 이끌 수 있을 것이다. 다양한 TF-CBT 구성요소를 어떻게, 그리고 언제 혼합하여 사용할지 결정하는 것은 치료사의 기술과 임상적 판단에 달려 있다.

TF-CBT 구성요소 자체도 어느 정도 중첩되며, 이 책에서는 여러 경우에 어느 개입에 어떤 구성요소가 들어갔는지에 대해 임의적인 결정을 내린다. 예를 들어, 부분적으로 신체화 증상을 겨냥하는 특정 개입을 제공하기 위해 이완요법을 별도의 구성요소로 포함했다. 그러나 이완요법은 중요한 정서조절 기술이기도 하므로 이렇게 별도의 구성요소로 분리하는 것은 다소 인위적이다. 마찬가지로, 인지적 전략은 정서적으로 자신을 진정시키는 데 중요한 도구이지만 별도의 구성요소로 사용된다. 사실, 이 구성요소는 아동이 인지 왜곡과 신념을 살펴보고, 처리하고, 교정하도록 격려를 받는 외상 서술 및 처리 단계의 후반부에서 중요해진다.

TF-CBT는 기술 및 강점 기반 모델이므로, 일반적으로 모델의 구성요소가 아동과 부모에게 최적으로 효과적이 되려면 양측 모두가 구성요소를 실천하는 것이 필요하다. 따라서 아동과 가족(및 치료사)에게 TF-CBT의 핵심 구성요소와 치료 기간 및 그 이후에도 구성요소를 실천하는 가치를 상기시키기 위해 PRACTICE라는 약어를 제시한다. 사실, TF-CBT와 관련된 치료 작업 중 일부는 부모와 자녀가 가정에서 특정 기술을 연습하도록 요청받는 회기 사이에 발생할 것이다. 다음 목록은 치료 단계에 따른 구성요소를 PRACTICE로 정리한 것이다.

- 1단계: 안정화 및 기술 개발
    심리교육(Psychoeducation) 및 양육 기술(Parenting skills)
    이완요법(Relaxation)
    정서조절(Affective modulation)
    인지적 대처(Cognitive coping)
- 2단계: 외상 서술 및 처리(Trauma narration and processing)
- 3단계: 강화 및 마무리
    외상 알림요인의 실제 상황 적응 숙달(In vivo mastery of trauma reminders)
    자녀-부모 공동 회기(Conjoint child – parent sessions)
    미래의 안전과 발달 증진(Enhancing future safety and development)

요약

TF-CBT 구성요소는 일반적으로 개별 회기에서 아동과 부모에게 따로 제공된다. 자녀-부모 공동 회기 시간은 기술 연습에 초점을 맞추고, 나중에 치료가 끝날 때쯤에는 경험한 외상에 대해 개방적인 의사소통의 기회를 제공한다. PRACTICE라는 약어로 제시된 TF-CBT 구성요소에는 심리교육 및 양육 기술, 이완 기술, 감정 표현 및 조절 기술, 인지적 대처 기술, 외상 서술 및 처리, 알림요인에 대한 실제 상황(in vivo) 적응 숙달, 자녀-부모 공동 회기, 그리고 안전 및 미래 발달의 증진이 포함된다. 구성요소들은 안정화 및 기술 개발 단계, 외상 서술 및 처리 단계, 그리고 강화 및 마무리 단계의 3단계에 걸쳐 상호적, 점진적으로 외상 알림요인을 탐색하는 데 기여한다. 연습 구성요소는 아동이 기술 개발뿐만 아니라 자신의 외상을 처리하는 것에 있어서도 숙달감을 얻도록 도움을 준다. 치료사는 개별 아동과 가족에게 TF-CBT 모델을 맞추어 사용할 때 문화적·종교적·가족 내 가치를 염두에 두는 것, 그리고 외상 경험으로 인해 부차적으로 아동과 가족이 겪고 있는 역경을 알아차리는 것이 중요하다.

4장

TF-CBT에 대한 선행 연구

이 장에 설명된 연구에는 외상 스트레스 또는 부적응적 애도 증상을 가진 아동과 그들의 피해 부모의 정신건강 요구를 다룰 때 효과 측면에서 TF-CBT의 개발과 평가를 알리기 위해 우리가 활용한 과학적인 방법과 지속적인 헌신이 녹아 있다. 이 장 마지막 부분의 표 4.1과 4.2에 있는 치료 결과 연구 목록은 우리 연구팀과 국내외 다른 연구자들이 수행한 연구를 나타낸다. 일찍이 거의 30년 전에 시작한 우리의 임상적 작업과 연구 조사는 아동 성적 학대의 영향을 이해하고(Cohen & Mannarino, 1998a, 1998b; Deblinger et al., 1989) 발견된 문제를 개선할 수 있는 개입을 설계하는 데(Cohen & Mannarino, 1993; Deblinger et al., 1990) 초점을 두었다. 초기 학문적 노력으로, 우리는 여러 사전·사후 조사(Cohen, Mannarino, et al., 2004; Cohen et al., 2006; Deblinger et al., 1990; Stauffer & Deblinger, 1996)와 개별·집단 형식으로 이루어진 TF-CBT의 효과를 입증하는 4개의 무작위 통제 실험(Cohen & Mannarino, 1996a, 1998a; Deblinger et al., 1996, 2001)을 포함한 연구를 여러 장소에서 독립적으로 수행하였다. 이 기간 동안, 다른 연구자들은 엄격한 기준의 무작위 접근으로 TF-CBT의 효율성을 조사하기 시작했다(King et al., 2000). 많은 다양한 유형의 연구 설계가 치료 효과성에 대한 과학적 지식에 기여할 수 있지만, 무작위 통제 치료 실험이 과학적으로 가장 엄격한 설계이다. 무작위 통제 실험은 치료 효율성에 대해 가장 신뢰할 수 있는 결론을 도출할 수 있도록 하므로, 이러한 유형의 연구가 이 장의 주요 초점이 되겠다. 무작위 통제 실험의 특성은 다음과 같다.

1. 명확하게 정의된 목표 증상(치료가 효과적일 수 있는 대상, 그리고 연구된 표본을 넘어 일반화 가능성에 대한 결론을 도출하기 위해 포함과 제외 기준이 잘 명시되어 있음)

2. 연구되는 모집단에 적합한 신뢰도 및 타당도 측정 도구의 사용(예: 아동·청소년 연구를 위한 발달적으로 적합한 도구, 국제적으로 수행되는 연구를 위해 문화적으로 개정된 도구)

3. 결과를 평가하기 위한 블라인드 평가자 활용(예: 평가 중 평가자가 자세한 정보를 알지 못하게 하도록 아동과 가족을 교육함)

4. 평가자 편향을 제거하기 위해 연구 전반에 걸쳐 유지되는 평가자의 평가 신뢰도 훈련

5. 치료 조건과 대조 조건 모두에서 매뉴얼이 있고 반복 가능한 특정 치료 프로그램

6. 치료 조건과 관련된 형평성(모든 조건의 치료사들은 동등한 수준의 배경, 경험, 충실성을 지녀야 하며, 각 치료에 있어 훈련과 수퍼비전은 동등한 수준의 경력을 지닌, 연계된 전문가에게 받음)

7. 편향되지 않은 치료 할당(예: 무작위 할당, 최소 두 명 이상의 치료사가 각 치료 전달)

8. 정해진 절차에 따라 치료에 대한 평가 및 문서화 준수

9. 승인된 절차에 따라 수행되는 데이터 분석(Foa, Keane, Friedman, & Cohen, 2009, pp. 11-12)

아동 외상 치료법 중 TF-CBT의 효능은 무작위 통제 치료 실험(표 4.1 참조)을 포함하여 가장 광범위한 과학적 평가를 받아왔다. 표의 항목이 보여주는 바와 같이, 이

러한 연구는 3세에서 18세에 이르는 발달 범위에 걸친 아동, 북미·유럽·아프리카를 포함한 다양한 문화·국가·대륙 출신의 아동, 다중·복합 외상 포함 다양한 외상을 경험한 아동, 그리고 다양한 맥락(예: 위탁보호, 전쟁 피해국의 비정부 조직, 지역사회 가정폭력 센터와 정신건강 의료기관)에서 TF-CBT를 받은 아동을 대상으로 개별 또는 집단 형태로 이루어져 왔다. 이러한 연구 중 일부에서는 치료 종료 후 1~2년간의 사후 평가가 수행되었는데, 이 평가에서는 비교 조건에 비해 TF-CBT가 지속적으로 유익한 것으로 기록되었다(참고: Cohen & Mannarino, 1997; Cohen, Mannarino, & Knudsen, 2005; Deblinger et al., 1996; Deblinger, Mannarino, et al., 2006; Deblinger, Steer, & Lippmann, 1999; Mannarino, Cohen, Deblinger, Runyon, & Steer, 2012). 최근에는 TF-CBT 개발자들과 독립적으로 많은 TF-CBT 연구들이 수행되었다. 이러한 연구들에 걸친 일관된 결과는 TF-CBT가 통제 및 비교 조건 모두를 유의미하게 능가한다는 것이다. 외상의 유형, 연령, 환경, 그리고 서술 형식의 다양성은 TF-CBT 모델의 일반화 가능성에 영향을 준다. 즉, 치료는 특정 유형의 외상뿐만 아니라, 일반적인 지역사회 환경에서 나타나는 외상과 같이 여러 가지 다양한 외상에 의해 영향을 받는 아동의 일반 모집단에도 효과적일 가능성이 있다. 이러한 긍정적인 연구 결과는 모델의 광범위한 실행에 기여했을 가능성이 크다. 간단히 말해, TF-CBT 연구는 치료사, 가족, 그리고 기관의 관리자들에게 TF-CBT의 효과가 높다는 것을 보여준다.

표 4.1과 4.2에서 볼 수 있듯이, 초기 TF-CBT 연구의 대부분은 외상의 지표로 성적 학대를 경험한 아동 집단에 초점을 맞추었다. 아동 외상 의료기관을 바쁘게 운영하며 우리가 지속적으로 경험한 것과 연구를 통해 얻은 결과는 갈수록 이러한 '사일로(silo)'식 접근(단일 유형의 외상에 초점을 맞추는 것)이 인위적이었을 가능성이 크다는 것을 시사했다. 왜냐하면 외상 스트레스를 보이는 듯한 대부분 청소년은 여러 종류의 외상을 경험했기 때문이다(예: Finkelhor, Ormrod, & Turner, 2007; Saunders, 2003). 이어지는 관련 자료들에서는 TF-CBT 연구에 참여한 청소년들이 여러 가지 외상을 경험했다는 것을 명확하게 밝혔다.

예를 들어, 우리의 첫 번째 치료 결과 연구에서 성적 학대를 경험한 203명의 8~14세 아동은 평균 3.4개의 서로 다른 외상 유형을 경험했다고 보고하였다. 이 아이들은 주 보호자와 함께 TF-CBT 또는 아동 중심 치료(child-centered therapy: CCT)에 무선 배정되었다. 치료 결과는 CCT를 받은 아동에 비해 TF-CBT를 받은 아동이 우울, 수치심, 행동 증상은 물론, PTSD 증상이 매우 크게 향상되었음을 보여주었다. TF-CBT는 부모의 우울증, 정서적 고통, 양육 기술, 그리고 자녀 지원 능력에 있어서도 CCT보다 월등히 우수했다(Cohen, Deblinger, et al., 2004). 6개월, 그리고 12개월 후에 수행된 사후 평가에서, TF-CBT를 받았던 아동은 CCT를 받았던 아동보다 PTSD와 수치심 증상이 현저하게 적은 것으로 나타났다. 또한, TF-CBT 집단의 부모가 CCT 집단의 부모보다 정서적인 고통 수준이 현저하게 낮은 것으로 나타났다. 유일하게 CCT 집단에서만 치료 전 다중 외상과 더 높은 수준의 우울 증상이 각각 6개월과 12개월 후 사후 조사에서 더 나쁜 치료 결과를 예측했다. 그렇지만 이러한 요인이 TF-CBT 집단에 있어서는 더 나쁜 결과를 이끌어내지 않았다. 이러한 결과는 TF-CBT가 다중의 외상을 입은 아동 및 우울 증상을 동반하는 아동에게 우선적으로 효과가 있다는 것을 시사했다(Deblinger, Mannarino, et al., 2006).

TF-CBT 모델이 일반적인 지역사회 환경에서 점점 보급되고 실행됨에 따라, 연구는 이와 같은 환경에서 TF-CBT의 효과를 평가하는 것에 초점을 맞췄다. 예를 들어, 한 연구는 지역사회 가정폭력센터에서 주로 사용하는 돌봄 형태인 CCT에 대비되는 TF-CBT의 효과를 평가하였다. 가정폭력에 노출된 여성들은 센터에서 서비스받으며 가정폭력 관련 PTSD 증상을 보이는 7~14세 아동 124명과 함께 이 연구에 참여했다. 이 또한 3.6개의 서로 다른 외상 유형의 평균치를 보고하는 아동으로 이루어진 다중 외상 경험이 있는 집단이었다. 모든 아동은 지역사회 센터의 상담 담당 직원이 제공하는 TF-CBT 또는 CCT를 받도록 무작위로 배정되었다. 센터 내 아동 상담은 보통 8회기였으므로, 이 연구의 치료 기간도 이 짧은 상담 회기 수대로 진행하기로 합의되었다. 통상적인 치료가 CCT 버전으로 이루어졌으므로, 담당 치료사는 TF-CBT에 대한 훈련 및 감독을 받았다. 두 치료법에 대한 충실도는 녹음된 치료 회기에 대한 블라인드 평가를 통해 관찰되었다. 결과에 따르면, 아동의 PTSD 증상과 진단율, 불안 증상 개선은 물론 심각한 외상 사건을 방지하는 데에도 TF-CBT가 CCT보다 월등히 우수한 것으로 나타났다(Cohen, Mannarino, & Iyengar, 2011). 이 연구의 어려움 중 하나는 치료 중 높은 탈락률(40%)이었다. 이 수치는 다른 TF-CBT 연구에서 나타난 것보다 상당히 높았으나, 가정폭력센터 직원들에 의하면 그들이 속한 지역사회 인구와 관련된 문제(예: 물질 남용, 노숙, 안전 위협, 가해자에게로 복귀)를 고려할 때 평소보다 나은 결과였다. 이 연구의 또 다른 중요한 결과는 지속적인 외상을 경험하는 청소년을 위한 TF-CBT의 효과를 확립한 것이다. 이 연구의 절반 이상 아동이 가정폭력 가해자에게 지속적으로 노출되었고, 많은 아동이 연구 중에도 반복적으로 외상을 경험했다. 연이어 수행된 2개의 논문에서 지속적인 외상을 경험하는 아동에게 TF-CBT를 적용하는 방법에 대해 더 자세히 설명된다(Cohen, Mannarino, & Murray, 2011; Murray, Cohen, & Mannarino, 2013).

또한 여러 연구는 광범위한 재난(예: 2001년 9·11 사건, 허리케인 카트리나)의 영향을 받는 아동과 가족을 위한 TF-CBT의 가치를 입증하였다. 허리케인 카트리나의 여파에 대해 수행된 무작위 실험에서 TF-CBT는 유사 집단 모델인 학교 내 외상에 대한 인지행동개입(Cognitive Behavioral Intervention for Trauma in Schools: CBITS)과 비교되었다. 결과는 두 치료 조건 모두에서 아동이 현저한 증상 개선을 나타냈다는 것을 보여주었다(Jaycox et al., 2010). 두 치료 조건의 치료 결과에서 유의한 차이는 없었으나, 연구가 그러한 차이를 탐지할 수 있을 만큼 충분한 설명력을 제공했는지는 불분명했다. 그러나 CBITS를 받은 참여자들에게 있어 치료에 대한 이해와 완료율은 훨씬 더 높았다. 이는 TF-CBT가 시행되는 의료기관 환경과는 달리, CBITS 모델은 학교 환경에서 더 많은 접근성을 가질 가능성이 크기 때문일 것이다. 이 연구는 또한 최적의 외상 회복을 보장하기 위해 치료적으로 주의를 기울일 필요가 있는 기존의 다양하고 복합적인 외상(들)을 제시하였다. 무작위 실험은 아니지만 2001년 9월 11일 이후 실시된 연구 결과 또한 이전 연구 결과를 지지하는데, 지역사회 전체에 영향을 미치는 광범위한 재난에 대하여 아동과 청소년이 외상성 스트레스 증상을 극복하도록 돕는 TF-CBT의 효과를 제시하였다(CATS Consortium, 2010).

젠슨(Jensen)과 동료들(Jensen and colleagues, 2013)이 수행한 뛰어난 연구는 지역사회와 국제적 작업을 연결하였다. 이 국가 프로젝트는 노르웨이의 8개 지역 정신건강 클리닉에서 외상에 노출된 10~18세 아동 156명을 대상으로 수행되었다. 이들

역시 평균 3.6개의 여러 외상을 경험했다고 보고한 복합 외상 아동·청소년이었다. 이들은 TF-CBT 또는 평소 이루어지던 일반 치료(treatment as usual: TAU)에 무작위로 배정되었다. TAU 집단과 비교해 TF-CBT 집단이 PTSD, 우울증, 그리고 일반적인 정신건강 증상에 있어 더 큰 개선을 경험하였다. 어떤 독자들에게는 놀라울 또 다른 중요한 결과는, 아동·청소년-치료사의 치료 동맹의 강점이 긍정적인 결과를 예측했다는 것이고, 이러한 치료적 관계의 강점은 TF-CBT 집단에서만 유일하게 나타났다는 점이다(Ormhaug et al., 2014). 이러한 발견은 TF-CBT의 맥락에서 신뢰와 동기를 부여하는 치료사-내담자 관계 형성의 중요성에 대한 초점을 강조하는 것이다.

이후 여러 무작위 통제 TF-CBT 연구가 국제적으로 수행되었다. 자원이 부족한 국가에서는 이러한 연구를 위해 TF-CBT를 제공할 만한 일반 상담사의 교육이 요구되어 왔다. 머레이(Murray)와 동료들(Murray and colleagues, 2011)은 이 작업에 10년 이상 헌신하며, 지역의 외상 경험이 있는 아동·청소년에게 사용하기에 적합한 도구를 개발하고 타당화했으며, 지역의 비전문 상담사를 훈련하기 위한 '실습(apprentice)' 모델을 개발 및 체계화하였다. 이러한 노력은 최근 아프리카에서 무작위 실험이 열매를 맺도록 도왔다. 머레이와 동료들은, 잠비아 5개 지역의 5~18세 고아와 취약 아동 257명을 TF-CBT 또는 지역의 일반 상담사들이 평소 제공하는 치료 집단에 무작위로 배정되었다. 이 상담사들은 위에서 설명했듯이 TF-CBT를 수행할 수 있도록 훈련을 받았다. 참여한 아동들은 평균 다섯 가지 유형의 외상을 입고 있었다. 이 치료에서 TF-CBT를 받은 아동이 일반 치료를 받은 아동에 비해 PTSD 및 적응성 장애에서 훨씬 큰 개선을 보였다(Murray et al., 2015). 탄자니아에서 외상적 애도를 경험하는 아동을 위해 진행 중인 TF-CBT 무작위 통제 실험에도 유사한 방법론이 사용되고 있다. 이 모집단에 대한 TF-CBT의 사전·사후 연구는 PTSD와 부적응적 애도 증상에서도 긍정적인 결과를 보여주었다(O'Donnell et al., 2014).

복합 외상 결과는 제3장에 설명되어 있듯, 복합 외상의 개념(또는 발달학적 외상 장애에 대해 제안된 진단) 아래 포괄되는 모든 영역을 평가할 만한 도구는 현재 존재하지 않는다. 복합 외상에 대한 현재 설명에 의하면, 많은 TF-CBT 연구는 복합 외상 증상을 지닌 아동·청소년을 살펴보았는데, 이 증상은 PTSD 증상, 그리고 표준화된 도구에 의해 평가되는 기능을 포함하는 정서, 자기개념 및 대인관계 영역에서의 심각한 조절곤란을 말한다(참조: Cohen, Deblinger, et al., 2004; Cohen, Mannarino, & Iyengar, 2011; Cohen, Mannarino, & Knudsen, 2005; Deblinger et al., 2011; Diehle, Opmeer, Boer, Mannarino, & Lindauer, 2015; McMullen et al., 2013; Murray et al., 2015; O'Callaghan, McMullen, Shannon, Rafferty, & Black, 2013). 각 연구에서 TF-CBT는 비교나 통제 조건에 비해 여러 결과에서 우월한 개선을 이끌어내며 복합 외상을 보이는 아동·청소년을 위한 TF-CBT의 효과를 뒷받침했다. 이 중 세 가지 연구는 복합 외상을 경험한 청소년에게 TF-CBT를 실행하는 것에 대한 특정 쟁점을 다룬다. 오캘러한(O'Callaghan)과 동료들(O'Callaghan and colleagues, 2013), 그리고 맥멀렌(McMullen)과 동료들(McMullen and colleagues, 2013)은 세계에서 성폭력 발생률이 가장 높은 나라 중 하나이자 전쟁으로 폐허가 된 콩고 민주공화국에서 두 가지 연구를 했다. 잠비아의 상황과 비슷하게, 정신건강 전문가의 부족으로 일반 상담사들이 TF-CBT를 제공하기 위해 훈련되었다. 첫 번째 연구는 성착취를 당한 12~17세 소녀들을 대상이었다. 이들 대부분은 매춘으로부터 구출되었으며, 이 연구는 대상에 대한 치료 효과를 조사하기 위한 첫 번째(우리가 아는 한 유일한) 무작위 통제 실험 연구이다. 이 여자아이들은 외상 노출(다양한 형태의 대인관계 폭력, 애착 장애, 성폭력 등 평균 11.9개의 외상 유형을 보고함)과 그에 대한 결과(심각한 PTSD 증상, 우울증/불안, 품행 문제, 친사회적 행동 부족) 모두에서 복합 외상에 대해 현재 기술된 기준을 충족하였다. 이 아이들은 문화적으로 개정된 집단 TF-CBT를 매주 3회씩 5주간 제공받거나 대기자 통제 조건으로 무선 배정되었다. 대기자 조건에 배정된 아이들은 자신이 거주하고 있는 비정부 기관에서 직업 훈련과 같은 이용할 수 있는 다른 모든 서비스를 계속 받았다. 따라서 대기자 조건은 평가 외에도 비정부 기관 환경에서 평소 시행되는 치료를 받는 것과 동일했다. 대기자 조건에 비해 TF-CBT 집단은 PTSD, 우울증, 불안, 행동 문제 및 친사회적 행동에서 훨씬 큰 개선을 경험하였고, 3개월 후 사후 평가에서도 개선사항이 유지되었다(O'Callaghan et al., 2013). TF-CBT 집단은 집단 회기 동안 배운 기술을 회기들 사이에 자발적으로 연습했고, 치료에 참여한 여자아이들을 거부했던 많은 가족 구성원들은 집단에 함께 참여한 후로 아이들이 다시 가족으로 돌아오는 것을 환영했다. 이러한 가족의 태도 변화는 친사회적 행동 습득 또는 청소년 기능에 미치는 외상의 영향에 대한 가족 구성원들의 이해에 기인한 것일 수 있다.

같은 연구팀은 콩고 민주공화국의 전쟁 피폭 소년들에 관해 병렬 연구를 수행했다(McMullen et al., 2013). 이 연구의 대상은 13~17세 소년 50명이었고, 이들 중 대다수는 소년병으로 복무하도록 강요받은 경험이 있었다. 이들은 집단 TF-CBT를 받는 조건 또는 대기자 통제 조건에 무선 배정되었다. 앞서 설명한 연구와 마찬가지로, 이 남자아이들은 외상 노출(평균 12.4개의 외상 유형을 보고함)과 그에 대한 결과(다중 기능 영역에 걸친 심각한 장애) 모두에서 복합 외상에 대한 현재 기술과 일치하는 증상을 보였다. 연구 설계와 치료의 전달은 앞선 여자아이들 연구와 동일했다(O'Callaghan et al., 2013). 연구 결과에 따르면, TF-CBT가 통제 조건에 비해 PTSD, 불안, 우울증, 행동 증상, 친사회적 행동뿐만 아니라 전반적인 심리적 고통을 개선하는 데 훨씬 우수한 것으로 나타났다(McMullen et al., 2013).

세 번째 연구는 독일의 한 연구팀에 의해 수행되었다. TF-CBT가 기존에 8개의 독일 외래환자 클리닉에서 수행되었던 것처럼, 연구자들은 다양한 외상을 경험한 7~17세 아동을 대상으로 이 모델을 대기자 통제 조건과 비교하여 평가하였다. 결과는 TF-CBT가 대기자 통제 조건보다 훨씬 우수하다는 것을 보여주었다(Goldbeck, Muche, Sachser, Tutus, & Rosner, 2016). 또한, 복합 PTSD에 대해 제안된 ICD 기준을 충족한 청소년들의 경우, 연구 결과는 PTSD 증상을 지닌 청소년의 경우와 동일했다. 즉, TF-CBT 조건이 대기자 조건보다 더 큰 향상을 보였다. 그렇지만 예상했던 대로, 복합 PTSD를 보이는 청소년이 PTSD를 보이는 청소년보다 치료 전과 후에 PTSD 점수가 더 높은 것으로 나타났다. 이러한 연구 결과는 TF-CBT가 PTSD를 지닌 청소년과 복합 PTSD를 지닌 청소년에게 동등하게 효과적이라는 것을 시사한다. 중요한 점은 이러한 개선이 TF-CBT 단계의 일반적인 길이나 양의 변경 없이도 12회의 치료 회기 내에 일어났다는 것이다. 또한, 연구자들은 복합 외상을 경험한 청소년이 전형적인 PTSD를 지닌 청소년에 비해 높은 PTSD 증상을 계속 경험했다는 것을 언급하며, 만일 복합 외상 청소년들이 복합 외상에 맞게 적용된 TF-CBT(Cohen, Mannarino, Kliethermes, et al., 2012)를 받았더라면 훨씬 더 큰 향상을 경험했을 것이라고 하였다.

최근 TF-CBT 연구는 아동에게 치료를 개별적으로 맞춤화하여 최적화하는 방법을 조사해왔다. 세 가지 연구가 이 문제를 다루었다. 첫 번째 연구는 선택적 세로토닌 재흡수 억제제(selective serotonin reuptake inhibitor: SSRI) 설트랄린(Zoloft)을 TF-CBT에 첨가하는 이점을 평가하며, PTSD와 우울 증상의 동반질환이 있는 아동은 TF-CBT 단독 치료보다 결합 치료에 훨씬 더 잘 반응할 것이라는 가설을 세웠다. 이 연구에서 성적 학대를 경험한 24명의 10~17세 청소년들은 TF-CBT와 설트랄린 집단 또는 TF-CBT와 동일한 조건의 정제 위약(pill placebo) 집단에 무선 배정되었다. 안타깝게도, 이 연구는 2002년에 시작되었는데, 이때 아동과 청소년에 있어 SSRI 약물로 인한 자살 가능성에 대한 블랙박스 경고가 처음 발표되었다. 많은 부모는 당연히 자녀들이 TF-CBT(그 당시에는 외상을 입은 아동을 위한 효과성이 알려진 치료법)만 받는 것을 선호했고, 연구를 위한 조건에 대해서는 참여하기를 거부했다. 연구를 위한 모집은 기대보다 훨씬 낮았고, 이로 인해 연구는 집단 간 차이를 발견할 수 있는 충분한 설명력을 갖지 못했다. 두 집단 모두 이러한 결과에 대한 유의한 집단 간 차이 없이 PTSD 증상과 우울증이 크게 개선되었다(Cohen, Mannarino, Perel, & Staron, 2007). SSRI 및 기타 약리학적 성분에 관한 후속 연구에서는 충분히 설명력을 가진 무선 통제 실험을 실시했는데, SSRI와 다른 약물의 이점을 보여주지 못했다(Wilkinson & Carrion, 2012). 이것은 이 연구가 집단 간 차이를 발견하지 못한 이유가 설명력 때문이 아니라는 것을 시사한다.

두 번째로 여러 지역에 걸쳐 실시한 연구에서, 우리는 TF-CBT 모델을 분해하여 다음과 같은 두 가지 질문에 답하고자 했다. 첫째, 어떤 아동에게 어느 정도의 치료 길이(8주 vs. 16주)가 가장 적합한가? 둘째, 외상 서술 및 처리 단계(TN)가 덜 필요한 어린 아동의 하위 집단이 있는가? 이 연구에서 성적 학대를 외상의 기초 지표로 경험한 4~11세 아동 210명은 네 가지 조건 중 하나에 무선 배정되었다. 1번 조건은 TN이 있는 TF-CBT(8회기), 2번 조건은 TN이 없는 TF-CBT(8회기), 3번 조건은 TN이 있는 TF-CBT(16회기), 그리고 4번 조건은 TN이 없는 TF-CBT(16회기)였다. 다음의 세 가지 명확성은 연구 설계를 이해하는 데 도움이 된다.

1. 모든 조건의 아동은 TF-CBT 동안 점진적인 노출을 경험했다(예: 신체의 내밀한 부분에 대한 교육, 성적 학대 관련 안전 기술, 성적 학대 알림요인 확인, 알림요인에 대응하는 TF-CBT 기술 사용).

2. TN이 없는 조건(2번과 4번 조건)의 경우, TN 회기는 추가적인 안정화 기술 회기(양육, 정서조절, 인지적 대처)와 통합 단계(주로 부모-자녀 공동 회기)로 대체되었다.

3. 자금 지원을 받기 위해서는 3번 조건에서 TF-CBT 회기 할애량에 상당한 편차가 요구되었으므로, 이 조건에서 각 TF-CBT 단계를 회기의 3분의 1로 할당하는 대신, 다음과 같은 비율로 변경되었다: 안정화 단계=2회기(8분의 1), TN 단계=12회기(4분의 3), 통합 단계=2회기(8분의 1)

안타깝게도, 이러한 변경은 TF-CBT가 임상 실무에서 전달되는(전달되어야 하는) 방식과 거의 유사하지 않았으므로 3번 조건의 결과는 임상적 가치가 제한적이다.

연구 결과를 살펴보면, 첫째, PTSD 증상을 포함하는 대부분 증상은 네 가지 조건에 걸쳐 유의한 차이 없이 크게 개선되었다. 둘째, 1번 조건(TN 포함 8회기)은 아동의 공포·불안과 부모의 학대 관련 고통을 감소하는 데 가장 효과적이고 효율적이었다. 셋째, 4번 조건(TN 미포함 16회기)은 아동의 외현화 행동과 부모의 양육 기술에 있어 훨씬 큰 향상을 가져왔다(Deblinger et al., 2011). 다시 말해, 8회기에 걸쳐 제공된 TN 단계는 특히 어린 아동이 공포와 불안을 극복하도록 돕는 데 유익했다. 하지만 외현화된 행동 문제를 두드러지게 보이는 외상 아동에게는 TF-CBT 기술(즉, 양육 및 대처 기술)에 초점을 두는 것과 점진적 노출의 결합이 대단히 중요하다. 1년간의 후속 조사에서 치료의 이득은 치료 조건에서 지속되었으나, 조건 간 차이는 유지되지 않았다(Mannarino, Cohen, Deblinger, Runyon, & Steer, 2012). 3번 조건에 적절한 TF-CBT 회기 비율을 적용했더라면 3번 조건과 4번 조건을 직접 비교하여 TN 구성요소의 독립적 기여도를 검토할 수 있었을 것이다. 안타깝게도, 3번 조건의 회기 수를 수정해 실시한 것이 연구에서 이 질문에 대해 대답할 가능성을 배제하고 말았다. 후속 조사에서 두 집단 간에 지속적인 차이가 부족하다는 사실과 TN 단계를 포함한 TF-CBT 모델이 증세가 매우 심한 아동에게 최적의 개선을 제공한다고 시사하는 다른 연구들의 증거에 무게를 두고 고려하자면(예: CATS Consortium, 2010), 현재 권장하는 바는 이러한 아동에게 TN 단계를 제공해야 한다는 것이다.

네덜란드 연구자(Diehle et al., 2015)들은 외상의 영향을 받은 8~18세의 아동 48명을 TF-CBT 또는 유럽에서 주로 사용되는 다른 증거 기반 외상 치료인 안구운동 민감소실 및 재처리 요법(Eye Movement Desensitization and Reprocessing: EMDR)에 무선 배정하였다. 차이가 있는 결과를 예측할 수 있는 개인적 요인에 대해 가설을 세우고, 치료사들이 아동에게 개별적으로 가장 적합한 치료법을 선택하도록 하였다. 구체적으로, 연구자들은 EMDR이 PTSD를 더 효율적으로 치료하는(예: 간단한 치료가 필요한 가족에 가장 적합) 반면, TF-CBT는 동반질환을 치료하는 데 훨씬 효과적일 것이라는 (예: 복합 외상 아동·청소년에게 최적) 가설을 세웠다. 그 결과, 두 치료 모두 PTSD 치료에는 동등하게 효과적이었으나, 치료 효율 면에서 유의한 차이를 발견하지는 못했다. 예측했던 것처럼 아동·청소년의 우울 및 과잉행동 증상을 개선하는 점에 있어서 TF-CBT가 EMDR보다 훨씬 우수한 것으로 나타났다.

마지막으로, 한 연구에서 위탁가정에 있는 6~15세의 아동 47명은 위탁부모와 함께 표준 TF-CBT 집단 또는 동거하는 위탁가정을 위한 증거 기반 참여 전략을 포함하는 TF-CBT 집단에 무선 배정되었다(Dorsey et al., 2014). 그 결과, 위탁부모와 함께 참여하는 조건에 무선 배정된 가정에서 TF-CBT 효과가 더 오래 지속되고, 탈락률이 감소하였으며, 치료의 완성률도 훨씬 높았다. 게다가, 치료를 완료해가는 아이들에게서 측정되는 모든 증상(예: PTSD, 우울증 및 행동 문제)이 크게 개선되어 증거 기반 참여 전략의 중요성을 강화하고, TF-CBT에 관한 선행 연구 결과를 뒷받침하였다.

외상을 입은 아동·청소년을 위한 TF-CBT 또는 기타 증거 기반 치료 제공에 대한 수요가 증가함에 따라, 이러한 치료를 수행하도록 치료사들을 훈련하기 위한 비용 대비 가장 효과적인 전략을 세워야 할 필요성이 증가하고 있다. 예를 들어, 외상을 입은 아동·청소년이 매우 많다는 점과 무료 웹 기반 훈련 가능성을 고려하여, RTF(거주형 치료 시설)에 거주하도록 판정을 받은 13~18세의 외상 청소년에게 서비스를 제공하는 뉴잉글랜드의 18개 RTF에서 무선 통제 보급 연구가 수행되었다. 이 프로젝트의 목표는 청소년을 치료하는 RTF 치료사들에게 TF-CBT를 시행하기 위한 두 가지 대안 전략을 평가하는 것이었다. 치료사들은 각 RTF 프로그램에 무작위로 배정되었다. 웹(Web) 교육 조건('W')에서는 무료 교육 과정인 TF-CBTWeb(www.musc.edu/tfcbt)과 웹 기반 컨설팅(www.musc.edu/tfcbtconsult)을 통한 웹 기반 TF-CBT 교육을 받았다. 무료 웹(Web)과 실시간(Live) 교육 조건('W+L')에서는 웹 교육과 2일간의 대면 TF-CBT 교육, 그리고 12개월 동안 TF-CBT 전문가에 의해 격주로 제공되는 TF-CBT 컨설팅 전화를 받았다. 두 가지 조건의 교육 결과에 따르면, W+L 조건의 치료사들이 W 조건의 치료사들보다 외상 노출과 증상에 대해 아동·청소년을 훨씬 더 잘 선별하였다. 또 W 조건에서보다 훨씬 더 많은 아동·청소년참여자들과 더 높은 충실도를 가지고 TF-CBT를 완료했으며, W 조건에서보다 TF-CBT에서 참여자 탈락률이 훨씬 적었다. 치료를 완료한 아동·청소년들은 모든 조건에 걸쳐 PTSD 증상(p<.001)과 우울 증상(p<.03)이 상당히 개선됨을 경험했으며, 이러한 결과는 RTF 환경에 있는 아동·청소년 집단에 대한 TF-CBT의 효과를 지지하는 예비 자료를 마련하였다(Cohen et al., 2016).

흥미롭게도, 외상의 영향을 받는 아동의 치료적 요구를 해결하는 것과 관련된 치료 비용 절감을 위한 대체 방법을 조사하기 위해 또 다른 일련의 무작위 실험이 최근 수행되어왔다. 데블링거 등(Deblinger et al., 1996)의 선행 연구와 유사한 이 연구는, 아동의 외상 스트레스 증상 극복에 직접적으로 도움을 주는 데 있어 비가해 부모의 잠재적인 역할을 조사했다. 단계 기반 치료(모든 아동이 세 가지 단계의 TF-CBT를 모두 받는 전형적인 TF-CBT에서처럼)와 구별되는 단계적 치료(stepped care)는 두 가지 이상의 분명한 치료 단계를 제공한다. 단계적 치료 모델에서는 단계마다 치료의 강도·비용·시간이 다르고, 심각성과 필요성의 정도별로 분명한 목표를 가진다. 단계적 치료 모델의 1단계에서는 치료가 비교적 수월하고 비용이 덜 들며, 매우 많은 수의 아동에게 제공된다. 2단계에서는 더욱 집중적인 치료로 비용이 많이 들며, 1단계에 반응하지 않는 아동 또는 1단계를 건너뛰고 2단계로 직접 가야 하는 선별 기준을 충족하는 아동에게만 제공된다. 두 번의 소규모 연구(Salloum et al., 2015, 2016)에서 연구자들은 TF-CBT 표준 형태와 단계적 치료를 병합한 TF-CBT 접근법을 비교하였다. 단계적 치료와 TF-CBT를 결합한 형태에서는 가해를 가하지 않은 부모가 직접 치료의 첫 단계 동안 자녀와 회기를 진행하도록 안내를 받았다. 이 예비조사 결과는, 이러한 단계적 치료 접근이 보호자의 더욱 적극적인 참여를 통해 외상의 영향을 받는 많은 아동에게 도움을 주는 비용 효율적인 수단일 수 있음을 시사했다. 이에 관한 후속 연구는 반드시 이루어져야 하겠지만, 연구 결과를 보더라도, 치료의 기회가 주어져 TF-CBT 치료사에 의해 효과적으로 안내를 받는다면 보호자는 아동의 회복을 지원하는 데 중요한 치료적 역할을 수행할 수 있음을 알 수 있다.

표 4.1과 앞서 설명된 20개의 TF-CBT 무작위 임상 실험 외에도, TF-CBT를 다룬 여러 추가 연구는 유사통제 설계(quasi-controlled design: 참가자가 서로 다른 치료에 비무선적으로 할당되는 연구) 또는 사전–사후 치료 설계(pre-post treatment design: 무선 배정 없이 치료 전과 후의 결과를 살펴보는 연구)를 활용하여 모델에 대한 지식을 축적해왔다. 이러한 연구는 무작위 통제 실험과 동일한 수준의 과학적 엄격성은 부족하지만, 다양한 환경과 문화에 걸쳐 TF-CBT를 지지하는 증거를 마련하는 데 기여해왔다. 최근에는 TF-CBT를 사용한 사전–사후 연구가 완료되어 아시아의 아동과 가족에게 TF-CBT를 성공적으로 구현할 수 있는 가능성을 입증하는 예비 증거를 제공했다(Kameoka et al., 2015). 일반적으로, 표 4.2에 요약된 추가 연구 결과는 여러 결과에 대해 우리가 검토했던 것을 확장했고, 잠재적 조절요인에 대한 이해를 강화했으며, TF-CBT에 대해 일관적으로 긍정적인 결과가 나타나는 기저에 깔려 있을 수 있는 행동 구조를 명확하게 하는 데 도움이 되었다.

한 예로, TAU(지역사회 의료기관에서 평소 제공하는 일반 치료)를 받은 위탁보호 아동과 TF-CBT를 받은 아동을 비교한 한 유사실험(quasi-experimental) 연구는, TF-CBT를 받은 아동에게서 훨씬 더 큰 증상 개선이 나타났다는 선행 연구 결과를 뒷받침했을 뿐만 아니라, TF-CBT에 참여한 아동의 가출 행동과 적응 장애가 크게 감소했음을 입증하였다(Lyons, Weiner, & Scheider, 2006). 이 결과는 정부의 관리보호 아래 있는 아동의 적응 장애와 여러 번의 이사의 장기적인 부정적 영향을 고려할 때 극히 중요한 발견이다.

사전–사후 종단 설계에 기반한 또 다른 관련 연구는 지역의 외래환자 정신건강 기관에서 TF-CBT의 영향을 조사했는데, 초기 치료로 인한 큰 혜택과 치료 완료 후

1년 동안 증상 개선의 유지라는 모든 측면에서 무작위 실험 선행 연구 결과를 뒷받침하였다(Webb, Hayes, Grasso, Laurenceau, & Deblinger, 2014). TF-CBT의 맥락에서 치료의 구조를 살펴보기 위한 노력으로 레디와 동료들(Ready et al., 2015)은 치료의 외상 서술 및 처리 단계 동안 회기를 녹음한 것의 축어록을 풀어 분석했는데, 그 결과 아동(특히 어린 아동)의 과일반화된 신념이 높은 내재화 증상과, 치료 과정에서의 전반적인 개선 감소, 그리고 1년간의 추적 관찰에서 외현화 증상의 높은 발생률을 예측한다는 것을 발견했다. 반대로, 균형 잡힌 수용적 신념은 특히 어린 아동에게 있어 치료 과정에 걸친 큰 증상 개선과 치료 후 내재화 증상 감소, 그리고 1년간의 추적 관찰에서의 외현화 행동 감소와 상당히 관련이 있었다. 이러한 결과들은 장·단기 결과에 미치는 영향의 관점에서 볼 때 외상 기억에 대한 점진적 노출뿐만 아니라 관련 생각 및 느낌에 대한 정서 및 인지적 처리의 중요성을 입증하는 것으로 보인다. 마지막으로, 이 정보들은 또한 인구통계 자료 및 이전의 정신건강 서비스 활용 측면에서 동일한 조건의 아동을 대상으로, TF-CBT를 받은 아동의 1년 후 치료 결과와 통제 집단의 외상 아동의 결과를 비교함으로써 TF-CBT의 비용 효율성을 평가하기 위해 조사되었다. 이 결과에 따르면, 저비용 초기 치료 서비스(예: 외래 치료)를 받은 TF-CBT 참여자가 통제 집단에 비해서는 2배 이상의 비용을 썼지만, 1년간의 추적 관찰에서 비교 통제 집단의 참여자들이 고가의 정신건강 서비스(예: 입원 치료)에 5배나 더 많은 비용을 쓴 것으로 나타났다. 이는 TF-CBT에 장기적인 비용 절감 효과가 있을 수 있다는 것을 시사한다.

앞서 설명한 것과 유사한 지역 기반 연구가 캐나다에서도 수행되었다. 참여자들은 TF-CBT 또는 대기자 통제 조건에 부분적으로 무선 배정되었다(Konanur, Muller, Cinamon, Thornback, & Zorzella, 2015). 연구자들은 시간의 경과가 증상 감소에 효과가 없음을 확인하는 것 외에, TF-CBT를 통한 치료 후 PTSD 증상이 크게 감소했고, 이 효과가 6개월 후에도 지속된 것으로 보고하였다. 조젤라, 멀러, 크리비(Zorzella, Muller, and Cribbie, 2015) 역시 치료 초기의 강력한 치료적 동맹이 내재화 증상의 훨씬 큰 개선을 예측한다는 것을 발견했다. 게다가, 이 연구자들은 많은 내재화 증상을 보이는 여자아이들 및 아동이 치료 전에 훨씬 더 강한 치료적 동맹을 맺는다는 점에 주목하여, 외현화 행동 문제를 보이는 남자아이들 및 아동과도 신뢰할 수 있는 치료적 관계를 형성하는 것에 초점을 더 두는 것이 임상적 핵심뿐만 아니라 후속 연구에도 중요한 요인이 될 수 있다고 제안하였다.

TF-CBT의 또 다른 공개 실험 연구에서는, 청소년 여학생을 대상으로 약 12회기 동안 PTSD의 신경회로 모델을 조사하였다(Cisler et al., 2015). 치료의 사전·사후 평가에서, 연구자들은 3T급 기능성자기공명영상(3-tesla functional magnetic resonance imaging: 3T fMRI)을 사용하며 청소년들이 중립적인 표정과 무서워하는 표정을 보도록 했고, 암묵적 위협 처리 작업에 대한 청소년의 반응을 평가했다. 그 결과 공포 자극뿐만 아니라 중립 자극에도 편도체 반응을 보인(즉, 위협에 대한 안전성 구별이 취약한) 청소년은 TF-CBT를 받은 후 증상이 크게 감소되지 않았다. 하지만 위협적인 이미지에만 편도체 반응성을 보인 청소년은 치료 후 더 큰 증상 개선을 보였다. 치료를 시작할 때, 위협에 대한 안전 구별 반응이 취약한 청소년을 식별하는 것은 임상 전문가가 청소년의 필요를 더 효과적으로 다루도록 안전 구성요소를 개별적으로 맞추어 적용하는 데 도움이 될 수 있다. 이러한 결과는 복합 외상 반응에 대한 TF-CBT 실행과 관련하여 자주 제시되는 임상적 권고를 타당화하는 것으로 보인다. 여기서 임상적 권고란 치료의 첫 번째 단계에서 안전 구성요소의 통합을 제안하는 것을 말한다.

마지막으로 소개하고자 하는 최근의 사전–사후 설계 연구는, 증상 감소를 보고한 선행 연구를 뒷받침한다. 그뿐 아니라 TF-CBT의 완료가 숙달과 정서적 연결성, 그리고 스트레스 반응성 감소 측면에서 아동의 회복탄력감 향상과 관련이 있을 수 있다는 예비 근거를 제공하였다(Deblinger, Pollio, Runyon, et al., 2016). 이러한 결과는 회복탄력성의 증진이 장기 적응에 핵심적인 우울증과 수치심의 상당한 감소와 관련이 있음을 보여준다. 지금까지 설명한 모든 연구를 종합하면 TF-CBT 모델은 외상의 즉각적인 여파에 영향을 받는 아동과 가정의 취약성을 잠재적으로 감소시킨다. 그리고 장기적으로 역경에 대응하는 회복탄력성을 증가시키며 치료를 개별적으로 맞춤화하는 목적하에 TF-CBT 모델의 효율성을 지속적으로 발전시킬 수 있는 방향을 제시하고 있다.

요약

외상 스트레스 및 애도와 자주 관련되는 증상과 어려움을 치료하는 데 입증된 TF-CBT의 효과로 인해, 아동과 비학대 부모를 위한 TF-CBT는 광범위한 외상 경험(예: 외상적 애도, 가정 또는 지역사회 폭력에 대한 노출, 복합 외상)이 있는 아동에게 적용되고 있고 경험적으로 평가되고 있다. 지난 20년 동안 아동 외상 치료는 큰 변화를 겪었다. 1996년 초만 해도 과학적 문헌에 효과적인 외상 치료에 관해 기술한 무작위 실험 연구는 없었다. 그해 연말 즈음에 2개의 TF-CBT 무작위 통제 실험 연구(Cohen & Mannarino, 1996a; Deblinger et al., 1996)가 발표되었다. 2006년 연구서 초판이 출판되었을 때, 2개의 증거 기반 치료, 즉 CBITS와 CPP가 무작위 통제 실험을 통해 효과성을 보였으며, 그동안 4개의 추가 TF-CBT 실험이 완료되었다. 이 책의 초판은 2016년에 출간되었는데, 사실 매우 많은 증거 기반 아동 외상 치료 모델이 존재하며, 이들을 보급하고 실행하기 위해 연방 및 기타 공급원으로부터 지원되는 자금을 통해 지속적인 노력이 이루어지고 있다. 이렇게 지원을 받아 보급 및 실행되는 모델들이 전문적 치료의 표준이 될 것이라는 기대가 커지고 있다. 이 장에서는 이 책의 초판 이후에 수행된 TF-CBT 모델에 대한 연구에 상당 부분 초점을 두고, TF-CBT 연구에 대해 업데이트된 내용을 설명하고 있다. 물론, 연구는 계속 진화하는 주제이다. 우리는 앞서 언급한 탄자니아의 외상적 애도에 대한 무작위 통제 연구와 기타 국제적으로 수행된 무작위 통제 연구, 뇌영상 연구, 모델의 보급 연구, 컴퓨터 방법론을 사용한 연구 등을 포함하여 진행중이거나 아직 발간되지 않은 새로운 TF-CBT 연구를 중요성을 알고 있다. 따라서 관심 있는 독자들은 우리의 인증 웹사이트인 https://tfcb.org에서 새로운 연구 정보를 얻기를 권장한다.

요약하자면, TF-CBT는 3~18세 아동의 외상 후 스트레스 증상 및 기타 관련 외상 증상을 지속적으로 개선하는 것으로 나타났다. TF-CBT를 뒷받침하는 증거가 시사하는 바에 따르면, 이 모델은 다양한 연령 또는 발달 수준의 아동, 인종 또는 문화, 다중·복합 외상을 포함하는 다양한 유형의 외상을 경험한 아동, 다양한 환경, 그리고 자원 부족 국가에서 훈련된 일반 상담자에게 TF-CBT를 개별적으로 또는 집단 형식으로 받는 아동에게 전반적으로 일반화될 가능성이 있다. TF-CBT의 이러한 성공에도 불구하고 더 많은 연구가 필요하다. 예를 들어, 심각한 정신건강 질환을 동반한 아동을 어떻게 가장 잘 치료할 것인가, TF-CBT와 같은 효과적인 치료를 아직 받지 못한 많은 외상 아동이 치료받을 수 있도록 최적의 보급과 실행 전략은 어떻게 할 것인가에 대해서.

표 4.1. TF-CBT 무작위 통제 실험

연구	대상 집단; N	치료; 회기수; 기간	주요 결과
Cohen & Mannarino (1996a, 1996b, 1997, 1998b)	성적 학대 경험 미취학 아동 3~6세; N = 86	TF-CBT 43명, NST 43명; 12회기; 1시간 30분	PTSD, 내재화 및 성행동 문제 개선에 TF-CBT가 NST보다 유의하게 우수함; 1년간 추적 조사에서 차이 유지
Cohen & Mannarino (1998a); Cohen, Mannarino, & Knudsen (2005)	성적 학대 경험 아동 8~14세; N = 82 참고: PTSD 증상은 입력값에 요구되지 않음	TF-CBT 41명, NST 41명; 12회기; 1시간 30분	12개월간의 추적 조사에서 PTSD 개선에 TF-CBT가 NST보다 유의하게 우수함(ES = 0.47). 치료 완료자(N = 49) 중 치료 후 우울증 및 사회적 유능성의 향상에서, 그리고 12개월간의 추적 조사에서 PTSD 및 해리 개선에 TF-CBT가 NST보다 유의하게 우수함
Deblinger, Lippmann, & Steer (1996); Deblinger, Steer, & Lippmann (1999)	성적 학대 경험 아동 8~41세; N = 100	TF-CBT 아동 25명, TF-CBT 부모 25명, TF-CBT 아동 25명 및 부모 25명, UCC 25명; 12회기; 1시간 30분	(공동 집단의)아동에게 제공된 TF-CBT가 UCC보다 PTSD 개선에 유의하게 우수함; (공동 집단의) 부모에게 제공된 TF-CBT가 UCC보다 아동 우울증, 행동 문제, 부모 양육 기술 개선에 유의하게 우수함
King et al. (2000)	호주의 성적 학대 경험아동 5~17세; N = 36	TF-CBT 아동 12명, TF-CBT 가족 12명, WL 12명; 20회기; 100분	TF-CBT가 WL보다 PTSD 개선에 유의하게 우수함; 가족 TF-CBT가 아동 단독 TF-CBT보다 아동 공포증 개선에 유의하게 우수함

연구	대상 집단; N	치료; 회기수; 기간	주요 결과
Deblinger, Stauffer, & Steer (2001)	성적 학대 경험 미취학 아동 2~8세 N = 44 참고: 집단 형식으로 인해 TF-CBT 집단에서는 외상 서술 및 처리의 구성요소 미포함	TF-CBT 집단 21명, ST 집단 11명; 11회기; 1시간 45분	아동의 신체 안전 기술, 부모의 침습적 사고 및 외상 관련 부정적 정서 반응 개선에 있어 TF-CBT가 ST보다 유의하게 우수함
Cohen, Deblinger, Mannarino, & Steer (2004); Deblinger, Mannarino, Cohen, & Steer (2006)	성적 학대 경험 아동 8~14세; N = 203 참고: 복합 외상 평균치 = 3.6개	TF-CBT 102명, CCT 101명; 12회기; 1시간 30분	PTSD, 우울증, 행동 및 수치심 증상 개선에 TF-CBT가 CCT보다 유의하게 우수함(ES = 0.46~0.7); 부모의 우울증, 정서적 고통, 양육 기술, 지지 능력 개선에 TF-CBT가 유의하게 우수함 (ES = 0.46~0.81); 1년간 추적 조사에서 차이 유지
Cohen, Mannarino, Perel, & Staron (2007)	성적 학대 경험 아동 10~17세; N = 24	TF-CBT와 설트랄린 병합 12명, TF-CBT와 정제 위약 12명; 12회기; 1시간 30분	두 집단 모두 PTSD 및 우울증의 유의한 개선을 경험했으나, 설트랄린과 위약 집단 간 유의한 차이는 없었음
Cohen, Mannarino, & Iyengar (2011)	DV(가정폭력)에 노출된 아동 7~14세; N = 124 참고: 지역DV센터에서 집단 모집 및 지역DV치료사의 치료 제공; DV환경에서 주로 제공하는 치료에 맞게 TF-CBT는 8회기로 축소 및 지속성 외상에 적용됨; 복합 외상 평균치 = 3.6개	TF-CBT 64명, CCT 60명; 8회기; 지역DV센터에서 1시간 30분	PTSD 및 불안 개선, 심각한 부정적 사건 예방에 TF-CBT가 CCT보다 유의하게 우수함

연구	대상 집단; N	치료; 회기수; 기간	주요 결과
Deblinger, Mannarino, Cohen, Runyon, & Steer (2011); Mannarino, Cohen, Deblinger, Runyon, & Steer (2012)	성적 학대 경험 아동 4~11세; N = 210 참고: 외상 서술 및 처리 단계에서 예(Yes = Y)/ 아니오(No = N) 포함 효과와 치료 기간(8회기 vs. 16회기) 조사를 위한 TF-CBT 해체 연구	TF-CBT-N 8회기 52명, TF-CBT-Y 8회기 52명, TF-CBT-N 16회기 54명, TF-CBT-Y 16회기 52명; 8 또는 16회기; 1시간 30분	집단 간 유의한 차이 없이 대부분의 증상이 개선됨. 외상 서술에 대한 8회기 작업이 아동의 공포증과 불안, 부모의 학대 관련 고통을 개선하는 데 가장 효과적 및 효율적이었음 외상 서술이 없는 16회기 작업은 아동의 외현화 행동과 부모 양육 기술에 유의한 개선을 가져옴
Jensen et al. (2013); Ormhaug et al. (2014)	노르웨이 지역 클리닉의 외상 노출 아동 10~18세; N = 156 참고: 복합 외상 평균치 = 3.6개	TF-CBT 79명, TAU 77명; 15회기; 1시간	PTSD, 우울증, 일반 정신건강 증상 개선에 TF-CBT가 TAU보다 유의하게 우수함 (ES = 0.45~0.54)
O'Callaghan, McMullen, Shannon, Rafferty, & Black (2013)	콩고의 성착취, 전쟁 노출 청소년 여학생 12~17세; N = 52 참고: 비정부 기관 모집; 정신건강 교육 비수련 사회복지사에 의해 집단 진행; 복합 외상 평균치 = 12개	TF-CBT 집단 24명, WL 28명; 2시간/하루, 3일/주, 5주간	PTSD, 우울증, 불안, 품행 문제, 친사회적 행동 개선에 TF-CBT가 WL보다 유의하게 우수함 (ES = 0.92~2.45)
McMullen, O'Callaghan, Shannon, Black, & Eakin (2013)	콩고의 전쟁 노출 청소년 남학생 13~17세; N = 50 참고: 39명은 전직 소년병이었음; 비정부 기관 모집; 정신건강 교육 비수련 사회복지사에 의해 집단 진행, 복합 외상 평균치 = 12.4개	TF-CBT 집단 25명, WL 25명; 집단 15회기; 2시간/하루, 3일/주, 5주간	PTSD, 불안, 우울증, 행동 증상, 친사회적 행동, 전반적인 심리적 고통 개선에 TF-CBT가 WL보다 유의하게 우수함 (ES = 0.46~0.68) ES 수치는 소년병에게서 훨씬 높음
Diehle, Opmeer, Boer, Mannarino, & Lindauer (2015)	네덜란드의 외상 아동 8~18세; N = 48	TF-CBT 24명, EMDR 24명; 8회기; 1시간	PTSD 증상 개선에 TF-CBT와 EMDR이 동등하게 효과적 및 효율적임; 아동의 우울 및 과민증 개선에 TF-CBT가 유의하게 우수함

연구	대상 집단; N	치료; 회기수; 기간	주요 결과
Murray et al. (2015)	잠비아의 HIV 감염 아동 5~18세; N = 257 참고: 문화 적합성 평가 도구 개발을 위한 혼합 방법 사용; 5개 지역사회에서 아동 모집; 복합 외상 평균치 = 5개	TF-CBT 131명, UCC 126명; 10~16회기; 작업 환경에 대한 문화적 요구 수용을 위해 회기수는 유연하게 조절함	TF-CBT가 UCC보다 PTSD(ES = 2.4) 및 적응 손상 개선에 유의하게 우수함
Dorsey et al. (2014)	위탁보호 외상 아동 6~15세; N = 47 참고: 표준 TF-CBT와 위탁부모를 위한 증진된 증거 기반 참여 전략을 병합한 TF-CBT간 비교; 5개 지역사회 정신건강 기관의 치료사 16명이 치료 제공	표준 TF-CBT 22명, 참여 TF-CBT 25명; 최소 11회기; 1시간	4회기에 걸쳐 위탁가족의 참여를 유지하고 조기치료 중도탈락을 예방하는 데 증진된 참여 전략을 병합한 TF-CBT가 표준 TF-CBT보다 유의하게 효과적이었음. 회기 취소, 결석, 치료 만족도 또는 임상 결과에 유의한 차이는 없었음
Jaycox et al. (2010)	허리케인 카트리나 이후 외상 증상을 보이는 뉴올리언스 소재 학교의 4~8학년 학생; N = 118	TF-CBT(지역 클리닉에서 개별적으로) 60명, CBITS(학교에서 집단으로) 58명; 12회기; 1시간 참고: 통제 조건 없음; 집단 간 차이를 감지할 만한 설명력 없음	집단 간 차이 없이 모든 집단의 PTSD와 우울증이 유의하게 감소함; CBTIS의 접근성이 유의하게 더 높음
Salloum et al. (2015)	외상 노출 아동 8~12세; N = 33 참고: SC-TF-CBT와 표준 TF-CBT 간 비교	TF-CBT 11명, SC-TF-CBT (1단계: 부모 주도 TF-CBT, 2단계: TF-CBT 9회기) 22명	두 집단 모두 PTSD, 내재화 증상, 우울 증상의 유의한 개선 경험; SC-TF-CBT 비용이 훨씬 낮았음
Salloum et al. (2016)	외상 노출 아동 3~7세; N = 53 참고: SC-TF-CBT와 표준 TF-CBT 간 비교	TF-CBT 18명, SC-TF-CBT 35명	두 집단 모두 PTSD, 내재화 및 외현화 증상, 적응 기능의 유의한 개선 경험; SC-TF-CBT 비용이 훨씬 낮았음

연구	대상 집단; N	치료; 회기수; 기간	주요 결과
Goldbeck, Muche, Sachser, Tutus, & Rosner (2016)	독일 지역 클리닉의 외상 노출 아동 7~17세; N = 159	TF-CBT 76명, 12회기; WL 83명	삶의 질을 제외하고 PTSD 증상, 부적응적 인지, 적응 기능, 우울·불안·행동 증상 개선에 TF-CBT가 WL보다 유의하게 우수함. PTSD 증상 개선은 ICD 정의를 적용한 복합 PTSD를 지닌 청소년에게 동일하게 일어남
Cohen et al. (2016)	치료사(N = 129)에게 치료를 제공받은 RTF 거주 판정을 받은 외상 노출 청소년 12~17세; N = 81 참고: 치료사는 RTF 프로그램에 무선 배정됨; 청소년들은 이 치료사들에 의해 무선 배정됨	Web (W) 치료사 65명, Web+Live (W+L) 치료사 64명 참고: W = TF-CBTWeb + TF-CBTWebCo-nsult 교육; W+L = W + 2일간 전문가 TF-CBT 실시간 교육 + 컨설팅 전화	치료사에게 제공된 W+L이 외상 선별(p = .0005), 치료 완료(p = .03), 치료 완료 충실성(p = .001)에 있어 W보다 유의하게 우수함. RTF 거주 청소년은 TF-CBT를 통해 PTSD(p = .001)와 우울증(p = .018)의 유의한 개선을 경험함

약어 참고. CBITS: cognitive behavioral intervention for trauma in schools / CCT: child-centered therapy / DV: Domestic violence / EMDR: eye movement desensitization and reprocessing / ES: effect size/ ICD: International Classification of Diseases / NST: nondirective supportive therapy / PTSD: posttraumatic stress disorder / RTF: residential treatment facility / ST: supportive therapy/ SC-TF-CBT: stepped-care TF-CBT / TAU: treatment as usual / TF-CBT: Trauma-Focused Cognitive-Behavioral Therapy / UCC: usual community care / WL: wait lis t/ W + L: Web + live implementation strategy.

표 4.2. 그 외 TF-CBT 연구

연구	대상 집단; N	치료; 회기수; 기간	주요 결과
Deblinger, McLeer, & Henry (1990)	성적 학대 경험 아동 3~16세; N = 19	사전-사후; 12회기; 1시간 30분	PTSD, 불안, 우울증, 행동 문제가 유의하게 개선됨
Stauffer & Deblinger (1996)	성적 학대 경험 아동 2~6세; N = 19	사전-사후; 11회기; 1시간 30분	성행동과 부모 고통의 유의한 감소, 긍정적인 양육 실천의 유의한 향상; 3개월간 추적 조사 시 향상 유지됨

연구	대상 집단; N	치료; 회기수; 기간	주요 결과
Cohen, Mannarino, & Knudsen (2004)	외상적 애도 경험 아동 6~17세; N = 22	사전-사후; 16회기(외상중심 8회기; 애도중심 8회기)	예상 치료 단계에 따라 아동의 PTSD, 불안, 우울, 행동, 외상적 애도 증상 및 부모의 PTSD와 우울 증상이 유의하게 감소됨
Cohen, Mannarino, & Staron (2006)	외상적 애도 경험 아동 6~17세 N = 39	사전-사후; 12회기(외상중심 8회기; 애도중심 4회기)	예상 치료 단계 동안 아동의 PTSD, 우울, 불안, 행동, 외상적 애도 증상 및 부모의 PTSD와 우울 증상이 유의하게 감소됨
Lyons, Weiner, & Schneid (2006)	중간 또는 심각한 외상 경험 위탁보호 아동 0~21세 N = 2,434	유사실험; 치료 센터에 따라 서로 다른 치료에 배정됨; TF-CBT 69명, CPP 82명, SPARCS 65명, TAU 2,218; 12~52회기 사이	3개의 EBT 모두에서 참여자들의 필요와 강점 영역이 유의하게 향상됨. TF-CBT 집단은 TAU 집단보다 PTSD 증상 및 행동/정서 영역에서 유의한 개선을 경험함. TF-CBT 집단은 TAU 집단보다 중도 탈락 가능성이 10분의 1이었고 적응 장애도 TAU 집단의 절반 정도였음
CATS Consortium (2010)	뉴욕 세계무역센터 9 · 11 테러 공격의 영향을 받은 아동 5~21세; N = 306	유사실험; 외상 증상 강도에 따라 완전 CBT 모델에 배정됨 (TF-CBT 또는 TGCT); 완전 TF-CBT 또는 TGCT 239명 (8~12회기), TR-CBT 또는 TGCT의 기술 개발만 학습 67명 (4회기)	시간에 따라 두 집단 모두에서 외상 증상은 유의하게 개선되었으나, 완전 TF-CBT/TGCT 집단은 단기 기술 개발 집단보다 훨씬 더 유의하게 개선됨
Murray, Familiar, et al. (2013)	잠비아의 고아 및 취약 아동 5~18세; N = 58	사전-사후; 8~23회기; 다양한 회기 진행시간 (평균 11시간)	PTSD 및 수치심의 유의한 개선

연구	대상 집단; N	치료; 회기수; 기간	주요 결과
Webb, Hayes, Grasso, Laurenceau, & Deblinger (2014)	다중 외상 경험 아동 7~18세; N = 72	사전-사후; 평균 10회기	치료 3개월 및 6개월 후 PTSD, 내재화 및 외현화 증상의 유의한 개선 보고; 9개월 및 12개월간의 추적 조사에서 개선 유지
Kameoka et al. (2015)	3~17세; N = 35	사전-사후; 평균 14회기	치료 후 PTSD 및 전반적 기능의 유의한 개선(ES = 1.24~1.96)
O'Donnell et al. (2014)	외상 및 부적응적 애도 증상의 고아가 된 탄자니아 아동 7~13세; N = 64	사전-사후; 아동 및 부모를 위한 12회기 집단 치료(1시간); 아동 및 보호자의 외상 서술을 위한 3개의 개별 브레이크아웃 회기	PTSD(ES = 1.87)와 부적응적 애도(ES = 1.36) 증상의 유의한 개선; 아동의 PTSD 증상에 대한 보호자 보고율 또한 높음(ES = 1.15).
Konanur, Muller, Cinamon, Thornback, & Zorzella (2015); Zorzella, Muller, & Cribbie (2015)	캐나다 지역의 외상 경험 아동 7~12세; N = 113	대기자 통제 조건 또는 TF-CBT에 부분 무선 배정	시간의 경과는 비효과적; TF-CBT가 PTSD 증상의 유의한 감소와 관련되었고 6개월간의 추적조사에서 개선 유지됨; 성별 및 치료 전 양상이 동맹에 영향을 미침; 강한 초기 동맹이 치료 후 내재화 증상 감소를 훨씬 더 크게 예측함
Deblinger, Pollio, Runyon, & Steer (2016)	아동 학대 전문병원에서 모집한 아동 및 청소년	사전-사후	PTSD, 우울증, 행동 문제 및 수치심의 유의한 감소(선행 연구 지지); 숙달감, 연결감 및 스트레스 반응성 감소를 포함하는 회복탄력성의 유의한 향상
Cisler et al. (2015)	신체 또는 성적 학대 관련 PTSD 경험 청소년 여학생; N = 34	사전-사후	중립적 및 무서운 자극에 편도체 반응성을 보인 청소년은 TF-CBT 이후 증상이 유의하게 감소하지 않음; 위협 이미지에만 반응성을 보인 청소년은 치료 후 훨씬 더 큰 개선을 보임

5장

TF-CBT 치료사의 역할

모든 효과적인 치료법과 마찬가지로, TF-CBT는 다른 무엇보다도 가장 우선적으로 치료사·아동·부모 간의 신뢰하고 진심 어린 치료적 관계에 달려 있다. 치료에서 실제 일어나는 다양한 상황을 글로써 모두 표현하기란 어려운 일이다. 특정 치료 모델에서 치료사를 위한 안내서를 마련할 때는 모델에 대한 충실성이 유지되도록 충분히 구체적인 기술적 세부사항을 제시하는 것이 필요하다. 그러나 이러한 작업으로 인해, 모델이 창의적이고 상호작용적인 치료 과정이라기보다는 재료와 기술을 담은 '요리책'과 같이 단순하거나 기계적으로 들리는 데 그칠 수 있다. 치료사들은 우리에게 CBT를 경직되고 판에 박힌 접근으로 여겼다고 말했지만, TF-CBT 모델에 대해 직접 경험함으로써 이 모델이 치료적 개입에 대해 그들이 기존에 사용하던 접근법의 가장 중요한 측면과 유사하다는 것을 이해했다. 이는 이 치료사들이 따뜻함, 공감, 통찰력, 창의력, 유연성, 그리고 아동과 부모에 대한 진정한 관심이 내담자의 TF-CBT 참여를 이끌고 동기부여 하는 데 대단히 중요하다는 것을 인정한다는 것이다. 최근 TF-CBT

에 관한 성과 연구는, TF-CBT에서의 치료적 동맹이 외상(들)의 여파를 경험하는 아동에게 성공적인 성과를 이루는 데 중요하다는 우리의 믿음을 강화하였다. 노르웨이 전역의 지역 치료 센터에서 TF-CBT와 TAU를 비교한 무작위 실험 결과에 따르면, 강력한 치료 동맹이 TF-CBT에서만 아동의 치료 결과에 영향을 미쳤다. 이와 관련하여 더 긍정적인 동맹을 보이는 아동-치료사 관계는 치료 후에 더 큰 향상을 이끈 것으로 나타났다(Ormhaug et al., 2014). 제5장과 이 책 전반에 걸쳐 TF-CBT 모델에 대한 충실성을 유지하는 동시에, 치료사 고유의 강점과 재능을 활용하여 TF-CBT PRACTICE 구성요소를 구현하기 위해 치료적 동맹을 어떻게 강화할 수 있을지에 대해 명확하게 하고 이에 대한 지식을 확장하고자 한다. 이에 따라 이 치료 접근법의 사용에 있어 치료 과정의 깊이와 폭 일부를 전달하기를 기대한다.

치료적 관계의 핵심

앞서 언급했듯이, 외상의 여파로 아동은 타인에 대한 신뢰를 덜 느끼게 되고, 세상을 공정하고 안전한 곳으로 바라보던 이전의 일반적인 시각이 훼손되는 경우가 많다. 신뢰를 회복하는 것은 대개 믿을 만하고, 진실하며, 서로 보살필 수 있는 하나의 관계에서 시작되게 마련이다. 이상적으로는 부모가 아동에게 이러한 연결감을 제공한다. 그러나 아동이 외상을 입었을 때는 부모 역시 직접적으로(예: 부모도 가정 또는 지역사회 폭력이나 재난에 노출되는 경우) 또는 대리적으로(예: 자녀가 성적 학대를 받고 있다는 것을 알게 된 경우) 외상을 입는다. 이런 경우에는 부모가 자녀에게 최적의 지원을 제공할 수 있게 되기 전에, 부모 스스로가 치료적 도움이 필요할 수 있다. 게다가, 일부 아동과 많은 청소년은 부모를 더 화나게 할까 두려워서 외상 사건 이후 부모에게 도움을 요청하는 것을 꺼린다. 이는 특히 자녀들이 매우 많은 측면에서 부모에게 의존하고 있기 때문이다. 복합 외상을 경험한 대부분 아동에게 부모 또는 주요 보호자는 아동 외상의 가해자였으며 지속되는 외상으로부터 아동을 보호하지 못해 아동이 현재 보호자를 신뢰하는 데 어려움을 겪게 한다(Cohen, Mannarino, Kliethermes et al., 2012). 따라서 치료사는 신뢰감을 모델링하고 외상의 영향을 받은 아동과 부모 모두에게 지원을 제공하는 데 중요한 역할을 할 수 있다. 궁극적으로, TF-CBT는 부모 또는 현재 보호자가 자녀에게 신뢰, 안전, 지지를 줄 수 있는 주요 자원으로서 역할을 되찾도록 돕는 것을 목표로 한다. 기술 개발 회기와 공동 회기를 병행함으로써, 아동은 치료사가 부모뿐만 아니라 자신에게도 지지와 모델링의 원천으로 존재한다는 것을 알게 되고, 이로 인해 아동이 부모를 보호하고 부모의 외상 관련 고통을 줄이려는 욕구를 완화할 수 있다. 복합 외상을 지닌 아동에게는 이러한 시도가 더 어려울 수 있는데, 이에 대해서는 이어서 아래에 설명한다.

치료사들은 때로 특정한 치료 구성요소에 포함된 모든 특정 '과제들'을 완료할 때 막힐 수 있는데, 이는 치료 관계를 해치기도 한다. 치료 회기마다 치료사는 아동 또는 부모에게 주의를 집중해야 하며, 내담자의 말을 주의 깊게 경청할 뿐만 아니라 그에 수반되는 신체 언어와 감정도 알아차려야 한다. 반영적 경청은 치료사가 아동과 부모의 말을 정확히 듣고 있다는 것뿐만 아니라, 그들의 말과 내용에 편안함을 느끼고 있다는 것을 전달하는 강력한 방법이다. 아동과 부모가 소통하고자 하는 것이 중요하다. 즉, TF-CBT의 성공적인 실행은 아동의 두려움, 분노, 회피, 그리고 기타 어려움의 근원을 정확하게, 공감적으로 이해할 수 있는 치료사의 능력에 달려 있다. TF-CBT 구성요소가 가장 적합한 방식으로 성공적으로 되려면, 반드시 각 아동과 부모의 요구에 맞게 조정되어야 한다. 이처럼 TF-CBT의 도전적인 목표를 달성하기 위해 신뢰 관계를 구축하고 내담자에게 지지와 동기를 제공한다는 점에서 모든 치료사–내담자 관계는 독특하다.

진실성 전달 또한 신뢰 확립에 중요하다. 아이들은 감정, 생각, 그리고 삶에 대해 치료사의 형식적인 관심과 진정한 관심의 차이를 능숙하게 감지한다. 치료사들이 자신의 개인 정보를 공유할 때 편안함을 느끼는 수준은 다르지만, TF-CBT 모델을 사용하는 모든 치료사라면 '진짜'여야 한다. 다시 말해, 단순히 일련의 기술을 가르치는 로봇이어서는 안 된다. 따라서 치료사는 신중하고 주의 깊게 경청하고, 아동과 부모가 특정 인지 또는 부모 양육 실천에 의문이나 이의를 제기할 때조차 그들의 관점을 존중하고, 소통 중에 나타나는 명백한 내용과 잠재적인 내용 모두에 적절히 반응해야 한다. 이러한 복합적인 부분을 관리하려면 단순히 TF-CBT 모델의 특정 구성요소를 아는 것 이상의 지식과 기술이 필요하다. 치료사가 아이와 부모에 대해 진심으로 걱정하고 있으며 그들 모두를 진정으로 이해하고 돕기 위해 노력하고 있다는 것을 성공적으로 전달할 때, 아이와 부모는 신뢰감에 주목하게 되고 치료사에 대한 신뢰를 형성할 수 있다.

복합 외상을 경험한 아동을 위해 신뢰를 형성하고 유지하는 것은 가장 헌신적인 치료사에게도 어려운 일일 수 있다. 이러한 아동에게 TF-CBT를 제공하는 치료사는 반드시 복합 외상 경험의 역동을 이해하고(예: Ford & Cortois, 2013을 보라), 개별 아동의 일관된 외상 주제(예: "나를 지켜줬어야 하는 사람들이 나를 해쳤다.", "내가 사랑했던 모든 사람이 나를 떠났다.")를 파악하기 위해 최선을 다해야 한다(Cohen, Mannarino, Kliethermes, et al., 2012). 복합 외상은 일반적으로 애착 장애를 수반하고, 치료에 참여하는 것은 치료사와의 애착을 형성하는 것을 포함하므로, 치료사들은 자주 복합 외상 아동에게 외상을 상기시키는 존재가 되기도 한다. TF-CBT 동안 복합 외상을 지닌 아동은 종종 치료사를 시험하고(예: 치료 회기에 지각, 치료 작업 참여 거부), 치료사에게 도전적이며(에: 회기 마무리 시 자살가능성 언급), 치료사가 정말 신뢰할 만한지 확인하기 위해 빈번한 위기를 만들어낼 수 있다(Cohen, Mannarino, Kliethermes, et al., 2012). 치료사는 이러한 행동들에 대해, 치료사가 정말로 아이를 신경 쓰는지 확인하기 위한 아이의 최선의 노력으로 본다는 사실을 아이에게 반영해주는 것이 중요하다. 또한, 아이 입장에서 치료사가 정말 믿을 만하다는 것을 알 수 있도록 돕는 차원에서, TF-CBT의 명확한 구조를 제공하고 이 모델의 접근법을 고수하는 것이 치료사에게 도움이 된다. 예를 들어, 치료사는 아동에게 어떠한 자살이든 또는 기타 위험 행동이든 치료 회기가 시작할 때 논의하도록 설명할 수 있다. 그렇게 해야 이러한 문제를 충분히 탐색하고 이를 해결하기 위한 전략을 세우는 데 충분한 시간이 있기 때문이다. 만일 아동이 이러한 문제들을 회기 마지막에 제기한다면, 치료사는 침착함을 유지하며 이전에 논의했던 바를 아동에게 상기시킨다. 그렇게 제한된 시간 안에 중요한 문제를 다루는 것은 매우 어렵다는 것을 알려주고, 그다음 남은 시간 동안에는 안전 계획을 세우는 작업을 진행해야 한다. 따라서 치료사는 아동에게 할 수 있는 최선을 다함으로써 신뢰할 수 있는 사람이 되는 동시에, 항상 아동이 무엇을 할 것인지 알려주고 끝까지 일관되게 반응하는 믿을 수 있고 예측 가능한 사람이 되는 것이다. 복합 외상을 지닌 아동에게 TF-CBT의 특정 구성요소를 제공하는 방법에 대한 자세한 내용은 이 책과 기타 자료를 통해 알 수 있다(참고: Cohen, Mannarino, Kliethermes et al., 2012; Kliethermes & Wamser, 2012).

치료사의 판단, 기술, 창의력의 중요성

앞서 언급했듯이 이 책은 특정한 순서로 TF-CBT 구성요소를 제시하지만, 모델이 반드시 각각의 아동과 부모에게 정확히 동일한 순서나 방식으로 실행되어야 하는 것은 아니다. 임상적 판단을 통해 어떤 사안들은 다른 것보다 우선시될 수 있다. 예를 들어, 위험한 행동은 아동이 치료의 어떤 구성요소를 다루고 있는지에 관계없이 신속하게 다루어져야 한다. 이상적으로 사용되는 개입은 TF-CBT와 일관된다. 즉, 자해에 관한 생각을 하기 전에 특정 감정을 확인하도록 아동을 돕는 것, 자해적인 행동에 대한 대안적인 생각·느낌·행동을 생각해낼 수 있는 인지적 처리 및 문제 해결 기술을 사용하는 것, 해롭지 않은 행동에 대해 부모의 적절한 칭찬을 유도하는 것, 그리고 위험한 행동에 대해 부모의 적절한 행동과 지지적인 반응을 격려하는 것 등의 개입이 이루어져야 한다. 그러나 이러한 개입이 이루어지는 정확한 방법은, 아동 또는 부모를 가장 잘 참여시키는 방법에 대한 치료사의 판단에 달려 있다. 치료사는 TF-CBT 개입을 최적으로 활용하는 데 가족의 어려움 이면에 있는 주제를 포착하기 위해 때때로 가족 체계, 정신역동 및 기타 심리치료적 접근에 대한 지식을 사용할 수 있다.

한 어머니가 운전을 하다 자동차 사고가 났는데, 자녀와 같이 탔던 자녀 친구가 사망한 사건이 있었다. 사고를 당한 부모는 치료사가 아동에게 이완 기술을 가르치는 것에 대해 이런 작업이 부모나 자녀 모두에게 한 번도 도움이 되지 않았다며 치료사의 시도를 지속적으로 방해했다. 또한 어머니는 아이 앞에서 TF-CBT 구성요소가 성공적이지 못할 것이라며, 치료사가 아이를 돕기에 충분하지 않다고 표현했다. 치료사가 어머니를 공감하려 하거나 치료에 대한 어머니의 지지를 요청하려는 그 어떤 노력도 성공적이지 못했다. 결국, 어머니가 사고에 대해 가지는 죄책감이 그녀가 회복할 권리가 없다고 믿게 할 수 있다고 치료사가 설명했을 때 비로소 어머니는 울 수 있었고, 자신은 다시는 행복할 자격이 없으며 자녀의 계속되는 증상은 다른 아이를 죽게 한 것에 대한 처벌의 일부라고 진술했다. 아이의 외상은 여전히 치료의 초점이었지만, 치료사는 TF-CBT 개입을 이용하여 어머니의 부정적인 인지를 탐색하고 도전할 수 있었다. 한편 어머니는 자신의 가장 나쁜 부분이라고 여겼던 부분을 치료사가 이해하고 있고 재단하지 않는다고 느끼게 되었으며, 아이의 회복을 더 잘 지원할 수 있게 되었다. 이러한 돌파구를 마련하는 일은, 치료에 대한 어머니의 반응이 부족한 진정한 이유에 대한 치료사의 심리적인 통찰이 없었다면 불가능했을 것이다.

아동 발달에 대한 임상적 판단과 지식 또한 아동과 청소년마다 다른 발달 수준, 문화적 배경, 지적·인지적 능력, 관심사 등을 이해하고 다루는 데 필수적이다. 어떤 아동은 특정 활동이나 게임에 참여할 때 치료사의 제안을 쉽게 따르는 반면, 다른 아동은 이 중 어떤 것에도 참여하기를 거부할 수 있다. 이러한 상황에서는 TF-CBT 개입이 이루어지는 광범위한 레퍼토리 활동과 치료사의 유연성의 결합이 이 모델의 성공적인 실행에 중요한 요소이다. 아동의 저항적인 행동에 언제 농담을 던질지, 또는 더 많은 선택권을 줄지, 아니면 반대로 그러한 행동을 언제 무시할지, 또는 단호한 한계를 설정할지에 대해 아는 것은 치료사의 경험과 판단을―그리고 아동과 함께 작업할 때 때로는 단순명료한 본능을―필요로 한다. 치료 회기에서 관찰되는 문제 행동(예: 제안된 모든 치료 활동에 참여 거부)이 통제력 상실로 인한 분노인지, 외상적 기억이나 외상적 분리를 직면하는 것의 두려움인지 등을 분별하는 것은, 일부 외상 아동과 함께 작업할 때 대단히 중요한 기술이다. 왜냐하면 이렇게 다양한 상황에 맞게 치료사의 반응도 상당히 다를 필요가 있기 때문이다. 따라서 치료사는 고도의 통찰력, 판단력, 창의력이 필요하다.

어떤 가족은 매주 새로운 위기를 가지고 회기에 온다. 그러나 새로운 위기를 매번 다루는 것은 치료의 지속성을 떨어뜨리거나 진척을 방해하므로, 치료 모델이 어느 것이든 그 효과성을 잠재적으로 해칠 수 있다. 치료사는 일상에서 가족의 문제를 해결하기 위한 현실적인 필요에 대해 균형을 맞추는 데 능숙해야 하며, 아동이 점점 신뢰와 새로운 기술을 경험하고, 애당초 가족이 치료받고자 했던 외상 경험에 대한 숙달감을 얻을 필요가 있다는 것을 숙지해야 한다. 지역사회의 자원에 대한 지식, 가족의 이익을 위해 이러한 자원에 접근하는 기술, 그리고 가족의 현재 고민을 간과하거나 일축하는 것처럼 보이지 않고 가족을 당면한 과제에 참여하게 하는 능력은, 가족과 성공적으로 작업하고자 시도하는 치료사에게 필수적인 자산이다. 가족의 실제적 필요에 진정으로 반응함으로써 외상별 개입을 제공하는 데 더욱 신뢰할 수 있는 분위기를 조성할 수 있다. 예를 들어, 학교에서 위협받고 있는 아이들을 위해 전학이나 임시 가정교육을 요청하는 것, 또는 부모가 가족 중 심각한 행동 문제를 지닌 다른 아이를 위해 주변의 돌봄 서비스에 접근할 수 있도록 조력하는 것이, 처음에는 치료 모델에서 제안된 어떠한 변화도 실행하는 것에 거부적이었던 가족들을 치료에 참여하도록 이끈다는 것을 발견했다. 만일 치료사가 능숙히 정보를 찾아내고, 지역사회 자원에 대한 지식이 있어 이러한 자원에 효율적으로 접근한다면 시간을 더욱 아낄 수 있다. 또한 가족은 치료사를 매우 효과적이고 도움이 되는 자원으로 여기고, 치료사가 제공하고자 하는 TF-CBT 개입을 통해 이익을 얻을 수 있는 충분한 시간과 동기를 갖게 된다.

위기는 또한 치료에서 습득한 대처 기술의 사용을 격려하는 '자연스러운' 기회를 제공할 수 있다. 경우에 따라, 치료사가 회기의 일부를 할애해 내담자가 효과적인 대처 기술로 위기를 해결하도록 도움을 주고, 그다음에 남은 회기 동안에는 외상중심 작업으로 돌아가는 것이 가장 적절할 수 있다. 이러한 치료의 리듬은 때로 외상중심 치료의 고통스러운 측면을 피하려고, 매주 위기를 제시하는 매우 회피적인 청소년들에게 특히 중요할 수 있다. 따라서 아동과 가족, 아동 발달, 외상학, 아동 심리치료에 적용되는 치료사의 기술, 지식, 판단력, 창의력은 모두 TF-CBT를 최적으로 실행하는 데 중요한 자산이다. 더욱이, 치료사들은 기술 개발을 교육하는 동안, 치료적 관계뿐만 아니라 내담자의 자연스러운 대처 레퍼토리에 대한 이해를 활용하여 치료가 끝난 직후 내담자에게 유지될 가능성이 가장 큰 특정 대처 기술을 채택하도록 지원하는 것이 매우 중요할 수 있다. 내담자가 자신에게 자연스럽다고 느끼는 새로운 일상적인 대처법을 수립하도록 치료사가 돕는다면, 점차 증상의 재발 가능성을 잠재적으로 줄일 수 있다.

치료사 자격 및 교육

외상을 입은 아동 및 가족과 함께하는 작업의 복잡성을 고려할 때, 본 치료 매뉴얼은 다양한 아동 정신질환의 평가 및 치료 경험뿐만 아니라 아동 발달을 포함하는 정신건강 분야에서 적절한 교육을 받은 치료사—그들이 선택한 정신건강 분야에서 교육받고 노력한—가 시행할 것을 강력히 권고한다. 덧붙여, 치료사는 TF-CBT 모델에 대한 집중적인 훈련을 받고 실행해본 경험이 있는 수퍼바이저 또는 자문가에게 도움을 받을 수 있어야 한다.

TF-CBT 모델을 수천 명의 치료사에게 교육한 경험을 바탕으로, 우리는 이 치료 모델을 사용하고자 하는 치료사들에게 다음과 같은 훈련 프로토콜을 권장한다.

- 이 글을 쓰는 현시점에서, TF-CBT 모델에 대한 무료 최신 웹 기반 교육은 www.musc.edu/tfcbt에서 접할 수 있다. 최근 업데이트된 웹 기반 학습 과정에는 스트리밍 시연, 비디오, 문화적 고려사항 및 각 TF-CBT 구성요소마다 복잡한 상황을 다루는 방법의 예가 포함되어 있다. 이 밖에도 전문가들이 등록하고 과정을 마치면 지속할 수 있는 교육 크레딧을 받을 수 있으며, 원하는 만큼 자주 강의를 찾아 내용을 검토할 수 있다. 또한, 특별히 외상적 애도를 경험하는 아동에게 TF-CBT를 적용하는 것과 관련하여 추가 교육을 제공하는 www.musc.edu/ctg에서 부가적으로 웹 기반의 학습 기회를 얻을 수 있다.
- 치료 모델의 초기 대면(face-to-face) 교육도 적극 권장되며, 이 교육은 일반적으로 2~3일간의 훈련 경험으로 본 저자들 또는 기타 승인된 TF-CBT 강사에

의해 제공된다. 이러한 교육은 사례 및 사례 연습에 대한 교육 정보, 그리고 역할극 관찰 및 참여와 사례 관련 질문의 기회와 통합되어 있다.

- 치료사와 수퍼바이저가 6~12개월 과정 동안 아동과 가족에게 이 치료 모델을 실행하는 방법을 익힐 수 있도록 전문가 자문도 적극 권장된다. 우리는 미국 전역에 있는 치료사와 수퍼바이저에게 이러한 유형의 지속적인 자문을 제공하기 위해 수많은 강사와 자문가들을 파악해 훈련을 제공해왔다. 전화로 이러한 자문이 이루어지는 동안, 치료사들은 치료 중 진행 상황을 추적하는 표준화된 평가 도구를 사용하여 자신의 TF-CBT 사례에 대해 제시하고 전문적인 자문을 받는다.

- 복잡한 문제와 TF-CBT의 특정한 조정에 대한 임상적 기술 개발을 더욱 강화하기 위해 TF-CBT 실행에 대한 고급 교육 또한 권장된다. 이러한 교육은 TF-CBT의 실행과 보급을 지속적으로 안내하고 강화하는 연구문헌이 진화됨에 따라 치료사와 수퍼바이저가 스스로 업데이트할 수 있도록 돕는 중요한 것이다.

- 면허를 받은 정신건강 치료사들은 TF-CBT 모델에 대한 국가 인증을 얻기 위한 선택적 단계로서 국가 TF-CBT 치료사 인증 신청을 고려해보기를 권장한다. 치료사는 TF-CBTWeb과 승인된 TF-CBT 강사와 대면 교육(2일간 교육 또는 승인된 학습 협업을 통한 교육), 정해진 전화 자문 건수, 그리고 표준화된 평가 도구를 사용한 최소 3개의 TF-CBT 사례에 대한 자문을 통한 교육을 완료하면 인증을 신청할 수 있다. 자세한 내용은 https://tfcbt.org에서 확인할 수 있다.

문제 해결

매주 새로운 위기를 가져오는 가족을 언급했는데, 이 문제를 해결할 방법이 있나요?

이것은 우리가 자주 받는 질문 중 하나이다. 치료사는 아동의 완전한 회복을 목표로 삼고, 아동의 외상 증상을 해결하기 위해 치료 시 외상에 초점을 유지하는 것의 중요성에 대해 부모와 직접 대화해야 한다. 외상별 개입에 대한 필요를 기록하기 위해 평가가 이루어지는 동안 아동과 부모가 완료한 DSM-5에 부합하는 UCLA PTSD 반응 지표(Pynoos & Steinberg, 2013), 아동 PTSD 증상 척도(Foa et al., 2016) 또는 기타 도구에 의해 평가된 것을 참고하여 부모에게 증상을 상기시키는 것이 중요할 것이다. 그런 다음 치료사는 진행 중인 위기를 해결하기 위해 몇 가지 대안을 제시할 수 있다. 이러한 내용을 개방적으로 인정하는 것이 중요한데, 이렇게 함으로써 "당신이 염려하는 것의 중요성을 인식합니다. 이것들은 성가신 문제들이지만 지금 당장 당신의 삶에서 관심이 필요한 현실적인 문제들입니다."라고 내담자와 소통할 수 있기 때문이다. 이러한 위기는 보통 외현화된 행동 문제(예: 다툼, 규정 위반, 물질 남용 등)와 관련이 있다. 치료를 시작할 때, 치료사는 이러한 행동 문제가 매우 심각해 외상중심 치료를 제공하는 치료사의 능력을 내담자가 매주 방해할 것인지를 평가하는 것이 중요하다(즉, 각 회기의 대부분을 행동 문제가 아닌 외상 관련 문제에 집중하게 되는 문제가 발생할 수 있음). 만일 내담자가 치료사의 능력을 방해하는 것이 사실이라면, 외상중심 치료보다는 외현화된 행동 문제에 대한 증거 기반 치료부터 시작하는 것이 가장 알맞다. 만일 가족과 치료사가 내담자가 치료사를 방해하지 않을 것이라는 데 동의한다면(즉, 행동 문제가 그렇게 심각하지 않다면), 치료사는 외상중심 치료가 행동 문제를 해결하기 위한 부모 양육 기술에 집중하는 것 외에도 매 회기의 대부분을 외상중심 주제에 초점을 맞추고 그 관점에서 아동의 행동 문제를 다루는 것을 의미한다고 설명해야 한다. 이러한 초점적 방식은 치료사가 아동의 외상 경험과 외상 반응이 자신의 행동 문제에 어떻게 영향을 주고 있는지 평가하리라는 것을 의미한다. 이러한 평가의 결과는 치료사가 TF-CBT 과정 중 행동 위기에 접근하는 방법에 영향을 미칠 것이다. 다음은 그에 대한 몇 가지 선택사항이다.

1. 외상의 영향에 대한 심리교육을 제공하여 부모와 아동이 아동의 외상 알림요인을 파악하고 이러한 요소들이 아동의 행동에 어떻게 선행적으로 기능하는지

를 이해할 수 있도록 돕는 것이 중요하다. 예를 들어, 아이를 바로잡기 위해 거친 목소리를 사용하는 위탁모는 자신의 목소리가 아동에게 과거 학대의 외상 알림요인이 되어 아이도 자신을 조절하지 못하게 될 수 있다는 사실(예: 위탁부모에게 고함을 지름)을 알아차리지 못할 수 있다. 위탁부모는 아이의 행동에 대한 이러한 선행 요소의 발생을 감소시키는 대안 전략을 배울 수 있다.

2. 부모가 자녀의 행동적 위기에 어떻게 반응하고 있는지 살펴보는 것이 매우 중요하다. 구체적으로 행동의 결과는 무엇인가? 종종 부모는 이러한 행동을 무심코 강화하거나 심지어는 자녀의 행동이 더욱 악화되는 방식으로 반응한다. 예를 들어, 위에서 언급한 대로 아이가 위탁부모에게 소리를 지를 때 부모가 아이에게 소리를 지르고 위협하는 식으로 반응하면, 아이는 더욱 불안해질 가능성이 크다. 위탁부모가 대안 전략(예: 아이가 화났다는 것을 타당화해주기, TF-CBT 대처 기술을 사용하기)을 개발하도록 돕는다면 문제 행동을 줄이는 데 더 성공할 가능성이 크다. 이 접근방식에 대해서는 제2부의 제7장에서 더 자세히 설명된다.

3. 위에서 언급한 바와 같이, 부모와 자녀가 치료에서 배우는 TF-CBT 기술(예: 이완 기술, 정서조절 기술, 인지적 대처 기술)을 사용하도록 격려하는 것은 해당 주에 다루는 위기와 관련된 문제를 관리하도록 돕는 데 성공적일 수 있다.

4. 위의 접근법과 결합하여, 치료의 진전을 촉진하고, 외상 서술이나 이와 유사한 어려운 회기 활동을 피하기 위한 위기 사용을 최소화하기 위해 회기에서 외상의 초점을 유지하는 것이 매우 중요하다.

5. 위기(예: 아동의 심각한 행동 문제)를 해결하기 위한 또 다른 치료 대안을 제시한다. 예를 들어, 주변의 돌봄 서비스, 가족 기반 치료, 위기에 대한 모바일 서비스, 가정방문 서비스, 집단 치료, 사례 관리 등 적절한 서비스를 제시할 수 있다.

6. 어떤 주차에서는 더욱 극단적이고 만성적인 위기가 수반되는 상황이 있을 수 있는데, 치료사들은 각 회기의 절반을 이러한 문제에 할애하고 나머지 절반은 외상중심 치료로 진행하는 것에 합의하는 것을 고려할 수 있다.

7. 마지막으로, 지속적인 위기로 인해 내담자가 TF-CBT 과정에 완전히 전념하는 것이 거의 불가능하다면, 특정 치료 기간(예: 5주) 동안은 외상 문제를 보류하고, 그 기간 동안 행동/가족 안정화에 전적으로 집중하기로 합의하는 것이 합리적이다. 해당 기간 동안 구체적인 목표를 설정하고, 목표를 달성하면 TF-CBT를 시작한다. 만일 이러한 접근도 어렵다면, 가족이 외상중심 작업에 아직 전념할 준비가 되어 있지 않으므로 가족이 더욱 안정될 때까지 또는 보조 서비스 사용이 가능할 때까지 이 작업을 미루는 것에 대한 가능성을 고려해야 한다.

만일 부모가 자녀를 정기적인 치료 예약에 데려올 의지가 없다면 어떻게 하나요? 불규칙하게 참석하는 가족이 많습니다. 그런 경우에도 이 모델을 사용할 수 있나요?

어떤 치료든 외상을 입은 아동에게 효과적이려면 정기적인 참여가 필수적이다. TF-CBT는 신뢰할 수 있는 치료적 관계와 이전 회기에서 숙달된 구성요소를 기반으로 진행되므로, 가족들이 정기적으로 치료에 오는 것이 갑절로 중요하다. 우리는 치료를 시작할 때 부모들에게 이 점을 설명하고, 만약 정기적으로 치료에 참여한다면 최소 10~12주 정도 걸릴 수 있다고 덧붙인다. 내담자의 이전 치료 경험에 대해 질문하고, 현재 제공하는 단기 치료 접근이 이전 치료와 어떻게 다를 것인지 설명하여, 가능한 한 짧은 시간 내에 완전한 치료 혜택의 가능성을 달성하기 위해 매주 참여하는 것의 중요성을 더욱 강조할 수 있다.

위탁부모는 위탁아동의 외상 경험을 모르고 치료에 충분히 관여하지 않는 경우가 많다. 한 중요한 연구는 위탁가정에 있는 아동을 위한 표준 TF-CBT에 증거 기반 참여 전략을 병합하는 것에 대한 잠재적 혜택을 평가하였다. 이러한 참여 전략에는 회기 참여에 대한 흔한 장애물(예: 일정, 교통, 비용)을 물어보는 것, 부모가 아동의 치료를 원하는 이유를 파악하고 타당화하는 것, 치료 기관 및 사회복지 기관과의 과거 긍정적·부정적 상호작용에 대해 질문하는 것, 그리고 문화적인 측면에 대해 개방적으로 이야기하는 것이 포함된다(McKay & Bannon, 2004). 연구에서는 이러한 참여 전략을 포함했을 때 4회기에 걸친 TF-CBT 참여는 유지되고 탈락률이 감소했다고 밝혔다(Dorsey et al., 2014).

우리는 가끔 가족들이 정해진 회기 기간 동안에만 참여할 것이라고 명시한 치료 계약에 동의하도록 요청한다. 그리고 그 시간이 지나면 아이의 진행 상황을 함께 재평가한 다음 추가 치료가 필요한지 결정할 것이다. 특정 시점에서 종료할 수 있는 선택권을 가진다는 것을 인식한 많은 가족은 치료에 대한 단기적 전념을 약속하게 되는데, 만일 그러한 일정이 제시되지 않는다면 치료에 전념하기로 약속하지 않을 수 있다. 이에 더해, 치료 과정 전반에 걸쳐 치료 작업으로부터의 아동의 졸업을 언급하는 것은 부모와 아이들에게 치료의 기대되는 성공적인 끝이 있다는 것을 계속해서 상기시켜 줄 수 있다.

치료에 자주 결석하면 어떻게 하나요?

우리는 부모들에게 그들의 자녀가 이전 회기들에서 배운 내용을 기억할 수 없을 것이며, 치료가 원래 계획된 대로 도움이 될 수 없다고 설명한다. 더불어 치료사들은 아이들이 짧은 기간 안에 외상적 경험을 처리할 수 있을 때 자신의 외상 경험을 이해하고, 자신을 조망하고, 앞으로 나아가기 위해 더 나은 방식으로 반응함을 설명할 수 있다. 만일 주간 회기 참여의 중요성을 설명했는데도 약속을 지키는 것이 여전히 불가능하다면, 그들이 치료에 참여하기에 지금이 적기가 아닐 수 있다는 것을 제안하고 그들이 제대로 전념할 수 있을 때 치료에 돌아올 수 있는 기회를 제공하는 것이 더 바람직할 수 있다. 많은 가족이 이렇게 설명한 시점부터 정기적으로 참석하는 것으로 응답하는 반면, 다른 가족은 현재 치료에 전념할 수 없다는 것을 인정한다.

만일 부모가 자신의 외상 문제에 더 많은 도움이 필요해 보여서 아이에 대한 치료 대신 자신에 대한 치료를 받고자 한다면 어떻게 하나요?

이러한 상황에서 우리는 다음 사항에 초점을 맞추려고 한다.

1. 부모 자신의 어린 시절 외상 경험의 결과로 부모가 겪었던 같은 어려움을 아동이 겪지 않도록 치료에 참여하려는 부모의 노력을 구체적으로 칭찬한다.

2. 외상 관련 정보가 부모 자신의 외상 경험을 재점검 및 재해석하는 데 도움 될 수 있다는 사실에 민감성을 갖고 부모에게 외상에 대한 교육을 제공한다.

3. 괴로워하는 부모가 아동이 배우고 있는 대처 기술을 실천하도록 도움으로써 부모가 스스로 대처할 수 있도록 조력하는 동시에, 자녀를 위해 효과적인 대처를 하는 역할모델이 되고자 하는 부모의 노력이 중요함을 강조한다.

4. 부모가 치료 목표를 면밀히 검토하면서 회기의 구조와 초점을 유지함으로써 아동의 필요에 다시 집중할 수 있도록 조력한다.

5. 부모가 TF-CBT 모델의 맥락에서 현재 증상을 가진 자녀를 돕는 방법에 초점을 유지하도록 돕는다.

6. 긍정적인 자녀-부모 상호작용을 최적화하고 이 관계가 자녀의 회복에 어떻게 중요하게 작용할 수 있을지에 초점을 맞춘다.

7. 가능한 모든 방법으로 부모에 대한 지원을 최대한 잘 활용한다.

8. 아이의 필요를 다루기 위해 고안되었지만, 이 치료법은 부모도 마찬가지로 아동기 외상이 자신에게 미치는 영향을 다룰 수 있는 치료를 받을 만한 자격이 있다는 것을 상기시킨다. 부모의 개별 치료가 필요하다고 판단되면 부모를 위한 치료를 알아본다. 치료 참여와 관련된 시간과 정서적인 투자를 고려할 때, 어떤 부모에게는 자기를 위한 치료를 시작하기 전에 자녀를 위한 치료 과정을 완료하는 것이 최선일 수 있다. 다만, 부모를 위한 치료 의뢰 시기는 신중하게 고려하는 것이 중요하다. 또 다른 부모들은 신뢰할 수 있는 치료적 관계가 확립된 직후에 개별 치료에 대한 의뢰에 수용적이며, 이로 인해 크게 도움을 얻을 수 있다. 어떤 부모는 심각한 개인적인 외상 이력 또는 성격 문제가 있어, 아동 중심의 단기 치료 접근방식으로 이를 해결할 수 없거나 생산적이지 않을 수 있다.

2부

외상중심 구성요소

외상과 애도가 아동과 가족에 미치는 영향

앞에서 언급한 바와 같이, TF-CBT 구성요소에는 심리교육, 양육 기술, 이완 기술, 정서조절 기술, 인지 처리 기술, 외상 서술 및 처리, 외상 알림요인, 실제 상황(in vivo), 실제 상황에의 노출 숙달, 자녀-부모 공동 회기, 그리고 안전 및 향후 발달 강화 등이 포함된다. 이러한 내용은 약어인 PRACTICE로 요약된다. TF-CBT 모델은 앞서 설명했듯이 일반적으로 PRACTICE 순서로 실행되고 각 치료 단계가 적절한 비율로 할당될 때 평가가 가능하였으므로, TF-CBT의 효율성에 대한 우리의 지식은 이러한 방식으로 구성요소와 치료 단계를 적용하는 것과 관련해서만 알려져 있다. 구성요소의 순서와 단계마다의 시간 할당량은 외상의 영향에 대한 논리적인 순서와 우리의 이해에 기반한 것이기도 하다. 구체적으로, 어떤 기술은 다른 기술보다 먼저 학습되고 통합되는데, 이는 기존에 배웠던 기술에 따라 달라진다. 예를 들어, 정서조절과 이완 기술은 이상적으로 처음 몇 번의 치료 회기에서 숙달되는 초기 TF-CBT 구성요소이다. 인지적 처리는 일반적으로 감정조절 이후에 도입된다. 인지적 처리는 감정과 생각을 구별하고 생각과 행동 사이의 연관성을 이해하는 아동과 부모의 능력에 달려 있기 때문이다. 아동과 부모는 초기 정서조절 구성요소에서 다양한 감정을 식별하고 관리하는 방법을 이미 배운다. 그러므로 이러한 감정들과 다양한 생각과 행동 사이의 연결을 통합해야 하는 더 복잡한 과제를 해결할 준비가 더 잘되어 있는 것이다. 마찬가지로, 부모 양육 기술은 치료 초기에 다루어져, 아동의 긍정적인 행동을 격려하고 나중에 더 어려운 외상중심 치료 부분을 다룰 때 아동에게 필요한 지원을 제공할 수 있는 부모의 능력을 강화한다. 더욱이, 이 기술 개발 차원의 양육 구성요소는 어떠한 문제 행동이든지 다룰 수 있는 부모의 능력을 향상시키는 것을 목표로 한다.

아동과 부모에 대한 이러한 모든 초기 대처 기술(감정조절, 완화, 인지적 대처, 부모의 양육 기술)을 통합하면 외상 서술과 치료의 아동-부모 공동 구성요소에 대한 긍정적인 결과를 가장 잘 이끌어내는 데 도움이 된다. 새로운 기술을 배우고 연습하는 것은 아동에게 정서적, 행동적, 생물학적, 인지적 또는 대인관계적 조절 문제에 대한 숙달감을 준다. 그뿐만 아니라, 새로운 연구에 의하면 새로운 기술을 배우는 과정이 신경생물학적인 수준에 미치는 외상의 영향을 역전시킬 수 있는 잠재성을 가진 새로운 신경 경로를 구축한다는 것을 보여준다(McLaughlin, Peverill, Gold, Alves, & Sheridan, 2015). 따라서 치료 초기에 아동에게 기술 구성요소를 연습하고 이에 대한 숙달감을 얻도록 격려하는 것은, 치료 후에 더 어려운 외상 처리 구성요소에 착수할 때 아동이 이러한 기술을 사용할 가능성을 증진시킨다. 이것이 TF-CBT 구성요소를 이 책에 소개한 순서에 따라 제공하기 위한 근거이며, 대부분 경우 구성요소는 이 순서대로 아동에게 제공되어야 한다. 그러나 구성요소를 이 순서와 다르게 실행하는 타당한 임상적 이유가 있을 수 있으며, 이러한 경우에 관해서는 이 책과 다른 관련 자료에 요약되어 있다(Cohen, Mannarino, & Deblinger, 2012). 예를 들어, 복합 외상을 경험한 청소년의 경우에는 안전 구성요소 강화를 먼저 실행하고 이 요소를 TF-CBT 전반에 걸쳐 계속 다루는 것이 중요할 것이다(Cohen, Mannarino, Kleithermes, et al., 2012). 행동 문제 또는 가족이 함께 다루어야 하는 다른 중요한 문제를 다루기 위해서 아동-부모 공동 회기가 치료 초반에 간략하게 포함될 수 있다. 이러한 작업은 전체 치료 과정에서 아동과 부모를 각각 개별 회기로 만나는 것이라면 TF-CBT 모델과 일관될 것이다(즉, 일차적으로는 TF-CBT가 부모-아동 공동 가족 치료 모델로 제공될 것이 아니라, 아동 회기와 부모 회기가 개별적으로 동시에 이루어져야 한다). 더불어, PRACTICE 기술이 소개되는 순서는 치료사가 유연하게 결정할 수 있다. 예를 들어, 어떤 아동에게는 이완 기술을 소개하기 전에 정서조절 구성요소로 시작할 수 있다.

요약하자면, TF-CBT 구성요소는 일반적으로 이 책에 소개된 순서대로 제공되어야 하며, 모든 TF-CBT 구성요소는 치료 모델을 경험하는 모든 아동에게 제공되어야 한다(필요한 경우에만 제공되는 실제 상황[in vivo]에 대한 숙달은 예외). TF-CBT 치료사가 PRACTICE 구성요소의 순서를 변경할 때는 그에 대한 명확한 임상적 타당성이 있어야 한다.

6장

외상 심리교육

심리교육은 TF-CBT의 주요 구성요소 중 하나이다. 심리교육은 치료를 시작할 때 제공되지만, 아동과 보호자 모두에게 제공되는 치료 과정에 걸쳐 계속 제공된다. 심리교육의 주요 목표는 외상 사건에 대한 아동과 부모의 반응을 정상화하고, 외상에 대한 전형적인 심리적·생리적 반응에 대한 정보를 제공하며, 일어난 일에 대한 정확한 인지를 강화하는 것이다. 아동과 부모가 외상의 여파로 겪는 고통스럽고 혼란스러운 감정을 고려하면 이러한 목표들은 매우 중요하다.

이상적으로, 심리교육은 첫 번째 접수 전화에서 시작된다. 보호자가 외상 사건, 그리고 이에 대한 아이의 반응과 보호자 자신의 반응을 설명하면, 접수자는 지지적이어야 하고 아동과 부모의 반응을 정상화하도록 노력해야 한다. 이 점에 있어서 자녀가 부모에게는 일반적이지 않은 방식으로 행동하고 있지만, 외상적인 사건에 따른 자녀의 반응이 이상하지 않다는 것을 알게 되는 부모는 매우 큰 위안을 얻을 수 있다.

부모가, 우리 센터의 임상 전문가들이 자기 자녀와 같은 외상을 경험한 아이들을 치료해왔고 대부분 아이가 '나아진다'는 것을 알게 되면, 이 단어는 거의 항상 어느 정도의 정서적인 안도감을 주는 희망의 단어가 된다. 따라서 외상 사건에 대한 아동과 부모의 반응을 정상화하고, 외상에 따른 흔한 반응에 대한 정보를 제공하며, 정확한 인지를 강화한다는 동일한 목표를 가지고 평가 중에도 심리교육은 계속된다는 점을 언급하는 것이 중요하다.

첫 번째 단계는 아동과 부모 모두에게 외상 사건에 대한 일반적인 정보를 제공하는 것이다. 이 정보에는 아동이 경험한 특정 외상의 빈도, 일반적으로 그러한 사건을 경험한 사람, 그리고 사건의 원인 등이 포함될 수 있다. 예를 들어, 성적 학대와 관련해 18세까지 얼마나 많은 아동이 성적 학대를 당했는지, 아동 성폭행 유형은 어떤 것들이 있는지, 누가 아동을 추행하는지, 왜 많은 아동이 다른 사람에게 성적 학대 사실에 대해 말하지 않는지 등의 내용이 담긴 정보지를 아동과 부모 모두에게 제공한다. 이러한 정보지는 아동과 부모가 성적 학대와 그 결과에 대해 흔히 가지고 있는 근거 없는 믿음을 불식시킬 수 있다. 예를 들어, 한 소년은 성적 학대와 관련해 신체 자극의 일부를 좋아했기 때문에 자신이 동성애자로 자랄 것이라고 믿을지도 모른다. 적절한 심리교육 정보지와 임상 전문가와의 직접적인 논의를 통해 이러한 종류의 근거 없는 믿음을 없앨 수 있다. 비슷한 방법으로, 우리는 아동이 겪은 외상이 어떤 것이든 이에 대한 일반적인 정보를 제공하려고 노력한다. 가정폭력을 목격하거나 학교 또는 지역사회 폭력 등의 피해자가 되는 '사실'을, 아동과 부모가 알게 되면 잘못된 정보는 사라진다. 또한 아동과 부모는 다른 많은 가족도 비슷한 끔찍하거나 비극적인 사건을 겪었고, 지금 당면한 어려운 문제를 특정 가족만 겪는 것은 아니라는 것을 알게 된다. 정보지 샘플은 부록 1에 제시되어 있다. 아동이 특정 외상에 대해 더 이해할 수 있도록 촉진하는 재미있는 게임과 활동들도 있다. 예를 들어, "What Do You Know?(넌 무엇을 아니?)" 카드 게임은 성적 학대, 신체적 학대, 가정폭력에 대해 상호작용하며 배울 수 있는 기회를 제공한다(Deblinger, Neubauer, Runyon, & Baker, 2006).

심리교육의 다음 단계는 아동이 경험한 외상 사건에 대한 일반적인 감정과 행동 반응에 대한 정보를 제공하는 것이다. 이 단계에서는 가능한 한 이 문제와 관련된 모든 경험적 정보를 아동과 부모와 공유한다. 특정 유형의 외상에 대한 일반적인 반응을 문서화한 과학적 정보는 아동과 부모 모두에게 상당한 정서적 타당성을 제공해, 그들의 반응이 그리 이상하지 않다는 것을 알 수 있도록 돕는다. 게다가, 일반적으로 임상 전문가들은 이들과 동일한 외상 사건을 경험한 다른 아이들을 만나왔고, 아동과 부모에게 그들의 정서와 행동 반응이 예외적이라기보다 훨씬 일반적이라는 것에 대해 직접 피드백을 제공할 수 있다. 예를 들어, 어떤 부모는 자녀의 외상 경험에 대해 자신이 대리 외상 반응(예: 불안, 수면 곤란)을 경험하면서 왜 자신이 이런 감정을 효과적으로 대처하지 못하는지 의아해할 수 있다. 이런 상황에서, 부모가 자신의 반응이 어떤 식으로든 비정상적이지 않고 일반적이라는 것을 알게 되면 매우 안도할 수 있게 된다.

흔한 외상 반응에 대한 정보를 제공하는 또 다른 방법은, 외상 사건 이후에 아동이 경험할 수도 있는 것을 설명하는 아동용 책을 활용하는 것이다. 직접적인 임상 경험을 통해 외상에 따른 흔한 반응을 접해온 전문가들이 이런 유형의 책들을 많이 썼다. 이보다 훨씬 더 설득력 있는 도구는 후기 청소년이나 성인들이 자신의 어린 시절 외상 사건에 대해 '이야기'하는 어린이용 책일 것이다. 이러한 책들은 아이들에게 그들이 경험한 것에 대해 혼자만 겪은 것이 아니라는 것, 일어난 사건을 고려할 때 그들이 그렇게 느낄 만했다는 것, 고통스러운 감정을 다루어 개인적 성장과 치유를 가져오는 방법이 있다는 것을 전달한다. 비슷한 방식으로, 우리가 NCTSN과 함께 제작한 비디오는 외상 사건에 대한 감정과 행동 반응의 타당화와 정상화를 제공할 수 있다. 두 가지 비디오를 소개하자면, 성적 학대의 영향을 다루는 외상중심 치료의 전망(The Promise of Trauma-Focused Therapy for Childhood Sexual Abuse Video: https://www. nctsn.org/resources/promise-trauma-focused-therapy-childhood-sexual-abuse-video)과 신체적으로 강압적인 양육 태도의 영향을 다룬 아동 신체 학대에 대한 가족 중심 개입의 희망(The Hope of Family Focused Interventions for Child Physical Abuse: https:// www.nctsn.org/resources/hope-family-focused-interventions-child-abuse)이다.

아동의 진단에 대한 구체적인 정보를 제공하는 것은 심리교육의 또 다른 측면이다. 이러한 경험은 아동과 부모 모두에게 두려울 수 있지만(어떤 부모가 자녀에게 진단할 만한 장애가 있다는 것을 듣고 싶어 하겠는가?), 임상 전문가가 과도한 임상 전문용어를 사용하지 않고 단도직입적으로 진단 정보를 제공한다면 상당히 도움이 될 수 있다. 예를 들어, 한 아이가 PTSD를 앓고 있다면, 재경험 증상은 외상을 상기시키는 고통스러운 감정을 나타내는 것이고, 회피 증상은 아이가 이러한 정서적인 고통으로부터 안도감을 얻으려는 방식이라고 설명할 수 있다. 과각성 증상(예: 산만함, 수면 곤란, 과민성)이라면, 아이의 뇌나 신체가 외상 사건이 아동의 신체적인 대처 능력을 압도했음을 드러내는 방법이라고 아동과 부모에게 설명할 수 있다. 아동과 부모는 쉽게 이해할 수 있는 간단명료한 설명을 고마워하며, 현실적이고 '진짜'라고 여길 수 있는 임상 전문가와 치료적인 관계를 형성할 가능성이 크다. 또한 아동과 부모가 자신이 존경하고 동경하는 다른 사람들(예: 파병 군인)이 종종 PTSD와 같은 장애를 경험한다는 것을 배우면, 외상에 대해 더 잘 이해하고 타당화하는 경험을 한다. 특히 부모는, 자녀가 단순히 '나쁜' 것이 아니라 군인들과 비슷하게 고통스럽고 매우 두려운 생활 사건에 힘든 감정적 반응을 보인다는 사실을 알고 위안을 얻게 된다.

증상과 진단에 대한 정보를 제공하는 것 외에 심리교육을 통해서도 이용 가능한 치료에 대한 설명을 제공할 수 있다. 이러한 맥락에서 TF-CBT가 강력한 경험적 지지를 얻고 있으며, 이 모델로 치료를 받는 대다수 아동이 상당한 증상 감소를 경험하고 탄탄한 대처 능력을 개발한다는 사실을 아동과 부모가 아는 것은 항상 안심되는 일이다. 특히 부모가 종종 자기 자녀가 외상의 영향을 결코 극복하지 못할 것이라고 매우 걱정한다는 사실에 주목할 필요가 있다. 우리 연구가 심각한 증상이나 여러 외상이 있는 아동까지도 치료 후에 호전된다는 것을 증명해왔다는 사실을 부모에게 알려주는 것은, 희망과 자신감을 전달하고 가족이 치료에 대한 권고사항을 끝까지 지킬 가능성을 높인다.

아동과 보호자에게 외상 알림요인에 대한 정보를 제공하는 것도 중요하다. 이와 관련하여, 우리는 외상 촉발요인(trauma triggers)보다 외상 알림요인(trauma reminders)이라는 용어를 선호하는데, 촉발요인은 주로 아동이 자동적으로 부정적인 반응을 보일 것이라고 암시하기 때문이다. 반면에, TF-CBT에서 치료사는 아동이 알림요인에 보다 적응적인 반응을 형성하도록 돕는다. 많은 아동과 부모는 사람, 장소, 사물, 냄새 등을 포함해 그들의 외상 알림요인을 잘 알고 있다. 반면에, 어떤 아동은 알림요인에 강하게 반응하지만, 무엇이 부정적인 감정과 행동을 유발하는지 항상 아는 것은 아니다. 예를 들어, 최근 한 8세 남자아이는 자신의 위탁모가 저녁 식사로 칠리요리를 만들었을 때 매우 안절부절못하고 공격적으로 변했다. 치료사가 아이에게 저녁식사와 관련해서 그를 화나게 한 어떤 것이라도 있었는지 물었을 때, 아이는 친아버지가 친어머니를 심하게 때린 날 밤에 친어머니가 칠리요리를 만들었다는 것을 기억했다. 그제야 아이는 이 연관성을 이해했고, 치료사는 아이가 이 외상 알림요인에 더욱 적응적인 반응을 형성하도록 도울 수 있었다.

마지막으로, 종종 간과되기도 하지만 여전히 중요한 심리교육의 한 측면은 아동과 부모가 현재 증상을 관리할 수 있는 전략을 제공하는 것이다. 이 단계는 적어도 세 가지 이유로 중요하다. 첫째, 증상에 대해 안도하는 것은 당연히 그 자체로 중요한 일이다. 예를 들면, PTSD를 앓고 있는 아동이 심각한 수면 장애도 겪고 있다면, 아이는 학교에서 집중하는 데 어려움을 겪을 수 있고, 집에서 분노 폭발이나 짜증을 내는 경향이 높을 수도 있다. 더구나 아이의 수면이 흐트러지면 부모의 수면도 흐트러질 가능성이 크다. 따라서 이렇게 흔한 문제를 해결하기 위해 행동 또는 다른 전략이 사용되고 개선이 일어날 때 가족 모두가 이익을 얻는다.

현재 증상을 관리하는 두 번째 이유는, 그렇게 하는 것이 아이와 (특히) 부모에게 그들의 염려가 이해되고 존중된다는 것을 전달하기 때문이다. 만일 부모가 임상 전문가에게 아이의 수면 장애로 가족 전체가 피곤해졌다고 말했음에도 전문가가 이러한 도움 요청을 무시하거나 이 문제는 치료에서 수주에 걸쳐 다루어질 것이라고 제안한다면, 부모는 자신이 중요하다고 여기는 것이 우선순위가 되지 않을 것이라는 생각에 타당화를 받지 못했다고 느낄 것이다. TF-CBT에서는 아동/부모의 염려를 심각하게 받아들이고, 치료 시작부터 이를 다루기 위한 전략이 개발된다. 우리의 관점으로 보자면, 이 접근법은 TF-CBT 모델의 핵심인 치료사와 아동/부모 사이의 진정한 협력 정신을 전달한다.

세 번째로, 치료 초기에 현재 증상을 성공적으로 관리하면 아동과 부모 모두를 위한 TF-CBT 모델과 치료사에 대한 신뢰가 생긴다. 가족들이 외상 사건 이후 어려운 도전에 직면할 때 희망은 중요한 요소이다. 또한 어떤 것도 성공만큼 희망을 촉진하지 못한다. 더욱이, 이러한 초기 향상으로 치료사에 대한 신뢰가 높아지면, 아동과 부모 모두 더 불안해할 수 있는 후속 치료(예: 외상 서술 및 처리)에 참여할 가능성이 커질 것이다.

　치료를 시작할 때 심리교육 전략을 활용하는 것이 매우 중요하지만, 치료 과정 전반에 걸쳐 수시로 활용할 수도 있다. 다시 말해, 양육 구성요소가 실행되는 동안 치료사는 자신의 임상 수행에서 효과적인 양육을 방해하는 것으로 부모가 겪고 있을 수 있는 인지 왜곡(예: 자기비난, 세상에 대한 비현실적인 위협 의식)을 관찰하는 경우가 많다. 한 가지 흔한 예로, 성적 학대의 피해자가 된 아이에게 일관된 한계를 설정하느라 고군분투하는 부모를 들 수 있다. 이는 부모가 학대를 감지/예방하지 못했다고 죄책감을 느끼고 아이가 '충분히 겪었다'라고 지각하기 때문이다. 이러한 상황에서 치료사는 부모에게 이러한 부모 반응이 매우 흔하다는 것과, 일관된 한계 설정을 통해 아이들이 상당히 안전할 수 있다고 말해줄 수 있다. 치료 과정 후반에 심리교육을 사용하는 또 다른 예로는, 치료사가 부모 또는 아동에게 외상 서술 작업 시 아동이 어느 정도 저항하는 일은 드물지 않다는 것을 알려주는 것이다. 또한, 외상 서술 및 처리 작업을 시작하면 아이들이 때때로 회피의 증가 또는 약간의 증상 악화를 보인다는 것을 부모가 예측하도록 하는 것이 유용할 수 있다. 이러한 현상이 발생한다면, 부모는 자신이 관찰했던 것을 치료사와 공유하고, 아이의 회피에 대해 자신이 치료 참여에 전념하는 모습을 보여주며 격려함으로써 반응하도록 요청받는다. 다시 말해, 위의 두 가지 예 모두에서 심리교육은 아동과 부모의 반응을 정상화해 정서적 타당화와 수용받는 느낌을 증진하고 치료 과정에서 협력의 가능성을 더 높인다.

TF-CBT 모델에 대한 심리교육

　치료사는 초기 회기에서 몇 분 동안은 부모에게 TF-CBT 모델에 대한 오리엔테이션을 제공해야 한다. 오리엔테이션은 이 모델을 사용하는 철학을 설명하는 것으로 구성되며 다음과 같은 요소를 포함해야 한다.

- 아동은 심각한 PTSD 또는 기타 외상 관련 증상을 앓고 있다.
- 임상적 경험 및 연구는 이러한 PTSD 및 기타 외상 관련 증상이 장기적 어려움을 예방하기 위해 가능한 한 초기에 다루어질 필요가 있다고 시사한다.
- 치료 시작 전에 완료된 임상 평가에 기초하여 아동이 겪고 있는 PTSD 및 기타 외상 관련 증상을 간략하게 검토한다.
- 외상에 대해 직접적으로 이야기하는 것은 이러한 어려움을 해결하고 경험한 것을 최적의 방법으로 아동의 삶에 통합하는 데 중요한 작용을 한다.
- 외상에 대해 이야기하는 것은 아동이 이러한 토론과 관련된 불편함을 견딜 수 있도록 점진적이고 지지적인 방식으로 진행될 것이다. 또한, 아동이 불편함에 대처하는 데 도움이 되는 기술을 배울 때까지 외상 서술은 시작되지 않을 것이다.
- 치료사는 치료 과정 내내 부모와 협력하여 작업할 것이며, 언제든지 부모의 제안을 환영한다.
- 다른 종교와 인종, 문화를 가진 사람들은 외상 반응을 표현하고 다루는 방법이 각기 다르다. 치료사는 아동과 부모로부터 그들의 문화와 종교, 그리고 가족에서 비롯된 전통과 의식을 배우는 데 열의를 기울이고 치료 과정에서 이 요소들을 존중할 것이다.
- 마지막으로, 위에서 언급한 바와 같이 TF-CBT는 광범위하게 연구되었고, 효과적이며, 아동이 상당히 개선될 것이라는 희망을 가질 충분한 이유가 있다.

외상적 애도를 경험하는 아동을 위한 심리교육

사랑하는 사람의 죽음을 초래한 외상을 경험한 아동은 추가적인 심리교육적 정보가 필요할 수 있다. 예를 들어, 사망의 원인에 따라 테러나 (무차별적 살인과는 반대로) 고의적인 살인 때문이라면 그 고의성을 인정하는 것이 중요할 수 있다. 왜 사람들이 이러한 행위를 하는지에 대한 정보를 잘 이해하기란 어른들조차 어려운 일이며, 부모(또는 어쩌면 가족의 종교 지도자)는 가족의 신념과 아동의 발달학적 능력과 일치하는 방식으로 자녀에게 이러한 내용을 어떻게 설명해야 할지에 대해 상담을 받을 수 있다. 죽음과 애도에 대한 추가 정보는 제3부의 제17장 「애도 심리교육」에서 제시된다.

점진적인 노출은 여러 가지 면에서 심리교육에 포함된다. 치료사는 아동의 외상 경험에 대해 완곡한 표현(예: '나쁜 손짓', '무서운 일이 일어났다', '당신의 상실' 등)보다는 정확한 단어(예: '성적 학대', '가정폭력', '죽음' 등)를 사용한다. 치료사는 아동의 외상 경험을 아동 또는 부모와 논의할 때 개방적인 자세를 취하고, 적절한 목소리로 말하며, 눈맞춤을 유지하므로, 언어적으로든 비언어적으로든 무심코 회피나 수치심을 전달하기보다 긍정적으로 대처하는 것을 모델링하게 하는 역할을 한다.

문제 해결

만약 아이가 여러 가지 질환을 동반한 상태라면 어떡하나요? 이러한 문제들에 대해 심리교육을 제공하는 것이 아이의 미래에 대한 낙관보다는 비관으로 이어지지 않을까요?

치료사는 아이의 어려움에 대해 가능한 한 항상 정직함을 유지하면서도 여전히 아이와 가족 사정의 긍정적인 측면을 강조해야 한다. 사실, 아이의 동반질환 상태를 정확하게 파악하면 수년간 아이의 많은 문제의 원인이 무엇인지 궁금해했을 수도 있는 부모는 안도할 수 있다. 이는 그 문제가 어쩌면 아이가 치료에 오도록 했던 외상 사건보다 더 먼저 발생했을 수도 있기 때문이다. 주의력결핍 과잉행동장애(ADHD, 참고: Barkley[2000]의 Taking Charge of ADHD) 또는 조울증(참고: Birmaher[2004]의 New Hope for Children and Teens with Bipolar Disorder)과 같은 동반질환에 있는 자녀를 둔 부모를 위해 여러 훌륭한 자원을 이용할 수 있다. 혹시라도 이전부터 존재했을 수 있는, 혹은 공존할 수도 있는 정신질환에 대해 심리교육을 제공하면, 많은 가족이 아이가 왜 잘 지내지 못하는지 이해하지 못할 때 경험하는 죄책감·부담감·좌절감을 줄일 수 있다. 이러한 상황에 있는 가족들이 이용 가능한 도움을 받을 수 있도록 도움으로써 그들에게 상황이 더 나아질 수 있다는 희망을 줄 수 있다.

급성 또는 진행 중인 외상적 노출의 상황에서 동반질환 상태를 진단하는 것은 매우 어려울 수 있으므로, 치료사는 이와 관련하여 여러 다른 가능성을 명확히 논의해야 한다. 다양한 진단 가능성에 대한 정보와 각각의 진단 가능성을 어떻게 평가할 것인가에 대한 계획을 함께 제공하는 것은 가족들에게 매우 도움이 된다. 외상중심 치료가 제공되는 동안, 일부 장애에 대한 특정 평가나 정보를 얻을 수 있다(예: 학습 장애에 대한 검사 수행 또는 ADHD 의심 증상에 대한 교사의 평가). 때로는 '지켜보는(wait-and-see)' 접근을 취하는 것이 나을 때가 있다. 예를 들어, 아이의 어려움이 외상중심 치료로 해결될 수도 있고, 외상중심의 심리치료를 초기에 시도할 수도 있다. 만일 일정 기간이 지나도 아이의 어려움이 외상중심 개입만으로 나아지지 않는다는 것이 명백해진다면, 다른 유형의 심리치료 및 약물치료로 보완하거나 대체해야 할 수도 있다. 아이가 복잡한 임상적 상태를 보일 때는 치료사가 아이의 문제에 대한 모든 해답을 갖고 있지 않다는 것을 인정해야 한다. 합리적인 부모라면 이러한 어려움을 이해하고 치료사의 정직함을 높이 평가할 것이다.

때로는 동반질환 상태가 외상 노출로 인한 증상보다 더 일차적인 상태('선두를 달려야 하는 것 먼저 선택하기')라는 점을 덧붙일 필요가 있다. 이러한 경우에 아동은 TF-CBT 이전에 먼저 동반질환 상태에 대한 치료가 필요할 수 있다. 예를 들어, 체포 또는 청소년 구금을 초래하는 심각한 품행 문제가 있는 아동은 외상 치료를 고려하기 전에 이러한 문제에 대한 치료가 필요할 수 있다.

만일 부모가 치료사에게 아이 앞에서 대답하기에 부적절한 질문을 한다면 어떻게 하나요?

일반적으로 치료사는 이러한 질문이 문제가 되지 않도록 TF-CBT 회기 동안 부모와 아동 각각을 개별적으로 만나 각 회기의 절반은 부모에게, 나머지 절반은 아동에게 할애하여야 한다. 만일 치료사가 심리교육 회기의 일부로 아동과 부모를 함께 만나는 이유가 있다면, 치료사는 어떤 것은 '어른에게만 따로' 알리는 정보로, 어떤 정보는 '아이와 부모가 공유할 수 있는' 정보로 정의하는 것에 유연해야 한다. 아이들은 이러한 경계를 설정하는 것에 익숙해져 있고(또 그러해야 하며), 부모들은 어른들의 대화를 듣는 자녀들에게 이러한 경계 설정을 할 수 있어야 한다. 그런 다음 치료사는 부모와 개인적으로 만나 '어른용' 정보를 공유할 수 있으며, 이 시간을 사용하여 어떤 질문들은 자녀 앞에서 하기에 어떻게, 왜 부적절한지에 대해 부모에게 모델링할 수 있다.

부모가 한 회기에 듣기에는 정보가 '너무 많다'는 것을 치료사는 어떻게 알아낼 수 있을까요?

치료사는 자기가 제공하는 정보가 아동의 상황에 대해 부모가 더 안심할 수 있도록 도울 것이라고 바라는 마음에서, 부모들에게 첫 번째 회기에서 가능한 한 모든 심리교육을 제공하려는 유혹을 느낄 때가 자주 있다. 그러나 어떤 가족은 이 모든 정보에 압도된다고 느낄 위험이 있다. 치료 회기 중에는 일부 교육적인 정보를 제공하는 한편, 집에서 검토할 수 있는 서면 자료(예: 간단한 정보지)를 제공하는 것이 도움이 될 수 있다. 회기에 드는 시간을 고려하여 치료사는 너무 많은 정보가 제공되고 있지는 않은지 부모의 반응을 잘 관찰해야 한다. 부모에게 질문이 있는지 가능한 한 자주 물어보라. 만일 부모가 질문이 없다면, 어쩌면 당분간 정보 과부하로 그럴 수 있으므로 정보 제공을 잠시 중단해야 한다. 심리치료는 치료 과정 내내 계속될 수 있다는 것을 기억하라.

만약 아이 또는 부모가 치료사의 개인적인 과거 외상에 관해 물어본다면 어떻게 하나요? 이와 관련해 진실을 말하나요?

이것은 개인적인 결정에 달렸다. 내담자에게 치료사의 개인적인 과거 외상에 대해 말하거나 말하지 않는 것과 관련된 이점과 위해 가능성이 모두 있다. 특히, 상당히 정서적 의미가 있는 성적 학대와 같은 특정 유형의 외상과 관련해서는 더욱 그렇다. 치료사로서 자기 경험을 내담자에게 말하는 것이 가지는 의미가 어쩌면 내담자에게 들리는 바와는 상당히 다를 수 있다는 것을 기억하는 것이 중요하다. 만일 치료사가 개인적인 정보를 공유한다면 스스로 분명한 이유가 있어야 하고, 동시에 어떤 아동과 부모들에게는 불편하거나 방해될 수도 있는 세부사항의 공유를 최소화하는 것이 중요하다.

이상적으로, 치료사가 자신의 개인적인 외상 경험을 내담자 또는 내담자의 부모와 공유하는 것은 내담자가 경험한 것에 대한 큰 이해와 공감을 전달하고자 하는 것일 수 있다. 비록 많은 가족이 가족의 개인적인 고뇌와 고통을 이해하는 외상 생존자를 더 많이 신뢰하는 것은 사실이지만, 이를 대가로 치료사는 자신의 과거에 대한 사적인 부분을 포기해야 한다. 만일 내담자 가족이 적절한 경계를 가지고 있다면 이러한 사생활 측면은 문제가 되지 않을 것이다. 그러나 가족 구성원 중 한 명이라도 경계를 유지하는 데 어려움을 겪는 경우, 가족 구성원들이 치료사의 개방 의도를 잘못 해석할 수 있으므로 치료사는 자신의 개인 정보를 공개한 것을 후회할 수도 있다. 게다가, 아동과 부모는 때로 치료사가 겪은 일에 대해 안타까워하며 치료사를 '돌봐야' 할 필요를 느낄 수도 있다. 이렇게 되면 당연히 초점은 아동에게서 벗어날 것이고, 치료사가 아동의 외상 증상을 견디고 효과적으로 다룰 수 있는지에 대해 아동 또는 부모는 약간의 의심을 할 수 있다. 이러한 상황에서 가족 구성원들은 지나치게 세심한 배려를 하며 염려된다는 투로 말할 수 있다(예: "아, 정말 죄송해요.", "이것에 대해 다시 들어도 괜찮으세요?", "치료사님의 모든 슬픈 기억을 불러일으킬 거예요."). 아동이나 부모가 치료사의 정서적 안녕감에 대해 위로하거나 질문해주어야 한다고 느낀다면, 치료사의 자기개방은 내담자를 위한 긍정적인 치료 목적을 갖지 못한 것이다.

마지막으로, 치료사가 자신의 개인적 과거 외상을 공개했을 때, 치료사 신뢰도를 높이기는커녕, 오히려 가족 구성원들이 불쾌해하거나 무시해버리는 상황도 있다. 치료사가 단지 자신의 개인적인 과거 외상에 대해 미해결된 개인적 문제를 해결하기 위해 외상을 경험한 아동을 치료한다고 가정하는 것이다. 다시 강조하자면, 아동과 부모가 치료의 초점이 아동과 가족에게 있고 치료사 개인의 과거가 이러한 초점을 손상하지 않는다고 느껴야 한다.

만일 아이가 정보지를 읽는 것에 관심이 없어 보인다면 어떻게 하나요?

우리는 질의응답 게임 방식으로 정보가 제시될 때 아이들이 심리교육에 특히 잘 반응한다는 사실을 발견했다. 치료사는 정보지에 있는 질문을 하고 아이들이 알고 있는 것에 대해 점수를 부여하거나 칭찬을 해주는 동시에, 추가 정보를 제공하거나 아이가 가지고 있을 수 있는 잘못된 인식을 파악해 수정할 수 있는 구조를 제안할 수 있다.

복합 외상을 보이는 아동에게는 심리교육이 다르게 실행되어야 하나요?

복합외상을 보이는 아동은 보통 표준 PTSD나 특정 단일 진단보다 더 복잡한 임상적 증상을 가지고 있으며, 정서 또는 행동 조절 측면에서 매우 취약할 수 있다. 이러한 아동은 종종 부정적인 환경에 있다가 현재 위탁보호 또는 RTF에서 지내고 있을 수 있다. 복합 외상을 지닌 많은 청소년은 치료를 시작할 때 제공되는 심리교육 정보, 특히 그들이 경험한 외상의 종류와 관련된 특정 정보를 견딜 수 없을 정도로 매우 부적응적일 수 있다. 따라서 이러한 청소년들에게는 일반적인 이완 및 기타 정서조절 전략에 초점을 두고 TF-CBT를 시작하고, 청소년이 더 나은 자기조절 및 통제력을 가질 때까지 어떠한 심리교육 정보도 공유하지 않는 것이 임상적으로 적절할 수 있다.

양육 기술

　　아동이 매우 외상적인 인생사건(들)에 직면하면 가장 유능한 부모조차도 효과적으로 양육하는 데 어려움을 겪을 수 있다. 이전에 언급한 바와 같이, 외상(들) 자체는 부모의 기능에 직접적으로 영향을 미쳐 정상적인 일상과 규칙·기대의 일관성 유지를 어렵게 하는 경우가 많다. 스트레스에 직면할 때, 가정환경의 일관성과 예측 가능성이 아동은 물론 성인에게도 적응적인 기능을 촉진한다는 점을 고려하면, 이러한 일관성 부족은 문제가 될 만하다. 외상적인 사건 이전에 최적의 양육 기술을 가지고 있지 않던 부모들이 이러한 기술을 배우는 것은 자녀의 치료 결과를 효과적으로 이끄는 데 훨씬 더 중요할 수 있다. 이러한 기술은 특히 아동이 외상에 대해 공격성, 분노 폭발, 그리고 다른 부정적인 행동 등으로 반응할 때 필요하다(American Academy of Child and Adolescent Psychiatry, 2010). 그러나 양육 기술은 아동의 슬픔을 다룰 때도 마찬가지로 중요하다. TF-CBT에 포함된 양육 기술은 특히 아동의 행동 문제뿐만 아니라 우울 증상에도 강력한 영향을 미치는 것으로 밝혀졌다(Deblinger et al., 1996). 일반적으로, 부모의 기능은 아동의 결과에 매우 중요한 것으로 보이는데(Cohen & Mannarino,

149

1996a), 특히 다중 외상을 경험한 아동에게 중요하다(Cohen, Deblinger, et al., 2004). 과거 외상이 있는 모든 아동은 행동 및 정서적 어려움을 겪을 위험에 있으므로, 치료에 참여하는 모든 부모는 양육 지식과 기술 향상에 대한 지도와 지원을 받는 것이 바람직하다. 부모들은 종종 아동의 외상 스트레스 반응, 그리고 사건에 대한 행동, 감정, 인지적 반응을 이해하는 데 있어 일반적인 발달적 기대와 관련해 정상화를 돕는 정보를 제공받고 크게 도움을 얻는다. 더욱이, 치료사는 부모-자녀 상호작용 문제와 관련하여 기능적 분석을 수행함으로써 부모가 자녀의 문제 행동의 발달, 지속, 그리고 동기를 이해하는 데 큰 도움을 줄 수 있다. 또한, 10대 청소년들은 이러한 기능적 분석 수행에 잘 반응하여 학교 및 또래 상호작용에 있어 자신의 잠재적인 외상 관련 행동 문제를 더 잘 이해할 수 있다.

기능적 분석

부모가 반복되는 자녀의 행동 문제를 보고할 때는 선행사건(즉, 행동 문제보다 선행한 상황 또는 문제를 촉발한 상황), 특정 문제 행동 자체, 그리고 아동의 행동 문제에 따른 결과에 대한 정보를 이끌어내는 논의를 하는 것이 도움이 된다. 문제 행동에 대한 선행사건, 행동 및 결과(antecedents, behaviors, consequences: ABC)를 살펴보는 이러한 접근을 기능적 행동 분석(functional behavioral analysis)이라고 한다. 이러한 분석을 통해 치료사는 부모가 아동의 문제 행동의 기능을 확인하는 데 도움을 줄 수 있다. 긍정적인 행동과 부정적인 행동 모두 일반적으로 중요한 기능을 수행하며 인간의 기본적인 욕구와 욕망에 의해 동기부여된다. 아동이 문제 행동에 관여하는 몇 가지 상황을 살펴봄으로써 행동에 대한 동기가 명확해지는 경우가 많다. 행동은 기본적 욕구에 의해 가장 많이 유발되는데, 이 욕구는 (1) 통증/고통을 벗어나거나 피하고 싶은 욕구, (2) 관심에 대한 욕구, (3) 통제력에 대한 욕구, (4) 소속감에 대한 욕구, (5) 긍정적인 신체 감각에 대한 욕구, (6) 숙달된 느낌에 대한 욕구 등을 포함한다. 아동은 그들이 소망하는 결과를 달성하는 데 가장 도움이 될 만한 행동을 예측하고 실행한다. 불행하게도, 아동이 외상을 겪으면 자연스러운 욕구를 충족시키기 위한 행동은, 아동이 노출되었던 혼란스러운 환경과 문제를 반영할 수 있다. 게다가, 자녀의 치유를 돕기 위한 노력의 일환으로 부모가 오히려 자녀의 회피적이고 무서워하는 행동을 강화하거나 비순응적이고 공격적인 행동에 대해 부정적인 관심을 보임으로써, 아동의 문제 행동에 반응하는 경우가 많다. 이러한 부모 반응은 시간이 지남에 따라 문제 행동을 유지하는 역할을 한다. 치료사는 아동의 문제 있는 행동 반응을 둘러싼 환경(즉, 선행사건과 결과)과 관련된 자세한 내용을 부모로부터 도출함으로써, 부모가 자녀의 행동 기능을 파악하고, 선행사건을 변경하고(예: 스트레스가 되는 사건이 일어나기 전 자녀에게 대처 기술을 사용하고 모델링하기), 자녀가 원하는 결과를 비슷하게 달성할 수 있는 더 건강한 대처나 관심 추구 행동을 하고자 노력하는 것을 격려하는 반면, 부정적인 반응은 줄일 수 있도록 도울 수 있다.

기능적 분석은 10대 청소년들이 그들의 문제 행동에 동기를 부여하는 요소들을 탐색하는 동시에, 그들이 원하는 결과를 달성할 수 있는 더 건강한 행동을 파악해 실천할 수 있도록 돕기 위해 수행된다. 예를 들어, 학교 수업을 자꾸 빼먹는 한 10대 여학생을 선행사건, 행동 및 결과에 대한 기능 분석에 참여시켜, 그러한 행동 패턴에 기초하여 그녀의 문제 행동에 대한 이유를 발견할 수 있도록 도울 수 있다. 이 여학생이 체육 시간이 있는 날마다 학교를 빠진다고 해보자. 그녀는 항상 체육 시간 전에 불안해지기 시작하고 결국 학교를 떠남으로써 그러한 감정에서 벗어나는 것을 선택한다. 이러한 분석을 바탕으로, 여학생과 치료사는 적어도 일시적으로나마 체육 수업에 참여하는 고통을 피하거나 더 효과적으로 관리하고자 하는 욕구를 해소할 수 있는 대안적 행동 및 환경 변화를 파악할 수 있다. 그러한 변화에는 여학생이 체육 수업 전에 경험하는 예기 고통을 관리하는 데 도움이 될 만한 대처 기술을 배우는 것, 그리고 치료사의 도움을 통해 체육 수업 참여를 불편하게 만드는 외상 기억을 점차 직면할 수 있을 때까지 체육 시간 동안 자율 학습을 하도록 허락받는 것 등이 있다.

특히 복합 외상을 가진 아동에게는 외상 관련 행동 문제의 선행 요인들이 외상 알림요인인 경우가 많다. 예를 들어, 한 10대 남학생의 현재 위탁모가 그를 훈육하거나 교정하기 위해 큰 목소리를 냈을 때 그는 항상 강한 화를 냈고 공격적으로 반응했다. 남학생의 친부모는 그를 신체적으로 심하게 학대하면서 소리를 지르고 조롱하곤 했다. 거친 목소리는 남학생이 행동적으로 통제 불능이 되게 한 외상 알림요인이었던 것이다. 남학생이 공격적으로 반응하면 위탁모는 그에게 소리를 지르거나 심지어 가끔은 때리기도 했다. 이것이 그를 더 공격적으로 만든 것이다. 이에 대한 기능적 행동 분석은 아래의 도식과 같다.

선행 요인	행동	결과
큰소리 ⟶	분노, 공격성 ⟶	위탁모가 소리치고 때림

기능적 행동 분석을 통해 문제 행동뿐만 아니라 적절한 대안적 행동까지 파악이 되면, 치료사는 부모가 자녀에게 긍정적인 대안 행동을 하도록 용기를 북돋아주는 효과적인 양육 기술 실천 방법을 배울 수 있게 격려하고, 회기들 사이에 문제 행동을 최소화하는 것이 중요하다. 이러한 양육 기술에는 칭찬, 반영적 경청, 선택적 주의, 효과적인 타임아웃, 그리고 조건적 강화계획(즉, 행동 차트) 등이 포함된다. 이러한 부모의 기술은 일반적으로 치료의 처음 몇 회기 동안 심리교육과 함께 도입된다. 이러한 기술은 특히 행동 문제가 있는 아동에게 해당하지만, 행동 문제가 나타나지 않는 아동에게도 도움이 된다. 예를 들어, 치료 초기에 칭찬의 긍정적인 가치를 강조하는 것은 자녀-부모 관계와 아동의 숙달감에 매우 강력한 영향을 미칠 수 있다.

치료사는 부모가 자녀의 외상 경험과 외상적 행동 및 정서 반응 간의 연관성을 인식할 수 있도록(즉, 아이는 '나쁜 아이가 아니라 나쁜 일을 경험한 아이') 도울 때, 점진적 노출을 양육 구성요소에 사용할 수 있다. 이것은 보통 부모가 자녀에 대한 연민을 가지도록 돕고, 부모가 더 효과적인 양육 기술을 실행하는 방법을 배우는 데 참여할 수 있도록 한다.

칭찬

대부분 사람은 칭찬이나 긍정적인 관심으로 매우 건강하게 성장한다. 대부분 부모는 자주 그리고 지속적으로 자녀를 칭찬한다고 믿는다. 하지만 사실 많은 부모가 자녀의 긍정적인 행동을 칭찬하기보다 부정적인 행동을 바로잡거나 비난할 때 더 많은 시간을 할애한다. 치료사는 우선 부모에게 자기 자녀가 옳거나 잘하는 일이 무엇인지, 또는 자녀의 어떤 부분을 가장 자랑스러워하는지 물어보는 것으로 시작해야 한다. 그런 다음 부모에게, 자녀의 긍정적인 행동에 대한 긍정적인 피드백과 부정적인 행동에 대해 소리 지르거나 잔소리 등의 비판적인 피드백을 각각 몇 퍼센트로 제공하는지 물어볼 수 있다. 곰곰이 생각해보면 부모들은 이러한 긍정적인 행동들을 당연하다고 여겨 잘 알아차리지 못하거나 언어적으로 표현하는 것은 간과하는 경우가 많다는 것을 깨달을 수 있다. 결과적으로, 부모가 원하는 행동들은 원하는 만큼 자주 일어나지 않을 것이다. 게다가, 행동 문제를 보이는 자녀를 둔 부모들은 그들이 긍정적인 행동을 칭찬하기보다 부정적인 행동을 비판할 때 훨씬 더 많은 시간을 보낸다는 것을 인정할지도 모른다. 치료사는 부모에게 다음 주에는 자녀의 구체적인 긍정적 행동에 대해 적극적으로 칭찬하는 빈도를 높이는 데 초점을 맞추도록 하고, 부모의 칭찬이 아이의 기분과 이후 행동에 미치는 영향을 살펴보도록 안내해야 한다.

이러한 안내 일부로, 치료사는 칭찬을 효과적으로 하는 방법을 명시해야 한다. 즉, PRAISE라는 약어를 사용해 다음 지침을 강조하여(Deblinger, Mannarino, Cohen, Runyon & Heflin, 2015) 부모가 칭찬을 효과적으로 제공하기 위한 기본 단계를 기억하도록 도울 수 있다.

- 순수하게 긍정적인 칭찬만 한다. (Provide)
- 새로운 행동에 대해 칭찬을 꾸준히 반복한다. (Repeat)
- 긍정적인 행동을 향한 작은 노력을 인정한다. (Acknowledge)
- 확립된 긍정적인 행동을 유지하도록 간헐적으로 칭찬한다. (Intermittently)

- 격려하고자 하는 행동의 유형을 알려준다. (Specify)
- 최적의 결과를 위해 구체적인 행동을 열렬히 칭찬한다. (Enthusiastically)

순수하게 긍정적인 칭찬만 하는 것이 가장 효과가 좋은 이유는, 아이에게 자신이 올바르게 하고 있는 것에만 관심을 기울일 수 있도록 하기 때문이다. 한편, 부모들에게 칭찬에 부정적인 꼬리표를 다는 습관에 빠지기가 쉽다는 것을 상기시키는 것은 중요하다. 안타깝게도, 식탁을 치운 아이를 인정하면서도 왜 늘 그러지 않느냐고 하면서 칭찬을 끝내는 것은 경솔하게 칭찬의 강화적 가치를 떨어뜨리고 오히려 부정적인 행동에 더 집중하게 만드는 셈이 된다. 그러므로 부모들은 종종 자신이 하는 칭찬을 순전히 긍정적으로만 유지하는 연습이 필요하다. 예를 들어, 부모에게 "쓰레기를 치워달라는 부탁을 들어주어서 정말 기뻐. 왜 더 자주 그렇게 듣지 못하니?"와 같이 잘 표현된 칭찬에 부정적인 꼬리표가 달리는 것을 알아차릴 수 있도록 한다. 이 표현은 칭찬을 의도했더라도 아이에 대한 비난으로 변질된다. 부모가 주중에 자녀를 어떻게 칭찬했는지 정확하게 묘사하도록 요청하는 것은 도움이 된다. 이러한 작업은 성공적인 부모-자녀 상호작용을 드러내고, 부모가 최선을 다해 칭찬하는 노력이 부족한 것에 대해 건설적인 피드백을 제공할 수 있기 때문이다.

- 아이가 새로운 행동을 하도록 격려할 때 반복적이고 일관된 칭찬이 특히 중요하다. 따라서 부모는 아이가 바람직한 행동을 하는 것을 볼 때마다, 적어도 초기에는 순수하게 긍정적인 칭찬만을 하는 것이 중요하다. 강조하면, 회기들 사이에 칭찬하려는 부모의 노력을 검토하는 것은 긍정적인 부모-자녀 상호작용을 증가시키고, 부모가 칭찬할 기회를 놓친 것을 알아차리도록 돕는다는 점에서 매우 중요하다.

- 새로운 행동을 향한 아이의 작은 노력에 대해 칭찬으로 인정해주는 것을 조성 (shaping)이라고 한다. 앉아서 숙제를 시작하거나 숙제의 한 영역을 끝마치는 것과 같은 작은 노력을 칭찬함으로써 더 복잡한 행동(예: 숙제 완성)을 조성하는

것은 아동이 새롭고, 적응적이며, 복잡한 행동을 성공적으로 배울 수 있도록 돕는 데 매우 중요하다. 치료사들은 부모가 양육의 과제를 끝까지 해내고 회기들 사이에 자녀와 소통하는 방식을 변화하려는 작은 노력을 인정하고 칭찬함으로써 여러 면에서 부모의 양육 행동을 조성한다.

- 새로운 긍정적 행동이 확립되고 나면, 그다음부터 간헐적으로 칭찬하는 것이 중요해진다. 놀랍게도, 이런 유형의 칭찬이나 강화는 반복적인 칭찬보다 장기적으로 긍정적인 행동을 더 강력하게 유지할 수 있다. 간헐적인 칭찬은 더 자연스럽고, 더 지속적인 긍정적 행동과 관련이 있다. 왜냐하면 아이들은 이제 칭찬이나 관심이 즉각적이지 않을 때도 계속 긍정적인 행동을 보이며, 어느 시점에는(즉, 간헐적으로) 자신의 노력에 대해 긍정적인 인정을 받으리라고 예측하는 것을 배우기 때문이다.

- 그러나 새로운 행동이든 이미 확립된 행동이든, 이에 대한 구체적인 칭찬은 항상 도움이 된다. 이러한 유형의 칭찬은 부모, 교사, 혹은 치료사가 어떤 행동을 격려하는지 아동이 정확히 이해하도록 돕는다. 구체적인 칭찬은 당신이 기뻐하는 행동을 아이가 쉽게 알아차릴 수 있게 할 것이다. 아이들은 칭찬을 갈망한다. 아이들이 칭찬받는 방법을 더 잘 이해할수록, 당신이 원하는 특정한 긍정적 행동을 더 많이 보게 될 것이다.

- 열렬함(Enthusiasm)은 효과적인 칭찬을 전달하는 핵심이다. 부모들은 그들이 너무 자주 비판하는 것과 동일한 수준의 강도로 칭찬을 하도록 격려되어야 한다. 많은 부모가 칭찬은 희미하게 하고("잘했어.") 비판은 감정을 크게 담아, 큰소리로 한다("어떻게 그런 짓을 할 수가 있어?!!!"). 아이가 부모로부터 강렬하고 집중된 관심을 받으려 노력할 때 부정적인 행동을 통해서만 관심을 얻을 수 있다면, 아이는 계속 부정적인 행동을 할 것이다. 사실, 처음에 부모가 열정 어린 목소리로 순전히 긍정적인 칭찬을 하도록 격려받으면, 긍정적인 열렬함의 중

요성을 이해하는 데 도움이 될 수 있다. 동시에, 아이의 부정적인 행동에 부모가 소리 지르는 것을 최소화하도록 돕는 것이 중요하다. 그러한 부정적인 관심은 문제 행동을 유지 또는 증가시키는 역할만 하기 때문이다.

부모와 치료사가 아이를 칭찬하는 다양한 시나리오로 역할놀이를 하는 과정에서 치료사는 부모가 칭찬을 시도할 때 실수하는 것을 교정해줄 수 있다. 위에서 언급한 바와 같이, 칭찬의 효력을 약화시키는 부모의 흔한 실수는 칭찬 뒤에 부정적인 꼬리표를 다는 것이다. "방 청소를 정말 잘했구나."는 칭찬의 좋은 예이다. 여기에 부모가 부정적인 꼬리표를 달기 전까지는 말이다. "방을 항상 이렇게 깨끗하게 유지하면 좀 좋니?"

어떤 부모들은 자녀에게서 칭찬할 만한 행동 자체를 알아차리는 데 어려움을 겪을 수 있다. 아동기 PTSD는 때로 짜증 나는 기분과 분노 폭발로 나타나며(American Psychiatric Association, 2013), 부모들이 이러한 행동에 초점을 맞추는 것은 이해할 만하다. 치료사는 그런 부모들에게 "바라는 대로 자녀가 행동하는 순간을 포착하라."라거나, 적어도 아이가 노골적으로 부정적인 행동을 보이지 않는 시점들을 포착해 칭찬하도록("여기 앉아서 같이 평화롭게 TV를 보니까 정말 좋다.") 격려해야 한다. 아이들이 부모의 긍정적인 코멘트에 시무룩하게 반응할 때("그냥 저 혼자 내버려두세요."), 부모는 처음에는 아이가 그러한 칭찬에 부정적으로 반응하는 것이 드물지 않다는 것을 이해하는 것이 중요하다. 대개 아동이나 청소년들은 어떻게 반응해야 할지 모르거나 칭찬의 진정성을 믿지 않을 수 있기 때문이다. 따라서 아래에 설명되는 것처럼, 부모는 부정적인 반응에 관한 관심을 최소화하는 연습을 할 준비가 되어 있어야 한다.

심각한 행동 문제를 보이는 자녀를 둔 부모들은, 긍정적인 행동을 파악하고 구체적인 칭찬을 할 때 추가적인 도움을 자주 필요로 한다. 아동과 부모 각각의 개별 회기 이후에, 간단한 부모-아동 공동 회기에서 부모는 아이에게 이전에 세심하게 준비한 구체적인 칭찬을 하고, 이에 따라 치료사는 긍정적인 대안 행동을 칭찬하려는 부모의 노력을 지도하고 관찰할 수 있다. 일단 부모가 아이에게 칭찬을 표현하는 기술을 보여주면, 아이도 부모에 대한 구체적인 칭찬을 준비하도록 돕는 것이 중요할 수 있다. 그러나 아이들은 종종 비용이 많이 드는 부모의 행동을 칭찬하고 싶어 한다("디즈니랜드/외식에 데려가 줘서 고맙습니다."). 따라서 치료사들은 아이들에게 비용이 안 들면서도 종종 의식하지 못하는 흔하거나 일상적인 부모의 행동을 칭찬하라고 격려해야 한다(예: "엄마가 내 야구게임 보러 올 때가 좋아요. 아빠가 안아줄 때가 좋아요."). 이러한 칭찬 의식(rituals)의 상호교환은 부모와 자녀가 치료 중에 반복적으로 즐기는 공동 활동이 되어 치료가 끝난 후에도 계속될 수 있다(Deblinger et al., 2015).

부모들은 또한 자녀들이 건강한 대화 또는 긍정적인 행동을 할 때 적극적으로 경청하고 함께 참여하도록 격려받는다. 부모들은 너무 자주 의도치 않게, 자녀의 긍정적인 행동보다 부정적인 행동에 더 많이 주의를 기울인다. 앞서 언급했듯이, 치료사는 부모들이 자녀가 적응적인 행동과 반영적으로 듣는 것에 대해 칭찬할 수 있는 더 많은 기회가 있도록, 이를 평범한 일상으로 확립할 수 있게 격려할 수 있다. 그러한 일상의 예로 각 가족 구성원들이 그날의 긍정적인 경험을 공유하는 긍정적인 저녁식사 의식(rituals)을 포함한다. 이로 인해 부모들은 자녀의 특정 성취에 대해 적극적으로 듣고 칭찬할 수 있게 된다. 자녀-부모 상호작용의 패턴을 검토하고, 부모가 칭찬, 경청, 자녀와의 참여를 통해 긍정적인 행동에 관심을 갖는 노력을 증가시킬 수 있도록 돕는 것은 문제 행동의 증가를 크게 역전시킬 수 있다.

반영적 경청은 매우 도전적인 또 하나의 양육 기술이다. 잘 계획된 공동 회기에서 아이가 처음에 긍정적인 경험을 공유하도록 격려받으면, 치료사는 부모가 반영적 경청 기술을 실천하도록 지도할 수 있다. 일단 부모가 아이의 긍정적인 경험을 경청하는 기술을 익히고 나면, 아이가 부정적인 경험을 공유하는 것에도 적극적으로 귀를 기울이는 방법을 지도받는다. 이것은 잔소리, 교정 또는 아동의 문제를 고치려는 부모의 자연적인 욕구를 감안할 때 훨씬 더 어려운 일이다. 어떤 문제들은 전혀 해결할 수 없으며(예: 과거 외상 경험), 청소년들(뿐만 아니라 아동도)은 자신의 문제를 해결할 때 그저 자신의 이야기를 누군가 들어주면 더 큰 숙달감을 얻는다는 점을 고려하면, 단순히 적극적으로 들어주는(문제를 당장 해결하려 하지 않고) 방법을 배우는 것은 부모들에게 매우 중요하다.

앞서 언급한 복합 외상을 가진 청소년의 예에서, 치료사는 먼저 부모·자녀와 함께 기능 분석을 실시했다. 위탁모가 잠재적인 선행요인과 결과를 이해하자, 그녀는 마지못해 아이에게 무언가를 시킬 때 너무 심하게 말하지 않으려고 노력하고, 칭찬을 더 규칙적으로 사용하기로 동의했다. 치료사는 위탁모가 구체적으로 어떤 음색을 사용해야 하는지 모델링하고, 이 새로운 행동을 역할놀이로 시도하며, 위탁모가 여러 번 연습하도록 요청했다. 또한 치료사는 위탁모가 칭찬을 올바르게 할 때까지 칭찬을 사용해 위탁모와 함께 연습했다. 치료사는 위탁모에게 돌아오는 주간에 선행요인, 행동, 결과에 대해 기록해달라고 요청했다. 그다음 주에 위탁모는 아이가 계속 분노 폭발과 공격성을 보인다고 보고하는 한편, 치료사가 요청한 대로 기능 분석 행동 기록을 회기에 가지고 왔다.

선택적 주의

아이가 보이는 어떤 부정적인 행동에 부모가 의식적으로 반응하지 않기로 했을 때, 부모는 선택적 주의(selective attention)를 기울이는 것이다. 이러한 접근은, 아이들이 부모 및 타인으로부터 집중적이고 정서적으로 강한 관심을 받고 싶어 하고, 관심이 부정적인 형태(예: 부모의 고함)를 띠더라도 이런 관심이라도 받을 수 있는 행동을 계속 보일 것이라는 견해에 근거를 두고 있다. 부모가 이를 알아차리지 못하면 자녀의 긍정적인 행동보다 잘못된 행동에 더 많이 주의를 기울이고 반응하게 된다. 따라서 부모들은 그들이 단념시키고 싶어 하는 바로 그 부정적인 행동을 무심코 강화하는 것이다(즉, 주의집중을 통해 보상 제공). 바람직한 행동을 강화하기 위해, 부모는 반드시 긍정적인 행동을 칭찬하고 대부분의 부정적인 행동은 선택적으로 무시하는 방법을 배워야 한다. 물론, 분명히 위험한 행동을 무시할 수는 없고, 그래서도 안 된다(아래 설명됨). 부모가 주로 부정적으로 반응하기는 하나, 사실 선택적으로 무시하는 게 더 나은 행동들의 예는 다음과 같다.

- 부모에게 직접적으로 향하는 짜증 폭발 또는 분노 표현
- 부모에게 심술궂은 표정 짓기, 눈 굴리기, 기분 나쁘게 웃기
- 부모를 조롱하기, 비웃기, 조롱하듯 따라 하기
- 일부러 화나게 하려는 자극적인 코멘트

부모들은 때때로 이러한 행동들을 무시하는 것이 마치 그것들을 용인하는 것처럼 보인다고 말한다. 하지만 사실, 문제 행동을 무시하고 긍정적인 대안 행동을 파악해 반복적으로 칭찬하는 측면에서 자녀의 부정적인 행동에 주의를 기울이지 않는 과제는 굉장히 적극적인 노력이 필요하다. 실제로, 시간이 지남에 따라 부모가 위에 설명한 부정적인 행동 유형들은 적극적으로 무시하고, 반대로 긍정적인 행동은 칭찬할 때 부정적인 행동이 처음에는 더 나타날 수도 있다. 그러므로 부모는 침착하게 외면하여 부정적인 행동에 관한 관심을 최소화하기 위해 부단히 노력하는 데 도움이 필요할 것이다. 만일 부모가 무언가를 말할 충동을 느낀다면, "그 행동은 용납될 수 없다."와 같은 아주 짧은 말만 하는 것이 좋다. 궁극적으로, 아동과 청소년들은 부모가 부정적인 행동을 수용하거나 용인하지 않고, 오히려 문제 행동이 자신과 나머지 가족 구성원에게 부정적인 영향을 미치도록 허용하지 않는다는 것을 인식하게 된다. 치료사들은 기능 분석을 활용하여, 아동이 이전에는 문제 행동으로만 얻었던 원하는 결과(예: 관심)를 적응적으로 달성하도록 도울 수 있는 긍정적인 대안 행동을 파악할 수 있다. 사실, 치료사는 위에서 명시한 문제 행동들이 불쾌하더라도 해로운 것이 아니며 종종 '부모를 약 올리기' 위한, 즉 부정적인 반응을 자극하려는 아이의 노력이라는 것을 알려줘야 한다. 만일 부모의 부정적인 반응이 더 이상 나오지 않는다면, 문제 행동들은 결국 중단된다. 부모는 문제 행동에 대해 아무런 언급도 하지 않고 차분하게 방 밖으로 걸어 나가는 연습을 하고, 방의 다른 위치 또는 다른 방에서 다른 활동을 하며 스스로를 바쁘게 만들어야 한다. 치료사는 이 기법이 어쩌면 더 자극적인 행동을 심화시킬(소거 격발[extinction burst]이라 함) 수 있지만, 이를 부모가 효과적으로 자신의 부정적인 관심을 철회하고 있다는 신호로 받아들여야 한다고 덧붙일 수 있다. 부모가 문제 행동의 심화 기간 동안 관심을 계속 철회할 수 있다면 문제 행동은 그칠 가능성이 매우 크다.

불행하게도, 만일 부모들이 문제 행동이 가장 심할 때 주의를 기울인다면, 아이는 부모의 부정적인 관심이라도 다시 얻기 위해 문제 행동을 더 심하게(예: 정말로 시끄럽게 하는 것) 할 필요가 있다고 여길 것이다. 부모들은 이에 대해 명확히 알고 있을 필요가 있다. 그래도 만일 부모가 문제 행동의 심화 기간 내내 선택적 무관심(selective inattention) 상태를 유지할 수 없을 것이라고 느낀다면, 아래 설명되는 대안 전략을 사용할 계획을 세워야 한다. 그러나 무엇보다도, 부모는 아이가 추구하는 부정적인 관심을 강화하지 않기 위해 침착하고, 감정에 치우치지 않으며, 절제된 태도를 유지해야 한다. 마찬가지로 중요한 점은 다음번에 아이가 잘 행동하는 순간, 부모는 긍정적인 대안 행동에 대해 반드시 긍정적인 관심(칭찬)을 보여주어야 한다는 것이다. 부모가 아이의 부정적인 행동에도 침착하고 당황하지 않음으로써 정서적 고통으로부터 스스로를 지킨다는 점도 선택적 무관심의 추가적인 이점이다. 부모가 아이와 함께 배우게 될 대처 기술(예: 이완, 인지적 대처)은 종종 부모가 양육 기술을 적용하는 것과 관련된 스트레스 요인을 관리하는 데 매우 유용하다. 따라서 예를 들어, 부모가 적극적인 무시를 했더니 아이의 문제 행동이 심화되기 시작할 때, 부모는 집중 호흡과 인지적 대처를 시도하는 것을 상기할 수 있다. 그리고 난 다음 부모는 아이의 행동 격화에 성공적으로 대처하고 있음을 스스로에게 상기시키는 긍정적인 자기대화(self-talk)를 할 수 있다. 부모가 바라지 않는 행동에 대한 적극적인 무시와 긍정적인 대안 행동에 대한 칭찬은, 결국 아이가 견뎌낸 외상으로부터 긍정적으로 적응하고 회복하는 데 도움이 될 것이다.

앞의 예에서, 치료사는 위탁모가 칭찬하는 것과 더불어 아이의 분노 감정을 침착하게 타당화해 볼 수 있다고 제안했다. 예를 들어, "네가 화났다는 걸 이해해. 말하고 싶다면 나에게 말해도 돼."라고 말할 수 있다. 위탁모는 처음에는 화가 났고, 결국 아이가 친부모에게 돌아갔으면 좋겠다며 위탁모에게 "너무 싫다."라고 말했을 때, 너무 화가 나서 결국 아이에게 소리를 지르고 말았다고 털어놓았다. 위탁모는 자신의 태도가 아이의 공격적인 행동이 개선되지 않은 이유일 가능성이 크다는 것을 인정했다. 치료사는 이 일이 그녀에게 얼마나 상처가 되었는지를 공감했고, 사람들은 가끔씩 자신이 의도하지 않은 말을 하기도 한다고 강조했다. 실제로 위탁모는 자신이 아이에게 고함을 지르며 했던 나쁜 말들을 의도했던 것은 아니며 아이에게 사과하고 싶다고 했지만, 아이의 '무례한' 행동을 더 부추기고 싶지는 않다고 했다. 치료사는 복합 외상을 가진 청소년에게 흔한 애착 문제에 대한 심리교육을 계속해서 제공했고, 청소년들의 행동을 의도적인 무례함이 아닌 외상적 행동 반응으로 재구성했다. 치료사는 또한 10대 아이가 위탁모를 싫어한다는 것을 정말로 의미한 게 아니며, 비록 그가 친부모를 사랑한다고 할지라도 그들에게 다시 돌아가고 싶다는 말을 의도하지 않았을지도 모른다고 제안했다. 치료사는 위탁모에게 선택적 주의에 대해 시연하는 것을 보여주었고, 다음에 아이가 말로 분노를 표현할 때 그대로 시도해보라고 요청했다. 위탁모는 상처받은 감정에도 불구하고, 선택적 주의와 위의 검증된 전략을 시도하겠다고 동의했다. 이들은 부모와 자녀, 그리고 치료사가 함께 잠깐 만나 위탁모가 아이에게 소리 지른 것에 대해 사과할 수 있도록 합의했다. 먼저, 치료사와 위탁모는 역할극을 통해 치료사가 무례한 아이 역할을 맡고, 위탁모가 성공적으로 선택적 주의를 사용하는 것을 시연했다. 아이가 짧은 공동 회기에 들어갔을 때, 위탁모는 그에게 사과했고 치료에 열심히 참여하는 것에 대해 칭찬했다. 아이는 위탁모가 사과했을 때 존중하는 모습을 보였고 적절하게 행동했으며, 위탁모는 그가 존중하며 들어준 것에 대해 칭찬했다. 그다음 주 동안 위탁모는 제안받은 전략을 더 성공적으로 수행했고, 아이의 행동은 크게 개선되기 시작했다.

타임아웃

타임아웃(Time-out) 절차의 목적은 (1) 아동의 부정적인 행동을 방해하여 정서 및 행동적 통제력을 되찾게 하는 것과 (2) 아동이 어떤 종류의 관심조차도 받을 수 있는 기회를 박탈하는 것이다. 청소년에게는 타임아웃 절차가 일반적으로 효과적이지 않으므로 대안 전략을 사용해야 한다(참고: Patterson & Forgatch, 1987). 부모가 타임아웃 절차를 처음 사용하기 전에 아이에게 설명하는 것이 이상적이다. 이때 만일 아이가 특정 행동을 중지하라는 부모의 요청에 응하지 않는다면, 부모가 아이에게 직접 타임아웃을 가할 수 있다는 것을 알려줘야 한다. 타임아웃은 가능한 한 가장 조용하고, 자극이 적은 방에서 이루어져야 하며, 나이 1세당 1분씩만 추가되어야 한다(예를 들어, 7세는 7분 이상의 타임아웃을 받아서는 안 된다). 타임아웃 절차를 시작하기 전에 부모는 아이에게 바람직하지 않은 행동을 정확하게 명시하며 멈추라고 침착하게 말해야 한다("똑바로 해!"가 아니라 "문 그만 차렴."). 만일 행동이 지속된다면 부모는 아이에게 행동이 멈추지 않으면 타임아웃에 들어갈 것이라고 한 번 상기시킬 수 있다. 아이가 여전히 멈추지 않는다면, 부모는 더 이상 아무런 언급도 하지 말고 침착하고 냉정한 태도로 아이를 지정된 타임아웃 구역으로 데려가야 한다. 부모는 아이의 항의나 그 이상의 부정적인 행동에 반응하는 것을 삼가야 한다. 타임아웃이 이루어지는 방에서 아이가 소리를 지르거나 벽을 두드리는 행동을 멈추거나 그러한 행동이 크게 줄었을 때 타이머(timer)를 맞춰야 한다. 시간이 경과하면 부모는 아이를 타임아웃 방에서 나오게 하고 정상적인 활동을 계속해야 한다. 만일 아이가 이제 적절한 행동을 하고 있다면, 부모는 긍정적인 관심을 주고 이전의 문제 행동에 대해 짜증이나 화를 내지 않고 아이와 긍정적으로 상호작용해야 한다. 이러한 방식으로 아이는 긍정적인 협력적 행동이 부모의 긍정적인 관심을 이끌어내는 반면, 문제 행동은 타임아웃(즉, 관심 부재)으로 이어진다는 것을 배우게 된다. 타임아웃을 일관되게 수행할 수 있는 부모들은 자제력을 잃거나 소리를 지르거나 때리거나 기타 분노 반응을 보이지 않으므로, 자녀들에게서 빠른 행동 개선을 발견하고 자신의 양육 기술에 대한 유능감을 더 느끼는 경우가 많다. 부모가 일관성 없이 위협하고 고함을 지르기보다는 타임아웃을 사용하면 아이는 죄책감과 불안을 훨씬 덜 느낀다. 그렇기 때문에 아이가 외상을 겪었을지라도 아이에게는 예측 가능하고 반복적인 타임아웃이 유익하다는 점을 부모에게 상기시킬 수 있다. 부록 2에서 권장되는 양육 도서는 어려운 환경(예: 공공장소, 여러 어린이 대상)에서 타임아웃 절차를 실행하는 것에 대한 세부사항을 추가로 제공한다. 더욱 지속적인 행동 문제는 우연강화 프로그램을 사용함으로써 다루어질 수 있는데, 이에 대해서는 다음 절에서 간략하게 설명된다.

우연강화 프로그램

행동 차트의 활용을 포함하는 우연강화 프로그램(Contingency Reinforcement)은 많은 아이의 바람직하지 않은 행동 감소 또는 바람직한 행동 증가에 있어 유용하다. 이러한 개입은 관련 자료에서 매우 상세하게 설명되므로(Bloomquist, 2006), 치료사들은 구체적인 지침을 참고할 수 있다. 간략하게 설명하자면, 행동 차트는 다음 지침을 준수해야 한다.

- 변화를 목표로 한 번에 한 가지의 행동만 선택한다.
- 차트에 별스티커를 얻는 방법에 대해 아이와 명확하게 논의한다(예: "아침에 함께 준비하고 제시간에 학교에 도착할 때마다 별스티커를 받을 수 있단다.").
- 보상으로 무엇을 받을지에 관한 결정에 아이도 참여시킨다(예: "월요일과 토요일 사이에 별스티커 다섯 개를 받으면 일요일에 엄마와 단둘이 영화를 보러 갈 것이다.").
- 적어도 매주 별스티커를 주어 보상을 부여한다.
- 특정 목표가 달성되면 열렬한 칭찬과 함께 별스티커와 보상을 지속적으로 부여한다.

청소년 양육 기술

위의 양육 원칙은 청소년들에게 적용될 수 있는 것이지만, 치료사는 종종 이러한 기술들을 연령대가 높은 청소년들에게 발달학적으로 가장 적합하고 효과적일 수 있도록 수정할 필요가 있다. 예를 들어, 치료사들은 직접적이고 간결하게 요청하고, 명확한 가족 규칙을 개발하며, 이를 어긴 결과에 대해 청소년들과 효과적으로 협상하는 것에 대해 부모를 교육하는 것이 유용하다는 것을 발견한다(Patterson & Forgatch,

1987). 개별 및 공동 회기에서 이러한 활동 중 일부에 청소년을 참여시키는 것이 도움이 되는 경우가 많다. 예를 들어, 치료사는 청소년들에게 가족 규칙과 이를 어긴 결과에 대해 제안을 하도록 요청할 수 있다. 그런 다음 이러한 전략을 수행하는 데 위의 양육 기술(예: 칭찬, 선택적 주의, 행동 차트)을 적용할 수 있다.

만약 아동이 심각한 행동 문제를 보인다면, 치료사는 이것이 아동의 PTSD 증상의 징후인지 아니면 외상 사건 이전부터 존재했는지를 평가해보아야 한다. 실제로, 부모가 외상의 문제를 해결하는 것보다 이러한 행동 문제 때문에 아이를 치료에 데려왔을 수도 있다. 만일 치료사가 어떤 식으로든 이러한 문제를 해결하지 못한다면 부모는 불만을 품고 치료의 다른 부분에 참여하지 않거나 그에 따르지 않을 가능성이 크다.

아이의 외상이 부모나 형제자매의 죽음 또는 부모를 해친 경우와 관련되었을 때, 가정에서는 아무리 유능한 부모라도 최적의 양육을 수행하는 데 어려움을 겪을 수 있다. 이러한 어려움은 (1) 부모 자신의 외상 스트레스나 애도 반응, (2) 지금 자녀를 훈육함으로 더 이상의 고통을 주고 싶지 않다고 느끼는 것(과잉허용), 또는 (3) 자녀의 고통을 줄이기 위한 다른 잘못된 시도에서 비롯될 수 있다. 그러나 외상 및 애도 스트레스에 직면하여 정상적인 일과와 규칙과 기대를 일관적으로 유지하는 것은, 이렇게 괴로운 상황에서도 아동의 적응적인 기능을 촉진한다. 부모에게 이러한 정보를 제공하는 것은 유용할 것이다. 그리고 이러한 기술을 습득하는 것은 외상 또는 상실 이전에 최적의 양육 기술을 갖지 못한 부모들에게 아이가 가장 좋은 결과를 얻도록 하는 데 훨씬 더 중요할 수 있다. 또한, 부모들이 (제8장에서 논의되는) 대처 기술을 활용할 수 있도록 조력함으로써, 부모 자신의 상실과 애도에 대처하는 것뿐만 아니라 자녀의 건강하고 적응적인 대처 행동을 모델링하도록 도울 수 있다. 배우자의 갑작스러운 죽음과 그에 따른 한 부모 역할에 수반되는 추가적인 문제는 이 책의 제3부에서 더 자세히 다루어진다.

마지막으로, 부모들은 양육에 관한 보충 자료를 읽음으로써 이익을 얻는 경우가 많다. 앞서 언급한 것처럼, 우리가 이러한 방식으로 활용해보고 추천하는 양육 도서는 부록 2에 수록되어 있다. 이 도서들의 특정 부분들은 보충 자료로 읽어보도록 권장할 수 있다. 또한, 가족의 고충 내용에 따라 매주 구체적인 양육 과제를 부여하고 검토할 수 있다.

문제 해결

양육 지도가 부모로서 실패의 또 다른 증거라고 여겨 두려워하는 매우 민감한 부모들은 어떻게 대해야 할까요?

부모들은 때로 자녀가 학대, 폭력 또는 다른 형태의 외상에 노출되는 것에 대해 스스로를 비난한다. 그러한 부모들은 양육 지도를 그들이 무언가 잘못해서 자녀의 외상 또는 정서적, 행동적 어려움을 초래했다는 추가 증거로 해석할 수 있다. 따라서 어떤 부모도 자녀를 고통스러운 사건으로부터 100% 보호할 수는 없다는 사실을 강조하는 것이 도움이 된다. 실제로, 아동의 50% 이상이 어린 시절에 적어도 한 가지 유형의 외상을 경험하며, 이러한 아동 중 다수는 어느 정도의 고통이나 반응 장애를 경험한다 (Felitti et al., 1998). 그러나 이것은 부모에게 있어, 자녀들이 외상으로부터 회복하는 것뿐만 아니라, 앞으로 자녀들이 살아갈 길에 삶이 어떠한 것을 던지든 간에 더욱 효과적으로 대처할 수 있는 기술을 배우도록 도울 기회이다. 육아 지도를 공유할 때, 부모가 특정 기술을 효과적으로 사용하는 것과 부모의 전반적인 헌신에 대해 칭찬하는 것도 도움이 된다. 사실, 어떤 경우에는, 대부분 아이가 결코 개방할 용기가 없는 외상 (예: 성적 학대)에 대해 자녀가 용기 내어 이야기할 수 있도록 충분한 자신감을 심어주는 부모에게는 보상 점수를 부여할 수 있다. 궁극적으로는, 예상하지 못했던 외상을 다루어 자녀의 완전한 회복을 지지하기 위한 양육 기술을 향상시키는 것이 도움이 될 것이라고 설명해주는 것이 중요하다. 이것은 치료사로서 부모가 이미 가지고 있던 강한 양육 기술을 약간 건드려서 그들의 자녀가 견뎌낸 외상에 가장 잘 대처하도록 도울 수 있다.

자기 자녀는 "타임아웃에 응하지 않을 것"이라고 주장하는 부모에게 뭐라고 말하나요?

이러한 부모는 타임아웃 절차를 일관성 있게 수행하고 있지 않은 경우가 많다. 자녀에게 지정된 타임아웃 방으로 가라고 말하거나 직접 데려가는 것이 아니라, 타임아웃에 들어갈 수 있겠냐고 부탁하는 것은 타임아웃을 수행하는 것에 대한 양가감정을 전달하는 것이다. 타임아웃 규칙의 심각성을 강조하는 것이 중요하다. 아이들은 타임아웃에 들어가도록 지시받았을 때 타임아웃이 끝날 때까지 어떠한 특권(예: TV, 컴퓨터, 전화)도 가질 수 없다는 것을 이해해야 한다. 타임아웃 지시 다음에 아이가 하는 모든 요청(예: "TV 봐도 돼요?")에 대해서는 "타임아웃 중에는 할 수 없는 일"이라는 응수와 함께 단조로운 말투로 대답해야 한다. 장난감이나 게임, TV, 또는 다른 재미있는 활동이 있는 타임아웃 방은 지나치게 자극적이며 아이가 통제력을 되찾을 수 있는 분위기를 제공하지 못한다. 부모가 신체적인 대립 없이 자녀를 타임아웃 장소에 데려갈 수 없는 경우, 부모는 대신 타임아웃 장소에 소중한 장난감 또는 전자기기를 두거나, 부모 자신이 다른 방으로 가(반대로 효과적으로 부모 자신에게 타임아웃을 줌) 지정된 시간 동안 아이가 부모의 관심을 받지 못하게 할 수 있다. 다 제쳐두고라도, 이 방법은 부모가 자녀의 잘못된 행동으로부터 조금이라도 스트레스를 풀 시간을 가져다줄 것이다.

어떤 부모들은 어린 자녀들에게 너무 가혹하고 비판적이에요. 어떻게 하면 부모가 자녀들을 더 칭찬하도록 격려할 수 있을까요?

어떤 부모들은 자신이 어렸을 때 외상을 받았고 양육적인 부모가 되는 법을 전혀 배우지 못했다. 이러한 점에서 부모의 긍정적인 행동을 알아차리고 언급함으로써(좋은 부모가 되는 순간을 '포착'함으로써) 칭찬하는 행동을 모델링하는 것은 도움이 된다. 이러한 부모들에게서 치료사는 자신이 관찰하는 가장 사소한 모성적 제스처(예: 아이가 코트를 벗는 것을 돕는 행동)를 칭찬하고, 아이의 적응적인 행동에 대해 부모의 양육 기술 등을 긍정적으로 반영해야 한다. 우리는 많은 부모가 칭찬받고 눈에 띄게 긍정적으로 반응하는 것을 계속 보아왔다. 이러한 부모들은 자기 삶에서 칭찬받은 적이 별로 없으므로, 이들에게 칭찬은 매우 긍정적인 정서가를 지닌다. 사실, 부모들이 어린 시절에 자기 부모로부터 더 많은 칭찬을 받았다면 어떻게 반응했을지 곰곰이 생각해보게 하는 것은 종종 부모들이 자녀에게 칭찬하는 것의 가치와 이점에 정서적으로 접촉하도록 도울 수 있다.

어떤 문화권에서는 아이들이 혀를 내밀거나 눈알을 굴리는 등의 행동이 무례한 것으로 여겨져 부모들은 이러한 행동을 결코 참거나 무시하고 넘어가지 않을 거예요. 어떻게 하면 이 부모들에게 선택적 주의를 사용하도록 격려할 수 있을까요?

'부모를 존중하지 않을 때' 자녀에게 고함을 지르는 것은, 부모가 멈추고자 하는 바로 그 행동을 강화하고 있는 셈이라는 것을 부모에게 알려야 한다. 이것은 용납할 수 없는 무례한 행동을 완전히 무시하라는 것이 아니다. 오히려, 더 적절한 행동에 비해 잘못된 행동에 더 많이 주어지던 관심의 양을 재조정하자는 것이다. 이러한 부모들은 합리적으로 괜찮은 행동은 10분간 언급도 하지 않으면서, 원치 않는 행동을 발견했을 때는 고함을 지르고 있을 것이다. 이런 상황에서 목표는 부모가 올바른 행동에 10분간 관심을 기울이고 훨씬 더 많은 칭찬을 하고, 문제 행동이 발생했을 때는 관심을 철회함으로써 관심의 균형을 되돌리는 것이다. 부모는 긍정적인 상호작용에만 주의를 기울이더라도 문제적 행동이 발생하지 않는 것을 보고 놀랄지도 모른다. 어머니가 외면하고 돌아서서 조용히 "그 행동이 마음에 들지 않는다."라고 말하는 것은 과거 잘못된 행동에 대해 많은 부정적인 주의를 받아 무심코 그 행동이 강화되었던 아이에게 매우 강력한 처벌이 된다.

아주 어린 아이들에게는 선택적 주의나 무시하는 것이 거절의 메시지를 주어 감정적으로 더 해롭지는 않을까요?

당연히 이러한 양육 기술은 연령에 적합하게 적용되어야 한다. 매우 어린 아이

(2~3세)를 홀로 두고 부모가 다른 방으로 들어감으로써 무시하는 것은 매우 위험하고, 아이에게 상처가 될 수 있으므로 그래서는 안 된다. 부모와 치료사는 아이의 부정적인 행동에 관심을 기울이지 않는 적절한 방법을 마련하기 위해 함께 노력해야 한다. 이는 아이에게서 눈길을 돌리는 것만큼 간단할 수 있다. 아니면 아주 간단하게 아이가 그렇게 행동하는 것은 좋은 게 아니었다는 것, 그 행동이 엄마의 마음을 상하게 했다는 것, 또는 안전한 행동이 아니었다고 설명해주는 것이다. 선택적 주의와 관련해 가장 중요한 점은, 이것이 특히 문제 행동을 대체할 수 있는 친사회적 행동에 더 긍정적인 관심을 제공하려는 부모의 노력(예: 징징대는 행동에 관한 관심은 최소화하면서 예의 바른 부탁 또는 기분 좋은 어조를 사용하려는 노력에 대한 칭찬은 증가시킴)과 결합되지 않는다면 효과적이지 않다는 것이다. 모든 행동 개입은 치료 중인 아동과 부모에게 적합하도록 개별화되어야 한다. 궁극적인 목표는 부모의 관심을 전체적으로 감소시키는 것이 아니다. 아이가 부모의 관심을 어떻게 받을 수 있을지에 대해 균형을 다시 맞추는 것이다. 즉, 아이가 긍정적인 행동에 대해 부모의 관심을 받는 것이 약 80%라면, 부정적인 행동에 대해서는 20%의 관심을 받도록 하는 것이다. 게다가, 부모는 부정적인 행동에 더 짧고 덜 감정적인 반응으로 부정적인 결과를 관리하거나(예: 타임아웃, 특권 제거) 건설적인 피드백을 주지만, 긍정적인 행동에는 더 자주, 그리고 더 많은 열의를 가지고 관심을 기울여 칭찬하는 법을 배울 것이다.

이완 기술

이완 기술은 아드레날린 톤의 반응 증가(스트레스에 대한 반응으로 더 높은 휴식 심박 수와 더 빠른 심장 박동 수), 놀람 반응 증가, 과각성, 과민성, 수면 장애, 동요 및 짜증, 분노/격분 반응과 같은 스트레스와 PTSD의 생리학적 징후를 줄이는 데 도움이 된다. 많은 아동은 특히 외상 경험이 상기될 때 이러한 증상을 삽화적으로 경험한다. 다른, 특히 복합 외상을 경험한 아동은 만성적으로 이러한 유형의 증상을 겪을 수 있으며, 이로 인해 일상적인 기능이 손상될 수 있다. 어느 쪽이든, 이러한 지속적인 스트레스의 징후는 아동이 학교에서 집중하는 능력을 방해하고 학업적 기능 저하로 이어질 수 있다. 게다가, 이러한 생리적인 증상을 경험하는 아동은 종종 초조해하고, 무해한 상호작용에도 과민하게 반응해 학교와 가정에서 대인관계 어려움이 크다고 보고된다. 이완 기술은 일반적으로 치료 초기에 교육되어 아동과 보호자 모두 외상 알림요인뿐만 아니라 일상생활의 스트레스 요인도 더욱 효과적으로 관리할 수 있도록 한다.

일반적으로, 이완 기술에 대한 교육은 치료의 맥락 안에서뿐만 아니라 회기들 사이에도 아동과 보호자가 스트레스를 관리할 수 있도록 치료 초기에 제공된다. 점진적 노출은 아동이 외상적 기억을 직면하기 위해 이완 기술에만 의존해야 할 필요를 감소시킨다. 그뿐만 아니라, 점진적 노출 기술의 숙달은 대개 아동이 더 많은 자신감을 갖게 하고, 치료 중 외상 서술 및 처리 단계에서 외상적 기억에 대해 더 자세하게 논의하는 것을 덜 회피하게 한다. 또한, 어느 정도 이완 기술을 배우는 것은 TF-CBT의 후반부에서 실제 상황(in vivo)에 대한 숙달 계획을 실행해야 하는 아동에게 특히 도움이 될 수 있다. 이 구성요소는 완료하기까지 몇 주가 걸릴 수 있고 TF-CBT의 안정화 단계부터 시작할 수 있으므로, 치료 초기에 이완 기술을 소개하고, 가르치고, 연습하도록 하는 것이 중요하다.

먼저, 아동이 보고한 증상을 예로 들어 우리의 몸이 주로 스트레스에 어떻게 반응하는지 아동에게 설명함으로써, 그들이 경험하고 있는 외상 반응의 일부를 정상화하는 것이 도움이 될 수 있다. 또한, 위험의 위협이 지난 후에도 오랫동안 이러한 증상이 지속된다면, 그 증상은 건강한 기능을 방해할 수 있다는 것을 인식하는 것이 중요하다. (스트레스에 대해 우리의 신체가 어떻게 반응하는지에 대한 더 자세한 정보는 이완 자료: 스트레스와 PTSD가 우리의 신체에 어떤 영향을 미치는가의 부록 1에 수록되어 있다.)

누구나 자기 몸에 영향을 미치는 스트레스에 반응하는 방식을 타고났으며, 이러한 반응은 우리 뇌의 화학적 변화의 결과로 발생한다고 설명하면, 아동(과 부모)의 외상 반응을 정상화 및 타당화할 수 있다. 많은 아동은 설명을 들을 때 뇌 또는 신체의 각기 다른 부분을 모델이나 그림과 같은 시각적 보조 도구로부터 이해를 얻는다. 외상에 대한 일부 신체화 반응은 다음과 같다.

- 빠르고 얕은 호흡/짧은 호흡
- 근육 긴장
- 불안한 느낌, 마치 '경계 태세'에 있는 느낌
- 두통, 현기증, 어지러움
- 복통, 메스꺼움, 설사
- 피부 발진, 가려움, 기타 자극

이러한 신체 반응은 위험이 존재할 때 안전으로 이끄는 행동을 촉진한다는 점에서 초기에 도움이 될 수 있다는 정보를 아동에게 알려주면 도움이 된다. 보통 위험이 사라지면 이러한 신체 반응은 해소되고 우리의 심장, 호흡 등은 위험 이전의 모습으로 돌아간다. 그러나 아동이 외상 사건의 여파로 PTSD를 경험하면 신체 상태는 여전히 높은 경계 상태를 유지할 수 있다. 이 상태에서는 다른 무서운 사건이나 생각, 알림요인이 어떠한 것이든지 신체와 감정 측면에서 긴장과 불안 상태를 지속하게 만들며 신체 반응을 더 많이 촉발할 수 있다. 치료사는 아동에게 이완 전략이 이 과정을 뒤집어 차분하고 편안한 상태로 돌아갈 수 있다고 설명해야 한다. 그런 다음, 회기 동안 다양한 개별화된 이완 전략을 사용하고 연습하도록 아동에게 안내할 수 있다.

집중 호흡/마음챙김/명상

집중 호흡, 마음챙김, 그리고 명상은 '이완 반응'을 만들어내는 데 연결이 되는 작업들로(Benson, 1975), 성인과 아동에 미치는 부정적인 생리적·심리적 영향을 긍정적으로 바꿀 수 있는 것으로 나타났다(Kabat-Zinn, 1990). 다음 기술들은 다양한 연령의 아동에게 적합하게 조정되었다. 치료사는 아동이 눈을 감고 천천히 숨을 들이마시게 해 들숨에 아랫배가 나오고 날숨에 다시 들어가게 지시한다. (이것은 흉부 호흡과 반대되는 것으로, 숨을 들이쉴 때 가슴은 팽창하고 복부는 당겨진다.) 아동은 의자에 약간 기대어 작은 봉제인형을 아랫배에 올려놓고 복식 호흡에 도움을 받을 수 있다. 숨을 들이쉬는 동안 인형이 올라가면 복식 호흡을 제대로 하는 것이다. 일단 아동이 복식 호흡의 요령을 터득하면, 치료사는 아동에게 숨을 들이마시면서 천천히 5까지 세고, 그다음 5까지 세면서 입으로 천천히 숨을 내쉬도록 지시한다. 이러한 방식으로 특별히 지시할 때까지, 많은 아동은 천천히 숨을 들이쉬더라도 빠르게 숨을 내쉴 것이다. 특히 성적 학대를 경험한 아동은 눈을 감기에 너무 두렵다고 느낄 수 있다(특히 밤에 어두운 방에서 성적 학대가 발생했다면 이것은 외상 알림요인이 될 수 있다). 그러한 상황에서는 눈을 뜨고 이 기술을 연습하는 것이 더 바람직할 수 있다.

마음챙김 수행은 심신을 이완시키기 위한 집중된 호흡을 더욱 뒷받침할 수 있다. 이완 반응은 외부의 사물/사건이나 내면의 생각 또는 느낌에 의해 산만해지기보다는 적어도 부분적으로 자신의 생각을 '조용히' 하고 호흡에 꾸준히 초점을 맞추는 것에서 오는 것으로 여겨진다. 개인의 모든 주의를 호흡 행위에 집중함으로써, 상당한 이완(긴장 소멸)과 집중된 의식을 동시에 경험하게 된다. 치료사는 아동 또는 청소년에게 호흡 작업 중 떠오르는 어떤 생각이든지 자각하도록 하고, 그 생각을 자각하자마자 자신의 주의를 몸을 통해 공기를 들이마시고 내쉬는 행위로 돌리도록 다시 지시해야 한다. 이것이 목표하는 바는 떠오르는 생각을 판단하거나 거부하거나 그것에 집중하는 것이 아니라, 단순히 자신의 초점을 호흡 행위로 돌리는 법을 배우는 것이다. 마음챙김 측면을 이해하지 못하는 아동은 단순히 들숨과 날숨을 쉬는 동안 각각 5까지 세는 것에 집중하도록 안내받을 수 있다. 그렇게 해도 유사한 이점을 경험할 것이다. 치료사는 아동이 외부적인 것에 주의를 기울여야 하는 상황(예: 시험 중이거나 화재에 휩싸인 경우, 이러한 위기에 적절히 대응하는 것에 주의가 집중되어야 한다)에 있지 않은 한, 육체적 또는 정서적 스트레스에 압도당한다고 느낄 때 심호흡 기술을 사용하라고 말할 수 있다. 마음챙김의 이러한 개념은 현재 순간에 초점을 맞추는 것을 강조하며, 습관적으로 과거 외상을 되새기거나 과거가 미래에까지 미칠 영향에 대해 자주 걱정하는 내담자들에게 특히 유용할 수 있다.

집중 호흡을 위한 대본(아동용)

"가끔씩 우리 몸은 스트레스를 받습니다. 어떤 무서운 일이 일어나고 있거나, 우리가 이전에 일어났던 무서운 일을 기억할 때 스트레스를 받는 것이죠. 우리의 몸은 긴장되고 경직될 수 있고, 심장이 두근거리기 시작할 수 있고, 호흡이 빨라질 수도 있고, 숨을 고르기가 어려울 수도 있고, 두통이나 복통이 올 수도 있습니다. 우리는 집중된 호흡을 연습함으로써 이러한 느낌을 되돌릴 수 있습니다. 느리고 집중된 호흡은 배우기 쉬우며, 우리는 지금 그것을 배울 것입니다. 이것의 핵심은 천천히, 조절된 숨을 쉬고, 숨을 들이쉬고 내쉬는 데 여러분의 주의를 집중시키는 것입니다. 우리가 '복식 호흡'이라고 부르는 방법으로 숨을 쉬면 도움이 됩니다. 즉, 숨을 들이쉬면 배가 나오고, 숨을 내쉬면 배가 들어갑니다. 여러분이 이것을 제대로 하고 있는지 알 수 있는 한 가지 방법은 배 아랫부분에 손을 얹는 것입니다. [시연] 만일 여러분이 소파에 등을 기대고 있다면, 배 위에 작은 봉제인형을 올려놓고 숨을 들이쉴 때는 인형이 올라가고 내쉴 때는 인형이 내려가는지 확인할 수 있습니다. 몇 번 연습해봅시다. [연습]"

　"이제 우리는 숫자를 세면서 호흡에 '집중하기'라고 부르는 것을 시작합니다. 먼저, 숫자 세기입니다. 이것을 하는 한 가지 방법은 호흡을 깊고 천천히 들이쉬고, 숨을 내쉬면서 모든 공기가 폐에서 빠져나갈 때까지 숫자 5를 속으로 말합니다. 그런 다음 천천히 숨을 깊게 들이마시고 내쉬면서 속으로 4라고 말하세요. 이런 식으로 0이 될 때까지 계속하면 됩니다. 어떤 아이들은 몇 분간, 혹은 더 오래 복식 호흡을 하는 것이 도움이 된다는 것을 알게 됩니다. 만약 여러분이 이것을 시도하기로 결정한다면, 숨을 들이쉴 때마다 속으로 5까지 셀 수 있고, 숨을 내쉬면서 1까지 셀 수 있습니다. 이렇게 천천히 호흡을 가다듬으면 좀 더 편안해진다는 것을 알 수 있으리라 생각합니다. 어떻게 하는지에 대해 궁금한 것이 있습니까? [어떤 질문이든 답변해준다.]"

　"이 복식 호흡의 마지막 단계는 호흡이 폐로 들어가고 나오는 것에 여러분의 주의를 집중시키는 것입니다. 공기가 폐를 위에서부터 바닥까지 가득 채운 다음에 빠져나간다고 상상해보세요. 호흡에 신경을 쓰는 중에 다른 생각이 머릿속에 들어온다는 것을 알아차릴 겁니다. [아동용: '여러분의 뇌가 여러분에게 다른 것에 대해 말을 건다는 것을 느낄 수 있습니다.'] 이런 일이 일어나더라도 걱정하지 마세요. 이런 일이 일어나는 것은 정상적인 일입니다. 하지만 그런 일이 일어났을 때 다시 여러분의 집중을 호흡과 숫자 세기로 돌리기를 바랍니다. 다른 생각들이 떠오를 때 그 생각들에 정신을 빼앗기지 않도록 노력하고, 그저 그것들을 여러분이 가지고 있는 생각으로 인식하고, 나중에 그 생각들에 관심을 가질 것이니 기다릴 수 있다고 스스로에게 말하세요."

　"준비됐나요? 저도 할 거예요. 눈을 감고 천천히 복식 호흡을 시작해봅시다. 3분 동안 해보도록 하겠습니다. 중간에 멈추거나, 바보 같다고 느껴지거나, 자의식에 빠지더라도 괜찮습니다. 그냥 멈췄던 곳에서 시작하세요. 3분이 다 되면 알려드리겠습니다. [3분 동안 복식 호흡 실시]"

"어땠습니까? 복식 호흡을 하는 동안 차분하거나 편안함을 느꼈나요? 여러분이 원한다면 주중에 집에서 연습할 수 있습니다. 이것은 잠들기 딱 좋은 방법이고, 여러분이 걱정하거나, 긴장하거나, 두려울 때도 할 수 있습니다. 해보고 여러분에게 어떤 효과가 있었는지 알려주세요. 아시겠죠?"

명상을 위한 대본(청소년 및 부모용)

"우리가 복식 호흡을 어떻게 연습했고, 우리의 호흡에 어떻게 집중했는지 기억이 나나요? 그렇게 하는 게 편안했나요? 이제 그와 아주 비슷한 것을 연습할 것입니다. 아마 여러분도 전에 들어봤을 겁니다. 이것은 명상(meditation)이라고 불리는데, 동양의 종교들이 오랫동안 사용해왔던 고대의 수행입니다. 복식 호흡과 마찬가지로 명상도 스트레스와 외상이 우리 몸에 미치는 영향을 바꾸어놓을 수 있고, 우리가 명상하고 있는 시간 이외에도, 계속 연습한다면 언제든지 명상의 효과를 얻을 수 있다는 것을 여러 연구에서 보여주고 있습니다. 명상이 어떤 것인지 알고 있습니까? [이때 아이들은 명상에 대한 다른 느낌 또는 요가를 이야기할 수 있다.]"

"어떤 사람들은 정말 하기 어려워 보이는 요가 자세나 인도의 산꼭대기에 앉아 있는 사람들을 떠올립니다. 하지만 실제로는 여러분이 어디에 있든지 명상을 할 수 있습니다. 명상은 단순히 현재의 순간에 완전히 존재하는 기술입니다. 여러분 주변에서 일어나고 있는 일들을 인식하지만, 그 속에 사로잡히지는 않습니다. 이것을 다른 용어로는 마음챙김(mindfulness)이라고 합니다. 이 말은 현재에 집중한다는 뜻이고, 머릿속에 떠오르는 생각들로 인해 초점이 흐트러지면 자기 생각을 관찰하되 판단하거나 그에 따라 행동하지 않는다는 것을 의미합니다. 이것은 우리의 뇌와 몸을 조용하게 하고, 편안함과 평온함을 느끼는 방법입니다. 이 연습은 과거 외상과 미래에 일어날지도 모를 일에 대해 자주 걱정하는 사람들에게 도움이 될 만한 큰 잠재력이 있습니다."

"처음에는 이상하게 들릴 수 있다는 걸 이해합니다. 하지만 막상 주의를 기울여보면 여러분의 뇌가 바쁜 것을 좋아한다는 걸 알게 될 것입니다. 뇌가 바쁘다는 것은 여러분의 뇌가 긍정적인 사건을 계획하거나 문제를 해결할 필요가 있을 때 매우 도움이 될 수 있습니다. 그러나 뇌는 괴로움만 초래하는 걱정스러운 생각에 몰두하기도 합니다. 일반적으로, 생각이 끊임없이 흐르는 것으로부터 마음을 편안하게 하고 잠시 휴식을 주는 것은 이러한 생각이 생산적인 것이든 괴로운 것이든 상관없이 매우 유익할 수 있다는 증거가 있습니다. 여러분이 가만히 앉아 있으면 머릿속에 생각이 자동으로 떠오르기 시작하는 것을 알 수 있을 것입니다. 그리고 우리는 보통 이러한 생각들에 또 다른 생각들로 반응합니다. 예를 들어, '저녁식사를 어떻게 해야 할지 모르겠어'라고 생각한다면, '아, 쇼핑하러 가는 게 낫겠다. 집에 맛있게 먹을 만한 게 없는 것 같아. 강아지 산책시키기 전에 가게에 갈 시간이 있으면 좋겠다…' 등등 이런 식으로 계속 생각하게 되는 것입니다. 그렇게 하는 대신에, 여러분은 명상하면서 그 생각을 관찰할 것입니다. 그리고 그것을 판단하거나 즉시 행동에 옮겨야겠다고 느끼지 말고, 현재 순간에 존재하는 것에 다시 집중합니다. 이렇게 하다 보면 닥치는 대로 방해하는 생각들이 점점 덜 일어나게 되고, 그런 생각들이 일어나더라도 덜 방해적이라는 것을 발견하게 될 것입니다. 하지만 이것은 연습이 필요합니다. 한꺼번에 일어나지는 않죠."

"현재 순간에 초점을 유지하는 한 가지 방법은 여러분이 차분하고 평화롭다고 느낄 수 있는 단어나 구절[동양어로 만트라(mantra)]을 골라 속으로 반복함으로써 지금 여기에서 호흡에 집중하는 것입니다. 어떤 아이들은 평화나 사랑 같은 위로가 되는 단어나 음절이 하나인 단어를 고릅니다. 다른 아이들은 자기가 좋아하는 노래나 기도문의 구절을 사용하기도 합니다. 여러분을 평화롭고 편안하게 해주는 문구가 있나요? [아동 및 부모가 만트라를 생각해낼 수 있도록 도와준다.]"

"이제 우리는 여기서 마음챙김 명상을 직접 해볼 것입니다. 편안한 자세를 취하세요. [아이 또는 부모가 편안한 자세로 앉는다.] 이제 눈을 감고 싶으면 감아도 됩니다. 그리고 몸을 이완시킵니다(점진적인 근육 이완에 대한 설명을 아래의 절을 참고할 수 있다). 이제 복식 호흡을 시작하세요. 천천히 숨을 내쉬면서, 속으로 특별한 단어나 구절을 말하세요. 다른 생각이 떠오르더라도 걱정하지 마세요. 그저 생각이 거기 있는 것을 보고 차분하게 여러분의 호흡과 특별한 단어나 구절로 돌아가세요. 5분 정도 계속합시다. 시간이 다 되면 말해줄 테니, 언제 그만둬야 할지 걱정하지 마세요. [5분간 명상을 연습한다.]"

"자, 천천히 끝내겠습니다. 눈을 감고 있다면 눈을 뜨고 잠시 조용히 앉아 있어 봅니다. 기분이 어땠나요? 편안했나요? 매일 적어도 5~10분씩 연습해보고 다음 주에 어떻게 진행됐는지 저에게 말해줬으면 좋겠습니다. 어머니께도 이것을 어떻게 하는지 가르쳐드릴 겁니다. 여러분도 집에서 어떻게 하는지 어머니께 보여드릴 수 있습니다. 여러분의 몸이 좀 더 편안함을 느끼리라 생각합니다. 스트레스를 받는 생각이나 상황이 닥쳤을 때 이 연습을 더 많이 하면서 더 차분하게 대처할 수 있을 것입니다."

점진적 근육 이완

점진적 근육 이완은, 잠에 잘 들지 못하거나 신체화 증상이 많은 아동에게 특히 도움이 될 수 있는 또 다른 이완 기법이다. 우리는 어린 아동에게 스파게티면 한 올이 요리되기 전(딱딱한 상태)과 요리된 후(꼬불꼬불해진 상태), 또는 깡통 병정 인형(딱딱하고 긴장된 상태)과 래기디 앤 인형˙(헐렁하고 폭신한 상태)의 비유를 사용한다. 치료사는 근육이 이완되지 않을 때는 몸이 팽팽하고 긴장되고 아프지만, 근육을 이완시킬 때는 편안하고 유연한 느낌이 들게 한다는 것을 설명해야 한다. 어떤 아동은 단순히 '젖은 스파게티 한 올'이나 '래기디 앤 인형처럼 앉으려' 노력함으로써 근육을 이완시킬 수 있다. 그러나 다른 아동은 각기 다른 근육들을 점진적으로 이완시키는 방법에 대한 구체적인 지침이 필요할 것이다.

이 기법은 치료 회기 또는 집에서 편안한 의자나 소파에서 편안한 자세로 앉아 연습할 수 있다. 아동에게 먼저 긴장된 자세를 취하라고(각 근육이 어디에 위치해 있는지 정확하게 느끼기 위해) 한 다음, 발가락부터 시작해서 발, 발목 등에서 머리에 이르

---

*   Raggedy Ann. 미국의 작가 조니 그루엘의 작품에 나오는 유명한 봉제인형 캐릭터이다.

기까지 모든 신체 부위가 점차 이완될 때까지 한 번에 한 세트로 근육을 이완시키도록 지시해야 한다. 아동에게 점진적 이완을 안내하는 일반적인 대본은 다음 절에 제시되어 있다.

아동은 이 기법을 사용한 연습을 통해 잠드는 방법 또는 통증이 있는 특정 신체 부위를 완화시키는 방법을 배울 수 있다. 그러나 아픈 곳이 없거나 잠잘 시간이 아닐 때라도, 점진적인 이완은 PTSD 증상이 있는 아동에게 도움이 될 수 있다. 왜냐하면 일반적으로 긴장을 푸는 근육들에 선택적으로 주의를 기울이는 것은, 그렇게 하는 특정 시간에라도 외상 사건에 관한 생각에서 벗어나게 하고 통제감을 증진하기 때문이다. 사실, 아동이 집이나 학교에서와 같이 외상에 대한 침투적인 회상을 할 때 이러한 기법들을 사용하도록 교육하는 것은, 그러한 생각과 동반되는 신체 과각성 증상을 되돌리는 데 도움이 될 수 있다. 왜냐하면 긴장감과 이완은 양립할 수 없기 때문이다. 또한, 아동과 보호자는 비교적 간단하고 사용이 쉬운 이완 전략을 사용함으로써 스트레스원과 근육 긴장, 그리고 이와 관련된 생리학적 반응을 관리하는 능력에 대해 더 자신감을 느끼며 더 큰 이익을 얻는다.

다음 대본은 아동에게 점진적인 근육 이완 기법을 소개하는 데 도움이 될 수 있다.

점진적 근육 이완을 위한 대본

"여러분의 몸이 스트레스와 외상 알림요인에 어떻게 반응하는지 복습해봅시다. 심장은 더 빨리 뛰기 시작하고, 호흡은 더 빠르고 얕아지고, 배와 머리는 모두 긴장되고 팽팽하게 느껴질 수 있습니다. 스트레스를 받는 동안 근육에 무슨 일이 일어나나요? [아동은 '근육들도 팽팽해지거나 긴장돼요'라고 대답할 것이다.] 맞습니다. 근육들은 긴장하고, 위험에 맞서서 싸우거나, 도망치거나, 아니면 그 자리에서 얼어붙을 수도 있죠. 이 중에서 어떤 반응이든 마치 여러분이 올림픽에서 경기를 시작하려는 것처럼 근육을 긴장시킬 것입니다. 그리고 그것은 우리 대부분에게 편안한 느낌은 아닙니다. 그래서 우리는 근육을 일부러 이완시킴으로써 근육의 긴장을 되돌리고 싶습니다. 그리고 이렇게 함으로써, 우리는 호흡과 심장의 다른 스트레스 반응 중 일부를 되돌릴 수 있습니다. 그럼, 시작해봅시다."

"우리는 온몸의 긴장을 풀어줄 것입니다. 발가락부터 시작해서 머리끝까지 올라가면서 모든 긴장을 없애고, 긴장감이 머리 꼭대기 밖으로 나와 우주로 날아가서 우리를 편안하고 차분하게 만들 것입니다. 이것은 밤에 잠들 수 있는 아주 좋은 방법이고, 여러분이 원한다면 의자에 등을 기댈 수 있습니다. 집에서는 소파나 양탄자, 요가 매트에 누워 더 편안해지는 연습을 할 수 있습니다. 여러분은 이걸 이곳 어디에서 연습하고 싶나요? [아이가 편안한 위치를 고른다. 아이가 어떻게 긴장을 풀고 싶은지 선택할 수 있도록 허용함으로써, 이를테면 눈을 뜨거나 감은 상태로 하고 싶다면 아이에게 통제감을 주는 것이 중요하다. 이는 특히 대인관계 폭력을 경험해 스스로가 매우 취약함을 느끼는 아동에게 중요하다.]"

"편안한 만큼 몸을 뻗으세요. 이제 오른쪽 발가락에 주의를 집중하세요. 집중하고 있나요? 발가락은 최대한 팽팽하게 조이고 몸의 다른 모든 부분은 편안하게 해주세요. 그렇게 할 수 있겠어요? 이것은 여러분이 발가락이 몸 어디에 있는지 정확하게 느낄 수 있도록 하기 위해서입니다. 좋아요, 이제 천천히 긴장을 풀어주세요. 래기디 앤(Raggedy Ann) 인형이나 젖은 스파게티 조각처럼 축 늘어지는 것을 상상할 수 있을 때까지 긴장을 풀어주세요. 숨을 크게 들이마시고 산소가 발가락 끝까지 가서 발가락이 완전히 이완되는 모습을 상상해보세요. 자, 이제 오른발에 집중해보세요. 최대한 팽팽하게 조여주세요. 느껴지나요? 이제 천천히 풀고, 발가락이 완전히 흐물흐물하고 차분해질 때까지 계속 풀어주세요. 숨을 깊게 들이마시고 발 전체에 편안함이 퍼지는 것을 느껴보세요. 이제 오른쪽 종아리에 집중하세요. 최대한 긴장시키세요. 이제 완전히 풀릴 때까지 천천히 풀어주세요. [오른쪽 허벅지와 엉덩이, 그다음에 왼쪽 발가락, 발, 종아리, 허벅지, 엉덩이, 그다음에 오른쪽 손가락, 손, 팔, 어깨, 왼쪽 손가락, 팔, 어깨, 그다음에는 등 아랫부분에서 척추를 따라 어깨 윗부분까지, 목, 턱, 입, 볼, 눈, 이마, 두피, 정수리까지 이완을 진행한다.]"

"이제 머리 꼭대기에서 긴장감이 흘러나와 우주로 날아가도록 놔두세요. 여러분은 온몸에 편안함을 느끼는 동안 눈을 감고 있거나 뜨고 있어도 됩니다. 만약 어떤 부분이 여전히 긴장된다면, 지금 최대한 팽팽하게 한 다음에, 완전히 풀릴 때까지 천천히 긴장을 풀어주세요. 이제 복부에 숨을 깊게 들이마시고 계속 숨을 쉬세요. [1~2분 동안 호흡을 계속한다.]"

"지금 여러분의 몸은 어떤가요? 근육은 어떻게 느껴지나요? 이 활동이 여러분에게 긴장을 풀어준다면, 집에서도 연습하세요. 그러면 여러분의 몸이 긴장을 푸는 것에 더 익숙해질수록 훨씬 더 쉬워지고 효과도 클 것입니다. 밤에 한번 잠이 들도록 이렇게 시도해보고 어떤 효과가 있는지 저에게 알려주세요."

전신 운동을 포함하는 다른 이완 기법들도 어떤 아동에게는 도움이 될 수 있다. 예를 들어, 치료사가 특정 신체 부위의 긴장을 푸는 방법을 보여주기 위해 '모든 부위를 흔드는' 문장들을 사용하면 어린아이들은 "호키 포키(Hokey Pokey)" 춤을 추며 즐길 수 있다. 치료사들은 청소년들에게 그들이 가장 좋아하는 댄스 음악을 가져와 이완의 한 방법으로 춤을 출 수 있도록 격려할 수 있다. 청소년이 긴장을 푸는 데 도움이 되는 특정 유형의 음악을 찾아보도록 격려하는 것도 유용할 수 있다. 휴대전화에 저장할 수 있는 다양한 편안한 곡이 포함된 재생 목록을 브레인스토밍해두면 집 밖에서도 편안한 음악을 쉽게 접할 수 있다. 다른 치료사들은 비눗방울을 부는 것(실제로 혹은 상상하며)이 아이들에게 이완을 불러일으키는 데 도움이 된다는 것을 발견했는데, 여기에서 아이들은 '비눗방울처럼 떠다니라'고 지시를 받을 수 있다.

이완과 마음챙김 상태를 장려하는 또 다른 기법들은 아동이 한 가지 감각에 집중하도록 돕는 활동을 포함한다. 예를 들어, 눈을 감고 사탕 한 조각이 입 안에서 다 녹을 때까지 녹여보고 그 맛이 어땠는지 묘사하기, 바다나 폭포 소리가 나는 테이프를 듣고 어떤 소리가 났는지 설명하기, 무지개나 다른 화려한 그림의 스테인드글라스 패널을 보며 그 모양을 묘사하기, 또는 3분간 눈을 감고 벨벳 조각을 느끼기 등이 있다. 실제로, 아동에게 모든 다양한 감각의 관점에서 위의 각 경험을 설명해보도록 격려하는 것은 아동이 현재 순간에 머물러 현재 활동에 완전히 참여하고, 현재 활동/순간에 다시 집중하면서 산만한 생각들이 오고 가도록 하는 방법을 배울 수 있게 도울 것이다. 이러한 기법들은 아동이 지금-여기에 관심을 유지하도록 돕는다. 우리는 치료사들이 정신적·육체적 안정을 모두 촉진하는 최적의 방법을 발견하도록 각 아동과 창의적으로 일하기를 권장한다.

아동이 이완법을 사용하여 외상 알림요인을 관리하는 방법을 논의함으로써, 이완 구성요소에 점진적인 노출을 포함하는 것이 중요하다. 또한, 아동이 회기마다 외상 알림요인을 경험할 때, 자기가 좋아하는 이완 전략을 찾고 연습하도록 격려받을 수 있다. 이것을 최적의 방법으로 하기 위해서는 아동이 스트레스를 덜 받는 상황에서 몇 가지 이완 기법을 사용하는 데 어느 정도 숙달하는 것이 중요하다. 이러한 이유로, 우리는 아동이 매일 적어도 20~30분 동안 이완 기술을 연습하고 자신의 신체 스트레스, 불안, 또는 다른 부정적인 감정을 줄이는 데 어떤 효과가 있는지 기록하도록 격려한다. 아동에게 1~10점(1=최하, 10=최고) 척도로 감정을 평가하도록 지도하는 것도 도움이 된다. 어떤 아동은 치료 기간 동안 자신의 감정과 대처 전략을 추적하기 위해 온라인 프로그램을 사용하는 것을 즐기기도 한다. 치료사는 매주 아동의 이완 기술이 어떻게 신체 스트레스를 줄이는지 확인해야 한다. 만일 아동이 선호하는 이완 기술이 효과가 없다면, 치료사는 아동에게 연습하고 있던 것을 보여달라고 요청하고, 필요에 따라 전략을 약간 수정해야 한다. 한 회기가 끝나고 주중에 외상 알림요인이 발생하면 아동은 자신의 전략을 어떻게 사용하고 있는지 일지를 작성할 수도 있다. 이러한 이완 전략이 신체 스트레스를 줄이는 데 효과적이지 않다면, 치료사는 추가적인 이완 기술 또는 다음 장들에서 설명하는 새로운 TF-CBT 대처 전략을 도입할 수 있다.

이완 연습은 복합 외상을 가진 아동에게는 실행하기가 어려울 수 있다. 이러한 아동은 "이완되는 것이 어떤 느낌인지 모르겠다."라고 말할지도 모른다. 실제로, 이들은 생리학적으로 경계심이 굉장히 강해서 전혀 이완을 경험하지 못했을 수도 있다. 그럴 때 이러한 아동은 어떤 활동을 즐기는지(예: 스포츠, 음악, 친구들과 '어울리는 것') 물어보고, 아동이 최대 경계 상태에 있거나 가장 위험하다고 느꼈던 상황(예: 학교, 경찰과의 대립)에 비해 상대적으로 덜 긴장되고 스트레스가 적은 상황을 파악하는 것을 도울 수 있다. 복합 외상을 지닌 아동은 처음에 이완 기술을 배울 때, 외상 알림요인을 견뎌내는 것이 특히 어려울 수 있다. 따라서 치료사는 처음에 이완 기술을 가르치고 아동이 안전하다고 느낄 때 기술을 연습하도록 돕는다. 그럼으로써 아동은 이완 기술을 사용하여 외상 알림요인에 대처할 수 있다. 아동이 편안한 환경에서 이완 기술을 성공적으로 사용할 수 있게 되면, 치료사는 아동의 인내 수준에 따라 외상 알림요인에 대한 아동의 이완 기술 사용을 평가하게 된다.

외상적 애도를 경험하는 아동을 위한 이완

위에서 설명한 이완 기법들은, 외상이 사랑하는 사람의 죽음을 몰고 온 경험을 한 아동에게 적용하기가 복잡할 수 있다. 왜냐하면 이러한 아동의 과거 많은 긍정적인 기억 또는 '안전한 장소'가 고인과 연관되어 있을 수 있고, 따라서 이전에 위로가 되던 기억 또는 긴장을 풀어주던 자극들은 더 이상 안전하거나 긍정적으로 느껴지지 않기 때문이다. 안전함을 나타내던 가족의 의식(예: 사랑하는 부모와 껴안고 함께 잠자기 전 동화를 읽는 것)은 이제 외상 및 상실 알림요인이 될지도 모른다. 이러한 고통스러운 알림요인들은 특히 잠잘 때, 그리고 특히 부모를 잃은 어린 아동에게 이완 의식을 만드는 데 어려움을 줄 수 있다. 필요하다면, 치료사는 부모 및 아이와 긴밀하게 협력하여 부모 또는 자녀에게 외상 및 상실 알림요인이 되지 않을 만한 새로운 편안한 의식을 개발할 수 있다. 어떤 가족들은 알림요인을 최소화하기 위해 침실을 다시 도배하거나, 침실을 다른 방과 바꾸거나, 극단적일 때는 새집으로 이사하기도 한다. 새로운 음악, 이야기, 게임, 노래, 춤, 마사지, 기타 이완 기법 등 취침 시간을 위한 새로운 의식을 개발하는 것은, 새로 구성된 가족으로서 서로 유대감을 가질 수 있는 즐거운 방법을 제공할 수 있다. 책의 뒷부분에서 설명되듯이, 시간이 지남에 따라 아이들은 치유되면서, 사랑하는 사람에 대한 긍정적인 기억을 되살리는 의식을 하며, 힘과 위안을 얻기 시작할 것이다. 따라서 고인이 사랑하는 가족이었다면, 고인의 기억을 완전히 피하는 것은 특히나 더 불가능할 뿐만 아니라 건강하지도 않다는 것을 인식하는 것이 중요하다. 알림요인을 최소화하기 위한 위의 방법은 적어도 일시적으로라도 유용할 수 있다. 흥미롭게도, 일단 이야기 작업이 성공적으로 끝나고 나면, 어떤 아이들은 사랑하는 고인(들)의 사진과 기억들을 치료 현장으로 다시 불러들이고 싶은 욕구를 보여주기도 한다. 이 아이들은 이제 그러한 기억들이 고통과는 반대로 편안함을 가져다준다는 것을 알기 때문이다.

부모를 위한 이완

우리는 부모들이 배운 기술을 연습하고 자신의 개인적인 스트레스 수준을 더 효과적으로 관리할 수 있도록 그들의 외상 사건 노출에 따라 긴장을 풀 수 있는 개입을 포함한다. 이 구성요소는 일반적으로 아이가 대처하는 데 가장 중요한 역할모델이라서 중요하며, 연구에 따르면 부모의 고통 수준은 자녀의 외상 후 적응에 직접적인 영향을 미친다(Cohen & Mannarino, 1996b). 따라서 치료사가 개별 회기에서 부모에게 이완 기술을 소개하는 것이 매우 중요한 일이다. 그리고 간단한 공동 회기에서 아동이 부모와 이러한 기술을 검토하고 연습하는 것도 매우 가치가 있는 일일 것이다. 이 형식은 회기 동안 부모가 자녀의 이완에 숙달할 수 있도록 칭찬하고 강화할 수 있는 중요한 기회를 제공하고, 가정에서 계속 이러한 기술을 사용할 수 있는 발판을 마련한다. 아래에 설명된 전략 외에도, 치료사들은 『스트레스 해소와 심신 안정을 위한 자기-도움 심리 기법 워크북(The Relaxation and Stress Reduction Workbook)』과 같은 책에서 부모에게 스트레스 관리법을 가르치기 위한 유용한 전략을 찾아볼 수 있다(Davis, Eshelman, & McKay, 2008).

집중 호흡/마음챙김/명상 및 점진적 근육 이완 기법들은 위에서 설명한 것과 같이 부모를 교육하는 동일한 방식으로 아동에게도 적용할 수 있다. 어떤 부모들은 집중 호흡을 명상의 한 형태로 사용하는 것에 관심이 있을 수 있는데, 이것은 한 가지 일에 무비판적으로 주의를 집중하는 연습이다. 관심의 대상은 개인이 선택한 어떤 것이든 될 수 있으나, 자신의 호흡에 집중하는 것이 가장 쉬운 경우가 많다. 이 연습이 스트레스를 줄이는 데 도움이 되는 한 가지 이유는 한 번에 한 가지 이상의 것에 온전히 집중할 수는 없기 때문이다. 부모가 자신의 호흡에 집중할 수 있다면, 그 순간에는 외상 관련 생각이나 감정(예: 슬픔, 두려움, 분노)에 집중할 수 없을 것이다. 명상의 다른 이점으로는 머리에 떠오르는 모든 생각들에 주의를 기울일 필요가 없다는 것, 생각과 감정은 영구적인 것이 아니라 자주 오고 간다는 것, 그리고 우리가 스트레스를 받는 대부분 것이 지금 당장 일어나는 것이 아니라 과거나 미래와 관련되어 있다는 것을 배우게 된다는 점이 있다. 부모가 이러한 깨달음을 얻으면, 외상적인 사건 또는 일상생활 어려움을 다루는 데서 압도당하는 느낌이 들기 시작할 때 매우 도움이 될 수 있다.

명상을 위한 많은 방법과 지침이 있지만, 가장 쉬운 방법은 다음과 같다.

"편안한 자세를 잡고 심호흡을 시작하세요[아동용에서 설명한 대로]. 그리고 자신의 호흡에만 집중하도록 노력하세요. 다른 생각이나 감정이 여러분의 초점을 방해하거나, 또는 여러분의 마음이 다른 것으로 흐르기 시작하더라도, 초점을 호흡으로 되돌리세요. 필요한 만큼 이것을 연습하고, 초점을 완벽하게 유지할 수 없다고 자신을 판단하지 마세요. 이것은 정상입니다. 명상의 이점은 여러분의 주의를 집중시키는 노력에서 생기는 것이지, 초점을 완벽하게 유지하는 것에서 생기는 것이 아닙니다. 하루에 5분씩 이 연습을 시작해 하루에 최대 15~20분 정도 지속하도록 노력하세요."

부모의 스트레스 관리법을 강화하면 아이가 필요할 때 함께 있어주고 지지해주는 데 매우 긍정적인 영향을 미치므로, 치료사는 회기에서 부모가 5분 정도 이 기법을 사용하도록 격려해야 한다.

기타 이완 기법

부모와 자녀는 유산소 활동을 포함하는 모든 형태의 운동으로부터도 이익을 얻을 수 있다. 왜냐하면 유산소 운동은 스트레스의 신체적 징후는 물론 우울 및 불안 증상도 감소시키는 것으로 알려져 있기 때문이다. 부모는 즐겁고 편안한 활동에 참여함으로써 스스로를 돌볼 수 있도록 격려되어야 한다. 치료사는 부모에게 이러한 활동에 참여함으로써 자녀를 위한 이완과 자기 관리의 가치를 모델링하고 있다는 것을 강조하는 것이 도움이 될 수 있다. 또한, 신체 활동은 부모와 자녀가 유산소 운동의 생리학적인 이점을 경험하고, 유대감을 경험할 기회를 즐기고 함께 질적인 시간을 보낼 수 있는 좋은 방법이 될 수 있다.

위에서 설명한 바와 같이, 부모가 매일 최소 20~30분간 이완 기술을 연습하도록 자녀를 지지하면, 외상 알림요인이 나타났을 때 이러한 전략을 최적으로 사용할 수 있다. 자녀가 자발적으로 연습하지 않거나 이완 전략을 성공적으로 사용하는 데 어려움을 겪으면, 치료사는 부모가 이러한 부분에서 자녀를 도울 수 있도록 격려해야 한다. 부모 또한 자녀가 성공적으로 대처하지 못한 주간 동안 외상 알림요인이 있었는지를 치료사에게 알려주어야 한다. 이 정보는 치료사가 아동의 이완 전략을 최적의 방식으로 추가 조정하는 데 도움이 될 것이다.

문제 해결

이완 구성요소를 실행하는 동안 외상 기억에 점차 노출되는 것에 대해 어떻게 개입하나요?

모든 대처 기술 구성요소를 다룰 때, 치료사는 가능할 때마다 외상에 대해 지금까지 논의해온 것을 설명하고 이야기하면서 편안함을 보여주는 것이 중요하다. 또한, 일단 아동이 이완 기술을 배우고 연습하고 나면, 특히 증상이나 고통을 증가시킬 수 있는 외상 알림요인에 직면했을 때 회기들 사이에 기술을 연습하도록 치료사의 격려가 필요하다. 치료사가 외상 알림요인에 대해 이야기함으로써 아동이 점진적인 노출을 경험하도록 한다면, 치료적 환경의 안전성을 기반으로 편안함과 이완의 정서와 외상 기억 사이의 새로운 연관성이 만들어진다. 아동 또는 청소년에게 이완 기법을 연습하면서 외상 알림요인을 상상해보라고 요청하면 그다음 주를 지낼 수 있는 준비를 하는데 도움이 될 수 있다. 점진적인 노출은 내담자가 안전한 환경에서 회기마다 외상을 상기하고, 새로우면서도 고통과 반대되는 연관성을 창조하도록 돕는 것이다. 이를 통해 아동은 이전에 큰 고통을 초래했던 외상 기억을 동시에 마주하게 되더라도, 차분함과 안전함, 그리고 숙달의 느낌을 경험할 수 있다. 이 과정은 치료 후에 발생하는 외상 서술 과정에서 더 큰 편안함을 느끼고 기꺼이 참여하고자 하는 의지를 가질 수 있는 길을 열어준다.

만약 부모가 개별화된 이완 전략을 개발하기 위한 모든 시도를 거부하거나 거절한다면 어떻게 해야 하나요?

때로는 이러한 상황에서 고집을 내세우지 않는 것이 좋다. 결국, '누군가에게 긴장을 풀라고 강요하는 것'은 거의 불가능하다. 치료사는 이렇게 말할 수 있다. "이완은 아무도 당신을 강요할 수 없는 활동입니다. 사실, 이완은 강요와 반대되는 행위입니다. 강요와 통제를 내려놓는 것이죠. 사실, 당신은 가끔 지금까지 설명한 전략과는 매우 다른 방식으로 이완을 할 수도 있을 것입니다. 아마도 당신이 편안함을 느끼는 활동의 목록을 생각해낼 수 있을 것입니다." 내담자가 이완 기술에 대한 논의를 계속 거부한다면, 가장 좋은 방법은 일단 계획대로 진행하고 치료 과정 중 나중에 이 구성요소로 돌아가는 것이다. 예를 들어, 이렇게 설명할 수 있다. "만약 당신이 이완 전략을 배우지 않겠다고 하면 그 선택을 존중할 것이고, 그 선택과 당신[네 어머니(아동용)]이 말하는 몇몇 다른 증상 간의 연결성을 이해하려고 노력할 것입니다. 그렇게 우리는 함께 이러한 어려움을 다룰 수 있다는 다른 방법을 모색할 수 있습니다."

일부 10대들은 자해나 음주와 같은 문제 행동이 편안함을 준다고 말합니다. 이 행동들이 긴장을 풀 수 있는 유일한 활동이라고 말하면 어떻게 반응해야 하나요?

첫째, 그들이 문제 행동에 관여하는 정도를 안전성 측면에서 평가하는 것이 중요하다. 때에 따라 물질 남용 또는 자해에 대한 보다 집중적인 치료 접근에 의뢰하는 것이 더 시급할 수 있다. 그러나 문제 행동이 상대적으로 가볍고[거나], 10대들이 현재 자신의 문제적 전략을 구현하는 데 필요한 물체에 접근할 수 없는 안전한 환경(예: RTF)에 있다면, 이들의 감정을 인정 및 타당화하고, 이러한 행동을 하는 다른 많은 사람이 정확히 같은 이유로 그렇게 하고 있다는 사실을 반영하는 것이 도움이 되는 경우가 많다. 그 순간에는 많은 개인이 자해 또는 음주가 자신을 더 편안하게 만들고 심지어 감정도 마비시킬 수 있다고 보고한다. 사실, 앞서 설명한 기능 분석 접근을 사용하여, 문제 행동에 관여할 때 어떤 일이 일어나는지 10대들에게 정확히 설명하는 것이 유용할 것이다. 다만, 외상 알림요인을 파악하기 위한 노력으로, 10대들이 자해 또는 음주를 해야 할 필요를 느끼기 전에 기능 분석을 시작하는 것이 중요하다. 그리고 나서 불안이 줄어든 시점부터 계속 기능 분석(즉, 경험한 생각, 감정, 행동을 이끌어내는 것)을 해야 한다. 이는 일반적으로 나중에 비판단적인 방식으로 검토할 만한 몇 가지 장기적인 부정적 결과들을 고려해야 하기 때문이다(예: 숙취로 깨어나거나 팔에 난 상처에 대해 기분이 나쁘기 시작하는 일들). 이 과정에서 어느 시점에서는 치료사가 평생 동안 부정적인 전략에 계속 의존하는 사람들의 문제적인 대처 전략의 단점에 대해 소크라테스식 개방형 질문을 하기 시작하는 것이 유용할 수 있다. 그다음에 치료사는 청소년이 과거에 사용했거나 사용하지 않은 기타 대처 활동 목록을 브레인스토밍할 때 그들을 참여시킬 수 있다. 이 목록에는 청소년이 더 어렸을 때 사용했던 건강한 대처 전략이 포함되어 있을 수 있다. 궁극적으로, 치료사는 스트레스 또는 외상 알림요인에 직면했을 때 내담자와 협력하여 가장 잘 활용할 수 있는 이완 전략을 파악할 수 있다. 10대 청소년들은 종종 오랫동안 버려왔던 대처 활동(예: 그림 그리기, 음악 듣기, 친구들과 어울리기 등)을 발견하고, 그것으로 10대로서 시작했던 더 문제가 많은 대처 전략을 바꿀 수 있다. 그렇게 되면, 앞으로 지속되는 연습 과제는 이렇게 개별화된 이완 전략의 계획적인 사용을 통해 가벼운 일상 스트레스원뿐만 아니라 매우 고통스러운 외상 알림요인에까지 대처할 수 있도록 통합할 수 있다.

어떤 아이들은 외상이 너무 심해서 기쁨이 어떤 느낌인지 모릅니다. 이 아이들에게 이완 기술을 어떻게 가르칠 수 있을까요?

어떤 아이들이나 부모들에게는 즐거움에 대한 두려움을 짚어주는 것이 도움이 될 수 있다. 즐거움은 개인의 경계심을 늦추는 것과 관련이 있을 수 있는데, 매우 심하게 외상을 입은 개인들에게는 그것 자체로도 외상 알림요인이 될 수 있다. 때로는 "모든 사람은 즐거움을 느낄 권리가 있다. 이곳은 안전한 장소이고, 당신이 여기 있는 동안 피해를 입지 않을 것이다"라고 간단히 말하는 것만으로도 그러한 내담자가 이완 연습을 하거나, 회기 종료 시마다 즐길 수 있는 의식으로서의 기타 재미있는 활동을 시도하도록 도울 수 있다.

어떤 이완 연습도 마다하는 10대들을 봅니다. 어떻게 하는 게 좋을까요?

그들에게 음악을 가져오게 하고 그저 음악을 함께 듣도록 한다. 만약 어떠한 이완 연습도 하기를 거절한다면 굳이 할 필요가 없다. 그런 내담자들이 음악을 듣고 있는 동안, 골라서 만지작거릴 만한 공예품(뜨개질, 코바늘, 자수, 레이스 종류)이 상담실에 있으면 도움이 될 것이다. 이러한 활동들이 내담자를 편안하게 해준다고 설명하고, 어떻게 하는지 보여줄 수도 있다. 핵심은 10대 청소년과 치료사의 마음을 차분히 하기 위해 5~10분 정도의 이완 시간을 갖는 것이다.

복합 외상을 겪은 아동과 청소년에게는 새로운 대처 기술을 연습하는 것에도 어느 정도 신뢰가 필요하다. 치료사는 가능할 때마다 내담자에게 대체 활동 중에서 선택할 수 있는 기회를 주고, 점진적인 노출법 사용 기술을 소개함으로써 신뢰를 얻을 수 있다. 가끔은 매우 취약한 아동은 취약함을 크게 느낄 수도 있는 이완과 같은 기술보다, 정서 표현과 조절 기술을 먼저 안내받을 때 더 잘 반응하기도 한다. 사실, 대처 기술은 어떤 순서로든 도입될 수 있다. 따라서 이러한 내담자들이 먼저 배우고 싶은 기술에 대한 선택권을 제공하기만 해도 그들의 통제감을 높이고 참여 의지를 증가시킬 수 있다. 가능할 때마다 건강한 대처 전략에 참여한다는 목표를 달성하기 위한 작은 노력들을 반복적으로 발견하고 칭찬하는 것도 중요하다. 우리가 부모에게 가르치는 것처럼, 내담자가 기술을 완전히 습득하기를 기다리지 말고, 학습 목표를 달성하고 그다음 새로운 기술을 연습하기 위한 모든 노력을 칭찬하고 강화하는 것이 중요하다. 때때로 내담자들은 대처 기술을 연습하기 전에 이에 대한 자료를 읽거나 우스꽝스러운 비디오(예: 「세서미 스트리트」*의 복식 호흡 비디오)를 보고 싶어 한다. 새로운 기술에 대해 배우는 것은 칭찬과 인정을 받을 만한 가치가 있는 중요한 단계이기도 하다.

아이들 또는 부모들이 편안함, 즐거운 감각과 접촉하도록 돕는 다른 방법들은 무엇이 있을까요?

이와 관련해서 아동이나 부모는 유도된 심상(guided imagery)으로 도움을 받을 수 있다. 그들에게 평화롭게 느꼈던 때를 회상하라고 요청하고, 그 일이 언제 일어났는지, 어디서였는지, 어떤 냄새가 났는지, 어떻게 생겼는지, 무슨 소리가 났는지 등을 묘사하도록 요청할 수 있다. 또는 상상 속의 '안전한 장소'를 묘사하게 하고, 이곳의 모습, 냄새, 소리, 느낌을 그리거나 상상해보라고 할 수 있다.

---

*   (역지 주) Sesame Street. 1969년부터 방영되고 있는 미국에서 가장 유명한 아동용 TV 프로그램이다.

정서 표현 및 조절 기술

앞서 설명한 바와 같이, 심각한 외상을 경험한 아동은 고통스럽고 어려운 감정뿐만 아니라 조절이 곤란한 정서의 지배를 받을 수 있다. 많은 경우에 이러한 아동은 자신의 감정의 강도에 압도당할까 봐 두려워한다. 어린 아동은 자신이 경험하고 있는 매우 강렬한 감정을 표현할 수 있는 어휘를 가지고 있지 않을 수도 있다. 감정 표현과 조절 기술은 아동이 감정을 더 효과적으로 표현하고 관리하는 데 도움을 준다. 또한, 이러한 무서운 감정을 표현하고 조절하는 더 큰 능력을 얻도록 도움으로써, 아동은 회피하는 전략을 사용할 필요를 덜 느낄 것이다.

아동과 감정 알아차리기

아동의 감정을 파악하는 것은 아동이 치료사와 그 감정에 대해 이야기를 시작하는 비교적 스트레스를 덜 받는 방법이다. 서로 공통되는 일상적 감정을 공유함으로써 치료사는 아동이 다양한 감정들을 정확하게 알아차리고 표현하는 언어적·정서적 능력을 확인할 수 있다. 동시에 아동은 치료사에 대해 조금 알게 되고, 치료사가 '좋은' 감정뿐만 아니라 '나쁜' 감정도 가지고 있다는 것, 그리고 치료사가 자신과 이러한 감정을 공유하는 것에 대해 열려 있다는 것을 알게 된다. 따라서 치료 초기부터 아동과 치료사 간에 신뢰와 개방적인 의사소통을 형성하고 쌓아가는 시도가 이루어진다.

아동이 자신의 감정을 파악하고 표현하는 기술을 향상하도록 돕는 몇 가지 다른 방법들이 있다. 이 중 일부는 아래에 설명되어 있다. 하지만 치료사에게는 아동이 자신의 관심사와 재능에 맞게 맞춤화된 전략 등 다양한 감정을 파악하고 이야기할 수 있도록 도와주는 대안적인 방법을 개발하는 것이 권장된다. 치료사는 우선 아동에게 3분 안에 생각할 수 있는 모든 감정을 적으라고 요청할 수 있다(어린 아동의 경우에는 5~10개의 감정 단어만 생각할 수 있는 반면, 청소년들은 일반적으로 3분 안에 쓸 수 있는 것보다 알아차리는 감정이 더 많다). 이 연습은 치료사가 다양한 감정을 알아차리는 아동의 능숙함을 평가하는 데 도움이 된다. 다음으로, 치료사는 아동과 돌아가면서 목록에서 감정 단어를 선택하고, 각자가 마지막으로 이 특별한 감정을 느꼈을 때를 설명할 수 있다. 감정 빙고(Emotional Bingo; Mitlin, 1998), 화남, 슬픔, 기쁨 게임(Mad, Sad, Glad Game; 1990), 또는 도장 게임(Stamp Game; 청소년용; Black, 1984)과 같이 구매 가능한 게임을 사용함으로써, 치료사는 아동에게 다양한 상황(예: 시험에서 'A'를 받을 때, 학교에서 놀림을 받을 때)에서 일어나는 감정과 아동이 특정 감정을 경험할 수 있는 상황(예: "부끄러웠던 때에 대해 말해볼래요?")을 알아차리는 연습을 시킬 수 있다.

치료사들은 또한 직접 감정 바퀴나 카드 게임을 만들거나, 회기 중에 다양한 감정을 알아차리고 표현할 수 있는 재미있는 활동의 일환으로 이러한 도구를 만들 때 아동을 참여시킬 수 있다. 특히 어린 아동을 위한 또 다른 유용한 감정 알아차리기 개입에는 컬러 유어 라이프(Color-Your-Life) 기법이 있다(O'Connor, 1983). 치료사는 아동에게 특정 감정들에 각각 다른 색깔을 짝짓도록 요청한 다음, 사람 모형의 각각 다른 부분에 다른 색깔을 채워 아동이 사랑, 슬픔, 분노 등을 느끼는 곳을 보여달라고 한다. 이 기법은 다양한 인지와 감정에 접근하는 능력을 촉진하고, 그림을 그릴 수 있어 아동에게도 즐겁다. 생각과 느낌의 적절한 파악과 표현 외에도, 치료사는 이 기법이 치료의 두드러진 효과를 식별하는 데 도움이 된다는 것을 발견할 수 있다. 예를 들어, 한 8세 아동의 컬러 유어 라이프 그림에서는 파란색 영역이 컸는데, 이는 '걱정스러운 느낌'을 나타냈다. 치료사가 아이에게 왜 걱정이 되냐고 물었을 때, 아이는 학교에 있는 다른 아이들이 자신을 놀렸기 때문이라고 말했다. 아이 어머니와 이 상황에 대해 논의하면서, 치료사는 학교에서 이 아이를 놀린 다른 아이가 단 한 명이며, 놀린 상황도 몇 가지에 불과했음을 분명하게 알게 되었다. 그러나 이 아이는 최근 외상적인 경험으로 인해 또래의 거절에 지나치게 민감해진 것이다. 어머니와의 논의에서 얻은 정보는 치료사에게 매우 도움이 되었고, 치료의 다음 단계인 대처 구성요소에서 이 정보는 치료의 초점이 되었다.

나이가 좀 더 있는 아동들은 '혼합된 감정'이라는 개념이 유용하다고 여길 수 있다. '일차적' 감정을 나타내기 위해 다른 색깔들을 사용하는 것(즉, 행복, 슬픔, 분노, 두려움)은 청소년들이 다른 감정에는 어떤 요소들이 있는지 파악하는 데 도움이 될 수 있다. 예를 들어, 분노가 빨간색이고 두려움이 파란색이라면, 아이는 이러한 느낌의 색깔들을 함께 섞어서(화나고 무서운 것, 즉 보라색) 엄마가 방과 후에 데리러 오는 것이 매우 늦었을 때 어떤 기분일지 나타낼 수 있다. 어떤 아동은 이 기분을 짜증 남으로 표시할 수 있지만, 다른 아동은 초조함이나 불확실함, 또는 인내심 부족을 선택할 수도 있다. 아이들은 이 활동을 통해 (1) 사람들은 종종 주어진 상황에서 하나 이상의 감정을 느끼며, (2) 이러한 감정들은 심지어 반대로 여겨질 수 있지만(예: 중요한 경주에서 동생을 이긴 것에 대해 기쁘기도 하고 슬프기도 함), (3) 이렇게 느끼는 것은 정상이라는 것을 깨달을 수 있다.

이러한 게임/활동은 아동이 적절한 상황에서 다양한 감정을 정확하게 파악하고 편안하게 이야기할 수 있을 때까지 지속되어야 한다. 조기 치료 회기에서 감정 알아차리기가 도입되면, 치료사는 일반적으로 외상 사건 동안 경험했던 감정에 대해 아동에게 직접 묻지 않는다(아동이 자발적으로 이 부분에 대해 이야기할 수도 있지만, 만일 그렇다면 치료사는 아이의 주도하에 따라가야 한다). 초기 치료 회기는 주로 아동이 치료사에 대한 편안함과 신뢰를 쌓는 데 초점을 두므로, 정서조절 회기는(대부분 회기와 마찬가지로) 가능하면 낙관적이고 긍정적인 분위기에서 끝나야 한다(예: 아이가 감정 알아차리기를 잘한 것에 대해 칭찬함으로써; 아동에게 회기의 마지막 5~10분 동안 할 수 있는 외상에 초점을 두지 않은 게임을 고르도록 허용함으로써).

TF-CBT의 안정화 단계에서 치료가 진행됨에 따라, 치료사는 아동이 침투적인 생각이나 속상한 꿈, 또는 외상 사건의 다른 알림요인을 마주할 때 어떤 느낌인지 물어보기 시작해야 한다. 이러한 개입은 TF-CBT의 필수적인 부분인 점진적 노출 작업과 일관된다. 아동이 외상 관련 감정을 알아차리고 표현할 수 있을 때, 치료사는 그 감정들을 타당화하고 정상화할 수 있다. 또한, 외상과 관련된 감정을 표현하는 것은 아동이 이러한 감정에 대처할 수 있는 전략을 개발하고 문제 있는 행동 가능성을 줄이게끔 치료사가 도울 수 있는 기회를 제공한다. 예를 들어, 한 10세 남자아이는 아버지가 저지른 신체적 학대에 대한 침투적인 생각을 하면, 가족 구성원들에게 언어적·신체적인 면에서 공격적으로 변했는데, 분노를 말로 표현하고 이러한 감정을 다루는 더 건강한 방법을 찾는 방법을 배우게 됐다.

복합 외상을 보이는 청소년들은 감정 표현과 파악이 매우 어렵다는 것을 발견할 것이다. 이들은 다양한 외상 사건에 노출되었기 때문에, 어쩌면 자신의 감정에 무감각해졌거나 분노 감정 이면에 무엇이 있는지 전혀 이해하지 못한 채 엄청난 분노를 표출해왔을지도 모른다. 이에 따라, 치료사들은 복합 외상 청소년들과 작업할 때 창의적으로 임하고, 각 아동의 독특한 재능과 관심사를 치료에 접목할 필요가 있다. 예를 들어, 위탁보호를 받다가 현재 주거형 치료를 받고 있는 15세 소녀가 있다. 과거 성적 학대와 신체적 학대 경험이 있고 가정폭력을 목격한 적이 있는 소녀는, 자신을 괴롭히는 것은 아무것도 없으며 '감정을 느낄 필요가 전혀 없다'고 주장했다. 이 10대 소녀는 음악을 무척 사랑했는데, 치료사는 그녀에게 10개 음악 목록과 각 음악을 어떤 감정과 연결시켰는지 살펴보게 하였다. 그럼으로써 그녀가 어떤 감정이든 부정하는 것을 극복할 수 있었다.

부모의 감정 표현

부모가 외상의 여파로 경험한 모든 범위의 감정을 공유할 수 있도록 편안한 분위기를 제공한다면, 그들이 치료 회기가 사회적으로 덜 바람직한 감정(예: 911에 전화한 아이에게 화를 내는 것; 성범죄자에 대해 슬픔이나 사랑의 감정을 느끼는 것)까지도 드러낼 수 있는 안전한 장소라는 것에 감사함을 느끼도록 도울 수 있다. 어떤 감정들은 아동과 공유하기에 적절하지 않을 수 있으나, 부모가 경험하고 있을 법한 심한 감정 기복을 표현하고 처리하는 것은 중요하다. 사실, 초기 회기에서는 이러한 감정을 타당화하는 것, 즉 옳고 그른 감정은 없으며 단지 관리하고 견디기 어려운 감정이 있을 뿐이라는 것을 알려주는 것이 가장 중요하다. 실제로 부모가 이러한 어려운 감정을 어떻게 관리하고 있는지 알게 되면, 치료 과정의 후반에 활용되거나 다루어질 수 있는 취약점과 대처 강점에 대한 단서를 드러내는 경우가 많다. 아이를 지지하는 치료사는, 아이가 성적 학대를 가한 개인에게 애정의 감정을 표현했다는 이유로 아이에게 분노를 느끼는 부모를 직면 또는 교정하려 할 수 있다. 하지만 치료사가 신뢰가 넘치는 치료적 관계를 형성할 기회가 생기기 전인 치료 초반에 이렇게 하는 것은 적절하지 않을 수 있다. 학대받은 아이와 형제자매들이 있을 때, 치료사는 부모가 집에서 직간접적으로 분노 감정을 표현하기보다는 회기 내용을 활용해 감정을 적절히 처리할 수 있도록 격려함으로써 여전히 아동을 지지할 수 있다. 궁극적으로, 치료는 부모가 자신의 감정을 효과적으로 관리하는 것을 돕는 정서조절 능력과 인지적 대처 기술을 개발하도록 도울 뿐만 아니라, 자녀에게 더욱 효과적인 대처 모델로서 역할을 하도록 한다.

정서 표현과 조절을 중심으로 아동과 부모의 개별 회기를 진행할 때는, 부모에게 언어적으로 자신의 감정을 표현하려는 자녀의 노력을 찾아 칭찬하도록 격려하는 것이 중요하다. 부모의 반영적 경청 기술 연습을 돕는 것은 이 시점에서 특히 유용할 수 있다. 왜냐하면 부모가 자녀의 감정을 바꿀 수는 없을지라도, 적극적으로 경청함으로써 자녀가 부적절한 행동으로 표출하는 것(예: 형제자매 또는 또래와의 싸움)과 반대로 자신의 감정을 언어로 공유하려는 노력을 강화할 수 있기 때문이다. 아이가 언어로 감정을 표현할 때마다 부모가 메모하고 인정해주도록 격려하는 숙제는 감정 표현 능력이 필요한 회기 내 활동(예: 외상 서술 작업)을 뒷받침할 것이다. 예를 들어, 회기에서 부모가 이렇게 말하는 연습을 돕는 것이 유용할 수 있다. "네가 사촌 집에서 잠을 못 자니까 화난다는 걸 이해해. 하룻밤 자고 가는 건 허락할 수 없지만, 네 기분이 어떤지 알려줘서 기뻐." 이런 식으로 제한하면서도 반영적인 진술을 하는 것은 어떤 부모들에게는 어려운 일이다. 왜냐하면 아이들이 부정적인 감정을 표현할 때 논박하거나, 논쟁하거나, 문제를 고치려는 경향이 있기 때문이다. 부모가 위의 진술문과 같이 반응하는 것은 문제를 고칠 수는 없을지라도 아이들이 부모가 경청해주었다고 느끼도록 돕는 적극적인 반응이라는 것을 알 수 있다. 아이가 겪었던 외상을 되돌릴 수는 없지만, 아이가 감정과 생각을 표현할 때 치료에 참여해 경청하는 모습을 보여줌으로써 매우 큰 지원을 할 수 있다는 점을 부모가 받아들이는 것이 특히 중요하다. 외상 자체에 대한 자녀의 질문과 언급에 반응하기에는 아직 감정적으로 준비가 되지 않은 부모들에게는, 단순히 아이가 공유하고 있는 감정을 반영해주기만 해도 타당화되고 도움 될 수 있다는 것을 아는 것만으로도 매우 안심이 될 수 있다. 또한, 부모들은 자녀들이 치료사와 이러한 감정을 공유하도록 적극적으로 안내할 수 있다.

부모와의 역할극은 외상적인 죽음이 있었던 상황에서 특히 도움이 될 수 있다. 아동은 치료 회기에서 자신의 슬픔, 그리고 어쩌면 상실과 관련된 다른 감정들도 표현하는 방법을 배우고 있으므로, 아동이 집에서 감정을 표현할 때 부모가 그 감정을 타당화하도록 돕는 것도 똑같이 중요하다. 예를 들어, 아버지가 최근 교통사고로 사망한 5세 여자아이는 매우 시무룩하고, 무관심하며, 예민해졌다. 집에서 아버지를 상기시키는 것이 나타나면, 어머니는 주로 아이가 다른 것에 대해 생각하도록 하거나 다른 활동으로 빨리 넘어가도록 유도했다. 이 아이가 치료 회기에서 슬픔을 더욱 직접적으로 표현하는 법을 배우면서, 치료사와 어머니는 어머니가 훨씬 지지적이고 든든한 존재가 되도록 돕는 역할극에 참여했다. 어느 날 저녁 식사 때, 이 아이는 이 식사가 '아빠가 가장 좋아하는 식사'라며 슬펐다고 말했다. 어머니는 "이게 너를 왜 슬프게 하는지 이해해. 엄마도 슬펐어."라며 매우 지지적인 답변을 했다. 그리고 나서 어머니와 아이는 서로를 껴안았다. 그다음 몇 주 동안, 어머니는 자신의 어린 딸이 더 밝고 덜 예민해졌다는 것을 관찰했다. 이 예시는 자녀가 부모의 타당화 표현으로 도움을 받을 뿐만 아니라, 부모도 자신의 진심에 대해 솔직하게 말함으로써 이익을 얻는다는 것을 드러낸다.

유사한 방식으로, 역할극은 아이들이 집에서 분노 감정을 적절하게 표현할 때 부모들이 더 든든한 존재가 되도록 도울 수 있다. 누군가가 분노를 표현할 때 도움이 되는 방식으로 반응하려면 많은 기술과 인내심이 필요하다. 실제로, 많은 부모는 자녀들이 분노 감정을 표현할 때 방어하거나 오히려 분노를 보이기도 한다. 예를 들어, 한 위탁모는 12세 위탁아들이 자신과 위탁형제에게 신체적인 공격성을 보이며 집에서 분노를 표출한 것에 대해 매우 좌절감을 느꼈다. 그녀는 더 이상 이런 공격적인 폭발에 대처할 수 없어서 위탁과정을 그만두어야 할 것 같다고 느끼기 시작했다. 그러나 아이는 개별 TF-CBT 회기를 통해 분노 감정 표현에 있어 개선을 보였다. 동시에, 치료사는 위탁부모와의 회기에 역할극을 접목하여 위탁자녀가 분노 감정을 표현하기 위해 언어를 사용했을 때 훨씬 건설적으로 반응하는 연습을 할 수 있도록 하였다. 이렇게 결합된 아동 및 부모 작업은 가정에서의 신체적 공격성을 상당히 감소시켰으며, TF-CBT에서 부모와의 병렬 작업이 얼마나 중요한지를 강조한다.

아무리 적절한 방식이라도 아동의 분노 표현이 어떤 가정에서는 무례하게 여겨질 수 있고, 수용 가능한 것으로 인식되지 않을 수 있다는 점에 유의해야 한다. 물론, 치료사는 문화적으로 민감하고 가족의 가치 체계를 이해하려고 노력해야 한다. 따라서 치료사는 보호자들이 부모됨의 권위를 유지하는 한편, 감정을 스스로 조절하고 말로 표현하려는 자녀의 노력을 강화하고 타당화해 주도록 도움을 주는 치료 전략을 세워야 한다.

사고 중단 및 긍정적 심상

외상을 입은 일부 아동이 외상 알림요인(예: 취침 시간이나 학교에서 침투적인 외상적 사고)에 압도된다고 느낀다면 사고 중단(또는 사고 중지)과 긍정적 심상을 도입하는 것이 유용할 수 있다. 그러나 이러한 개입은 매우 어린 아동에게는 적절하지 않을 수도 있다. 한편으로는 외상에 대해 말하고 생각하는 것을 격려하고, 또 다른 한편으로는 그것에 대해 생각하는 것을 멈추도록 하는 것이 혼란스럽게 느껴질 수 있기 때문이다. 일반적으로 우리는 아동이 외상 알림요인을 회피하지 않고 오히려 이를 극복하는 법을 배우는 것을 선호한다. 그러나 중단 기술을 배우는 것은 그러한 숙달이 이루어지기 전, 치료 초기에 임시방편으로 도움이 될 수 있다. 사고 중단은 부정적인 생각 회로(즉, 외상 사건에 대한 생각은 인지적 왜곡으로 이어지며, 이는 반복적으로 더 불안한 생각과 더 많은 인지적 왜곡으로 이어진다), 또는 외상 아동에게 자주 문제가 되는 매우 부정적인 생각과 시나리오에 비생산적으로 머물러 있는 시간이 짧아지도록 하는 정서조절 기법이다. 이 기법은 아동에게 그들이 자기 생각을 통제할 수 있다는 것을 가르치므로, 인지적 처리 개입에 대해 아동을 준비시킬 수도 있다.

사고 중단은 아동이 외상적이거나, 외상적인 것이 아니더라도, 속상하게 하는 사고에서 벗어나 비외상적 대체 사고에 다시 초점을 맞추는 방법이다. 사고 중단은 어떤 점에서 아동이 외상 서술을 할 때(우리가 아이의 관심을 외상 사건 자체에서 벗어나기보다는 집중하려고 할 때) 생각하는 것과 반대되는 것이다. 그러므로 동일한 치료 모델에서 이렇게 두 가지 개입을 모두 사용하는 것은 모순적으로 보일 수 있다. 그러나 어떤 아동은 학교에서, 운동할 때, 또는 친구들과 상호작용할 때와 같이, 그들 주변에서 일어나는 일들에 집중해야 할 때, 가끔씩 사고 중단을 사용하도록 격려받음으로써 유익함을 경험한다. 이 기법을 적용하는 것은 다른 무엇보다도 아동이 자기 생각에 대한 통제력(어떤 생각에 집중할지 선택할 뿐만 아니라 언제 어떤 생각에 집중할지에 대한 통제력)을 가지고 있음을 가르치는 것이다. 이전에 외상 사건에 대한 침투적인 알림요인뿐만 아니라, 자신의 책임에 대한 왜곡된 생각이나 상황의 현실성을 과장하거나 파국화하는 생각(예: "나는 절대로 다시 행복해지지 못할 거야.")에 압도되어 있던 아동은 단순히 이 원리를 배우는 것으로도 매우 도움이 될 수 있다.

사고 중단은 원하지 않는 생각을 언어적으로(예: 생각에게 "저리 물러가라." 또는 "정신 차려."라고 말하기), 또는 신체적으로(예: 손목에 고무 밴드를 차고 찰싹 잡아당겨 때림으로써 생각을 중단하고자 하는 욕구를 나타내기) 멈춤으로써 이루어진다. 어떤 아동은 부정적이고 속상한 이야기에 초점을 맞춘 '쇼(show)'에서 더 긍정적이고 즐거운 쇼로 '채널을 바꾸는' 것으로 이해할 수 있다. 손목에 고무 밴드를 사용하는 대신 '버튼을 누르는' 것(손가락으로 상상 속 채널 버튼을 누르기)을 선호할 수도 있다. 다음 단계는 원치 않는 생각을 반가운 생각("볼 만한 새로운 채널을 찾아라.")으로 바꾸는 것이다. 어떤 아동은 특별한 행복한 행사나 장소, 경험(예: 생일, 크리스마스, 놀이공원)에 대해 생각하는 것과 같은 긍정적인 생각이나 정신적 이미지로 사고 중단을 준비한다. 또한 '완벽한 순간'(예: 경기에서 홈런을 쳐 이기는 순간, 학급 회장으로 선출되는 순간)을 시각화해 사고 대체에 활용하는 것도 도움이 될 수 있다. (이것은 라마제식 출산에 사용되는 기법이다.) 이 정신적 그림을 그리고 집으로 가져가 집에서 사고 중단을 적용할 때 즉시 사용할 수 있는 도구로 사용할 수 있다. 또한, 아동이 이 이미지에 대해 더 자세한 설명을 할수록(예: 시각, 소리, 냄새, 맛등), 이 이미지는 아동을 침투적인 생각에서 더욱 멀어지게 할 수 있다.

어떤 아동·청소년, 특히 더 어린 아동에게는 STOP(중지) 표지판 그림을 만드는 것이 사고 중단의 일부로 도움 될 수 있다. 아동은 이 사진을 지니고 다니며(예: 가방에) 외상 알림요인을 경험할 때 보거나 시각화할 수 있다. 예를 들어, 가정폭력을 목격한 한 7세 남자아이는 치료 중에 STOP 표지판을 그렸다. 학교에 있는 동안 어머니가 남자친구에게 얻어맞는 침투적인 이미지가 떠오를 때, 아이는 자신의 그림을 보고, 친구들과 함께 자신이 가장 좋아하는 게임을 하는 대체 사고를 할 수 있었다. 이러한 형태의 사고 중단은 이 아동이 불편한 이미지에 의해 덜 방해받고 학교 공부에 더 집중하도록 도운 것이다. 많은 아동을 차분하게 하는 것은 단지 STOP 표지판 그림뿐만 아니라, 치료사와 함께 안전한 환경에서 그렸던 것까지도 기억한다는 점에 주목해야 한다.

어떤 치료사들은 아동이 사고 중단 과정 동안만이 아닌 일반적인 자기 진정에도 사용할 만한 '안전한 장소'를 시각화하고 그릴 것을 제안한다. 이곳은 아동이 안전하다고 느끼는 실제 장소일 수도 있고 상상 속 장소일 수도 있다. 어떤 아동은 치료받는 동안 외상 알림요인을 견디는 데 도움이 될 수 있도록, 나중에 받는 치료에서 외상을 서술할 때 안전한 장소 그림을 포함해달라고 요청하기도 한다. (우리는 그렇게 하는 것이 아동에게 매우 도움이 될 수 있다는 것을 발견했기에 아동이 원한다면 그렇게 하도록 권장한다.) 아동에게 사고 중단과 긍정적 심상 기법을 가르치는 것은 치료 과정 동안, 그리고 치료가 끝난 후에도, 외상 사건에 대한 지속적인 알림요인이나 부정적인 침투적 사고에 대한 (가능한) 경험에 대비하게 하는 데 도움이 된다. 외상 서술 작업을 하기 전에 이러한 기법을 터득한 아이들은 외상 사건에 대해 직접 이야기하면서 압도당한다고 느끼기 시작할 때, 이러한 반응을 중단 또는 통제할 수 있다고 자신감을 느낄 수 있다.

긍정적 자기대화

긍정적인 자기대화(self-talk)는 주어진 어떤 상황에서든 부정적인 측면 대신 아동의 강점에 집중하는 것으로 이루어진다. 어떤 이는 대부분 외상 사건에 대해 어떤 긍정적인 것도 발견할 수 없다고 쉽게 주장할 수 있다. 그러나 많은 아동은 자신이 더 강하고, 다른 사람들에게 더 연민을 가지고, 자기 가족 구성원들에게 더 감사함을 느끼는 등, 그러한 외상 사건을 잘 견뎌낸 자신을 발견한다. 아동은 큰 역경에도 불구하고 대처하고 있다는(사실 매우 잘 대처하고 있다는) 사실을 인식함으로써(그리고 그 사실에 주의를 집중함으로써) 이익을 얻을 수 있다. 긍정적인 자기대화를 위해 치료사는 아동 자신이 잘 대처하는 방식을 인지할 수 있도록 돕고, 특히 낙담할 때 아동이 이러한 방식으로 언어화하도록 일깨워주어야 한다. 긍정적인 자기 진술의 예는 다음과 같다.

"나는 이걸 해낼 수 있어."
"지금은 힘들지만 더 나아질 거야."
"나는 아직 가족이 있고, 가족들은 나를 도와줄 거야."
"많은 사람이 나와 내 가족에게 관심을 주고 있어."
"어떤 것들은 변했지만, 많은 것들이 이 일이 일어나기 전과 변함없어[예: 나는 여전히 학교에서 잘 지내고, 여전히 친구들도 있고, 여전히 수학도 잘해.]"

어떤 아동은 다른 아동보다 전망에 있어서 자연스럽게 더 낙관적이다. 하지만 낙

천주의는 학습하고 연습하면 아동의 삶의 일부가 될 수 있다. 또한, 아동은 스스로 자기 진술을 만들어내지 못할 수도 있다. 그러므로 치료사는 어린 아동에게 간단한 긍정적인 자기 진술을 제안하여 회기 동안 연습하도록 할 필요가 있을 것이다. 아동이 긍정적인 자기 진술을 연습하도록 격려받으면 치료가 끝난 후에도 오랫동안 부정적인 인생 사건에 대처할 수 있는 능력을 향상할 수 있다.

아동의 안전감 증진

외상을 입은 많은 아동의 정서조절 장애의 중요한 원천은 안전에 대한 실제적 또는 지각된 상실이다. 아동이 이러한 감정을 표현하도록 돕는 것은 물론, 처한 환경에서 지금 당장 아동의 안전감을 증진할 수 있는 지원의 원천을 인식하게 하는 것도 중요하다. 아동과 함께 안전 문제를 다루기 전에, 치료사는 먼저 부모에게 아이가 현재 사용할 수 있는 사회적 지원의 성격과 정도를 물어봐야 한다. 그런 다음 치료사는 다음에 제시된 대로 아동과 함께 안전 문제를 현실적으로 다루기 시작할 수 있다.

"때로, 나쁜 일들이 우리 주변에서 일어나거나 우리가 사랑하는 사람들에게 일어나면, 우리는 나쁜 일들이 계속 일어날 거라고 걱정하기 시작한단다. 때로 세상은 안전한 곳이 아닌 것처럼 보이지. 이런 걱정이나 느낌을 가져본 적이 있니? [아동이 동의하는 듯 반응하면 지속한다.] 네가 이런 식으로 느낄 때, 안전하다고 느낄 만한 어떤 행동이나 어떤 말을 스스로에게 할 수 있을까? 목록을 만들어보자. 자신을 안전하게 하려고 어떤 것에 의지하니? 아이들이 밖에서 놀거나 부모님이 학교 같은 근처에 계시지 않을 때는 자신을 지켜 주리라 의지하는 사람은 누구일까[일반적인 대답: 조부모, 선생님, 경찰관]? 누가 우리나라를 안전하게 지키고 있니[일반적인 대답: 대통령, 군대, FBI]?"

아동이 자신의 안전에 대해 분명하게 잘못된 정보나 왜곡을 표현한다면, 지금 아동을 안전하게 지키기 위해 노력하고 있는 모든 사람과 사회 기관을 알려주는 것이 도움이 될 수 있다. 예를 들어, 부모, 교사, 경찰, 아동보호 전문가, 판사, 군대 등이 모두 보호의 원천일 수 있다(아동의 외상 성격에 따라 이들 중 일부는 외상에 영향을 주었을 수도 있으므로 아동의 실제 상황에 대한 지식을 갖는 것이 중요하다). 아동이 명확하고 구체적인 안전 계획을 세워볼 수 있도록 돕는 것은 정서조절을 달성하는 데 도움이 될 수 있는데, 특히 만성적이고 예측할 수 없는 위협(예: 가정 또는 지역사회 폭력)의 조건하에 살고 있는 아동의 경우 더욱 그러하다.

부모는 아동을 위한 안전 계획에 반드시 참여해야 한다. 이 단계는 특히 가정폭력의 상황에서 복잡해질 수 있다(예: 아동의 안전 계획에 아동이 어머니의 폭력적인 파트너와 단둘이 남겨지지 않도록 명기되었지만, 아동을 치료에 데려오는 어머니가 그 파트너와 함께 살기 위해 돌아가는 경우). 비현실적인 안전 계획은 아동이 더 안전하게 느끼도록 돕지 못할 것이고, 부모와 치료사에 대한 아동의 신뢰를 떨어뜨릴 수도 있다. 이럴 때, 치료사는 안타깝더라도 아이의 상황에서 안전이 보장되지 않을 것이라는 점과 그럼에도 치료사와 아이가 위험과 피해를 최소화하고, 위험에 가장 적절하게 대응할 수 있는 아이의 능력을 최대화하는 방법을 계획할 수 있다는 점을 인정하는 것이 더 적절하다. 치료사는 또한 아동과 가족을 보호할 만한 지역사회의 다른 자원이 있고 이를 활용하기에 적합한 경우라면 이러한 자원들에 접근하려고 시도해야 한다(예: 아동보호, 경찰, 대안적 주택 공급, 피해자 옹호, 증인 보호 및 기타 프로그램을 통해).

미래에 발생할 수 있는 위험한 상황에 대한 아동의 반응을 향상하기 위해 특정한 개인 안전 기술을 연습하는 것은 매우 도움이 될 수 있다. 그러나 위험이 임박하거나 복합 외상을 가진 청소년을 제외하고는, 아동이 외상 서술의 상당 부분을 완료한 후 치료 후반에 이러한 기술을 적극적으로 연습하도록 미루어두는 것이 가장 적합하다. 이렇게 미루어두는 이유는, 서술(narrative)은 아동이 무엇을 해야 했는지 생각하는 것이 아니라, 당시 아동의 실제 경험과 반응을 반영하기 위한 것이기 때문이다. 치료 초기에 개인 안전 기술에 많은 초점을 맞추면 치료사가 제안하고 있는 것을 진즉 하지 못했다는 것에 대한 부적절한 책임감 및 죄책감을 무심코 일으킬 수 있다. (개인 안전 기술 훈련은 제15장에서 더 자세히 검토된다.)

문제 해결 및 사회적 기술 증진

만성적 또는 대인관계 외상을 경험한 아동은 사회적 상황에서 부적응적인 대처 반응을 배웠을지도 모른다(예: 어떤 사회적 만남을 통해서든 괴롭히는 방식으로 반응). 초기 평가 및 지속적인 관찰뿐만 아니라 부모와 자녀의 보고는 또래 관계와 사회적 상호작용을 관리하는 것과 관련된 어려움을 드러낼 수 있다. 어떤 아동은 사회적 또는 다른 어려운 상황을 다루는 데 있어 레퍼토리가 매우 제한적일 수 있다. 구체적으로, 이러한 아동은 모호하거나 어려운 상황에 대한 한두 가지 반응(예: 극단적인 분도 또는 철회)만 보일 수 있다. 새로운 상황이나 또래 문제는 이러한 아동의 정서조절 장애에 대해 흔한 촉발요인이 된다. 문제 해결 및 사회적 기술을 향상시키는 것은 이러한 아동의 정서조절을 조력할 수 있다. 이러한 기술 중 다수는 인지적 처리, 실제 상황(in vivo) 노출 및 기타 TF-CBT 구성요소의 측면을 포함하지만, 이 기술들은 일차적으로 모델에서 주로 정서조절의 방법으로써 제공되므로 정서조절 구성요소에서 설명된다.

문제 해결에는 다음과 같이 요약할 수 있는 몇 가지 단계가 포함된다.

1. 문제를 설명한다.
2. 가능한 해결책을 찾는다.
3. 각 해결책에 대한 가능한 결과를 고려한다.
4. 원하는 결과를 얻을 가능성이 가장 큰 해결책을 선택하고 실행한다.
5. 선택사항이 어떻게 작용하는지 평가한다.
6. 원했던 대로 진행되지 않으면, 무엇이 잘못되었는지 파악하도록 노력한다.
7. 다음에 문제가 발생할 때 방금 배운 것을 활용한다.

한 가지 예가 있다. 10세인 조셉(Joseph)은 수년간 가정폭력을 겪어왔다. 그는 아버지가 어머니를 때리는 것을 목격했고, 아버지와 형으로부터 신체적 학대를 당했다. 그는 집에 있는 것이 두려워 가능한 한 아버지와 형을 피하려고 한다. 학교에서 그는 비열하고, 불친절하며, 고립된 학생으로 여겨진다. 또한 분노 폭발로도 어려움을 겪고 있다. 예를 들어, 다른 아이들이 놀이터나 교실에서 우연히 조셉과 마주치면, 그는 '폭발'함과 동시에 학우들을 때리고 "나한테서 꺼져!"라고 소리 지른다. 그 결과, 다른 아이들은 조셉을 좋아하지 않고 외면하기 시작한다. 조셉은 이로 인해 자신에 대해 더 나쁘게 생각하고 있다. 그는 "아버지와 형은 저를 좋아하지 않고, 이제 학교 애들도 저를 싫어해요."라고 말한다.

조셉은 만성 외상에 대한 반응으로 PTSD 증상을 겪고 있다. 예상치 못한 신체접촉은 그에게 외상적 신호로 작용한다. 그러한 접촉마다 외상적인 것으로 해석하고, 집에서는 회피 행동으로, 학교에서는 공격적으로 반응한다. 또래와 교사들은 그의 행동의 근원을 이해하지 못하고 그를 비열하고 무서운 학생으로 본다. 그는 자신의 외상 증상, 또래들에 대해 계속되는 행동, 그리고 이러한 행동들이 또래 관계에 미치는 영향 사이의 연결성을 이해하지 못한다.

비록 조셉이 외상 단서에 대한 통제력을 얻도록 돕는 것이 치료의 중요한 부분이나, 치료 초기에 약간의 문제 해결 및 사회적 기술을 가르쳐 또래 관계를 완화하고 그동안 정서조절을 할 수 있도록 돕는 것도 가능할 것이다. 조셉과 치료사 간의 다음 대화를 보자.

치료사: 조셉, 학교에서 아이들이 네 기분을 이해하지 못해서, 그리고 그 아이들이 이해할 수 있도록 하기도 어려워서 그 아이들과 여러 문제를 겪고 있는 것처럼 들리는구나. 예를 들어, 아이들이 너와 우연히 마주치거나 너의 물리적인 공간을 침범했을 때, 정말 너를 화나게 하는데 그 애들은 그걸 이해하지 못하는구나. 그렇지?

조셉: 네. 애들이 저를 건드리면 정말 신경 쓰여요.

치료사: 그럼 누군가가 "너를 건드리면" 보통 무슨 일이 일어나는지 살펴보자. 그다음엔 무슨 일이 일어나니?

조셉: 걔한테 소리치거나 밀어내요. 아니면 걔가 물러서지 않으면 때리기도 하고요.

치료사: 그리고 그 일로 몇 번 정학을 받았다고 네 엄마가 언급했지. 맞니?

조셉: 네.

치료사: 그렇다면 문제는 다른 사람들이 너를 건드릴 때 너는 싫다는 것이지. 맞니?

조셉: 맞아요.

치료사: 자, 그럼 이것을 적어보자. (문제 해결 활동지에 쓰기 시작한다. [그림 9.1 참조])
        문제는 사람들이 너를 건드릴 때 싫다는 것. 이제, 그런 일이 일어날 때 네가
        할 수 있는 모든 것에 대해 생각해보자. 네가 시도한 몇 가지는 우리가 이미 알
        고 있지?

조셉: 네?

치료사: 네가 방금 전에 지금까지 시도했던 것에 대해, 애들이 너를 건드릴 때 네가 주
        로 어떻게 하는지 말했지.

조셉: 물러서라고 말하죠.

치료사: 네가 애들한테 소리친다고 말한 것 같은데. 그게 다른 아이들에게 물러서라고
        말하거나 요청하는 것과 같은 거니?

조셉: 네, 기본적으로요.

치료사: 있잖아. 나는 아마 적어도 네 말을 듣는 아이에게는 차이가 있을 거라고 생각
        해. 내가 듣기에, 누군가가 정중하게 "물러서 줄래."라고 말하는 것과 "내 앞에
        서 꺼져, 이 멍청아!"라고 소리치는 것은 약간 다른 느낌이거든.

조셉: (웃음) 네, 그런 것 같네요.

치료사: 그럼 지금 우리가 쓸 수 있는 두 가지 다른 반응이 있네. 하나는 무례하게 소리
        치는 것이지만, 다른 하나는 침착하게 그 사람에게 물러나라고 요청하는 것이
        지. 그리고 네가 시도해본 다른 방법들도 몇 가지 언급한 것 같은데….

조셉: 다른 애를 때리는 거 말씀이신가요?

치료사: 그렇지. 그럼 "가능한 반응" 아래에 이 모든 내용을 채워보도록 하자. 다른 것
        도 생각해볼 수 있겠니?

조셉: 별로요.

치료사: 그냥 외면하고 가버리는 건 어떠니?

조셉: 괜찮죠. 두들겨 맞고 싶다면요.

치료사: 정말 그렇게 될 거라고 확신하니? 전에 그렇게 해본 적 있어?

조셉: 아뇨. 딱히.

치료사: 그럼 그냥 재미 삼아 목록에 추가해보자, 알았지?

조셉: 알겠어요.

치료사: 자, 그럼 이제 네가 이 각각의 반응대로 해본다면 어떤 일이 일어날지 상상해보자. 그중 일부는 네가 시도해봤기 때문에 이미 답을 알고 있지?

조셉: 그런 것 같아요.

치료사: 그럼 그 반응들을 적어보자.

조셉: 네. 때리는 것에 대해서는, 제가 교장실에 불려 갈 거라는 건 알아요.

치료사: 그러면 네가 때린 아이와의 관계에는 어떤 영향이 있을까?

조셉: 걔는 저를 좋아하지 않겠죠.

치료사: 그게 네가 원하는 결과니?

조셉: 저도 잘 모르겠어요.

치료사: 아, 미안한데, 내가 헷갈렸을 수도 있어. 난 네가 학교에서 더 많은 아이가 널 좋아하길 바란다고 말했다고 생각했는데. 이 아이가 너를 싫어하기를 바라니?

조셉: 아뇨. 저는 걔가 저를 좋아했으면 좋겠어요. 저는 단지 걔가 저를 건드리는 건 원치 않아요.

치료사: 좋아. 그럼 그 애를 때리는 데는 두 가지 나쁜 결과가 있네. 선생님과 교장에게 혼나는 것과 네가 친구가 되길 원하는 그 애는 결국 너를 좋아하지 않게 되는 거지. 그 애에게 소리를 지르는 것은?

조셉: 그건 거의 같은 거예요. 그리고 다른 애들도 가끔 걔한테 붙거나 저한테 욕하면서 끼어들거든요. 그러니까 그것도 잘되지는 않죠.

치료사: 자, 그럼 이제 두 가지 다른 가능성이 있네. 만약 네가 단호하지만 낮은 목소리로 그 애에게 부딪치지 말거나 건들지 말라고 말한다면 어떻게 될 것 같니? 아니면, 어쩌면 자리를 좀 내주라고 말하는 건? 이렇게 말하면 어떨까? "이봐, 난 지금 자리가 좀 필요해. 알겠어?" 그 애가 어떻게 받아들일 것 같니?

조셉: 잘 모르겠어요. 괜찮을 것 같기도 해요. 저를 비웃을 수도 있겠죠.

치료사: 한번 해보지 않으면 알 길이 없을 것 같아. 다음에 이런 비슷한 일이 생기면 한 번 해볼 수 있겠니?

조셉: 네. 한번 해볼 수 있어요.

치료사: 이 상황에는 또 다른 문제가 있을 수 있는 부분이 있어. 다음번에 이런 상황이 발생할 때 멈춰 서서, 반응하기 전에 숨을 고르고, 소리치거나 때리기 전에 이런 말을 해볼 수 있을 것 같니? 아니면 때리거나 고함을 지르는 게 너무 자동적이라 스스로를 조절할 수 없을 거라고 생각하니? 이걸 왜 물어보냐면, 만약 이게 정말로 순간적인 반응이라면, 그런 상황에 대해 네가 배우고 연습할 수 있는 다른 것들이 있기 때문이야.

조셉: 아뇨. 해볼 수 있을 것 같아요.

치료사: 좋아. 네가 이걸 시도해보고 무슨 일이 일어나는지 써본 후에 이 목록으로 다시 돌아올 거야. 만약에 이게 잘되지 않는다면, 외면하고 돌아서는 것과 같은 가능성으로 가서 그것에 대해 좀 더 생각해 볼 거야. 마지막으로, 다음 주에는 이것[그림 9.1]을 집에 가져가서 또 다른 가능한 반응을 떠올려 봤으면 좋겠어. 기회가 된다면 이번 주에 시도해보고, 어떻게 되는지 보고, 다음번에 어떻게 작용했는지에 대해서도 함께 알아보도록 할 거야. 알겠니?

조셉: 알겠어요.

가능한 반응	가능한 결과	좋은 혹은 나쁜 결과는?
1. 물러서 달라고 요청한다.	1. ?	1. ?
2. 소리 지른다.	2. 곤란해진다. 그 애가 나를 좋아하지 않는다.	2. 나쁜 결과
3. 때린다.	3. 정학을 받는다. 그 애가 정말로 나를 싫어한다. 다른 애들도 나를 싫어한다.	3. 매우 나쁜 결과
4. 그냥 외면하고 돌아선다.	4. ?	4. ?

그림 9.1 정서 표현 및 조절에 대한 문제 해결 활동지

사회적 기술 발달

사회적 기술은 다양한 능력과 행동을 포함한다. 그중 일부는 비교적 가르치기 쉽고(예: 순서를 지키는 것, 다른 사람의 말을 듣는 것, 때로 다른 사람들의 욕구에 응하는 것), 다른 기술들은 더 복잡하고 어렵다(예: 사회적 단서를 정확하게 읽는 것, 또래들 간 인기에도 비논리적이고 불공정한 위계가 있음을 이해하는 것). 가능하다면, 사회적 기술 집단 치료를 제공하는 것이 아동의 이러한 기술 개발을 강화하는 이상적인 접근이다. 특히 외상 사건을 경험한 또래들을 만나면서 큰 유익을 얻을 수 있는 외상 아동의 경우 더욱 그러하다. 집단 작업은 매우 강력한 개입이 되어 외상과 관련된 낙인을 제거할 수 있다. 즉, 아동은 자신이 좋아하고 존경하는 다른 아이들, 그리고 역시 외상을 경험한 아이들을 만나게 되는데, 만일 아동이 지각하기에 자신이 만난 아이들이 괜찮다면 그 아동의 자기 이미지 또한 향상될 수 있다.

그러한 집단이 가능하지 않을 때는 개인 치료 또한 일부 사회적 기술을 제공할 수 있다. 배울 기술의 기초를 가르치고(예: 순서를 지키는 것), 아동에게 그것을 모델링하고(치료사가 다른 아동의 역할을 맡음으로써), 그다음에 치료 회기에서 아동과 연습하는 것은 아동이 이다음에 실제 상황에서 수행할 수 있는 사회적 기술을 습득하도록 도울 수 있다. 치료사는 다음 몇 주간 기술 연습이 어떻게 진행되었는지 아동과 함께 확인하고, 만약 아동의 시도가 덜 성공적이었다면 수정 행동을 위한 전략을 제시해야 한다. 조금 더 연령대가 높은 아동은 자신이 경험하고 있는 어려운 또래 상호작용에 대해 치료사와 역할놀이를 할 수 있고, 그러한 상황을 다루기 위해 다양한 대안 전략들을 함께 모색할 수 있다. 때로 이러한 연습 회기는 또래들이 이유 없이 못되게 구는 경우가 있다는 것과 어떤 전략을 시도하더라도 모든 사람과 친구가 될 수는 없다는 것을 알아차리도록 도울 수 있다. 게다가, 이러한 상황을 역할놀이를 통해 재현함으로써 치료사는 효과적이고 단호한 의사소통 기술을 보여준 아동을 칭찬하는 동시에, 아동의 반응을 강화할 건설적인 피드백을 제공할 기회를 얻는다. 치료사가 아동에게 적절하게 눈을 맞추고 자신감 있는 신체 자세를 보이는 것과 같이 언어적·비언어적으로 확실한 반응을 지도하는 것도 도움이 된다.

부모 또한 집에서 아이와 함께 연습함으로써 자녀의 사회적 기술을 강화하는 데 참여해야 한다. 또한, 부모는 아이가 놀이 약속에 초대할 적절한 후보를 선택하고, 또래들의 부모와의 활동을 계획하고, 교통편을 제공하고, 이러한 상호작용 중에 문제가 발생하면 아이와 문제를 해결하며, 아이가 적절한 사회적 상호작용에서 시도하는 것에 대해 회기 사이마다 칭찬하고 안심시키는 데 도움이 될 수 있다.

정서적 곤란 상태 관리하기

이 장에 설명된 기술을 배우는 목표는, 아동이 외상 알림요인에 대한 반응을 포함하여 정서적 곤란 상태를 더 잘 관리할 수 있도록 하는 것이다. 이는 아동이 자신이 괴로워질 때 '도구 세트'에서 선택할 수 있는 많은 '도구'를 개발하는 것이다. 정서적 곤란 상태를 성공적으로 조절하려면 몇 가지 추가 기술이 필요하다. 먼저, 아동은 자신이 괴로움을 느끼기 시작하는 시점을 인식하고, 압도되기 전에 이러한 감정을 조절하기 위해 개입할 수 있어야 한다. 특히, 치료사가 점진적인 노출법을 통합하는 것이 중요하다(즉, 아동이 정서조절 곤란의 발현 이전에 나타나는 외상 알림요인을 파악할 수 있도록). 다음으로, 아동은 당면한 상황에 사용할 수 있는 적합한 정서조절 기술(또는 기술의 조합)을 선택해야 한다. 치료사는 아동이 스스로를 진정시킬 수 있는 몇 가지 다른 방법들의 목록을 만들도록 격려할 수 있다. 샘플 목록은 부록 1의 정서조절 유인물에 포함되어 있다. 아동은 자기 진정 활동의 가능한 범위에서 특정 상황에 가장 적합한 활동에 '상응'하는 방법을 찾아야 한다. 예를 들어, 긍정적 자기대화 또는 사고 중단은 학교에서 시험 보는 동안 스트레스를 느낄 때 가장 좋은 기술일 수 있다. 또 긍정적인 심상 또는 부모의 도움을 구하는 것은 잠잘 때 침습적인 외상 알림요인에 대해 사용할 수 있는 가장 좋은 기술일 수 있다. 문제 해결은 또래에게 향하는 분노를 다루는 데 가장 좋은 접근법일 수 있다. 치료사는 정서조절에 어려움을 겪는 구체적인 상황을 아동과 함께 살펴보고, 어떻게 정서조절 기술을 사용하여 어려움을 해결할 수 있을지에 대해 개별화된 계획을 수립해야 한다. 이후 각 회기에서 치료사는 이러한 전략이 어떻게 작용했는지 아동과 함께 확인해야 한다. 계획이 성공적이지 않았다면, 추가적인 기술이 필요하거나 계획을 다르게 조정해야 할 수 있다. 아래에 논의되는 바와 같이, 아동의 정서조절 시도를 강화하기 위해 적절한 시기에 부모가 참여해야 한다.

외상적 애도를 겪는 아동의 정서조절

살인이나 테러, 전쟁과 같은 의도적인 행동으로 인해 사랑하는 사람을 잃는 아동은 특정 감정에 대한 도움이 필요한 경향이 있다. 아동이 사랑하는 사람을 누군가가 의도적으로 다치게 하거나 죽이려고 작정했다는 사실은 분노, 두려움, 증오 또는 갚아주고(복수하고) 싶은 강렬한 감정으로 이어질 수 있다. 치료사는 심리교육을 통해 많은 아이가 이러한 감정을 가지고 있으며, 그 감정들은 행동이 아니므로 괜찮고, 감정 자체로는 해롭지 않다는 확신을 준다. 구원 환상(183~250쪽에 설명됨)은 사랑하는 사람이 외상 사건의 결과로 죽은 것을 겪은 아동에게 훨씬 더 강렬할 수 있다. 이러한 아동이 겪는 생존자의 죄책감 또한 더 강하게 느껴지고, 해결하기가 더 어려울 수 있다.

죽음을 경험한 아동에게 사고 중단 기법은 조정될 필요가 있을지도 모른다. 이러한 아동은 외상적인 생각을 고인이 된 사랑하는 사람이 살아 있었을 때의 모습으로 대체해서는 안 된다. 그러한 생각이 처음에는 위로가 될지언정, 사랑하는 사람이 어떻게 죽었는지에 대한 속상한 상기요인으로 쉽게 연결될 수 있다. 죽은 사람이 부재하는 좀 더 중립적인 장면에 아동이 집중할 수 있도록 안내하는 것이 더 도움이 된다.

특히 죽음이 의도적인 것이었을 때, 누군가의 죽음 이후 아동의 안전 의식을 높이는 일은 매우 어려울 수 있다. 이에 대해서는 현실적이고, 연령에 맞도록 안심시키는 일이 중요하다. 치료사는 물론 부모도 그러한 안도감을 제공해야 한다. 또한 치료사는 무엇이 아동을 지금 당장 안전하다고 느끼도록 도울 수 있는지 탐색해야 한다.

199~200쪽에서 제안된 개입 외에도, 치료사는 아동을 안전하게 지키기 위한 가족의 '지원' 계획에 대한 논의를 포함할 수 있다. 치료사는 이 문제를 제기하는 것이 아동의 두려움을 악화시킬지, 아니면 이미 부모 한 명을 잃은 많은 아이에게 표면 아래 남아 있는 염려를 드러내게 할지에 대해 임상적 판단을 내려야 한다.

아동에게 지원 안전망이 없는 경우(예: 아동이 새로운 위탁가정에 살고 친족과 연락할 수 없는 경우)에는, 무엇이 아동을 더 안전하다고 느끼도록 돕는지 아동과 논의하는 것이 특히 더 중요하다. 소속 공동체 또는 지역사회의 멘토와 지속적인 관계를 발전시키는 것은 이러한 아동의 안전 의식과 소속감을 향상할 수 있다. 만일 아동의 현재 보호자가 사망하거나 아동을 보살필 수 없게 된다면, 모든 아동은 향후 자신의 안녕감을 위해 제공될 만한 계획이 마련되었다는 것을 느낄 수 있어야 한다. 외상적으로 사별한 아동과 이러한 계획을 논의하는 것은 아동의 안전 의식을 높이는 데 매우 도움이 된다. 많은 경우, 이 계획을 가장 적합하게 개발하는 일은 치료사와 아동, 그리고 부모 사이에서 공동으로 달성되어, 필요한 경우 부모가 아이에게 이 계획이 미래에 실제로 실행될 것이라고 확신시켜줄 수 있다. 비록 이렇게 계획을 세우는 것이 이러한 상황에 처해보지 않았던 사람들에게는 병적인 것으로 보일 수 있으나, 부모 한 명의 죽음 이후 지속되는 높은 불안으로 두려워하고 정서적으로 조절이 어려운 아동에게는 매우 위안이 될 수 있다.

부모의 정서조절

사고 중단 및 긍정적 주의전환

위에서 설명된 모든 기술은 자녀뿐만 아니라 부모에게도 유용할 수 있다. 아동 치료 부분에 설명된 기법 외에도, 치료사들은 (위의 전략이 성공적이지 않다면) 자녀가 경험한 외상 사건에 대한 침투적인 생각으로 어려움을 겪는 부모들에게 정서조절을 위한 역설적 의도(paradoxical intention)를 사용할 것을 제안하고 싶을 수 있다(Frankl, 1985). 이 기법은 미리 정해진 시간 동안 부모에게 속상한 생각을 하게끔 하고, 그 후에는 반드시 사고 중단을 이용하여 생각을 멈추도록 하는 기법이다. 이 역설은 어떤 것에 대해 생각하기 위해 가장 열심히 노력해야만 그것에 대해 생각하는 것을 멈추기 쉽다는 것을 의미한다. 밤에 잠자리에 들기 전에 아이에 대한 걱정에 사로잡혀 있는 부모를 예로 들어보자. 치료사는 부모에게 밤이 아닌 아침에만 이러한 문제에 대해 걱정하라고 지시할 수 있다. 밤에는 반드시 그러한 생각을 방해하고, '완벽한 순간'에 대한 생각이나 다른 긍정적인 심상으로 대체하기 위해 사고 중단을 사용해야 한다. 매일 아침, 부모는 3분 동안 타이머를 설정해두고, 그 3분 동안 할 수 있는 한 강렬하게 이러한 걱정들에 대해서만 생각하도록 정해져 있는 것이다. 타이머가 울리면, 부모는 하루 종일 그 걱정들에 대해 생각하는 것을 멈추려 노력해야 한다. 어떤 부모들은 3분 동안 좀처럼 집중되지 않아, 이렇게 집중해서 걱정하는 일을 한꺼번에 지속하기가 어려웠다고 보고한다(방해받지 않고 호흡에 집중하기 힘들다는 것과 같은 이유일 것이다). 또 다른 부모들은 걱정하도록 스스로에게 '허가'를 주는 것이 걱정할 필요를 줄였다고 보고한다. 일반적으로, 역설적 의도는 부정확하거나 도움이 되지 않는 생각들을 재구성할 때 인지적인 처리 기법이 성공하지 못한 경우에만 사용되어야 한다. 왜냐하면 역설적 의도 전략은 직관적이지 않고, 부모에 의해 쉽게 실행되지 않을 수 있기 때문이다. 부모들도 자기 자녀들처럼 스스로 부정적인 정서 상태를 조절하고 진정시키기 위해 도움이 되는 활동(예: 운동, 독서, 친구들과의 대화, 음악 듣기, 거품 목욕)을 파악하고 격려받아야 한다. 비록 아이가 끔찍한 경험을 했더라도, 치료사는 부모가 긴장을 풀고 매일 한두 번씩 스트레스 없는 순간을 즐기는 것을 스스로 허락하도록 도울 수 있다. 치료사는 부모가 이렇게 함으로써 자녀에게 긍정적인 대처를 모델링하고, 자녀가 삶에서 외상을 다루는 동안에도 여전히 행복한 순간을 즐길 수 있으며, 그럴 자격이 있다는 것도 믿을 수 있도록 돕는다는 사실을 부모에게 일러줄 수 있다. 부모가 항상 스트레스를 받거나 과잉경계 또는 과민 상태에 있는 것은, 자녀가 빨리 회복하도록 하거나 부모가 미래의 피해로부터 자녀를 보호하는 데 전혀 도움이 되지 않는다는 점을 지적하는 것도 도움이 된다. 부모가 효과적으로 대처하고, 개방적으로 소통하며, 다시 인생을 즐기기 시작할 때 아이들도 외상 이후에 잘 적응할 가능성이 가장 크다. 이러한 이유로 부모에게 실용적이고 효과적인 대처 기술을 개발하도록 격려하는 것은 매우 중요하다.

긍정적 자기대화

이 기법은 외상 사건 이후에 발생했거나, 부모가 이전에 갖고 있었으나 외상이나 상실 이후에 더 강해진 사고를 논박하는 데 사용될 수 있다. 이러한 비관적 사고는 다음의 내용을 포함할 수 있다.

"아이가 행복해야만 나도 행복할 수 있다."
"더 이상 아무도 믿을 수 없다."
"강하다는 것은 결코 속상하거나 불행하거나 화가 나서는 안 된다는 것을 의미한다."
"좋은 부모는 항상 자녀에게 옳은 말을 할 줄 안다."
"인생에서 일이 잘못된다면 끔찍한 일이다."
"어떤 문제들은 다루기가 너무 어렵기 때문에 피해야 한다."

이러한 사고들에 도전하는 긍정적인 자기대화에는 다음의 내용이 포함될 수 있다.

"나는 행복할 수 있는 것들을 찾을 수 있고, 이것은 내 아이에게 좋은 본보기가 될 것이다."
"대부분 사람은 마음씨가 좋고, 많은 사람은 믿을 만하다."
"강하다는 것은 해야 할 일을 한다는 것을 의미하고, 나는 그렇게 하고 있다."
"나는 좋은 부모다. 비록 고통스럽지만, 아이가 치료받게 하는 등 나는 아이를 위해 좋은 일을 많이 한다."
"잘못된 일은 단지 삶의 한 부분일 뿐이다. 어려움에 직면하는 것은 사람을 더 강하게 만들 수 있다."

"나는 지금까지 나에게 일어났던 가장 어려운 일을 마주하고 있고, 이를 감당하기에 많은 용기가 필요하다."

치료사는 자신이 부모를 진심으로 관찰한 것에 대해 말하며 이러한 긍정적 자기대화를 격려하고 강화할 수 있다. 예를 들어, 치료사는 역경 속에서 부모가 가진 강점을 존경한다는 것과 부모가 긍정적인 태도를 유지하고 이러한 태도를 자녀에게 모델링하고 있는 등 훌륭한 일을 하고 있다고 말해줄 수 있다. 치료사로부터 이렇게 진실한 의견을 듣는 것은, 부모가 자기 자신과 자녀를 어떻게 바라보는가에 매우 중요한 영향을 미칠 수 있다. 또한, 치료법이 외상 후 정서적 어려움을 극복하도록 아동과 부모를 돕는 데 있어 그 효과성에 대한 상당히 과학적인 뒷받침이 있음을 상기시키는 등, 치료 접근법에 대한 희망과 자신감을 불어넣을 수 있는 진술을 치료 초기에 제공하는 것이 도움이 된다.

문제 해결

아이의 분노가 외상과 관련이 있는지, 아니면 외현화된 행동 문제와 관련이 있는지 어떻게 구분할 수 있을까요?

이것을 구별하는 것은 어려운 임상적 딜레마이다. 때로 증상의 타이밍이 이러한 결정을 내리는 데 도움이 될 수 있다. 예를 들어, 외상 노출이 시작되기 전에 아이의 분노 관리 문제가 분명히 있다는 것을 알면, 분노는 외상과 무관한 문제라는 것을 분명하게 할 수 있다. 그러나 외상이 분노 관리 문제의 시작을 촉발하지 않았더라도, 현재의 모든 공격적인 행동들은 그 원인과 상관없이 반드시 직접적으로 다루어져야 한다. 구체적으로, 타인을 다치게 하거나 재산을 훼손하는 것은 어떤 이유로든 용납

될 수 없으며, 아이는 자기 행동과 선택에 대한 책임을 받아들여야 한다. 이러한 점에서 앞에서 설명한 문제 해결 및 분노 관리 능력이 도움이 될 수 있다. "가족을 위한 대안: 인지행동치료"(Alternatives for Families: A Cognitive-Behavioral Therapy: AF-CBT; Kolko & Swenson, 2002 참조)와 같은 다른 개입도 이러한 아이들에게 적합할 수 있다.

분노는 몇 가지 요인들의 결과일 수 있으며, 반드시 한 가지 원인만 있는 것은 아니라는 것을 기억하는 것이 중요하다. 예를 들어, 어떤 아이는 생애 초기부터 시작되어 외상 사건에 노출된 이후 더 악화된 분노 폭발을 보일 수 있다. 아동 및 가족과의 임상적 작업은 일반적으로 간단하지도, 쉽지도 않다. 치료사들은 적절한 개입을 개발할 때 임상적 증상의 복잡성을 고려할 필요가 있다. 이러한 접근방식은 TF-CBT 모델에 대한 충실성을 유지하는 것과 완전히 일치한다.

정서적으로 너무 '막혀서' 아무런 감정도 표현할 수 없는 아이들은 어떻게 관리하나요?

거의 모든 아이가 약간의 감정은 표현할 수 있다. 어떤 아이들은 감정을 구별하지 못하고(예: 상황과는 상관없이 항상 기분 '나쁘다'라고 말할 것이다), 사실, 우울 상태에 있는 다른 아이들은 감정적으로 매우 무감각한 것처럼 보일 것이다. 그러한 아이들은 치료사에 대한 신뢰를 높이기 위해 정서 표현 또는 조절 기술에 전념하는 더 많은 회기에 참여하거나, 치료적 과정에서 이 기술을 적용하거나, 개방적인 정서 표현에 대한 장벽들을 극복할 필요가 있을 것이다. 치료사들은 그러한 상황에서 감정을 공유하기를 극도로 꺼리는 아이들의 근원을 부모와 함께 탐색할 수 있다. 예를 들어, 만일 아이가 과거에 부정적인 감정을 표현했다는 이유로 폭력적인 부모로부터 심하게 처벌받았다면, 치료사는 이 지식을 이용하여 이러한 일은 치료에서 일어나지 않고, 모든 감정 표현은 환영받을 것이라고 아이에게 확신시킬 수 있다. 만일 아이 어머니가 치료 회기에서 아이가 감정 표현을 할 수 있도록 격려할 수 있다면, 어머니도 치료에서 아이에게 강력한 영향을 미칠 수 있다. 아이들은 때로 누가 가장 긴 감정 단어 목록을 만들 수 있는지 보기 위해 부모와 경쟁하는 것을 즐긴다. 그런 다음 치료사는 정서 표현을 격려하기 위해 이러한 아이를 위한 초기 감정 파악 회기의 일부로 위협적이지 않은 자녀-부모 공동 활동을 고려해볼 수 있다. 예를 들어, 부모와 아이는 재미있는 '감정 알아맞히기 게임'에 참여할 수 있는데, 이 게임에서 한 사람은 외상과 관련되지 않은 감정을 비언어적으로 묘사하고, 상대편은 그 감정을 추측해야 한다.

10대 청소년이 자신은 어떤 감정도 표현할 수 없다고 말한다면 어떻게 하나요?

그렇다면 다른 10대 청소년들이 가질 수도 있는 감정을 나열하라고 요청한다. 3인칭 시점에서 감정에 관해 이야기하고 점차 더 개인적인 감정 표현으로 옮겨가는 것이 더 수월할 수 있다. 치료사는 순서대로 이 절차를 도울 수 있다. "좋아. 친구 중 한 명이 화가 났을 수도 있었던 상황을 묘사해봐. 그러고 나면 내가 화가 날 때에 대해 말해줄게." 만약 치료사가 이 문제를 강요하지 않는다면, 10대 청소년들은 아마도 몇 번의 회기 안에 자신의 감정에 대해 터놓기 시작할 것이다. 이 장의 앞부분에서 언급했듯이, 음악 듣기를 즐기는 청소년의 무감정을 극복하기 위한 전략으로 특정 노래들과 연관되는 감정을 파악하도록 안내하는 대안적 방법도 있다. 이 기법은 광범위한 대인관계 외상/폭력을 경험하고, 안전함을 느끼기 위해 정서적으로 거리 두는 것을 배운 청소년들에게 특히 도움이 될 수 있다.

만약 아동 또는 청소년이 심각한 정서조절 문제를 가지고 있다면 어떻게 해야 하나요? 치료의 다음 구성요소로 진행해도 안전한가요?

심각한 정서조절 문제가 있는 아동의 경우에는 치료를 더 진행하기 전에 정서조절 기술을 익히는 것이 중요할 것이다. 핵심 기술 중 하나는 감정을 상하게 하는 촉발요인/알림요인과 이러한 알림요인을 더 잘 관리하는 방법을 파악하는 것일 수 있다. 이러한 맥락에서 부모는 자녀들을 돕기 위해 참여할 수 있다. 어느 정도의 합리적인 수준의 정서적 안정성이 달성되고 아이들이 어느 정도의 인지적 처리 능력을 갖추기 전까지는, 외상 서술 및 처리 단계로 나아가는 것은 좋은 생각이 아닐지도 모른다. 한 가지 도움이 되는 아이디어를 고려할 수 있다. 어떤 아이들의 경우, 달성한 정서적 안정 수준이 이상적이지 않을지라도 높은 안정 상태를 갖추었다면, 외상 서술 및 처리 단계로 진전할 수 있을 것이다. 예를 들어, 만일 아이의 분노 폭발이 이제 언어적으로만 이루어지고 더 이상 신체적으로 드러나지 않는다면, 치료사는 아이를 외상 서술 구성요소에 참여시키는 것을 고려할 수 있다. 실제로, 외상 서술 및 처리 단계를 완료하면 아이가 더 큰 정서적 안정을 얻는 데 도움이 될 수 있다.

많은 아이가 외상 서술 및 처리 단계를 마친 후에도 외상과 관련된 불안과 슬픔, 분노는 어느 정도 계속 경험할 것이다. 따라서 여기서 요점은 심각한 정서조절 문제를 보이는 아이들, 그리고 그들이 TF-CBT에 있어 어떻게 앞으로 나아갈 것인가이다. 이 치료를 받는 모든 아동은 보통 수준의 정서조절 문제를 가질 것으로 예상된다.

인지적 대처 및 처리 기술
인지적 삼각구도

아동과 보호자의 사고에는 종종 외상적인 경험을 이해하려는 노력이 반영되어 있다. 인지적 대처(cognitive coping)라는 용어는 궁극적으로 아동과 보호자가 부정확하거나 도움이 되지 않는 인식에 도전하고 그러한 인식을 교정하기 위해 그들의 사고를 탐색도록 격려하는 다양한 개입을 말한다(Beck, 2011; Seligman, Reivich, Jaycox, & Gillham, 1995). 지식과 삶의 경험은 개인이 외상 사건을 이해하는 데 도움을 준다. 그러나 아동의 제한된 경험 및 지식 기반을 고려하면, 그들은 특히 외상 경험에 대해 부정확하거나 역기능적인 사고를 하기 쉬울 수 있고, 이러한 사고는 견해와 신념 체계를 발달시키는 과정에서 부정적인 영향을 미칠 수 있다.

아동과 보호자가 인지적 대처 기술을 활용할 수 있도록 돕는 첫 번째 단계는 내적 대화를 인식하고 공유하는 것이다. 그러나 이러한 내적 대화는 특히 뿌리 깊고, 반복적이며 낙인적인 사고로 이루어져 있을 때 포착하고 공유하기가 어려울 수 있다. 따라서 인지적 대처에 관한 논의는 단순히 외상과 관련되지 않은 활동으로 시작하는 것이 가장 적합하다. 예를 들어, 아이들이 아침에 침대에서 일어나기 전에, 그리고 큰 소리로 말하기 전에, 자신에게 처음으로 한 말을 공유하도록 격려함으로써, 내적 대화(예: "피곤하다", "학교에 안 가고 싶다", "아침 식사로 무엇을 먹을지 궁금하다")를 통해 하는 사고가 어떤 의미인지 이해하도록 도울 수 있다. 어떤 아이들은 모든 사람들이 스스로에게 말을 건다는 사실을 인지하지조차 못할 수 있다. 자신이 스스로와 지속적인 대화를 하는 유일한 사람이 아니라는 것이 아이에게는 반가운 안도감이 될 수 있다.

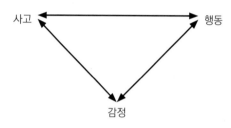

그림 10.1 인지적 삼각구도

많은 아이와 부모는 자기 생각을 바꾸기로 선택할 수 있고, 그렇게 하는 것이 자신의 감정과 행동을 바꿀 수 있다는 사실을 깨닫지 못한다. 이 생각은 그림 10.1에 묘사된 '인지적 삼각구도'의 기초이다.

사고와 감정, 행동 사이의 연관성에 대해 아이와 보호자를 교육하는 것은 인지적 처리 절차에 관한 심리교육의 필수적인 요소이다. 이 절차의 첫 번째 단계는 감정 알아차리기 연습으로 제9장(189~192쪽)에 설명된다.

인지적 삼각구도를 설명하는 다음 단계는 아이와 보호자가 감정과 사고의 구분 및 관계를 인식할 수 있도록 돕는 것이다. 이 심리교육은 감정 알아차리기 연습을 하는 동안 아이가 실수로 감정 대신 생각을 말했다면(예: "같은 반에 있는 한 여학생이 너에게 절대 말을 걸지 않으면 기분이 어떻겠니?"라는 질문에 "나를 싫어하는 것 같아요"라고 답한 경우) 이미 이루어졌을 수도 있다. 감정 알아차리기 활동 중에 이런 오해가 발생하면 치료사는 아이에게 방금 감정이 아닌 생각만 공유했다는 점을 지적하고, 그 상황에서 어떤 느낌(예: 슬픔, 분노, 거부당함, 사랑받지 못함)이었는지 다시 물어봐야 한다. 더 어린 아이들은 '생각'을 만화 속의 생각 풍선과 같이 '우리에게 말을 거는 뇌' 정도로 이해할 수도 있다. 생각을 말하게 하는 데 도움이 되는 질문은 "머리에 스쳐 지나가는 생각이나 그림이 있니?" 또는 "머릿속에 무엇이 떠올랐니? 자신에게 어떤 말을 했니?" 등이 있다.

아이에게 사고와 감정을 구별하는 방법을 가르치기 위해 치료사는 다음과 같이 설명할 수 있다.

"대다수 사람은 감정이 우리 안에서, 자연스럽게 나온다고 가정하고, 또 우리는 우리 자신이 어떤 감정을 느끼는지 또는 언제 그런 감정을 느낄지에 대한 통제력이 없다고 하지. 그렇지만 이것은 그렇게 정확한 건 아니란다. 대부분 우리는 그 순간 우리가 가진 생각에 감정으로 반응을 해. 우리는 때로 특정 생각을 하는 것에 너무 자주 익숙해져서 그것을 경험하고 있다는 사실조차 알지 못하는 거야. 이런 것들을 자동적 사고(automatic thoughts)라고 부르는 이유는 우리가 의식하지 않고, 습관적으로, 그리고 다른 모든 사람도 우리처럼 생각할 것으로 추측하기 때문이야. 하지만 우리는 종종 부정확하거나 도움이 되지 않는 생각을 하고, 이러한 생각들은 우리를 돕기보다는 해치는 감정으로 이어진단다. 몇 가지 예를 들어볼게."

그다음에 치료사는 다음과 같은 예를 제시할 수 있다(이 예들은 각각의 개별 아동의 관심사, 나이, 성별에 맞추어져야 아동이 쉽게 연결할 수 있다).

"같은 반에 한 여학생이 있다고 가정해보자. 그런데 그 여학생은 절대 너에게 말을 걸지 않아. 네가 그 애 옆을 지나갈 때, 그 애는 너를 내려다보거나 다른 쪽을 바라보지. 만약 이 상황에서 네가 '그 여자애는 나를 싫어해'라고 생각한다면, 슬프거나 화가 날지도 몰라. 하지만 '걔는 나를 싫어해'라고 생각하는 대신에, '아, 걔는 정말 수줍음이 많은가 봐'라고 생각한다고 가정해보자. 그러면 기분이 어떠니?"

치료사는 아이가 대답할 수 있도록 한다. 전형적인 반응은 "나는 그렇게 슬프지 않을 거예요.", "그녀가 안타까울 것 같아요." 등일 것이다. 일단 아이가 이 개념을 이해하면, 치료사는 아이가 그 생각에서 비롯되는 또 다른 생각과 감정을 모두 파악해야 하는 일련의 시나리오를 제시해야 한다. 만일 아이가 어떤 감정을 먼저 명명한다면, 치료사는 "어떤 생각이 그런 감정을 갖도록 했을까?" 또는 "그렇게 느낄 때 자신에게 어떤 말을 하고 있었니?"라고 물어보아야 한다. 시나리오의 예시 및 적절한 반응은 다음과 같다.

1. 어머니가 남동생이 한 일에 대해 너를 비난할 때
   사고: "엄마는 공평하지 않아."
   감정: 상처받음, 화남

2. 선생님이 오늘 쪽지 시험이 있을 거라고 공지할 때
   사고: "수학은 내가 가장 잘하는 과목이 아니야. 난 F학점을 받을 거야."
   감정: 두려움, 걱정, 선생님에게 화남

3. 친구가 오늘 영화 보러 갈 수 없다고 문자를 보내올 때
   사고: "걔는 더 이상 나와 친구 하고 싶어 하지 않아."
   감정: 슬픔, 상처받음, 화남

4. 너는 정말 좋아하지만, 너를 좋아하지는 않는 남자아이로부터 댄스파티에 초대받았을 때
   사고: "걔가 나를 좋아하네!"
   감정: 신남, 행복함

다음 단계는 아이가 더 정확하거나 더 도움이 되는 대안적인 생각을 고안해내는 방법을 배워 더욱 다르게 느끼도록 하는 것이다. 어떤 아이들은 이 개념을 치료사가 TV 채널을 바꾸는 것과 비교한다면 더 잘 이해할 수 있을 것이다. "만약 네가 한 채널에서 보고 있는 것이 마음에 들지 않는다면, 더 나은 쇼를 찾기 위해 다른 채널로 바꿀

수 있어. 더 정확하거나 도움이 되는 생각을 찾는 것도 비슷하게 기분이 나아지는 생각을 찾을 때까지 '채널 서핑'을 하는 것을 포함할 수 있어." 어떤 아이들은 제안대로 "생각 풍선"을 사용하는 것이 유익하다고 여길 것이다. 치료사는 만화 캐릭터의 머리 위에 말풍선을 그려 캐릭터들의 생각을 나타낸다. 아이들은 "이 사람의 뇌는 뭐라고 말하고 있을까?"라는 질문에 답함으로써 '말풍선 채우기'를 하도록 격려를 받는다. 만일 아이가 부정확하거나 도움이 되지 않는 생각을 말한다면, 치료사는 "이 아이가 자신의 기분을 나아지게 할 만한 다른 말을 생각해볼 수 있을까?"라고 말할 수 있다. 이 기법은 만화와 비슷하거나 자신에게 익숙한 만화 캐릭터를 사용하므로 많은 아이에게 편하게 활용할 수 있다. 다른 아이들은 다른 색깔의 선글라스를 쓰는 비유를 좋아할 수도 있다. "네가 보고 있는 상황은 똑같지만, '다른 색깔로' 보고 있지." 다음은 이에 대한 예시이다.

1. 어머니가 남동생이 한 일에 대해 너를 비난할 때
   더욱 정확한 사고: "엄마가 진실을 알고 나면 나에게 화내지 않을 거야."
   새로운 감정: 희망

2. 선생님이 오늘 쪽지 시험이 있을 거라고 공지할 때
   더욱 정확한 사고: "난 숙제를 다 했으니 괜찮을 거야."
   새로운 감정: 침착함, 안도감

3. 친구가 오늘 영화 보러 갈 수 없다고 문자를 보내올 때
   더욱 정확한 사고: "친구가 아플 수도 있고, 가족과 함께 어딘가로 가야 할 수도 있어."
   감정: 걱정, 연민

4. 너는 정말 좋아하지만, 너를 좋아하지는 않는 남자아이로부터 댄스파티에 초대받았을 때

더욱 정확한/도움이 되는 사고: "처음 생각했던 걸 바꿀 필요가 없어. 이건 정확하고 도움이 되었고, 기분이 좋아졌어!"

인지적 삼각구도를 설명하는 마지막 단계는 아이가 사고, 감정, 행동 간의 관계뿐만 아니라 우리의 행동과 다른 사람들이 우리에게 반응하는 방식 간의 관계를 알아차릴 수 있도록 돕는 것이다. (이것은 아이들에게 문제 해결 능력을 가르칠 때 사용하는 것과 동일한 접근이며, PTSD 또는 기타 외상 관련 문제를 가진 아이들에게도 훨씬 건강한 대처방식을 촉진할 수 있다.) 어린아이들이 인지적 재구성의 사용을 보여주는 이야기를 읽음으로써 이 과정을 더 잘 이해할 수 있을 것이다. 『웃음을 잃은 하이에나: 부정적인 생각을 바꾸는 이야기(The Hyena Who Lost Her Laugh: A Story about Changing Your Negative Thinking)』(Lamb-Shapiro, 2000)와 『에그버트: 약간 금이 간 달걀(Eggbert: The Slightly Cracked Egg)』(Ross, 1994)은 이에 대한 좋은 예이다. 사고, 감정, 행동 및 결과(즉, 다른 사람이 어떻게 반응하는가) 사이의 관계는 앞서 소개된 예시들 또는 개별 아동에게 더 적용이 되는 다른 예를 사용하여 설명할 수 있다. 다음을 보자.

어머니가 남동생이 한 일에 대해 너를 비난할 때

시나리오 A: "엄마는 공평하지 않아."
감정: 화남
행동: "엄마 싫어!"라고 말하고 방으로 달려감
결과: 엄마가 처벌함

시나리오 B: "엄마가 진실을 알고 나면 나에게 화내지 않을 거야."
감정: 희망
행동: 엄마에게 비난받을 만한 일을 하지 않았다고 차분하게 말함
결과: 엄마가 불공평하게 비난한 것에 대해 사과함

아이가 대안적으로 생각함으로써 자신의 감정과 행동을 바꿀 수 있는 여러 가지 시나리오에 대해 논의하면서, 치료사는 아이와 함께 이 활동을 해야 한다. 가능하면 이러한 시나리오는 아이의 실제 삶에서 나와야 한다. 단, 아이가 자발적으로 외상 사건과 관련된 생각과 감정을 예로 제시하지 않는 한, 이러한 인식을 탐색하고 수정하는 것은 아이가 외상을 서술해내는 작업과 연결되어(즉, 외상 서술 작업을 통해 아이의 외상 관련 인지가 파악되고 나면) 이루어져야 한다. 아이들은 외상 사건이 그들의 잘못이 아니기에 그것에 대해 생각하는 것을 멈추도록 노력해야 한다는 말을 반복해서 듣곤 한다. 또한 치료사는 아이들이 외상 사건에 대한 비난을 받을 일이 없다고 안심시키고 싶을 것이다. 그러나 아이들이 신뢰하는 다른 많은 어른이 이미 이런 말을 했을 것임에도 아이는 여전히 자신을 탓할 수 있으므로, 치료사가 그러한 확신을 주고자 하는 것은 아마도 도움이 되지 않을 것이다.

아이들은 일어난 일에 대한 자세한 내용을 공유할 때 자신이 가장 심각하게 왜곡하고 있는 내용을 처음부터 알아차리지 못할 수 있다. 그러므로 외상 서술 및 처리 단계에 앞서 외상과 관련해 부정확하거나 도움이 되지 않는 생각을 진행하는 것은 삼가야 한다. 조기에 언어화된 왜곡 및 도움이 되지 않는 생각을 너무 일찍(즉, 외상 서술 및 처리 단계 전에) 인지적으로 처리하는 것은 나중에 아이가 더 힘든 생각을 공유하지 않게 만들 수도 있다. 그렇지만 치료 초기에 아이들이 부정확하거나 도움이 되지 않는 생각을 언어화할 때 치료사는 도움이 되는 개입을 제공하는 것이 중요하다. 이런 맥락에서, 아이의 감정을 타당화해 주는 것은 항상 중요한 일이다(예: "일어난 일이 네 잘못이라고 생각하는 게 정말 고통스럽겠구나."). 또한, 치료사는 아이가 이렇게 속상하거나 부정적인 생각을 할 때, 이전에 TF-CBT에서 배운 이완 및 기타 정서조절 기법을 사용하도록 격려할 수 있다. 마지막으로, 치료사는 치료에서 이러한 신념을 다시 다룰 것이며, 치료가 진행됨에 따라 아이가 외상에 대해 다르게 생각하게 될 것을 믿는다고 전달함으로써 희망을 부여할 수 있다.

아동의 외상에 대한 인지적 처리는 주로 외상 서술 작업을 한 이후에 이루어지므로 인지적 처리 구성요소인 '외상 서술 및 처리, 2부: 인지적 처리' 부분을 포함했다.

부정확하고 도움이 되지 않는 사고의 유형

아동이 가지고 있는 많은 종류의 부정확하고 도움이 되지 않는 생각들은 다양한 방식으로 설명되어온 전형적인 패턴에 속한다. 예를 들어, 부정적인 사건을 개인적(내적)·지배적인(전반적)·영구적(항상) 원인으로 돌리는 사람들은 외적·특수적·일시적 원인으로 돌리는 사람들보다 우울해질 가능성이 더 크다는 연구 결과가 있다(Seligman, 1998). 똑같은 시험을 보고 떨어진 두 아이를 예로 들어보자. 첫 번째 아이는 스스로에게 "내가 멍청해서 시험에서 떨어졌고 아무것도 배울 수 없으며 절대 어떤 것도 잘하지 못할 거야."라고 말한다. 이 진술은 개인적(실패를 자신의 결점 탓으로 돌린다), 지배적(이 특정 시험에 있었던 것을 배우는 것뿐만 아니라 모든 일에 어리석다고 가정한다), 영구적(미래에 바뀔 수 없다고 가정한다)인 것이다. 두 번째 아이는 스스로에게 이렇게 말한다. "정말 어려운 시험이었어. 난 그 범위를 안다고 생각했는데, 다 배우려면 더 열심히 공부해야 할 것 같아. 다음번에는 더 열심히 공부해서 더 잘할 거야." 이 진술은 비록 올바른 자료를 공부하지 않은 일부 개인적인 책임을 탓하는 것이었지만, 지배적이거나 영구적인 선언을 한 것은 아니다. 두 번째 아이는 실패한 자신에 대해 나쁘게 생각할 가능성은 적고, 다음 시험을 위해 더 열심히 공부할 가능성은 크다.

아동이 다음의 양상으로 설명된다면 부적응적인 사고 패턴을 더 쉽게 알아차리는 법을 배울 수 있다(Mueser, Jankowski, Rosenberg, Rosenberg, & Hamblen, 2004).

네-아니요 야스민(Yes or No Yasmine)

야스민(Yasmine)은 모든 것을 '네 또는 아니요'로 본다. 즉, 잔이 다 찼거나 다 비어 있는 것 중 하나이다. 그 사이에는 아무것도 없는 것이다. 예를 들면, 만약 시험에서 A+를 못 받으면 F를 받는 것이나 다름없는 것이다.

"만약 세상이 항상 완벽하게 안전하지 않다면, 그건 항상 위험한 일이다."

"모든 남자[여자]를 믿을 수 없다면, 그 어떤 남자[여자]도 믿을 수 없다."

계속 계속 올리버(Over-and-Over Oliver)

올리버(Oliver)는 나쁜 일 하나가 딱 한 번 그에게 일어났는데, 이 때문에 세상을 나쁜 일이 연이어 일어나는 끝없는 패턴으로 본다. 그는 나쁜 일이 일어나기도 전에 항상 나쁜 일이 일어날 것이라고 급하게 결론을 내린다. 이것은 때로 나쁜 일들이 더 잘 일어나게 만든다! 예를 들면, 올리버는 다음과 같이 생각할 수 있다.

"만약 내 친구가 오늘 방과 후에 나와 이야기하고 싶어 하지 않는다면, 그건 그 애가 다시는 내 친구가 되고 싶지 않다는 것을 의미한다."
"나는 교통사고를 한 번 당했었고, 그렇다면 나는 다시 교통사고를 당하게 될 것이다."

재앙 제인(Calamity Jane)

제인은 항상 모든 상황에서 가능한 최악의 결과에 집중한다. 무슨 일이 일어나도 그녀는 "만약에?"라고 생각하기 시작해 최악의 경우 시나리오에 대한 생각에 이른다. 예를 들어, 만약 한 시험에서 나쁜 점수를 받는다면 그녀는 이렇게 생각한다. "이것은 내가 일 년 내내 낙제할 것을 의미한다. 그건 내가 결코 좋은 대학에 들어가지 못한다는 것을 의미하고, 내 인생은 지금 당장 끝나는 편이 낫겠다."

"만약 내가 그 총격에 대해 악몽을 꾼다면, 그건 내가 미쳐간다는 것을 의미한다. 그들은 나를 병원에 가둘 것이고 나는 절대 나가지 못할 것이다."
"아버지가 나를 늦게 데리러 오시네…. 오빠에게 그런 것처럼 아버지에게도 나쁜 일이 생겼을지 몰라…. 오빠처럼 아버지도 총에 맞았을지도 몰라…. 어떡하지? 아버지가 틀림없이 죽었을 거야!"

절대 안 돼 노라(No-Way Nora)

노라는 항상 부정적으로 생각한다. 무슨 일이 일어나고 있든지 간에, 그녀는 우울할 무언가를 찾거나 일이 잘 풀리지 않을 거라고 생각할 만한 어떤 방법을 찾는다. 이런 태도는 비록 일이 잘 풀릴 때도 그녀가 사물의 밝은 면은 보지 못하게 하며, 그녀가 많은 시간을 비참하게 느끼리라는 것은 당연한 일이다. 예를 들어, 노라는 파티에 초대 받으면 이렇게 생각한다. "아무튼, 아마도 아무도 나와 이야기하지 않을 것이고, 나는 끔찍한 시간을 보낼 것이다."

"아무 일도 나한테는 잘 안 풀릴 텐데 왜 사서 고생하는가?"
"가정폭력은 좋은 남자애를 만나기에는 불가능할 정도로 나를 망쳐놓았다. 그러니 나는 나쁜 아이들과 있는 편이 나을 것이다."

클리에테르메스(Kliethermes, 2009)는 "당신은 무슨 생각을 하고 있나요?" 팀("What Are You Thinking?" Team)이라고 불리는 매우 유익하고 관심을 끌 만한 유인물을 만들었다. 이 팀은 '부정적인' 네이트(Nate), '드라마 퀸' 진(Jean), '그랬어야만 했던' 샤론다(Sharonda)와 같이 지배적인 사고 패턴의 유사한 예를 사용하여 캐릭터들을 포함한다. 치료사는 아동·청소년들이 자신의 부적응적이거나 도움이 되지 않는 사고 패턴을 알아차리는 것을 도울 때 그러한 자원이 매우 유용하다는 것을 발견할 수 있다.

치료 초기 단계에서, 아동에게 가장 중요한 메시지는 생각을 자각하게 되는 것의 중요성뿐만 아니라 그러한 생각이 감정과 행동에 미치는 잠재적인 영향에 대한 것도 포함한다. 아동은 또한 치료 과정에서, 특히 외상 서술을 진행하기 시작할 때, 내적 대화를 공유하도록 격려되어야 한다. 사실, 아동은 자신의 외상 경험에 대해 말하고 쓰는 것이 편해짐에 따라, 자신의 정서적 어려움 저변에 깔린 역기능적 또는 부정확한 사고를 드러낼 가능성이 크다.

많은 치료사가 인지적 대처 및 처리의 구성요소를 실행하는 것이 어렵다고 보고한다. CBT가 그들의 주된 치료 양식이 아니거나, 아동에게 생각 및 그 생각이 어떻게 감정과 행동에 연결되어 있는지를 물어본 경험이 부족해서 그럴 수 있다. 인지적 대처 및 처리의 실행을 촉진하기 위해 TF-CBT의 '인생의 삼각형(Triangle of Life)' 비디오 게임이 개발되었다(Mannarino & Cohen, 2015). 이 게임은 사바나 정글을 배경으로 하는데, 이 게임에서는 모든 것에 현명한 사자가 다른 동물들이 자신에게 일어나는 사건에 대해 더 정확하고 도움이 되는 생각을 발전시키도록 도와준다. 예를 들어, 물고기는 원숭이가 자신에게 화가 나서 바나나 껍질로 때렸다고 믿는다. 그러면 사자는 물고기가 생각, 감정, 행동을 연결해 더 정확하고 도움이 되는 생각을 알아낼 수 있게 돕는다. 이 학습 과정은 아동이 이 비디오 게임을 탐색하고 완료하는 동안 발생한다.

TF-CBT의 '인생의 삼각형' 게임은 7~12세 아동을 위해 개발되었으며, 스마트폰이나 태블릿에서 사용할 수 있다. 이 게임은 구글 플레이 스토어 또는 앱스토어에서 무료로 다운로드할 수 있다.

부모의 인지적 삼각구도

치료사는 인지적 삼각구도를 아동에게 사용했던 것과 유사한 방식으로, 또는 다음과 같은 예를 사용하여 부모에게 소개해야 한다.

"영화를 보러 갔는데, 그다지 가깝지 않은 여성 두 명을 보게 되었다고 가정해보세요. 그들은 로비 건너편에서 당신을 쳐다보지만, 당신에게 인사하러 오지는 않고 서로 이야기를 계속합니다. 당신의 생각이 무엇인지, 그리고 그러한 생각이 당신의 감정과 행동에 어떤 영향을 미칠 수 있는지 살펴봅시다. 당신의 생각이 '그들이 나에 대해 험담을 하고 있다'라고 합시다. 기분이 어떨 것 같은가요? [부모는 '창피하다', '화가 난다', '상처받는다'라고 대답한다.] 만약 당신이 창피하다고 느꼈다면 어떻게 하시겠어요? 이 상황에서 당신은 어떻게 행동할까요? [부모는 '그 자리를 떠난다', '그들을 노려본다', '극장을 떠난다'라고 대답한다.] 이제, 만약 그들이 당신에 대해 험담을 하고 있다고 생각하는 대신, 당신의 생각이 '그들은 분명 나를 보지 못했을 것이다'라면 어떨까요? 그럼 기분이 어떨 것 같아요? [부모는 '중립적이다', '그들이 무엇에 대해 논의하는지 궁금하다'라고 대답한다.] 이제, 만약 당신이 아무 감정도 들지 않거나 궁금하다면 어떻게 행동하게 될 까요? [부모는 '내가 가서 그들에게 인사할 지도 모른다', '그냥 들어가서 쇼를 볼 것이다'라고 대답한다.] 네. 보시는 대로, 이 두 시나리오에서 일어난 객관적인 현실은 정확히 동일했지만, 생각을 바꾼 것은 그 상황에서 당신의 감정과 행동에 큰 변화를 만들었습니다."

그다음에 치료사는 부모에게 자신이 기분 나빴던 상황에 집중하고, 그렇게 기분 나쁜 감정을 초래한 생각을 파악해보도록 요청할 수 있다. 그러고 나면 부모에게 고통을 줄일 수 있는 대안적 사고를 만들도록 요청해야 한다. 아이의 경우와 같이, 부모가 자발적으로 이 주제를 제기하지 않는 한, 치료사는 이 시점에서 아동의 외상에 대한 부모의 인식을 굳이 살펴볼 필요는 없다. 치료의 초기 목표는 인지적 삼각구도를 소개하고, 부모가 일상생활에서 일어나는 부정확하거나 도움이 되지 않는 생각을 파악도록 하는 것과 이러한 생각을 탐색 및 재구성함으로써 기분이 더 나아지는 방법을 배우도록 격려하는 것이다.

인지적 대처는 외상 사건(들) 이후에 발생했거나, 이전부터 있었으나 외상이나 상실의 결과로 더 강해진 비관적 사고를 논박하는 데 사용될 수 있다. 이러한 비관적 사고는 다음의 내용을 포함할 수 있다.

"모든 사람에게는 단 하나의 사랑이 있고, 나는 [그/그녀]를 잃었다."
"강하다는 것은 결코 [속상함/불행/분노]를 느끼지 말아야 한다는 것을 의미한다."
"좋은 부모는 항상 자녀에게 옳은 말을 할 줄 안다."
"인생에서 끔찍한 일이 일어난다면, 그 어떤 것도 이전과 같지 않을 것이다."
"인생에서 대부분의 일들은 우리가 통제할 수 없는 것인데, 왜 사서 고생하는가?"
"어떤 문제들은 다루기가 너무 어렵기 때문에 피해야 한다."

이에 도전하는 대처 진술은 다음의 내용을 포함할 수 있다.

"다른 사람을 사랑하는 것에 대해 생각하기에는 너무 이르지만, 언젠가는 가능할지도 모른다."

"모든 사람은 가끔 화가 나며, 이것이 내가 강하지 않다는 것을 의미하지는 않는다."

"어떤 부모도 항상 옳은 말을 하지는 않는다. 나는 최선을 다하고 있다."

"비록 나는 끔찍한 일을 겪었지만, 내 아이와 나는 여전히 여기 있다."

"이것은 정말 어렵지만, 나는 지금까지 도망치지 않고 나름대로 잘 대처하고 있다."

"일어난 일을 바꿀 수는 없지만, 오늘 행복을 느끼도록 노력하기 위해 여러 가지 일을 할 수 있다."

앞에서 언급했듯이, 치료사는 거대한 장애와 역경 속에서 부모가 가진 용기에 대해 진지하게 관찰한 것을 부모에게 말함으로써 이러한 인지적 대처 진술을 격려하고 강화할 수 있다.

생존 부모의 안전감 향상하기

가정 안에서 부모의 외상적인 죽음이 일어난 상황에서 아동은 종종 두려움, 취약성, 불신의 감정을 점점 크게 보인다. 생존 부모도 두렵고 안전하지 않다고 느끼며 의심을 많이 하게 된다. 부모가 아이에게 전반적인 안전감을 전달하고 충분한 정서적 지원을 제공하는 것은 중요한 일이다. 부모가 이렇게 할 수 있도록 치료사는 부모 자신의 안전감을 최대한 높여줄 필요가 있다. 치료사는 부모가 안전감의 저하, 그리고 세상이 다시는 안전하지 않을 것이라는 감각을 경험하고 있는지 묻는 것으로 시작할 수 있다. 만일 부모가 단호하게 그렇다고 대답한다면, 치료사는 다음과 같이 말할 수 있다.

"테러 공격 이후로 당신이 결코 앞으로 나아갈 수 없다고 말씀하셨죠. 그런데 이 스라엘을 비롯한 세계 각지에 살고 있는 사람들이 어떻게 지속되는 전투와 테러 공격 속에서도 어떻게든 살아가는지 궁금합니다. 분명히, 많은 사람이 그곳에 머물기를 선택하고 있습니다. 그들을 그곳에 계속 있게 하는 긍정적인 무언가가 있을 것입니다. 만약 우리가 그들에게 물어본다면, 그들이 뭐라고 말할지 궁금해요. 그들이 뭐라고 말할 것 같은가요? [부모가 대답할 수 있도록 한다. 부모가 응하지 않을 경우, 치료사는 다음과 같이 제안할 수 있다.]

"저는 이런 상황에서 여러 사람이 '이곳은 나의 고향, 나의 조국이다. 그렇기에 이 소수의 악한 사람들이 나를 쫓아내거나 충만한 삶을 살지 못하게 겁주는 것을 용납하지 않을 것이다'라고 말하는 것을 들은 적이 있어요. 다른 사람들은 이렇게 말하기도 해요. '우리의 방식[생활/종교적 자유 등]은 싸울 만한 가치가 있고, 심지어 이를 지키기 위해 목숨을 내놓을 가치도 있다. 우리는 테러리스트들에게 우리가 두려워할 때조차도 그들에 맞서서 우리의 자유나 삶의 방식을 빼앗을 수 없다는 메시지를 주어야 한다.'"

객관적인 관점에서 볼 때 매우 위험해 보이는 상황에 살고 있는 사람들로부터 우리는 무엇을 배울 수 있을 것인가? 그들은 우리 삶에서 내면의 안전함을 찾는 것에 대해 어떤 것을 가르쳐줄 수 있을 것인가?

문제 해결

아동의 문화가 외상과 관련하여 부정확하거나 도움이 되지 않는 신화 또는 신념을 지닌 상황(예: 강간의 피해자가 된 것, 처녀가 아니라는 것을 들어 여자아이에게 부분적으로 책임을 묻는 경우)은 어떻게 다루나요?

이것은 어려운 주제이다. 우리가 아는 바로는 진정 그러한 신념이 있는 문화는 없지만, 역시 모든 문화권에는 자신의 문화나 종교가 이런 믿음을 가지고 있다고 주장하는 소수의 사람이 있다. 그래서 중요한 점은 그들의 문화나 종교의 진정한 가치를 명확하게 하고 강조하는 것이다. 이렇게 할 수 있는 최선의 방법은 '근본'에 접근하는 것이다. 즉, 다양한 문화나 종교가 무엇을 위해 존재하는지 말할 위치에 있는 사람은 드물어서, 이러한 상황에서는 종교적 또는 문화적 지도자에게 가서 도움을 요청하는 것이다. 이러한 관점에서, 교회 원로나 다른 존경받는 지역사회 지도자는 가족과 아동에게 그들의 문화는 강간 등의 이유로 피해자를 비난하지 않는다고 단언할 수 있다. 이러한 접근은 아동이나 부모에게 우리가 잘 모르는데도 그들의 문화에 대해 우리가 더 잘 안다면서 설득하는 것보다 훨씬 효과적이었다. 이러한 접근은 부모나 다른 가족 구성원에게도 도움이 되는데, 이는 이들이 수치심을 느끼면서도 이제 아이에게 더 나은 지원을 제공할 수 있기 때문이다.

부모가 이러한 종류의 믿음을 가지고 있을 때, 자녀에 대한 다른 열망이 무엇인지 물어보는 것도 도움이 될 수 있다. 예를 들어, 어떤 부모는 딸이 성폭행당한 후 더 이상 '순수'하지 않다고 믿고, 더 이상 특별하거나 매우 소중하지 않음을 암시하는 방식으로 그녀와 관계를 맺기 시작할 수 있다. 치료사는, 이러한 생각의 전환이 자기 딸에게 어떤 영향을 미칠지, 그리고 이것이 부모가 딸에게 가지는 다른 목표(예: 대학 진행, 좋은 직장을 얻는 것)에 방해가 될 것인지에 대해, 부모와 정중히 논의할 수 있다. 비록 부모들이 오랫동안 지녀온 문화적/종교적 믿음을 포기하는 데 어려움을 겪을 수는 있으나, 만약 부모가 자신 안에서 이러한 변화를 만들어내는 것이 자녀를 위한 더 큰 정서적 지지를 이끌어낼 것임을 이해한다면, 그들은 그렇게 할 가능성이 더 클 것이다.

만약 아이가 대안적인(더 정확하고 도움이 되는) 사고를 생각해낼 수 없다면 어떻게 하나요?

치료사는 대안적인 생각을 제시하고 아이와 각 생각에 관해 토론함으로써 아이를 도울 수 있다. 또는 치료사가 아이에게 치료 중에 만나는 다른 아이를 도와달라고 요청할 수 있다. 예를 들어, 이렇게 말할 수 있다. "치료에서 다른 남자[여자]아이를 만나고 있는데, 네 도움이 정말 필요할 것 같아. 그 애는 계속 아무도 자기와 친구가 되고 싶어 하지 않는다고 생각하거든. 이 상황에서 그 애는 어떤 생각을 달리해 볼 수 있을까? 내가 그 애에게 무슨 말을 할 수 있을까? 난 정말 네가 지금 날 도와줄 수 있는 사람이라고 생각해."

자신이 자녀에게 도움이 될 수 있을지에 관한 생각에 다시 초점을 맞출 수 없을 정도로 법체계에 몰두해 있는 부모를 어떻게 도울 수 있을까요?

이것은 부모가 자신의 이익을 위해 법체계를 이용한다면 인지적 처리가 정말 도움이 될 수 있는 상황이다. 성폭력 가해자 재판, 학대를 가하는 친밀한 상대, 아동 부모의 살해범 살인 사건 재판 등 어떤 것과 관련이 되든 간에, 보통은 부모의 즉각적인 통제권을 벗어난 법체계의 측면이 있다. 부모의 분노와 복수에 대한 욕구 정도와는 상관없이, 법적인 상황을 바꾸기 위해 부모가 할 수 있는 일은 아마 없을 것이다. "법적 절차가 해결될 때까지 나는 괜찮아질 수 없다."라는 생각을 고수하는 것은 부모의 안녕감과 양육을 방해할 가능성이 크다. 치료사는 이 지점에서 이러한 생각이 도움이 되지 않거나 가장 좋은 것은 아닐 수 있으며, 더욱 희망적인 생각은 "나는 이 문제가 해결되기를 기다리면서 괜찮아질 수 있는 방법을 찾을 수 있다. 나는 나와 내 자녀를 돌보는 데 집중할 수 있다."라고 알려줌으로써 부모를 도울 수 있다. 나아가 치료사로서 할 수 있는 일은 행동적으로 이 메시지를 강화하는 것이다. 법적 절차에 대해 논의하는 데 너무 많은 시간을 들이는 것보다, 부모와의 개별 시간을 마련해 부모가 자신의 아이를 지지하는 것을 도울 수 있는 단계에 집중하고 싶다는 점을 설명하면 된다. 왜냐하면 법적 절차에 대해 논의하는 것은 아이의 안녕감에 별로 영향을 주지 않기 때문이다.

치료 초기에 부모들은 집에서 외상 관련 생각을 추적하기 시작할 것을 권유받을 수 있다. 부록 1의 '주중 인지적 삼각구도 연습' 유인물에 제시된 유형과 같은 양식에 생각을 기록하는 것이 도움 될 것이다. 부모가 자기 생각을 글로 기록하지 않은 경우에도 이런 유형의 숙제를 완성하는 것은 도움이 된다. 즉, 부모에게 외상에 대해 생각하고 특히 괴로움을 느낀 주중 시간을 파악해보라고 요청하는 것이다. 부정확하거나 도움이 되지 않는 생각을 파악하고 논박하는 데 있어 결정적인 단계는 부모가 당시 자기 머리에 흐르던 생각을 포착하도록 돕는 것이다.

인지적 대처는 딱히 아무것도 변화시키지 않는다고, 인생은 더 똑같기만 할 것이라고 말하는 아이들이나 부모들을 어떻게 다루어야 하나요?

많은 아이와 부모가 그들의 여생이 외상이나 다른 나쁜 것들로 가득 찰 것이라고 믿을 정도로, 삶에서 여러 가지 외상을 겪었거나 재앙적인 사건을 경험했다. 이러한 아동과 부모에게 더 나은 삶에 대한 희망은 현저하게 줄어들었고, 세상에 대한 믿음과 신뢰는 크게 손상되었다. 치료사는 이러한 아동과 부모와 어디서부터 시작할 것인가? 그들이 정말로 모든 개인의 회복탄력성을 시험하는 끔찍한 사건을 겪었다는 것을 타당화하는 것이 좋은 시작점이다. 그러나 그들은 정서적 고통과 패배감에도 불구하고 살아남을 방법을 찾았다. 치료사는 아이와 부모들에게 어떻게 이렇게 할 수 있었는지 물어볼 수 있다. 그들이 앞으로 나아가기 위해 매일 무엇을 하는가? 그들이 여전히 기대하는 어떤 것이라도 있는가? 많은 상황에서 아이와 부모들은 자신만의 인지적 대처 전략을 형성해왔다. 실제로는 그 전략들을 언어화하지 못할지라도 말이다. 매우 어려운 상황을 고려해볼 때, 아이와 부모들이 생존하기 위해 한 행동과 그들이 할 수 있는 최선을 다했다는 것을 치료사가 인정하는 것은 언제나 도움이 된다. 타당화는 아이와 부모들이 자기 삶에서 일어난 일을 바라보고, 자신의 미래를 재평가하는(인지적 대처의 본질) 다른 방법들에 대해 수용적으로 느낄 수 있도록 도와주는 매우 강력한 치료적 개입이 될 수 있다.

외상 서술 및 처리 1
외상 서술

외상 서술 작업은 성적 학대(Deblinger & Heflin, 1996; Cohen & Mannarino, 1993; Cohen, Deblinger, et al., 2004; Deblinger et al., 2015), 지역사회 폭력(Pynoos & Nader, 1988), 가정폭력(Cohen, Mannarino, & Iyengar, 2011), 재난(CATS Consortium, 2010; Jaycox et al., 2010), 단회 외상 사건(March et al., 1998)을 경험한 아동과 복합 외상 이력 및 임상적 증상(Murray et al., 2015; O'Callaghan et al., 2013)을 지닌 청소년의 치료에 활용되어왔다. TF-CBT의 초기 구성요소에 상당한 점진적인 노출 작업이 있기는 하나, 외상 서술을 개발하는 것은 훨씬 집약적이고 광범위하다. 외상 서술문을 만드는 것의 목표 중 하나는 테러, 공포, 극도의 무력감이나 회피, 분노, 불안, 수치심, 격노와 같이 압도적인 부정적 감정으로부터 해당 외상 사건에 관한 생각, 상기, 또는 이야기하는 것을 분리하는 것이다. 몇 번의 회기를 거치면서 아동은 이러한 시간 동안 자기 생각과 감정뿐만 아니라, 외상 사건 전, 외상 사건 동안, 그리고 외상 사건 후에 일어난 일에 대해 더 자세하게 설명하도록 안내된다. 이것이 정확하게 행해지면, 치료사는 신중하게 수준을 조금씩 올려가면서, 아동이 외상 사건의 부정적인 측면에 대해 점점 더 이야기하고 쓰도록 격려한다. 치료사는 사건의 어떤 면이 아동에게 가장 어려웠는지 모를 수도 있다. 아동이 서술을 하며 그 부분에 도달했을 때만 알 수도 있으므로, 이 섬세한 작업은 항상 쉽게 이루어지는 것은 아니다. 치료사는 아동에게 '마음속으로 자기 자신을 그때로 데려가' 모든 세부사항을 '바로 지금 일어나고 있는 것처럼' 기억하도록 격려할 수 있다. 이러한 사건, 생각, 감정을 현재의 시각에서 설명하는 한 번 이상의 회기를 거칠 때까지도 많은 아동은 이 작업을 견뎌낼 수 없을 것이다.

데블링거 등(Deblinger et al., 1990)은 본래 외상 서술 작업을, 외상 중에 일어난 일에 대한 반복적인 읽기, 쓰기, 정교화하기를 통해 아동이 외상 알림요인에 둔감해지도록 하는 노출 절차로 개념화했다. 이에 따라, 그러한 알림요인에 대한 노출에 따른 신체적·심리적 과각성이 감소되었다. 이러한 개선은 후에 아동이 그러한 알림요인을 회피할 필요성을 감소시켜 PTSD 증상도 낮추고, 아동이 더 정상적인 기능을 되찾을 수 있도록 하였다. 또한, 지속적인 정서적·행동적 어려움의 밑바탕이 될 수 있는 역기능적 사고와 형성되고 있는 신념을 치료사가 파악하고 궁극적으로 교정하기 시작할 수 있도록 아동이 외상 경험을 설명할 때 자기 생각과 감정을 공유하도록 격려하였다.

외상을 입은 성인들을 대상으로 한 페네베이커(Pennebaker, 1993), 페네베이커와 프란시스(Pennebaker & Francis, 1996)가 수행한 연구 또한, 외상 서술 작업만 하는 것은 심리적 또는 신체적 건강을 향상시키는 데 충분하지 않았다는 점, 오히려 외상 사건에 대한 생각과 감정을 일관되고 의미 있는 경험으로 통합하는 것이 필수적이었다는 점을 시사했다. 외상을 경험한 성인들을 대상으로 한 최근 다른 연구들에서는, 외상 서술 작업이 유익하려면 적절한 대처 능력, 스트레스 관리 및 인지적 처리 기술, 그리고 외상 경험 속 자신의 위치와 현재 자신의 위치에 대한 집중하는 것 또한 필수적이라는 것을 시사했다(Gidron, Peri, Connolly, & Shalev, 1996; Klein & Janoff-Bulman, 1996; Foa, Molnar, & Cashman, 1995). 따라서 외상 서술에 대한 현재 우리의 개념화는 외상 알림요인에 대한 아동의 둔감화, 그리고 회피 및 과각성 감소 외에도, 이 과정이 아동이 외상 사건을 자기 삶의 전체로 통합시킬 수 있도록 하는 것이다. 이렇게 외상은 아동의 인생 경험과 자아개념의 한 부분일 뿐, 이 두 가지의 본질을 정의하는 측면은 아니다. 이것을 구별하기 위해서는 메타인지 능력, 즉 자기 생각과 경험에 대해 생각하고 평가하는 능력이 필요하다. 우리는 심지어 훨씬 어린 아동도 메타인지 처리를 할 수 있는 능력이 있다는 것을 발견했다. 실제로, 외상 서술문을 만들고 인지적으로 외상 경험을 처리하는 작업은 어느 정도 함께 일어나며, 아동이 외상 경험과 그 의미를 더욱 넓고, 가장 적합한 자아개념으로 성공적으로 통합하기 위해서는 이러한 요소들이 상호작용하며 일어나야 한다.

외상 서술(trauma narrative)이라는 용어는 아동의 외상 이야기의 본질이 되는 특정 유형의 신체적 또는 실재적 생산물(예: 책, 시)이 창조된다는 것을 암시한다. 비록 일반적으로는 이것이 진실이기는 하나, 실재적 서술 자체가 외상 서술 및 처리의 핵심이 아니다. 오히려, 외상 서술 및 처리 구성요소를 정의하는 것은 아동과 치료사 사이에서 일어나는 상호적인 과정(interactive process)이다. 다른 말로 하면, 아동이 특정 유형의 형태로 자신의 이야기를 공유할 때, 치료사는 추가적인 정교함 또는 생각과 감정을 이끌어내는 타당화와 지지, 격려, 질문으로 응답하는 것이다. 따라서 외상 서술 및 처리 구성요소는 생산물이라기보다는 과정에 더 가깝다. 이러한 이유로 이 구성요소를 자주(그리고 더 적절하게) 외상 서술(narration) 및 처리(processing)라고 하는 것이다.

외상 서술 및 처리 소개

가족에게 TF-CBT를 처음 시작할 때 외상 서술 및 처리 구성요소를 강조하는 것은 좋은 생각이 아니다. 아동과 부모는 외상에 대해 이야기하는 것과 관련하여 매우 회피적일 수 있다. 치료의 시작부터 외상 서술 및 처리에 초점을 두는 것은 이 회피성을 강화하는 역할을 할 뿐이다. 더욱이, 다양한 이유로(예: 가족이 치료를 중단함, 아동이 새로운 위탁가정에서 지내게 됨) 어떤 아동은 외상 서술 및 처리 작업을 할 기회를 결코 얻지 못한다. 대신에 우리가 권고하는 바는, TF-CBT의 주요 목표는 아동이 자신의 외상 관련 생각과 감정을 다룰 수 있는 효과적인 대처 능력을 개발하는 것이며, 나중에 치료 과정에서 아동이 일어난 일에 대한 자세한 내용 일부를 공유할 수 있는 기회가 있을 것이라고 치료사가 가족에게 전달하는 것이다.

아동이 외상 서술 작업을 하는 회기를 시작하기 전에, 치료사는 이 개입의 이론적 근거를 아동(및 부모)에게 소개해야 한다. 아동과 부모가 외상을 둘러싼 특정 사건들에 대해 직접적으로 이야기하는 것은 염려할 만한 일이라고 이해할 수 있다. PTSD로 인한 회피는 이러한 조심스러운 태도에 영향을 줄 수도 있고, 단순히 힘들었던 사건을 이야기하면서 흔히 경험하는 불편함이나 당혹감 때문일 수도 있다. 우리는 외상 서술 및 처리 작업에 아동을 참여시키는 이유를 다음과 같이 설명했다(Deblinger & Heflin, 1996). 치료사는 개별 아동의 필요에 맞게 수정할 수 있다.

"고통스러운 것에 대해 말하는 것은 매우 힘든 일이고, 아동과 부모는 종종 이 작업을 하지 않으려고 합니다. 사실 그들은 '잠자는 개를 건드리지 마라'와 같은 말을 하고, 슬픈 일에 대한 기억을 되살리는 것이 좋은 일인지 의문을 가집니다. 우리는 아이들과 부모들에게 만일 그들이 그런 기억을 남길 수 있었다면 아이들은 아무런 문제도 겪지 않았을 것이고, 애초에 치료를 받으러 오지도 않았을 것이라고 말합니다. 마치 자전거에서 떨어져 무릎이 벗겨지고, 그 모든 먼지와 세균이 상처로 들어가는 것과 같은 것이죠. 그 상처를 어떻게 해야 할지 두 가지 선택이 있습니다. 먼저, 무시하는 것입니다. 즉 씻지도 않고 약을 바르지도 않고, 그것이 저절로 낫기를 바라는 것이죠. 가끔은 그것이 잘 통할 때도 있습니다. 그러나 그렇게 하면 상처가 감염되는 때도 있습니다. 감염은 무시한다고 낫는 것이 아닙니다. 점점 더 악화됩니다. 또 다른 선택은 상처를 조심스럽게 씻는 것이고, 그곳에서 모든 먼지와 세균을 빼내는 것입니다. 처음에는 쓰리고 아프지만, 그러고 나면 통증이 사라집니다. 그리고 감염되지 않고 빨리 치유될 수 있습니다. 마침내, 상처를 치료하는 것이 감염되게 하는 것보다 훨씬 덜 아픕니다. 무슨 일이 일어났는지 이야기하는 것은 상처를 씻어내는 것과 같습니다. 처음에는 조금 고통스러울 수 있지만, 계속 진행하면서 점점 덜 아프고, 그다음에는 상처가 아물 수 있습니다. 상처를 씻을 때처럼, 너무 세게 또는 너무 빨리 문지르면, 더 조심해서 가는 것보다 훨씬 더 아플 것입니다. 우리는 당신의 이야기가 아주 조금만 아플 수 있도록 적절한 속도로 이야기할 수 있게 노력합니다. 우리가 너무 빨리 가고 있다면 언제든지 우리에게 알려주세요. 속도를 늦출 것입니다."

아동과 청소년, 그리고 부모에게 유익한 외상 서술 및 처리에 대한 대안적 전제는 물리치료와 유사하다. 예를 들어, 무릎을 다쳐 물리치료를 받으러 간다면 처음에 제안받는 운동은 다소 고통스럽고 힘들 수도 있다. 그러나 물리치료가 진행되면서 무릎은 더욱 튼튼해지고 운동도 더욱 쉬워진다. 물리치료가 끝날 때쯤에는 다친 무릎이 다치기 전보다 실제로 더 튼튼해질 것이다. 외상 서술 및 처리 구성요소에는 병렬식 절차가 있다. 외상 서술문을 작성하는 것이 처음에는 아동에게 다소 어려울 수 있으나, 시간이 지남에 따라 둔감화로 인해 점점 쉬워진다. 실제로, 치료가 끝날 때쯤이면 아동은 치료에서 달성한 것으로 인해 정말로 더 강해진다고 느낄 수 있다. 사실, 최근 연구에 따르면, TF-CBT를 완료한 아동은 개인적 차원의 회복탄력성이 점점 증가함을 느낀다고 보고한다(Deblinger et al., 2016).

외상 서술 및 처리 구성요소를 아동에게 소개하는 것은, 이것이 시작되는 시점에 가깝게, 일반적으로 이 구성요소가 실제로 시작되는 회기의 처음부터 최적으로 이루어져야 한다. 이 전략은 아동이 예기 불안을 피하도록 도울 수 있다. 더욱이, 외상 서술 및 처리 구성요소가 소개되면, 치료사는 아동이 지금까지 해온 일을 칭찬하고, 일어난 일에 대해 잘 이야기할 수 있을 것이라는 자신감을 전달할 수 있다. 다음이 유용한 도입일 수 있다.

"치료받는 동안 아주 훌륭하게 해오고 있어. 네가 심호흡하는 기술과 긍정적인 이미지를 사용하는 것에 매우 깊은 인상을 받고 있단다. 너와 네 엄마 모두 네가 더 잘 자고 더 차분하다는 걸 알려줬지. 오늘은 네가 겪었던 그 성적 학대에 대해 더 많이 공유해주었으면 해. 지금까지 치료받으면서 네가 얼마나 잘해왔는지 생각해보면, 네가 이것을 잘해낼 수 있을 거라는 큰 확신이 있어. 우리가 이것을 할 수 있는 다른 방법들도 있어. 네가 어떻게 시작하면 좋을지 이야기해보자."

외상 서술 과정

일단 아동이 외상 서술문을 만드는 것에 대한 전제를 이해하고(예: 외상 사건의 힘든 측면에 대해 한 번에 조금씩 이야기함으로써 시간이 지남에 따라 점점 덜 고통스러워짐/무서워짐/압도됨) 외상 서술에 대한 내용을 설명받았으면, 치료사는 아동이 외상 이야기를 시작하도록 도울 수 있다. 이 과정은 아동에게 그 외상 사건에 대한 이야기를 담은 책을 만들어보게 함으로써 이루어지는 경우가 많다. 그러나 치료사는 아동에게 자기 자신, 그리고 최근에 즐겼던 좋아하는 활동이나 다른 긍정적인 것에 대해 한 꼭지를 쓰도록 함으로써 이 과정을 시작할 수 있다. 앞서 언급한 바와 같이, 이 단계는 아동이 긍정적인 경험에 관한 이야기를 만드는/쓰는 것을 연습할 수 있도록 하며, 이는 외상 관련 이야기를 쓰는 아동의 기술을 향상할 가능성이 있다.

그러나 이러한 연습에도, 어떤 아동은 외상에 대해 처음 이야기하거나 쓸 때, 어쩌면 한 문장 정도로만 아주 적게 쓴다. 예를 들어, 한 아이는 이렇게 썼다. "아버지가 어머니의 얼굴을 베었다." 이런 상황에서 치료사는 아동에게 이번 사건이 발생했을 당시에 아동이 무엇을 하고 있었는지 구두로 설명하도록 하고, 그다음에 어떤 일이 있었는지 계속 설명해달라고 요청할 수 있다. 일단 아동이 이 사건들에 대해 구두로 설명하면, 치료사는 아동이 방금 설명한 것을 이제 써보라고 제안한다. 아동이 외상 사건 동안 경험한 생각과 감정을 묘사하고 적어보도록 격려하는 것도 필수적이다. 그러나 때로는 아동이 먼저 사실에 대해 지각하는 바를 먼저 설명하게 한 뒤에 처음으로 돌아가 생각과 감정을 물어보는 것이 더 생산적일 수도 있다. 이야기의 흐름 속에서 아동의 말을 가로막는 것은 아동이 그 사건에 계속 집중하기 어렵게 만들 수 있고, 일어난 일에 대한 더 자세한 설명을 피하게 유도할 수도 있다. 많은 아동은 자신이 이야기하는 동안 치료사가 그것을 받아 적는 '비서' 역할을 하도록 하는 것을 즐긴다.

많은 아동이 처음에는 자신의 외상 경험에 대해 말하기를 주저하므로, 우리는 다음과 같은 책을 읽으면서 외상 서술 구성요소를 소개한다.『말해도 괜찮아(Please Tell)』(Jessie, 1991; 성적 학대),『스타를 위한 장소(A Place for Starr)』(A Place for Starr;

Schor, 2002; 가정폭력에 노출), 『분리의 모든 것(All Kinds of Separation)』(Cunningham, 1992; 아동 학대로 인한 부모 별거, 부모의 물질 남용 또는 입원), 『창조적 치유 책 시리즈의 빈칸 채우기 책들(Creative Healing Book Series)』(Alexander, 1993a - 1993d), 『끔찍한 것을 보았어요(A Terrible Thing Happened)』(Holmes, 2000; 범죄나 폭력에 노출), 『몰리 엄마가 죽었다(Molly's Mom Died)』(Holmes, 1999), 『샘 아빠가 죽었다(Sam's Dad Died)』(Holmes, 1999b), 『가장 밝은 별(The Brightest Star)』(Hemery, 1998), 『굿바이 마우지(Goodbye Mousie)』(Harris, 2001), 『기억할 준비(Ready to Remember)』(Goodman, Miller, Cohen, & Major, 2011) 또는 『로지는 엄마를 기억해(Rosie Remembers Mommy)』(Goodman, Miller, Cohen, & Lieberman, 2015; 외상적 죽음에 노출), 『바트가 말한다(Bart Speaks Out)』(Goldman, 1998; 자살에 노출), 또는 『용감한 바트(Brave Bart)』(Sheppard, 1996; 불특정 외상에 노출). 이 책들은 아동이 비슷한 외상 사건에 대한 다른 아이의 경험을 읽을 수 있도록 하고, 아동이 자신의 경험에 대해 쓸 수 있도록 구조화된 양식을 만들어준다. 일단 치료사가 아동에게 그러한 책을 읽어주고 나서(또는 아동과 치료사가 교대로 책을 읽고 나면), 아동에게 자기한테 일어난 일에 관한 책을 써보라고 제안할 수 있다. 대부분 아동은 적절한 격려와 지지를 받을 때 이 제안에 동의할 것이다. 치료사는 아직 읽는 법을 배우지 않은 아동이나 독서 장애 또는 회피로 인해 쓰기나 읽기를 선호하지 않는 아동을 위해 비서 역할을 하며 대부분의 쓰기와 읽기를 해줄 수 있다.

아동에게 외상적이지 않은 정보부터 시작하라고 제안하는 것이 유용한 경우가 종종 있다. 예를 들어, 자신에 대해, 무엇을 하고 싶은지, 누구와 함께 사는지, 학교는 어디로 가는지에 대해 말해달라고 하는 것이다. 그런 다음, 외상 경험의 시작에 이르는 맥락을 설명하도록 격려할 수 있다(예: 대인관계 폭력이나 외상적 죽음이 시작되기 전 가해자와의 관계; 재난, 사고 또는 폭력이 발생하기 전날). 마지막으로는, 아동이 이어서 자세한 외상적인 경험(들)을 이야기하도록 격려한다.

발생한 일에 대한 전체를 설명하는 서술문을 개발하는 것은, 아동이 이러한 세부사항을 기억·설명·작성하는 것이 얼마나 어려운지, 아동이 얼마나 많은 세부사항을 기억해 제공할 의향이 있는지, 그리고 아동의 설명에 얼마간의 기간이 포함되는지에 따라 여러 치료 회기가 필요할 수도 있다. 외상 서술의 각 부분을 완료하고 나면(한 회기에서든 수많은 회기에서든), 아동에게 자신이 지금까지 쓴 내용을 읽어보라고 요청하는 것이 도움이 된다. 이에 따라 아동은 외상의 세부사항을 언어화하는 데 숙달되어, 그다음 설명 부분을 개발하는 데 더욱 준비(즉, 다시 초점을 맞출 준비)가 된다. 만일 아동이 자신이 쓴 글을 좀처럼 읽지 않는다면, 치료사는 아동에게 소리 내어 읽어줌으로써 아동이 외상 경험(들)을 다시 말해볼 수 있도록 할 수 있다. 몇 번의 반복을 거치면서, 아동은 보통 점점 덜 극단적인 정서적·생리적 반응을 경험한다.

어떤 치료사들은 각 회기에서 아동이 자신의 고통 수준을 수량화하는 것을 돕기 위해 주관적 고통 단위 척도(Subjective Units of Distress Scale; SUDS)를 사용한다. 이 척도에는 공포를 측정하는 체온계나 고통의 다양한 정도를 나타내는 아동의 표정이 사용된다. 만일 외상 서술문이 만들어지는 회기 중에 아동의 SUDS가 점진적으로 감소한다면, 이 진행 상황은 아동이 이 어려운 작업을 얼마나 잘 다루고 있는지를 보여주는 신호로 전달될 수 있다. 이와는 대조적으로, 어떤 아동은 외상 서술의 일부를 개발하면서 상당한 정서적 고통을 겪을 수 있다. 만일 아동의 SUDS가 너무 강렬하거나 약간 압도적으로 되면, 치료사는 외상 서술 과정을 멈추고 아동에게 이완 기법을 연습하도록 격려할 수 있다(제8장에서 설명됨). 아동이 더 높은 수준의 자기조절을 할 수 있게 되면, 치료사는 칭찬하고 나서 아동이 서술 과정으로 돌아오도록 격려할 수 있다. 외상 서술로 복귀하는 것이 매우 중요함을 유의해야 한다. 그렇지 않으면 아동은 자신이 괴로워질 때 외상 서술이 중단될 것이라고 이해할 수도 있는데, 이것은 오히려 더 큰 회피를 부추길 수 있다.

어떤 상황에서는 아동이 외상 사건에 대한 모든 정확한 세부사항을 알지 못할 수도 있다. 예를 들어, 어떤 아이는 교통사고나 총격 후에 불타는 집에서 빠져나왔거나 의식을 잃어서, 심각한 부상이나 사망이 일어나기 전에 집/차 안에서 다른 사람들이 어떤 경험을 했는지 모를 수 있다. 이러한 정보의 부재는 아동이 사랑하는 사람들이 고통받는 끔찍한 장면을 상상하게 할 수도 있다. 이런 경우에는 아동이 이렇게 상상하는 외상 알림요인을 언어화하고 책에 쓰는 것이 중요하다. 이러한 외상 알림요인에 수반되는 강렬한 부정적 정서를 중화하는 방법은 아래에서 논의된다.

아동이 외상 중에 어떤 일이 일어났는지에 대한 설명을 글로 쓰고 나면, 치료사는 아동에게 처음부터 읽어보라고 요청하고, 이야기에 묘사된 사건들 동안 아동이 경험하고 있었던 생각과 감정을 포함시켜야 한다. 이 과정에서 아동이 추가로 서술할 내용을 떠올리는 것은 흔한 일이기에, 서술 중 적절한 부분에 이를 더하도록 안내되어야 한다. 처음에는 아동이 회상하는 모든 생각과 감정을 간단하게 설명하도록 돕는 것이 목표이다. 이러한 생각과 감정을 탐색하고 논박하는 작업은 서술문에 기록될 때까지 미뤄두어야 한다.

아동의 서술이 발전되는 어느 지점에서, 치료사는 아동에게 외상 경험(들)에 대한 최악의 순간, 최악의 기억 또는 최악의 부분을 설명해달라고 요청하고 이것을 서술문에 써야 한다. 이 부분을 핫스팟(hot spot)이라고 부르기도 한다. 예를 들어, 치료사는 아동에게 자신이 누구에게도 말하리라고는 생각지도 못했던 외상의 측면을 서술문에 써달라고 요청할 수도 있다. 가능하면 아동은 그 기억을 그리는 것을 포함하여 가능한 한 자세하게 이 측면을 설명하도록 격려되어야 한다. 이 작업을 하는 동안, 많은 아동은 어느 정도의 공포, 혐오, 슬픔 또는 분노를 재경험한다. 치료사는 아동에게 이러한 감정들과 그에 수반되는 신체적 감각(즉, 복부 긴장, 빠른 호흡)을 설명하도록 격려해야 한다. 그러나 만일 아동이 이러한 감정들에 압도된 것처럼 보인다면, 이 감정들은 단지 감정일 뿐이고, 과거에 일어났던 일과 관련이 있으며, 지금 일어나고 있는 것은 아니라는 점을 일깨워주는 것이 도움이 된다. 더 어린 아동에게는 초반에 인형을 사용하여 이러한 사건에 대해 설명하면, 설명하는 내용과 조금이라도 압도적일 수 있는 감정 사이에 거리를 두는 데 도움이 될 수 있다(Worden, 1996). 치료사나 아동은 아동이 인형으로 무엇을 연기하는가를 서술문에 써야 하며, 계속 이어지는 읽기에서 치료사는 아동이 이러한 사건, 생각, 감정을 더욱더 직접적으로 이야기하도록 격려해야 한다. 이러한 시점에서는 이완 기법이 도움이 될 수 있고, 아동에게 자기 생각을 통제할 수 있다는 것을 알려줄 수 있다. 또한, 이러한 시점에서 필요한 경우, 아동은 간략한 전환 과제(예: 그날 학교에서 무엇을 했는가와 같이 외상 사건과는 무관한 것에 대해 5분 정도 말하기)를 통해 이익을 얻을 수 있다. 그러나 위에서 언급했듯, 이 짧은 휴식 후에 치료사는 아동이 외상 서술로 돌아오도록 도와야 한다. 우리의 경험대로라면, 아이들이 회기 초기에(또는 이전 회기들에서) 외상 사건의 덜 무서운 측면에 대해 점진적으로 설명하고, 숙달감을 얻는 데 적절한 시간을 보냈기 때문에, 극도로 부정적인 정서를 경험하지 않고도 일반적으로 '최악의 순간'을 설명할 수 있다.

다음의 임상적 예시는 최악의 부분에 대한 실례이다. 한 6세 남자아이는 삼촌의 집 지하에서 삼촌에게 성적 학대를 당했다. 이 아이가 성적 학대의 세부사항을 적절한 양만큼 묘사할 수는 있었으나, 계속해서 상당한 정도의 정서적 고통을 드러냈다. 치료사가 아이에게 가장 나쁜 부분이 무엇이었냐고 묻거나, 이전에 다른 누구와도 이야기하지 않았던 외상의 일부를 공유하기를 요청했을 때, 각각의 성적 학대 사건이 있고 나서 삼촌이 자신을 짧은 시간 동안 작은 옷장에 가둬두곤 했다고 아이는 말했다. 삼촌이 아이를 옷장에서 나오라고 했을 때, 성적 학대에 대해 누군가에게 말한다면 옷장에 영원히 가둬서 아무도 찾지 못하게 할 것이라고 말했다. 이 아이는 외상 경험의 이 부분을 이야기하는 데 많은 지지가 필요했으나, 이 회기 동안 눈에 띄게 더 편안해졌다. 게다가 그의 어머니는 집에서 아이의 고통이 현저하게 줄어들기 시작했다고 보고했다. 이처럼 최악의 부분 또는 핫스팟에 관해 묻는 것은 외상 서술 구성요소의 중요한 부분이 될 수 있다.

아동이 일어난 일에 대한 기억과 생각, 감정에 대한 내용을 모두 적으면, 인지적 왜곡과 오류를 탐색하고 교정하도록 인지적 처리 기법이 동원된다. 이는 제12장에서 설명된다. 회기마다 아동이 외상 서술 작성을 마치면 치료사는 그러한 노력에 대해 반드시 칭찬해야 한다. 또한, 외상 서술이 끝날 때 5~10분을 할애해 아이가 어떤 종류의 즐거운 활동이나 휴식 운동에 참여할 수 있도록 하는 것도 도움이 된다. 이렇게 하는 것은 대부분 아동에게 좋은 전환인데, 아동이 학교 기반 치료를 받고 있고 교실로 돌아가야 한다면 특히 더 그렇다. 게다가 밝은 분위기에서 회기를 끝낼 수 있다면, 아이들은 일반적으로 외상 서술 작업에 대해 더 긍정적인 감정을 갖게 될 것이다. 또한, 외상 서술이 마무리될 때, 치료사는 아동이 마지막 꼭지에 외상 사건이 일어났을 때와 치료가 시작됐을 때로부터 현재 어떻게 달라졌는지, 외상 사건을 겪고 외상 서술을 작성한 것으로부터 어떤 것을 배웠고 어떻게 성장했는지, 그리고 비슷한 유형의 외상을 경험한 다른 아이들에게 줄 수 있는 조언이 어떤 것이라도 있는지를 포함하도록 격려해야 한다. 이러한 개념을 맥락화(contextualization)라고 부른다. 이 개입은 아동이 외상 경험이 어떻게 삶의 전체성에 들어맞는지 생각하도록 조력하고, 이러한 경험의 긍정적 및 부정적 결과를 자기 자신, 세계, 그리고 타인과의 관계에 통합하는 데 도움을 준다. 아동은 외상 서술의 인지적 처리 과정 중에 외상 서술의 일부를 추가하거나 수정하고자 할 수도 있다(제12장에 설명됨). 그렇다면, 모든 새로운 인지와 메타인지를 외상 서술에 포함하도록 격려해야 한다.

우리는 종종 두 가지 이상의 외상을 경험한 아동 또는 평생 외상의 영향을 받은 아동에게 외상 서술을 어떻게 구조화해야 하는지 질문을 받는다. 이러한 경우, 어떤 외상 경험을 어떤 순서로 서술문에 포함할지에 대해 아동이 직접 치료사를 이끄는 것을 제안한다. 예를 들어, 한 여자아이는 성폭력과 가정폭력을 모두 경험한 적이 있다. 이 아이가 보기에 가정폭력에서 최악의 일례는 아이가 성폭력에 대해 폭로한 후에 일어났는데, 즉 어머니가 성폭력 가해자에 맞섰을 때이다. 그 남자는 어머니를 계단 아래로 던졌고, 어머니는 피를 흘리며 의식을 잃었다. 아이의 외상 서술은 성적 학대 이전에 시작되었고, 여러 학대 에피소드 동안 발생했던 사건들을 설명했으며, 그다음에 위의 일례를 포함한 가정폭력에 대해 설명하였다. 서술문을 다시 읽은 후, 이 아이는 서술문의 서두에 가정폭력의 몇 가지 에피소드를 추가하기로 결정했다. 왜냐하면 가정폭력의 몇 가지 에피소드가 성적 학대보다 앞서 일어났기 때문이다. 이런 방식으로 외상 서술문을 작성하는 것은 이 아이가 성폭력과 가정폭력을 모두 맥락화하는 데 도움을 주는 것으로 보였다. 그리고 이는 아이의 폭로가 가정폭력을 조장했다거나 가해자의 행동에 아이에게 책임이 있는 것이 전혀 아니라는 사실을 아이가 이해하도록 강화하는 데 중요한 역할을 했다.

여러 가지 외상 사건이 있을 때, 아동이 한 가지에 대해 말하는 것은 더 편할 수 있으나, 다른 것에 대해서는 매우 회피할 수 있다. 우리의 경험에 따르면, 일어났던 일에 대해 말하는 것을 피하려는 피해자들에게 성적 학대는 특히 수치심 또는 자기비난으로 귀결될 수 있다. 비록 아동이 어떤 것을 먼저 다루어야 할지 결정할 수는 있으나, 치료사가 시작 전에 아동과 서술문을 구조화하여 어떤 외상이 포함될지에 관해 논의하는 것이 도움이 된다. 1개의 외상이 논의된 후에는 대개 둔감화가 일반화되면서, 다른 외상에 대해 다루는 것도 더 수월해질 수 있다.

가끔씩 우리는 여러 번 위탁가정에 맡겨진 경험 및 여러 가지 외상 사건을 겪은 아이들에게 '인생 이야기'를 만들 것을 제안해왔다. 어떤 아이들은 역사 시간에 만드는 것과 같이 그들의 인생 '시간표'를 만드는 것을 즐겼고, 다른 아이들은 그들의 출생으로 시작하는 사진 앨범을 만들어 현재에 이르기까지 왜 그들이 각 위탁가정을 떠났는지, 각 가정에서 어떤 사건들(외상적·긍정적인 것 모두)이 일어났는지를 설명하는 것을 선호했다. 우리는 이 시간표가 아이들이 여러 가지 외상이 일어났을 때조차 그들의 삶에 재미있고 행복한 사건들도 있었다는 것을 인식하도록 돕는다는 것을 발견해왔다. 또한 이를 통해, 아이들이 그 많은 어렵고 힘든 시간을 이겨냈다는 점에서 아이들이 얼마나 강한지 알려줄 수 있다. 컴퓨터로 책을 만들고 싶어 하는 아동에게는 컴퓨터 프로그램인 스토리북 위버 디럭스(Storybook Weaver Delux, Riverdeep Interactive Learning Limited, 2005)가 유용할 수 있다. 여기 아동의 외상 서술의 몇 가지 예가 있다.

외상 서술 1: 외상적 애도를 경험하는 12세 히스패닉 소녀

어머니가 어떻게 사망했는가

이자벨라(Isabella) 씀

1장: 이것은 나에 관한 것이다
내 이름은 이자벨라이다. 나는 열두 살이고 4번 학교에 다닌다. 내 취미는 연기하는 것과 그림 그리기이다. 내 가족은 아빠, 언니, 강아지이다. 나는 초콜릿을 가장 좋아한다.

2장: 우리 엄마
우리 엄마는 똑똑했다. 엄마는 책을 많이 읽는다. 엄마는 나를 도서관에 데려다주었다. 엄마는 책을 정말 좋아했다. 내가 어렸을 때, 엄마는 항상 나에게 책을 읽어주었다.

3장: 엄마가 죽었다

우리 엄마는 정말 따뜻한 날에 죽었다. 엄마는 퇴근하고 집에 오다가 총에 맞았다. 엄마는 낯선 사람의 총에 맞았다. 엄마가 죽었을 때, 나는 내 가장 친한 친구 로지(Rosie)의 집에 있었다. 아빠가 로지의 집에 와서 그 소식을 말해주었다. 나는 울음을 멈출 수가 없었다. 로지가 날 안아줬다. 아빠는 나를 꼭 안아주었다. 아빠도 울고 있었다. 나는 엄마에게 작별인사를 하지 못해서 속상했다. 경찰은 누가 엄마를 죽였는지 모른다.

4장: 이야기의 나머지 부분

엄마가 죽던 날 밤에 이모와 삼촌이 왔다. 그들 역시 슬펐지만 내 기분이 나아지게 해주었다. 그들은 나에게 우리 엄마가 나를 얼마나 사랑했는지, 그리고 우리 엄마는 내가 엄마를 얼마나 사랑하는지 알고 있다고 말해주었다. 장례식장에는 가족과 친구들이 모두 왔다. 약간 파티 같기도 했지만, 그러다가 '엄마를 더 이상 못 보겠구나.'라고 생각하자 다시 슬퍼졌다. 왜 사람들은 다른 사람들을 죽이는 것과 같은 끔찍한 일들을 할까? 나는 그 사람이 필요한데 왜 죽는 걸까? 우리 엄마는 더 이상 나와 도서관에 갈 수 없을 것이다. 그게 장례식장을 떠날 때 가장 나쁜 부분이었다. 나는 엄마를 다시 볼 수 없을 것이다. 정말 화가 났다. 우리 집에 돌아와서, 나는 아빠와 이야기를 나누었다. 나에게는 여전히 아빠가 있다는 게 천만다행이다.

배운 내용:

1. 나의 감정을 배려하는 사람에게 이야기한다.
2. 나는 정말 힘든 일에서 살아남았다.
3. 상담을 받으러 와서 다행이다.
4. 엄마에 대해 말해도 괜찮다.

외상 서술 2: 가정폭력의 목격자인 아홉 살 유럽계 미국인 소년

안녕하세요? 제 이름은 마이클(Michael)이에요. 저는 엄마와 에리카(Erica), 에밀리(Emily)라는 두 명의 누나와 함께 살아요. 우리는 헤이우드(Heywood)에 살았어요. 지금은 플리머스힐스(Plymouth Hills)에 살아요. 우리는 집에서 있었던 일 때문에 이사를 했어요. 우리는 아빠와 함께 살았는데, 아빠는 나쁜 짓을 했어요. 저는 아빠가 보고 싶어요. 어느 날 아빠와 엄마는 크게 싸웠어요. 아빠와 엄마는 고함을 지르고 있었고, 아빠는 엄마를 때리고 있었어요. 저는 제 방에 숨어 있었어요. 정말 무섭고 떨렸어요. 안 들으려고 했는데 너무 시끄러웠어요. 이불 속에 숨었는데, 엄마와 아빠가 너무 시끄러웠어요. 왜 싸우지? 라고 생각했어요. 그런 게 정말 싫어요. 아마도 엄마와 아빠는 저 때문에 싸우는 것일지도 몰라요. 그때 누나들이 와서 경찰이 저를 이불 속에서 찾았어요. 그들은 엄마를 병원에 데려갔고, 아빠는 감옥에 갔어요. 저는 아빠가 감옥에 안 가길 원했거든요. 그래서 슬펐어요. 우리는 엄마가 퇴원할 때까지 이웃집에 있었어요. 그 후에 우리가 플리머스힐스에서 살게 된 거죠.

우리 아빠랑 엄마는 이전에도 많이 싸웠어요. 저는 이제 그들이 싸우지 않고는 어떻게 잘 지내야 하는지 모르기 때문에 함께 살 수 없다는 것을 알아요. 아빠는 엄마를 계속 다치게 했어요. 아빠는 자기가 우리 집안의 모든 걸 돌아가게 한다고 해서 누군가에게 상처를 줘도 된다는 것은 아니라는 걸 배워야 해요. 엄마는 아빠가 돌아와서 우리와 함께 살게 놔두지 않을 거라고 말하는데, 그게 안심이 돼요. 나는 다른 아이들에게 한 가정의 어른들이 서로 싸우고 다치게 해서는 안 된다고 말할 거예요. 만약 여러분의 가족에게 그런 일이 생긴다면, 누군가에게 말하고 지금 상담을 받으러 가세요. 저는 엄마와 아빠를 사랑해요. 끝.

길이와 세밀함에서 서술문들이 크게 다르다는 점을 유념하는 것이 중요하다. 매우 어린 아동은 상대적으로 적은 단어라도 강력한 그림을 제공할 수도 있다. 그리고 외상 경험 동안 무슨 일이 일어났는지 보여주기 위해 인형 집이나 장난감 캐릭터, 인형과 같은 놀이 소재를 사용해 놀이 서술(play narratives)을 만들어낼 수도 있다. 그러나 놀이 서술은 일반적으로 비지시적이거나 정신역동적인 성격을 지니는 전통적인 놀이 치료와 비슷하지 않다는 점을 유념하는 것이 중요하다. 놀이 서술은 아동이 일어난 일을 구체적으로 보여주도록 구조화되어 있고, 치료사가 정교한 설명을 요청하거나 생각 및 감정에 대해 물어볼 수 있는 기회도 있다. 이와는 대조적으로, 10대 청소년들은 종종 상세하고, 장황하며, 외상 경험 전후에 일어난 사건을 통합시키는 서술문을 만들어낸다. 또한 청소년들은 시, 노래 등 다른 형식을 외상 서술을 하는 것을 선호할 수도 있다. 훨씬 최근에, 우리 저자 중 한 명(매나리노)은 몇몇 청소년들에게 '문자메시지'를 사용해 서술문을 작성하도록 격려했다. 이것은 전자 매체와 익숙한 많은 10대들에게 편안한 형식이다. 이런 전략을 따른다면, 문자메시지를 실제로 전송해서는 안 되고, 청소년들의 휴대전화에 입력만 해 두어야 한다. 전화나 인터넷을 통한 실제 소통과 관련해서는 비밀보장성이 부족하므로, 서술 개발 및 처리를 위해서는 그러한 사용을 권장하지 않는다.

외상적 애도를 경험하는 아동의 외상 서술

전쟁과 재난, 테러 상황에서 아이들은 사랑하는 사람을 잃지만, 사건이 어떤 상황에서 일어났는지는 모를 수 있다. 고인의 시신이 수습되지 않는 경우도 있는데, 그러면 아동은 사랑하는 사람의 인생의 마지막 순간을 상상하도록 남겨진다. 이러한 비극적인 상황들로 인해 아동은 죽음 전 고통받는 끔찍한 장면을 상상하게 될 수도 있다. 더욱이, 사랑하는 사람의 죽음이 테러나 살인 등의 행위 결과로 일어날 때, 아동은 그 행위 이면의 의도성과 관련된 다양한 생각과 감정을 경험할 수 있다. 앞에서 언급했듯이, 분노, 무력감의 감정 또는 복수에 대한 생각은 흔하게 일어나며, 실제로 그러리라고 예상할 만하다. 그러나 이러한 생각과 감정이 침투적이고 반복적으로 될 때, 즉 외상 알림요인이 될 때, 직접적인 논의를 통해 다루어야 한다. 그러한 경우, 아동은 자신의 외상 서술에 이런 상상 속의 외상 알림요인을 언어화하고 쓰는 것이 중요하다. 이러한 외상 알림요인에 동반되는 강렬한 부정적 감정을 중립적으로 만드는 방법은 다음과 같은 개입을 포함한다.

치료사는 아동이 죽음의 고의성과 관련될 수 있는 생각과 감정이 어떤 것이든 이야기하도록 격려하는 것이 중요하다. 외상 서술 구성요소를 다루는 동안, 이러한 생각과 느낌을 명확하게 설명하도록 격려하는 것이 도움이 된다. 이에는 구원 환상(rescue fantasies)과 복수 환상(revenge fantasies)이 포함될 수 있다. 구원 환상(죽음을 막기 위해 행동할 수 있었다는 아이의 소망)을 파악하기 위해 치료사는 "특별한 능력이 있어서 상황이 다르게 전개될 수 있었다면, 일어난 일을 바꾸기 위해 무슨 말이나 행동을 했을까?"와 같은 즉각적인 질문을 하고자 할 수 있다. 아동은 이러한 생각들도 서술문에 포함하도록 격려되어야 한다. 그런 다음 치료사는 아이에게 이러한 생각이 정상이라는 것을 알려주고, 사건이 원래 일어났던 방식으로 일어나지 않았기를 아이가 얼마나 바라는지를 알려줄 수 있다. 그 후 치료사는 과거는 이미 지나갔기 때문에 누구도 바꿀 수 없다는 것을 인식하도록 도와야 한다. 그러나 우리 모두는 우리 자신의 행동으로 현재와 미래의 것들을 바꿀 수 있는 능력이 있다. 무엇보다도, 우리는 우리 자신의 생각과 감정, 행동을 바꿀 수 있다. 인지적 처리 구성요소를 다루는 동안 아동과 이러한 내용을 논의할 수 있다(제12장). 치료사는 아동에게 현재나 미래에 일이 '더 잘 풀리도록' 하기 위해 지금 당장 할 수 있는 일이 무엇인지 물어봐야 한다. 그런 다음 치료사는 아동이 현재와 미래에 상징적으로 바람직한 행동을 달성하는 데 구체적인 방법에 대해 생각하도록 격려해야 한다. 이는 아동의 외상 서술 또는 치료 밖에서 아동이 참여하는 특별한 의미가 있는 활동(예: 아동이 사랑하는 사람이 음주 운전자에 의해 사망했을 때 음주운전 반대 학생회에 참여하는 것)에 포함될 수 있다.

청소년들은 때로 그들에게 아픔이 끝나는 느낌과 힘을 주는 어떤 자비로운 또는 상징적인 활동에 참여함으로써 다짐을 이룰 수 있다. 그들은 다른 사람들을 돕는 자원봉사를 하고자 할 수도 있고(예: 노숙자들을 위한 주방 요리 일), 다른 사람들에게 '좋은 것을 하는' 종교 또는 공동체 활동에 더 많이 참여하게 될 수도 있다. 치료사는 청소년들이 다음의 문장을 생각해보도록 격려할 수 있다. "우리는 일어난 일을 바꿀 수는 없지만, 때로는 다른 사람들이 저지른 나쁜 일에 대한 반응으로 좋은 일을 할 수 있다.

때로는 그것이 우리의 기분을 더 나아지기 시작하도록 도움을 줄 수 있다. 지금 자기 자신이나 다른 사람들의 기분이 더 좋아지게 할 수 있는 무언가를 생각할 수 있는가?"

마지막으로, 치료사는 아동이 외상 서술의 마무리에 있을 수 있는 교정적인 이야기를 쓰도록 격려해야 한다. 치료사는 아동에게 "나는 미래에 이렇게 이야기가 이어졌으면 좋겠다." 또는 "미래에 내가 기대하는 것" 또는 "나의 해피엔딩"이라는 제목의 페이지를 포함하도록 격려할 수 있다. 예를 들어, 어떤 아동은 끔찍한 사건이 다시 일어나는 것을 막는 방법으로, 커서 구조대원이 되거나 세계 평화나 종교적 관용을 위해 일하기를 바란다.

어떤 치료사들은 공격적인 구원 또는 복수 환상을 실천하는 것(예: 세계무역센터의 꼭대기 층으로 날아가 희생자들을 안전한 곳으로 이송하거나, 테러범들이 비행기를 추락시키기 전에 살해하는 것)이 근본적인 감정을 해결하는 것으로 이어진다고 믿지만, 우리는 많은 사례에서 공격적인 행동의 재현은 희생자가 가해자가 되는 '실습'의 역할을 한다는 것을 발견했다(Ryan, 1989). 따라서 우리는 공격적인 행동이 치료 이외에 행동적으로 다루어져야 한다고 믿고 있으며, 비록 치료 회기에서 공격적인 충동에 대한 언어적 표현이 허용되기는 하나, 이를 해결하기 위해서는 치료사가 적극적으로 개입해야 한다. 예를 들어, 치료사는 아동에게 그러한 행동은 일어났으면 하는 소망을 반영한다는 것을 알려준 다음, 아동이 미래에 더 안전한 세상을 만들기 위해 더 건설적인 생각/환상/행동을 향해 나아가도록 도울 수 있다.

부모와 외상 서술 공유하기

치료사는 아동에게 사용했던 유사한 비유를 사용하여(상처를 씻어내고 물리치료에 참여하는 것), 아동의 외상 서술 개발의 근거를 부모에게 직접 설명함으로써 시작해야 한다. 부모는 이 절차에 대한 우려를 이야기하고 싶을 수 있고, 치료사는 그것을 격려해야 한다. 아동이 처음부터 이 치료 부분을 즐기지 않더라도, 이 구성요소에 대해 아동이 실제로 어려움을 겪는 경우는 거의 없다는 것을 미리 알고 있는 것이 도움이 될 수 있다. 치료사는 부모에게 치료 중에 아이가 겪는 큰 어려움을 언제든지 보고하도록 요청하여, 이에 따라 대응할 수 있어야 한다. 아직까지 이러한 현상이 발생하는 것을 발견하지 못했기 때문에, 치료사는 이러한 현상이, 특히 외상 서술 구성요소가 다루어지는 동안 발생하리라고 예측해서는 안 된다. 우리의 경험에 따르면, 외상 서술이 조금씩 정확하게 이루어지고 아동이 치료사와 부모로부터 적절한 지지를 받는다면, 거의 모든 아동이 외상 서술을 견뎌낼 수 있다. 그러한 점에서 부모를 안심시킬 수 있어야 한다. 또 아동이 어느 정도의 스트레스 관리 기술을 가지며, 치료자 및 치료 과정에 대해 편안함을 얻기 전까지는 외상 서술 개발 구성요소를 시작하지 않으리라는 것도 알려주어야 한다. 치료를 끝내는 과정에서 대부분 가족이 책 만들기 또는 자신에게 일어난 일에 관해 이야기하기가 치료에서 가장 도움이 되는 부분이었다고 말했다는 점을 부모와 공유하는 것도 도움이 될 수 있다.

끝으로, 임상적으로 적절한 경우, 치료사는 아이의 PTSD 증상을 해결하는 것 외에도, 아이가 기분이 안 좋을 때조차 자기 생각과 감정을 부모와 이야기하는 것을 더 편안하게 느끼도록 하는 것이 외상 서술 개발의 또 다른 목표라는 것을 설명해야 한다. 부모는 아이가 외상 경험이든 다른 것이든, 문제나 걱정거리를 어떤 것이든지 털어놓을 수 있는 대상이어야 하므로 이 부분이 중요하다고 설명해야 한다. 공동 회기를 통해 부모가 가장 괴로운 주제(즉, 외상)에 대해 이야기하는 것은 견딜 수 있고, 아이에게 지지적이고 도움이 되는 방식으로 반응하는 것을 보여준다면, 아이가 미래에 발생하는 다른 문제들에 대해서도 부모와 대화할 수 있도록 격려가 될 것이다. 대부분 부모는 이런 방식으로 설명을 들을 때 적극적으로 이 목표를 달성하고 아이의 외상 서술 개발을 지지하고자 한다. 부모의 정서적 취약함이나 자녀 지원 능력의 부족함으로 인해, 서술 내용을 공유하는 것이 아이 또는 부모에게 최선이 아닐 수 있다고 여길 만한 근거가 있다면, 치료 시 부모와 서술 내용을 공유할 가능성을 강조해서는 안 된다.

일단 아동이 외상 서술을 시작하면, 보통 아동이 쓰거나 만들어내는 서술문을 부모와 공유하는 것이 도움이 된다. 모든 아동에게, 그러나 특히 청소년에게는 적어도 이야기 일부분이 부모와 공유될 수 있다는 것을 알려주는 것이 중요하다. 또한, 치료사 역시 부모와 이야기한 내용 일부를 공유할 것이라는 점을 청소년들이 아는 것도 도움이 될 수 있다. 그렇지만 청소년이나 다른 사람에게는 위험하지 않은 것이라도 부모와 공유되지 않기를 바란다면, 비밀로 유지될 수 있다는 점을 상기시킬 수 있다. 어떤 아동은 외상 사건의 단서들로 부모를 괴롭게 하고 싶지 않다는 이유로 서술 내용을 공유하는 것에 반대할 수도 있다. 부모가 자녀의 외상 경험에 대해 이야기하는 것을 견딜 수 있다는 것을 아동이 배우는 것은 중요한 일이다. 아이가 여전히 이 문제에 대해 걱정하고 있다면, 치료사는 부모가 자신의 회기에서 비슷한 것에 대해 이야기하고 있으며, 아이의 경험과 생각, 감정을 공유하고 싶어 한다는 점을 들어 안심시켜야 한다. 치료사는 부모가 지나치게 괴로워지기 시작하면 서술 내용 공유하기를 중단하리라는 점, 그리고 동시에 부모가 아이의 책을 읽는 것을 감당할 수 있을 것이라는 점을 들어 아이가 안심할 수 있도록 해야 한다.

다른 경우, 아이는 자신이 쓴 것에 대해 부모가 화날 것을 두려워할 수도 있다(예: 아이가 부모에 대한 분노를 표현하거나, 부모가 외상 사건이 일어나도록 일조했다고 믿는 경우). 이러한 경우, 아이가 겪고 있는 것을 부모가 이해하고 싶어 한다는 점과 치료사는 아이의 생각이나 감정의 어떤 것에도 부모가 속상해하거나 화내지 않을 것이라고 믿는다는 점을 들어 아이를 안심시켜야 한다. 그런 다음, 부모가 아이와 치료를 지지하는 태도를 유지할 수 있도록, 반드시 치료사는 아이의 걱정을 부모와 다루고 이러한 문제를 해결할 준비가 되어 있어야 한다.

복합 외상 이력 또는 임상적 증상을 지닌 청소년들은 삶에서 일찍부터 외상을 경험하거나 목격한 경우가 흔하며, 자신의 친부모에 의해 자행된 외상을 경험한 경우도 많다. 이러한 청소년들은 위탁가정, 집단 주거, 주거형 치료시설 등에 여러 번 배치된 경험 때문에 흔히 애착 관계에 문제가 있다. 따라서 신뢰와 안전 문제가 그들의 임상적 증상의 일부라는 것은 놀라운 일이 아니다. 이와 같은 이유로, 청소년들은 자신의 외상 서술을 양육자(예: 위탁부모)와 공유하는 것을 단호하게 반대할 수 있는데, 그렇다면 이들의 결정을 존중해야 한다. 그러나 우리가 이러한 청소년들과 경험한 바로는, 그들이 처음에는 양육자를 TF-CBT에 포함하는 것을 반대하지만, 초기 TF-CBT 안정화 단계에서 치료사에 대한 신뢰와 자기 진정 및 조절 기술을 습득해감에 따라 점차 양육자가 TF-CBT 일부에 제한적으로 참여할 수 있도록 개방적으로 변화한다. 이에 따라 양육자들이 청소년 자녀를 더 지지하게 되면서, 청소년들은 양육자에 대한 신뢰가 높아지고 외상 서술의 일부를 기꺼이 공유하게 된다.

외상 서술이 공유되는 상황에서, 치료사는 먼저 부모에게 외상에 대한 자기 경험을 설명해달라고 요청해야 한다. 치료사는 일어난 일에 대해 부모가 어떻게 듣게 되었는지 질문함으로써 시작할 수 있다. 즉, 부모는 어디에 있었는가? 누가 부모에게 그 소식을 전했는가? 부모의 첫 반응은 어땠는가? 부모가 사건의 순서, 그리고 자기 생각과 감정을 온전히 이야기하도록 하는 것은 매우 어려울 수 있는데, 회기 중에 적절한 시간이 확보되어 부모가 이 과정을 멈추지 않고 완료할 수 있도록 해야 한다. 부모가 눈물을 흘리며 대기실로 돌아오는 것은 도움이 되지 않으므로(많은 아이가 그러한 부모의 고통이 어떤 식으로든 자신이 치료에서 했거나 말한 것과 관련이 있다고 믿을 것이다), 회기가 끝나기 전에 평정을 되찾을 수 있는 충분한 시간을 갖는 것이 중요하다.

그런 후에 치료사는 부모에게 아이도 치료에서 이 경험을 책이나 다른 형식으로 묘사하고 있으며, 이를 부모와 공유할 수 있다는 점을 상기시켜야 한다. 만일 아이가 이미 외상 서술을 시작했다면, 치료사는 그중 일부를 부모와 공유할 수 있다. 치료사는 아이의 능력을 부모에게 칭찬하는 한편, 고통스럽더라도 아이가 치료에 참석하도록 격려하고 외상에 대한 기억과 생각, 감정을 공유하는 부모를 칭찬하는 것이 중요하다.

아이가 이어지는 회기에서 외상 서술을 계속하면서, 병행 부모 회기에서는 부모가 아이의 책을 읽고 자신의 반응에 대해 토론하는 데 전념할 수 있다. 아이와 마찬가지로, 이어지는 각각의 외상 서술 회기에서 치료사는 부모에게 책을 소리 내어 다시 읽어줄 수 있다. 이러한 반복은 아이의 외상 경험에 대해 부모가 지속적으로 노출될 기회를 제공한다. 이는 아이가 사건에 대해 설명하는 것을 견디는 부모의 능력을 향상시키고, 부모가 아이에게 무슨 일이 일어났는지를 최적의 방식으로 처리하고 통합할 수 있도록 돕는 것을 목표로 한다. 이러한 맥락에서, 부모의 정서적 반응을 평가하고 매우 강한 정서적 반응 기저에 있는 생각을 이끌어내는 것이 중요하다. 다시 말해, 부모가 역기능적 사고(예: "이것은 다 내 잘못이다. 내 아이를 더 잘 보호했어야 했다.")를 발견하고 논박할 수 있도록 돕고, 그들이 효과적인 대처 전략을 활용하도록 지원하는 것은 그들이 자녀를 정서적으로 지지하는 능력을 향상할 것이다. 이것은 자녀-부모 공동 회기를 준비하는 데 도움이 되며, 이에 대해서는 제14장에 설명된다.

어떤 부모들은 아이의 서술을 '수정'하고자 할 수도 있다(예: 아이가 사건을 순서에서 벗어나게 설명했다거나 다른 세부사항이 잘못되어 있다는 점을 주목함). 이러한 세부사항이 아이의 기능이나 다른 명백한 부정적인 영향과 직접적으로 관련되지 않는 한, 치료사는 부모가 아이와 공동 회기에서 만나 함께 그것에 대해 이야기할 때 서술문을 '수정'해서는 안 된다고 설명해야 한다. 간혹, 아이가 외상 사건, 후속 조사, 법적 절차 등과 관련된 세부사항을 부정확하게 듣거나 기억하거나 해석하는 경우가 있다. 이와 관련하여, 공동 회기에서 정보 관련 질의·응답 시간(즉, 부모가 기본적으로 "나에게 무엇이든 물어볼 수 있어."라고 말함)을 가지는 것이 이러한 질문을 명확하게 하는 데 필요할 수 있다. 이런 종류의 개입은 특히 자신의 정보의 정확성에 대해 확신이 없는 아동에게 도움이 된다. 그리고 공동 회기에서 명확하게 하는 것은 궁극적으로 아동의 외상 서술의 결과에 영향을 미칠 것이다. 중요한 것은 외상의 정확하고 객관적인 현실을 묘사하는 것이 아니다. 외상에 대한 아이의 가장 괴롭고, 침투적인 기억과 이미지를 설명하고 숙달할 수 있도록 돕는 것이다. 또한 부모는 아이의 외상 경험에 대해 극단적인 개인적 정서적 고통(아이나 부모에게 도움이 되지 않음)을 드러내지 않고 이야기 나누는 것이 유익하다.

경우에 따라, 아동이 개별 회기에서 치료사와 함께 외상 서술을 완료하고 인지적으로 처리하기 전에는 치료사가 양육자에게 외상 서술을 공유하지 않는 것이 적절한 대안이 될 수 있다. 이것은 아동이 서술 작업을 하는 동안 부모가 지속적으로 양육 또는 대처 기술 개발에 더 많은 시간을 할애할 필요가 있는 상황에서 가장 적합한 선택일 수 있다. 이런 경우, 서술문의 일부를 들었을 때, 자녀의 적응적 행동을 칭찬하고, 필요할 때 문제 행동에 대한 합당한 부정적인 결과가 있을 것이라고 안내하는 것과 같은 양육 기술에 초점을 두기보다는, 자녀를 과잉보호하려는 부모의 경향을 증가시킬 수도 있다. 게다가, 정서적으로 취약한 일부 부모들은 아이가 서술 내용을 완전히 인지적으로 처리하고 아이가 배운 것을 드러낸 후에 그 이야기를 듣는 것에 더 잘 반응하기도 한다. 이런 상황에서는, 아이가 외상 서술 작업을 하는 동안 부모 역시 더 넉넉한 시간을 갖고 자신의 대처 능력을 발전시키고 자신의 외상 반응을 처리하는 데 도움을 받을 수 있다. 마지막으로, 부모가 간헐적으로만 치료에 관여했다면(예: 건강 염려 또는 직업적 책임으로 인해), 더더욱 아이의 서술이 완료된 후에 공유하는 것이 실용적일 수 있다. 또한, 청소년들은 처음에 외상 서술이 양육자와 공유되는 것에 반대할 수 있지만(예를 들어, 처음에는 위탁부모가 서술문의 세부사항을 듣는 것을 신뢰하지 않는 위탁보호 청소년의 경우), 위에서 설명한 바와 같이, 죄책감, 수치심 등의 감정이 다루어지고 외상 서술을 통해 해결되거나, 청소년이 양육자에 대한 신뢰를 얻으면서 마음이 바뀔 수 있다. 이러한 상황에서는 어쩌면 서술 내용이 양육자와 공유되기 전에 완성되거나 거의 끝난 상태일 것이다. 이 경우 부모가 자녀의 외상 경험에 대한 자기 나름의 인지적 처리를 하고 지지적인 반응을 실천할 수 있도록, 치료사는 필요에 따라 부모와 추가 회기 시간을 보내야 한다. 그다음에 부모와 외상 서술 내용을 공유할 수 있는 자녀-부모 공동 회기를 진행해야 한다. 이에 대해서는 다음 부분에 설명된다.

문제 해결

아이들이 불안이나 회피를 보일 때는 어떻게 외상 서술을 작성하도록 돕나요?

시작부터 회피의 수준을 최소화하기 위해서는 서술을 전개해 나가는 아이디어를 열의를 다해 보여주는 것이 중요하다. 또한 앞서 언급했듯이, 치료사는 아이가 치료의 초기 부분도 잘 해냈으므로 서술에 대해서도 잘할 것이라는 자신감을 보여줄 수 있다. 어느 정도의 구조를 설명하는 것 또한 도움이 된다. 예를 들면, 치료사는 제목을 결정한 다음 중립적이거나 긍정적인 정보(예: 자기 자신, 좋아하는 활동, 외상 전 가해자와의 관계에 대해)로 서술을 시작하는 것의 중요성을 강조할 수 있다. 회피를 줄이는 데 종종 도움이 되는 또 다른 접근방식은 아이들에게 개발될 '챕터'에 대한 선택권을 주는 것이다(예: "학대에 대해 언급했던 것에 대해 말하고 싶니, 아니면 학대가 처음 일어났을 때에 대해 말하고 싶니?"). 우리는 일반적으로 아이들이 자신의 불안을 극복하도록 지지할 수 있는 효과적인 방법을 찾는 데 있어 치료사의 창의성을 격려한다. 아래는 추가 계획과 제안 사항이다.

1. 외상에 대해 한 가지 세부사항만 물어본다("하나만 말해줄래?").

2. 외상 서술에 소요되는 일정 시간("단 5분 동안")을 합의한다.

3. 외상 서술 작업 후에 회기를 마무리할 때는 재미있는 활동을 계획한다(예: 농담 하기, 재능 공유).

4. 긍정적인 자기대화를 격려한다(예: "난 이걸 할 수 있다.", "말을 했다는 것에 있어 나는 매우 용감했다.").

5. 농담하기("기억나는 게 하나도 없어? 농담이겠지. 내가 얼마나 바보라고 생각하니?")

6. 이 이야기를 하는 것이 얼마나 힘든지 알고 있다는 것을 강조한다(예: "이것이 어려울 수 있다는 것을 알아. 하지만 넌 그만큼 용기를 냈어! 네가 할 수 있다는 걸 알아.").

7. 칭찬한다(예: "넌 내가 아는 아이 중 가장 용감한 아이야.").

8. 외상에 대한 개인적인 경험을 공유하여 이에 대해 이야기하는 것을 모델링한다(적절한 경우).

9. 멋진 예술 기법을 사용한다(우리는 한 아이에게 외상 이야기 전체를 스카프에 쓰도록 했고, 또 다른 아이는 우리 저자 중 한 명인 코언의 팔에 쓰기로 했지만, 복사하기가 어려울 것 같다며 종이에 쓰기로 했다).

10. 노래, 색깔 등 다양한 형식으로 서술을 작성한다. 아이가 특정 경험을 묘사할 수 있는 노래나 색깔, 꽃, 동물, 냄새 등을 골라서 그 냄새, 색깔 등이 어떤 느낌인지 설명하게 하고, 그동안 아이가 하는 말을 녹음한다. 일단 아이가 한 개의 일화를 설명하기 시작하면, 그것에 이야기를 더하기는 점점 더 쉬워진다.

11. 컴퓨터를 사용하여 서술문을 작성하고, 외상 서술 작업 후에는 아이가 선택한 컴퓨터 게임을 10분 정도 허락한다(온당한 범위 내에서).

12. 어린 아동: 아이에게 인형이나 꼭두각시로 무슨 일이 일어났는지 보여주게 하고, 그것을 적어서 다음 회기에서 읽어준다. 그때 치료사가 쓴 서술 내용이 정확히 무슨 일이 일어났는지 반영할 수 있도록 아이가 교정/수정하도록 한다.

13. 아이가 외상에 대해 이야기하면 어떤 일이 일어날 것 같은지 설명해달라고 요청한다.

14. 아이가 한 문장을 쓰거나 대략적으로라도 외상에 대해 이야기한 것과 같은 작은 노력을 칭찬한다.

15. '자전거 타기' 비유 사용: "처음에는 힘들지만 연습할수록 더 쉬워진다."(반드시 아이가 먼저 자전거를 타볼 수 있도록 하기)

16. '외상 서술' 대신 '인생 서술'을 한다.

17. 컴퓨터 소프트웨어 프로그램인 Storybook Weaver Deluxe(www.kidsclick.com에서 이용 가능)를 사용하여 작성한 각 챕터에 삽화를 만들도록 한다.

18. 아이가 매직펜를 사용하여 외상에 대한 '공공 서비스 공지'를 작성하도록 한다.

이 모든 전략은 아동이 이야기를 만드는 데 도움을 주기 위해 계획된 것이지, 세부내용을 끌어내기 위한 것이 아님을 기억하는 것이 중요하다. 아동은 그들이 어떤 종류의 서술을 만들어내든 칭찬받아야 한다. 치료사는 외상 사건에 대한 아동의 경험에 대해 어떤 선입견도 갖지 않는 것이 필수적이다. 다중 외상 경험이 있는 어떤 아동은 그들이 경험한 모든 외상에 대한 정보를 제시하지 않을지도 모른다. 비록 치료사는 '최악의 순간' 등을 포함하기 위해 즉각적인 반응으로 아동을 격려해야 하지만, 궁극적으로는 아동이 자기의 서술문에 무엇을 써야 할지를 결정할 수 있는 자유를 가질 필요가 있다.

아이들이 서술을 시작하더라도 중간에 멈추는 경우가 있나요?

아이들이 중간에 서술을 끝내기를 거부하는 경우는 매우 드물다. 그러나 아이들은 때로 글쓰기에 싫증을 느끼므로 그림이나 다른 노출 기반 활동으로 바꾸는 것이 도움이 될 수 있다. 보통 아이들은 서술을 끝내는 것에 신나 한다. 어려운 부분에 도달했을 때는 위에 설명한 기법들을 사용하여 아이들을 격려할 수 있다. 또한, 아이가 외상 서술문을 만드는 동안 치료가 방해되거나 중단되어서는 안 된다는 것을 부모에게 강조하는 것이 중요하다. 이에 따라, 가족이 일정 기간 회기에 참석할 수 없는 경우(예: 긴 휴가, 재정 문제)에는 외상 서술 구성요소는 그들이 돌아온 후에야 시작할 수 있다. 그러나 실제 임상 현장에서는 아이가 외상 서술 및 처리 구성요소를 완료하지 못하는 경우가 가끔 있다(예: 위탁가정 또는 주거형 치료가 갑자기 중단되는 경우; 군 가족이 갑자기 새로운 지역으로 파견되는 경우; 가족이 갑자기 치료를 중단하는 경우). 이런 경우는 아이가 외상과 관련된 많은 부적응적인 사고를 인지적으로 처리하거나 외상 경험에 대해 새로운 의미를 만들 기회를 얻지 못한 채 이미 이야기를 해온 상태로 내버려두는 일이기 때문에, 외상 서술 중간에 치료를 조기 종료하는 것은 바람직하지 않은 결과이다. 이에 대해서는 다음 장에 설명된다. 이런 일이 일어날 경우를 대비해, 치료사는 아이에게 일어날 수 있는 난제에 대해 부모를 교육하고, 가족이 치료를 조기에 끝낼 가능성이 있다면 가능한 한 빨리 치료사에게 알려 치료사와 부모가 그에 따른 계획을 함께 세울 수 있도록 해야 한다.

단체 주거 시설에 있거나 치료 중에 부모가 없는 아이들과 어떻게 외상 서술 작업을 하나요?

외상 서술 및 처리는 많은 아이에게 TF-CBT 과정 중에서도 가장 어려운 부분이므로, 치료 회기들 사이에 이러한 아이들을 위해 사용할 수 있는 지원의 원천을 구축하는 것이 중요하다. 또한, 치료사는 그러한 아이들이 각 회기가 끝날 때마다 확실하게 '압박감을 해제'할 수 있도록 여분의 시간을 보낼 수 있다(예: 떠나기 전에 이완 및 기타 스트레스 관리 기술 연습하기). 우리는 치료 중 부모가 없는 많은 아이에게 TF-CBT 모델을 성공적으로 사용했으며, 그 아이들이 부모가 치료에 참여한 아이들보다 더 많은 문제를 보이는 것도 아니었다. 이러한 치료 과정에서 아이들이 추가적인 지원과 도움이 필요할 수 있음을 인지할 수 있도록 단체 주거 시설의 직원이나 다른 어른들과 의사소통하는 것이 도움이 될 수 있다. 어떤 경우에는 청소년이 단체 주거 시설이나 주거형 치료 프로그램의 일차적 보호 직원과 매우 신뢰하는 관계를 맺으므로 치료의 일환으로 자신의 외상 서술을 그와 공유하고 싶어 한다. 이는 도움이 되고 적절할 수 있지만, 일차적 보호 직원이 외상 서술 작업에 대한 비밀보장의 중요성을 이해하는 경우에만 해당된다.

외상 서술이 특히 취약한 환자에게서 심각한 우울증, 다중 외상 이력 등과 같은 더 심한 PTSD를 유발할 염려는 없나요?

우리는 사실 그 반대가 옳다는 것을 발견했다. 우울증 측정 시 치료 전 점수가 높았던 아이들과 다중 외상 경험이 있는 아이들에 대한 1년 추적 시점에서 PTSD 증상을 해결하는 데 있어 TF-CBT가 아동중심 치료(CCT, 아동이 직접 외상 경험을 이야기하지 않는 치료법)보다 우수하다(Deblinger et al., 2006). 흥미롭게도, 여러 지역에 걸친 우리의 가장 최근 연구에서, TF-CBT를 받은 많은 아이가 가장 도움이 되는 부분으로 자신의 외상 서술을 만드는 것을 꼽았다. 이 모든 증거는 외상 서술 및 처리가 TF-CBT 모델의 중요한 부분이라는 것을 확신시켜주었다.

복합 외상 증상을 지닌 청소년들과 외상 서술 작업을 하는 팁이 있다면?

인생 서술 접근법 또는 시간표를 활용하는 것 외에도, 다음의 내용을 제시한다.

1. 외상 서술 및 처리 회기 수를 제한하여 이 구성요소가 청소년에게 압도적이지 않도록 한다.
2. 어떤 것이 다루어질지 청소년이 이해할 수 있도록 어느 정도의 구조를 제시한다.
3. 수치심, 상처받음, 신뢰 부족, 자기비난 등 '핵심 외상 주제'에 주목한다.

4. 특히 청소년이 외상 경험 및 증상에 대처하려는 노력을 칭찬하고 타당화하는 데 관대해야 한다.

5. 외상 서술에 포함된 외상에 대처하려는 이전의 부적응적인 시도조차도(예: 약물 사용, 갱단에 가입) 과거에 자신을 안전하게 지키기 위한 정당한 시도였다는 것, 그렇지만 더 이상 자신을 위해 잘 작동하지 않는다는 것을 인정해야 한다.

12장

외상 서술 및 처리 2
인지적 처리

아동이 외상 서술 작업을 하고 외상 경험에 대해 충분히 이야기한 후에, 치료사는 외상과 관련된 아동의 부적응적인 인지(즉, 부정확하거나 도움이 되지 않는 생각)를 파악하고, 탐색하며, 교정하기 시작해야 한다. 부정확한 인지(inaccurate cognitions)는 완전히 잘못되었거나(예: "아버지가 강도를 당한 것은 내 잘못이다. 왜냐하면 아버지가 나를 친구 집에 데려다주실 때 그 일이 일어났기 때문이다.") 불가능에 이를 정도로 매우 비현실적 생각(예: "새 보모가 성적 학대자라는 것을 알았어야 했다.")이다. 도움이 되지 않는 인지(unhelpful cognitions) 역시 부정확하거나(앞의 두 가지 예와 같이), 정확하지만 도움이 되지 않거나(예: "불길에 화상을 입은 사람은 끔찍한 고통을 겪는다.": "언제 누군가가 차를 몰고 지나가면서 가족 중 한 명을 총으로 쏠지는 아무도 모른다."), 아마도 정확할 수 있다(예: "남자를 믿는 것은 위험하다. 왜냐하면 우리 선생님과 같은 학대자일 수도 있으니까 말이다.").

부정확한 인지는 때로 구원 또는 영웅 환상을 반영하고 있으며(종종 마법이나 초능력을 사용해 자신이나 타인을 해악으로부터 구원하기를 소망함), 이것은 부분적으로 매체에서 묘사된 현실의 구조대원 또는 영웅(예: 소방관, 경찰)과의 지나친 동일시로 일어날 수 있다. 또 다른 상황에서, 부정확한 인지는 통제할 수 없는 것에 대한 지배력을 얻으려는 아동의 시도를 반영할 수 있다. 이러한 시도는 세상이 예측할 수 없고 위험하다는 외상 후 두려움에 대한 흔한 반응이다. 그러나 통제할 수 없거나 예측할 수 없는 사건에 대해 자신을 탓하는 대가로 통제력을 얻는 것은 최적의 적응을 촉진하는 데 거의 도움이 되지 않는다. 치료사는 사고(accident)의 개념, 즉 어떤 일들은 단지 일어날 뿐이고, 악의적인 의도나 잘못을 따질 일이 아니라는 것이 도움이 된다는 것을 발견할 수 있다. 예를 들어, 치료사는 아동에게 이렇게 물어볼 수 있다. "왜 사람들이 사고(accident)라는 단어를 만들어냈다고 생각하니? 사고가 무엇인지 말해줄 수 있겠니?"

아동이나 부모는 정확하긴 하지만 도움이 되지 않는 인지를 '현실을 직시하는 것' 또는 '진실을 받아들이는 것'으로, 정말로 당면한 상황을 다루는 데 필요한 것으로 여길 수 있다. 사실, 가장 끔찍한(도움이 되지 않는) 현실이나 외상 사건으로부터 가능한 현실에 집중하는 것은 필수가 아니라 선택(choice)이다. 그렇게 함으로써 외상 및/또는 상실에 최적으로 대처하는 아동의 능력을 손상시킬 수 있다.

부정확하거나 도움이 되지 않는 인지 탐색 및 교정

역기능적 사고를 파악하고 바로잡을 수 있는 한 가지 방법은, 회기에서 아동이 표현한 모든 생각에 초점을 맞춰 아동의 외상 서술을 다시 읽는 것이다. 서술문의 각 생각이 언어화되는 동안 치료사는 아이와 함께 이 생각이 정확하고 도움이 되는지 탐색해야 한다. 부정확하거나 도움이 되지 않는 생각을 다루기 위한 유용한 전략을 점진적인 논리적 질문(progressive logical questioning; 소크라테스식 질문[Socratic questioning] 이라고도 함)이라고 한다. 아동은 자신의 부정확하거나 도움이 되지 않는 생각과 불일치하는 정보를 받게 되는데, 이는 이러한 생각을 부드럽게 논박하는 방법이다. 점진적인 논리적 질문은 아동이 부정확하거나 도움이 되지 않는 생각의 인지적 삼각구도에서 더 정확하거나 더 유용한 생각의 인지적 삼각구도로 이동할 수 있도록 돕는 '다리 (bridge)'를 가로지르는 단계로 생각하면 도움이 된다. 이러한 질문은 일반적으로 장난스럽고 재미있는 방식으로, 따뜻한 치료 관계의 맥락에서 제시되어야 아동에게 위협적이거나 불안을 안겨주지 않는다는 점에 유의해야 한다.

예를 들어, 한 여자아이는 자기 남동생이 목을 매 자살한 후에 그 시신을 발견했는데, 자신의 서술문에 이렇게 썼다. "그것은 내 잘못이다. 동생이 이럴 줄 알았어야 했다." 다음의 대화는 이 부정확한 자기비난을 다루기 위해 인지적 처리를 사용하는 방법을 보여준다.

치료사: 이 단락에서 정확하지 않거나 도움이 되지 않는 생각을 찾아볼 수 있겠니?

아동: 아마도 제 잘못이라고 한 부분인 것 같아요. 정확히 제 잘못이 아니라는 건 알아요. 그냥 그렇게 느꼈을 뿐이에요….

치료사: 네 잘못이라고 말하는 것은 하나의 생각이야. 네가 느꼈던 것은…?

아동: 죄책감인 것 같아요. 동생이 목을 매달 거라는 걸 몰랐으니까 죄책감을 느꼈어요.

치료사: 어떻게 알았겠니?

아동: 글쎄요. 그냥 그랬어야 할 것 같아요.

치료사: 이걸 제대로 살펴보자. 네 동생이 자신을 해할 계획을 세웠거나 너에게 분명히 말했던 단서나 경고, 또는 뭔가 명백한 게 있었는데도 네가 무시했다는 거니? 그런 의미야?

아동: 아뇨, 아뇨. 그런 건 아니에요. 제 말은, 동생은 많이 불행했지만, 결코 그렇게 하겠다고 말한 적은 없어요.

치료사: 그러니까 네가 아는 한, 이런 일이 일어날 것이라는, 동생이 그렇게 하리라는 명백한 단서는 없었다는 거지?

아동: 네. 하지만 전 어쨌든 알았어야 했어요. 제 말은, 그 애는 제 동생이었고, 우린 정말 친했거든요.

치료사: 그래서 네가 그의 누나라는 이유만으로 동생의 마음을 읽을 수 있었어야 했다

는 거니? 심지어 동생이 무슨 생각을 하고 있는지 너에게 힌트를 주지 않았는데도?

아동: 글쎄요. 동생의 마음을 읽지는 않죠. 그렇지만 가깝다는 건 사람을 정말 잘 이해한다는 뜻 아닌가요?

치료사: 그것에 대해 잠시 생각해보자. 동생이 너 말고 다른 사람과도 가까웠니? 가장 친한 친구나 그런 사람이 있었니?

아동: 네. 여자 친구와 아주 가까웠어요. 그리고 가끔 엄마와도 친했지만, 항상 그렇지는 않았어요.

치료사: 그래서 엄마나 여자 친구가 동생이 이런 일을 할 것이라는 걸 알고 있었니?

아동: 아뇨. 아무도 몰랐어요. 아니면 우리가 뭔가 했을 거예요. 동생은 자신이 정말로 무슨 생각을 했는지 아무에게도 말하지 않았어요. 모든 걸 마음속에 간직하고 있었어요. (울기 시작함)

치료사: 그리고 동생의 치료사나 의사와 같이, 자살할 때 알아보는 훈련을 받는 사람들은 어떨까? 두 사람 중 어느 누구라도 동생이 이걸 시도할 것이라는 걸 미리 알고 있었니?

아동: 아뇨. 동생은 그 둘 다에게 말한 적이 없어요. 엄마가 말하기로는 그들이 동생에게 그것에 대해 계속 물어보는 것에 동생이 화가 나서, 아마도 그들에게 말을 안 한 것 같아요.

치료사: 그래. 내가 네 말을 이해했다면, 네가 독심술사나 심령술사 같은 게 아니라면, 동생이 이런 일을 하리라는 것을 알 방법은 없었을 거야. 그렇지?

아동: 네. 그랬겠죠. 그냥 동생이 저한테 말해줬더라면 좋았을 텐데. 동생이 누군가를 믿었더라면 좋았을 텐데.

치료사: 그건 전적으로 이해해. 나도 동생이 누군가에게 자신의 기분이 얼마나 힘들었는지 말할 수 있었더라면 좋았을 것 같아. 하지만 때로 우울한 사람들은 그렇게 할 수 없거나 하지 않았을 거야. 동생은 아무에게도 말하지 않기로 했고, 그래서 아무도 알 수 없었던 거야. 너조차도 알 수 없었던 거지.

아동: 알아요. 그냥 너무 슬퍼요.

점진적인 논리적 질문은 또한 사실일 수 있어도 도움이 되지 않는 외상 관련 인지에도 사용될 수 있다. 예를 들어, 한 남자아이는 학교 밖에서 몇몇 10대 남학생들에게 둘러싸였는데, 그들은 그가 책가방과 가지고 있는 모든 돈을 주지 않으면 그를 죽이겠다고 말했다. 치료에 의뢰되었을 때, 이 아이는 다시 위협적으로 말을 걸어오는 것에 대한 압도적인 불안감으로 학교에 다닐 수 없었다. 아이는 반복적으로 이렇게 생각했다. "학교에서는 무서운 일들이 일어난다. 그곳은 위험하다."

치료사: 그래서 학교가 무섭고 위험하다고 계속 생각하니?

아동:　생각이 아니라, 학교는 정말로 무섭고 위험해요. 저는 절대로 다시 그곳에 돌아가지 않을 거예요.

치료사: 네가 왜 겁을 먹었는지 이해해. 그런 일이 일어나면 앞으로 살아가기엔 매우 두려운 경험이었지.

아동:　맞아요. 왜 사람들이 그곳에 가는지 모르겠어요.

치료사: 자, 이것에 대해 좀 더 생각해보자. 학교는 항상 무서운 곳이니? 하루도 빠짐없이 매일 학교에서 나쁜 일이 일어나니까?

아동:　매일은 아니에요. 며칠 정도인 거죠. 하지만 언제든 일어날 수 있어요.

치료사: 이해는 되는데 조금 혼란스러워. 이 학교에 다닌 지 얼마나 됐니?

아동:　올해로 3년째고, 이번이 마지막이에요! 전 절대로 그곳에 다시 가지 않을 거예요.

치료사: 내가 이해할 수 있게 도와주렴. 너는 매일 그곳에 있었는데, 위험한 일이 있었니?

아동:　매일은 아니고, 한 번만요.

치료사: 2년 내내 매일 학교에 갔는데 지금까지 나쁜 일이 한 번도 없었다는 말이니?

아동:　네. 하지만 이제 다시는 안전하지 않죠.

치료사: 난 아직도 잘 모르겠어. 네가 설명한 바로는, 그곳에서 나쁜 일들이 자주 일어나는 것처럼, 그 일이 학교 일부이고, 그래서 그곳에서는 절대 안전하지 않을 것처럼 들려. 그런데 지금 네가 말하기로는, 네가 알기로는 나쁜 일이 단 한 번

만 일어났다는 거잖아, 그렇지? 그러니까 내가 더 잘 이해할 수 있도록 도와주렴. 그렇다면 어떻게 이 학교가 그렇게나 위험한 거니?

아동: 예전엔 안 그랬어요. 단지 지금은 그렇게 느껴져요.

치료사: 그러니까, 무서운 건 학교 자체가 아니라, 네가 매일 그곳에 갔던 날들과는 달랐던 어떤 것 때문인 거지, 그렇지? 그날 무엇이 학교를 그렇게 무섭게 만들었니?

아동: 제 물건을 훔치는 그 불량배들이 학교를 무섭게 만들었어요. 그리고 절 협박했어요.

치료사: 아, 그러니까 학교 자체가 아니라, 그 남자애들이었구나. 네다섯 명의 남자들?

아동: 네. 하지만 거기엔 그들 같은 남자들이 또 있을 수 있잖아요.

치료사: 그래. 만약 그렇다면, 그들이 너에게 일어난 일로부터 무엇을 배울 거라고 생각하니? 그 남자애들에게 일어난 일(법정에 가고 학교에서 쫓겨난 일)이 다른 남자들이 좋아할 만한 일이라고 생각하니?

아동: 아뇨. 아닐 것 같아요.

치료사: 그럼 네 학교는 정말 안전한 곳인 것 같네. 단지 무서웠던 건 그 남자애들이지. 그리고 그들은 이제 떠났고, 다른 남자애들도 너를 괴롭히는 것에 대해 걱정하게 될 거야. 왜냐하면 그들도 큰 곤경에 빠지게 될 거니까.

아동: 네.

치료사: 다른 아이들은 네가 그 불량배들에게 맞선 것에 대해 꽤 용감하다고 생각할 거야. 영웅이나 뭐 그런 식으로.

아동: 그렇게 생각하세요?

치료사: 그럼! 네가 학교로 돌아가면, 아이들은 네가 돌아와서 기쁘다고, 그리고 아무도 너를 다시 괴롭히고 싶어 하지 않을 거라고 말할 거야.

아동: 글쎄요…. 아마도 그러겠죠.

때로는 외상에 대한 책임을 지는 것과 행동하거나 행동하지 않은 것에 대한 후회 사이의 차이를 탐색하는 것이 도움이 된다. 어떤 경우에, 아동은 능동적이거나 수동적인 결정을 해서 외상에 대한 자신의 취약성을 증가시키기도 한다. 예를 들어, 파티에서 과음한 한 청소년 여학생이 잘 모르는 남자아이들과 함께 집에 가는 것을 받아들이고 그들에게 성폭행을 당했다면, 그 폭행에 대해 자신을 탓할 수 있다. 치료사는 이 학생이 술을 마시고 낯선 사람들과 함께 차를 타는 것에 대해 느끼는 후회로부터 폭행에 대한 책임을 구분하도록 도와야 한다. 이는 위에서 설명한 것과 유사한 '항상(always)' 시나리오를 사용하여 수행할 수 있다.

치료사: 술을 마시고 낯선 사람과 집에 가는 모든 여자가 강간을 당한다고 생각하니?

내담자: 항상 그런 일이 생기는 건 아니지만, 제가 너무 멍청했던 것에 대한 대가를 받았어요.

치료사: 이걸 제대로 살펴보도록 하자. 술에 취해서 모르는 남자에게 차를 얻어 타고 집으로 갔는데 남자들이 강간하지 않은 여자들도 있다는 말이니?

내담자: 네. 제 친구들에게 그런 일이 있었어요. 사실, 저도 전에 그런 일이 있었어요.

치료사: 자, 술을 너무 많이 마시는 것은 좋은 생각이 아니고, 모르는 남자들과 함께 집에 가는 것은 현명하지 못할 수 있지만, 그런 것들이 자동적으로 네가 폭행을 당할 것을 의미하지는 않는다는 말이지?

내담자: 네. 그렇지만 그 여자들은 여전히 멍청하죠.

치료사: 그 행동들이 최선의 결정이 아닐 수 있다는 것에 동의해. 그리고 넌 네가 이런 일들을 한 것에 대해 후회하고 있어. 하지만 그 행동들이 네가 폭행을 당하게 만든 것은 아니야. 강간이 이번에는 있었고, 다른 때는 일어나지 않았고, 또 네 친구에게도 일어나지 않았잖아. 네가 강간을 당하려면 어떤 일이 일어났어야 했을까?

내담자: 제가 같이 있었던 남자애들은 얼간이들이었죠.

치료사: 그렇다면 너를 폭행한 그 남자애들이 이 일을 발생시킨 거지. 그리고 그들이 책임이 있고. 그렇지? 너는 정확히 똑같은 행동을 했을 수 있지만, 그들이 너를 폭행하기로 하지 않았다면 그 일은 일어나지 않았을 거야.

내담자: 정말 맞아요. 그래도 제가 술에 취했다는 건 정말 기분 안 좋은 일이에요.

치료사: 술을 마신 걸 후회하는 것은 괜찮아. 실수를 후회하는 것은 우리가 미래에 다른 선택을 하도록 배우는 방법이야. 하지만 그 남자애들이 너에게 한 짓에 대해 네가 책임이 있다고 생각하는 것과는 매우 다른 거지.

아동이 외상 사건 이후에 가질 수 있는 다른 흔한 인지 왜곡은 다음을 포함한다.

"그것[외상 사건]이 일어나지 않도록 막았어야 했다."
"우리 가족은 다시는 괜찮지 않을 것이다."
"아버지가 돌아가셨으니 '이 집의 가장'이 되는 것이 나의 책임이다."
"나는 결코 정상으로 돌아가지 못할 것이다/다시는 행복하지 못할 것이다."
"세상은 다시는 안전하지 않을 것이다."
"나는 더 이상 아무도 믿을 수 없다."
"사람들이 우리 가정에서 무슨 일이 일어났는지 안다면 아무도 날 좋아하지 않을 것이다."

TF-CBT의 일부로 청소년들이 부정확하거나 도움이 되지 않는 생각을 다루고 해결하는 데 도움이 되는 다른 인지적 처리 전략들도 있다. 하나는 책임 파이(responsibility pie)라고 불린다. 예를 들어, 한 남자아이는 어머니에게 신체적으로 학대를 당했다. 아버지는 학대 사실을 알고 있었으나, 아이는 여전히 심하게 자신을 탓했다. 이 시나리오에서 치료사는 아이에게 "너에게 파이가 있고, 네가 맞은 것에 대해 책임을 나눈다면, 어머니와 아버지, 그리고 너 자신에게 얼마만큼 파이를 줄 수 있겠니?"라고 물을 수 있다. 그런 다음, 위에서 설명한 예시와 비슷하게, 치료사는 점진적인 논리적 질문을 사용하여 아이가 어머니와 아버지에게 더 많은 책임을, 자신에게는 더 적은 책임을 적절하게 할당하도록 도울 것이다. 책임 파이 기법의 장점 중 하나는 이 작업이 끝났을 때, 아이가 일어난 일에 대한 후회를 인정하는 방식으로 여전히 아주 작은 조각의 파이를 자신에게 할당할 수 있다는 것이다(예: "내가 말대꾸를 하기는 했지만, 그것이 학대를 괜찮은 것으로 만드는 것은 아니다.").

또 다른 인지적 처리 전략은 단짝 역할극(best friend role play)이다. 치료사는 이 기법으로 아동/내담자의 역할을 맡고, 아동은 단짝의 역할을 맡는다. 그다음 부정확하거나 도움이 되지 않는 생각으로 다른 '아이'를 돕는 것이 단짝의 과제이다. 이러한 역할극은 장난스럽고 재미있을 수 있으며, 적절하다면 소품까지 포함할 수 있다. 단짝 역할극에서 한 가지 반전은 아이가 치료사의 역할을 맡고, 치료사가 아이를 연기하는 것일 수 있다. 우리의 경험에 따르면, 어느 경우든, 아이들이 TF-CBT에서 초기에 배운 인지 처리 및 기타 기술을 활용해 다른 '아이'를 돕는 경우가 많았다. 더욱이, 아이들은 더 잘 통제하고 주도함으로써, 이전에 확립된 부정확하거나 도움이 되지 않는 인지를 '내려놓을' 수 있는 경우가 많다.

외상적 죽음에 대한 인지적 처리

외상적 애도를 경험하는 많은 아동은 죽음의 의미와 결과에 대한 인지적 왜곡으로 괴로워하는데, 이는 신체 부위의 손상, 절단, 또는 파편화를 초래한다(9·11 테러의 대다수 희생자, 2011년 일본 지진과 쓰나미의 많은 희생자와 같이, 그리고 많은 항공기 추락사와 전쟁의 잔혹 행위, 재난 상황에서 일어나는 것처럼, 사랑하는 사람의 유해를 결코 긍정적으로 표상화하지 못하는 것을 포함). 우리의 경험을 예로 들자면, 어떤 아이들은 손상되거나 파괴되거나 사라진 시체가 죽은 후에도 계속 아프거나, 유골이 더 이상 온전하지 않은 사랑하는 사람들이 '유령'이 되거나 천국에 갈 수 없다고 믿는다. 레인 등(Layne et al., 1999)은 전쟁 지역에 있는 청소년들을 위해 집단 치료 현장에서 성공적으로 사용된 '신체 재구성' 기법(Layne, Pynoos, et al., 2001)을 설명했다. 이 기법은 아동이 사랑하는 사람을 위해 정신적 이미지 또는 그림을 이용한 방법을 통해 '신체를 다시 온전하게' 하도록 격려한다. 구체적으로, 아동은 사망 또는 목격 당시에 있었던 고인의 신체나 신체 부위를 묘사하는 그림을 그리는 것으로 시작하도록 안내된다. 그다음에 아동은 신체 부위를 추가로 그려 넣거나, 잡지 사진에 있는 신체 부위를 잘라서 붙여 넣거나, 사라진 신체 부위가 다시 합쳐져 온전해지는 것을 상상함으로써 이 그림을 보완한다. 유해가 발견되지 않을 때(또는 시신이 발견되었으나 훼손되었을 때), 아동은 관 밖의 눈에 잘 띄고 잘 보이는 곳에 고인의 사진(가급적 고인이 건강했을 때 찍은 전신사진)을 배치할 수 있다(Robert S. Pynoos, personal communication, September 2001). 호스피스 현장에서 수년간 사용되어 온 이 기법은 아동의 마지막 시각적 기억이 더 행복한 시간 중 하나가 되도록 한다.

다른 아동은 몸이 병원으로 옮겨져 바느질되는 장면 등을 글로 쓰거나, 행동해보거나, 상상하는 등 마음속으로 손상된 신체를 '수리'하거나 고쳐야 할 수도 있다. 아동은 이러한 기법을 통해 다시 한번 온전한(더 이상 살아 있지는 않지만) 신체를 가진 고인에 대한 정신적 이미지를 형성할 수 있다. 신체 유해가 확인되지 않으면, 아동에게 공식 사망 진단서의 사본을 제공하는 것이 사랑하는 사람의 죽음에 대한 물리적 현실을 제대로 확인하는 데 도움이 된다는 것을 발견하였다. 아동에게 "너에게 어머니의 죽음을 더 실감 나게 할 만한 것이 무엇이니?"라고 직접 물어본 뒤, 가능하다면 아동의 제안을 계속 따라가는 것이 도움이 될 수 있다. 물론, 시신의 상태는 사후에 일어나는 어떤 일에든 영향을 주지 않는다라는 점을 아동에게 교육하는 것 또한 중요한데, 적어도 일부 문화 및 종교의 믿음에 따라 설명해주어야 한다. 어떤 아동은 부모나 치료사보다 성직자 중 한 사람이 이 정보를 설명한다면 더 쉽게 믿을 수도 있다. 이것이 특정 아동에게 중요한 것으로 보인다면, 부모가 이런 방식으로 성직자에게 도움을 요청하도록 격려해야 한다.

외상 사건에 대한 자책 외에도, 사랑하는 사람이 죽음 전에 겪었던 고뇌와 고통에 대한 침투적인 끔찍한 생각, 그리고 상해를 동반한 죽음에 대한 오해나 무서운 생각이 회기에서 다루어질 필요가 있을 것이다.

부모와 함께 아동의 외상 서술을 인지적으로 처리하기

치료사가 아동 회기와 병행하여 외상에 대한 논의 및 아이의 외상 서술을 부모와 공유하는 동안, 부모가 아이의 외상 경험 및 외상과 관련된 아이의 행동에 대해 인지적 오류(불확실하거나 도움이 되지 않는 생각)를 지니고 있음을 발견할 수 있다. 부모 역시 아이 또는 자신의 외상 반응에 대한 인지적 왜곡을 형성했을 수 있다. 이와 관련된 부모의 일반적인 오류는 다음과 같다.

"나는 이런 일이 일어날 줄 알았어야 했고, 내 아이를 안전하게 지켜주었어야 했다."
"내 아이는 절대 다시는 행복하지 않을 것이다."
"우리 가족은 파괴되었다."
"내 아이의 삶은 망가졌다."
"나는 더 이상 아무것도 해낼 수 없다."
"세상은 끔찍하리만큼 위험하다."
"내 아이는 이것으로부터 결코 회복할 수 없다."

부모에게 아이의 외상 경험에 대해 지난 한 주 동안 느꼈을 만한 어떠한 고민이나 생각이든 공유하도록 요청할 수 있다. 그런 다음 치료사는 부모에게 정확성과 유용함 측면 모두에서 자기 생각을 살펴보도록 요청해야 한다. 아이와의 인지적 처리 작업과 유사하게, 부모에게 점진적인 논리적 질문을 사용할 수 있다. 예를 들어, "내 아이는 절대 다시는 행복하지 않을 것이다."라는 생각과 관련하여, 대부분 아이는 PTSD나 다른 심각한 정서적 문제로 고통받을 때조차도 정상적인 기분이나 행복감을 경험하리라는 것이 현실이다. 치료사는 개인적으로 아동이 미소 짓거나, 쾌활하거나, 다른 사람들과 정상적으로 상호작용하는 상황(예: 대기 장소 또는 회기에서)을 목격했을 수 있다. 치료사는 이것을 부모에게 알리고, 아이가 덜 슬퍼 보였던 적이 있는지 물어볼 수 있다. 아이가 그러한 순간을 경험했다는 것을 부모가 인정할 수 있게 되면, 치료사는 이 같은 가벼운 기분으로의 전환이 대부분 아이가 주로 괴로워하는 외상 회복 과정 초기에 일어났다는 것을 언급할 수 있다. 그다음에, 치료사는 "절대"는 긴 시간인데, 아이는 이미 많은 발전을 했고, 시간이 흐르면서 계속 좋아질 것이라고 알릴 수 있다. 원래 부정확했던 생각을 좀 더 현실적인 평가로 수정하는 것은(예: "내 아이는 지금 자주 슬퍼하지만, 이것은 정상이다. 지금도 내 딸은 행복할 때가 있고, 시간이 지날수록 계속 좋아질 것이다.") 부모가 더 희망적임을 느끼도록 도울 것이다. 또한 이러한 조정은 아이가 자신에 대해 유사한 왜곡된 발언을 할 때 부모가 아이에게 격려를 제공하도록 도움을 줄 수 있다. 이런 방식으로 TF-CBT는, 치료사가 '부모가 아이에게 모델링하기'를 바라는 것(즉, 더 희망적인 전망)을, 치료사가 부모에게 모델링하는 병렬 과정이 될 수 있다.

그런 다음 치료사는, 아이가 병렬 회기에서 제시한 일부 왜곡된 생각과 이러한 왜곡을 더욱 정확하고 유용한 생각으로 대체하기 위해, 인지적 처리 기법이 어떻게 사용되었는가에 대한 예를 부모와 논의할 수 있다. 그다음에 부모에게 외상 사건에 대해 어떻게 생각해왔는지 예를 제시하도록 요청한다. 그리고 그러한 생각이 자신의 감정과 행동에 미치는 영향을 이해하기 위해 인지적 삼각구도를 사용하도록 해야 한다. 치료사는 인지적 처리 기법을 모델링하고, 부모 자신의 부정확하거나 도움이 되지 않는 생각을 논박하는 연습을 시킬 수 있다. 마지막으로, 치료사는 부모에게 아이가 미래에 가질 수 있는 인지 왜곡의 예를 제공할 수 있다. 그리고 부모가 이 왜곡에 효과적으로 도전할 방법을 연습하여 아이가 이와 관련하여 더 정확하고 도움이 되는 인지를 생성하도록 도울 수 있게 할 수 있다.

다른 구성요소와 마찬가지로, 외상 서술 및 처리 구성요소를 다루는 동안, 치료사는 아동에게 회기 간 인지적 처리 기술을 연습하도록 하고, 부모에게는 자녀를 지원하도록 격려한다. 치료사는 회기마다 아동에게 이러한 기술이 어떻게 되어가는지 살펴본다. 만일 아동의 부적응적 인지를 다루고 있지 않다면, 후속 회기에서 그 기술들을 조금씩 조절할 수 있도록 확인한다. 이를 위한 한 가지 방법은, 아이가 외상과 관련된 부적응적 사고를 추적하도록 도와 이러한 왜곡된 생각을 더 정확하고 도움이 되는 생각으로 바꿀 수 있도록 부모에게 요청하는 것이다.

문제 해결

부모가 외상에 대해 아이를 탓할 때 어떻게 할 수 있을까요?

부모가 아이를 비난하는 것에 대한 현실적인 근거가 어떤 것이라도 있는지 확인하는 것이 중요하다. 실제로 아이가 어떤 식으로든 자신의 피해에 영향을 주었는가? 이 부분에서 책임 대 후회의 문제를 탐색하는 것이 도움이 될 것인가? 만일 아이에게 아무런 책임이 없다면, 부모가 자녀를 비난하는 가능한 근거를 확인하는 것이 중요하다. 즉, 자녀를 비난하는 것은 부모의 자기비난을 투사하는 것인가? 만일 그렇다면, 이러한 투사는 가능한 한 비판단적인 방식으로 탐색되어야 한다. 궁극적으로, 아이에 대해 부모가 비난하는 태도가 아주 해롭다면, 치료사는 아이에게 미치는 부정적인 영향을 직접적으로 다루어 가능한 치료법을 논의할 필요가 있다. 그리고 필요하다면(가장 극단적인 경우), 아이가 가정 밖에서 지낼 수 있도록 조치할 수도 있다.

만일 아이가 외상 사건에 대해 부모를 탓하면 어떻게 하나요? 만일 실제로 부모가 부분적으로 책임이 있다면 어떻게 하나요?

이런 경우는 부모와 아이 모두에게 진솔하게 논의해야 할 매우 어려운 상황이다. 이렇게 아이가 비난하는 경우가 발생하는 흔한 시나리오 중 하나는 가정폭력이다. 즉, 어머니가 반복적으로 가해자인 파트너에게로 돌아가 자신과 아이들을 지속적인 학대 및 폭력에 노출될 위험에 처하게 하는 것이다. 어머니의 개인적인 외상 증상이 자신의 의사결정에 어떻게 영향을 미쳤는지 아이가 이해하도록 돕는 것은 상당히 복잡할 수 있는데, 아이가 어린 경우에는 특히 그렇다. 어머니가 사과하고 앞으로 아이를 안전하게 지켜주겠다고 확신하도록 돕는 것은 아이와 부모의 관계를 치유하는 중요한 단계가 될 수 있다. 학대적인 관계에 남아 있는 어머니의 책임감을 완전히 지우려는 노력은 최선의 방도가 아닐 수 있다. 왜냐하면 그러한 노력은 무심코 지금 도망치려는 어머니의 무력감에 영향을 미칠 수도 있기 때문이다. 동시에, 개인적으로 어머니 자신이 희생자인 것에 대해 어머니를 비난하는 것은 어머니와 아이 모두에게 생산적이지 않을 것이 분명하다. 더 나은 행동 방침은 어머니가 친밀한 파트너 폭력의 역동을 이해하도록 조력하는 동시에(예: 심리교육과 종종 어머니 자신을 위한 치료사 의뢰를 통해), 어머니와 아이가 앞으로 자신들의 안전을 보장하는 안전 계획을 함께 수립하도록 격려하는 것이다(더 자세한 내용은 제15장에서 볼 수 있다).

외상 서술에 아이의 더 정확하고 더 유용한 인지가 추가되어야 하나요?

일반적으로 아이의 수정된 인지를 외상 서술에 통합하는 것이 도움이 된다. 예를 들어, 아버지에게 성폭행당했다고 자책하던 여자아이가 다음과 같은 말을 덧붙일 수 있다. "나는 아빠가 만지는 나쁜 행위를 내 잘못이라고 생각했다. 아빠는 나를 비난하곤 했다. 하지만 나는 이제 아빠가 문제가 있고, 아빠가 한 일에 대해 그에게 책임이 있다는 것을 안다. 기분이 훨씬 낫다. 엄마에게 무슨 일이 있었는지 말하고 치료사와 이것에 관해 이야기했다는 것에 대해 용기를 냈다는 것을 알고 있다." 이 과정은 아이가 전후 사정을 이해하고 정서적으로 자신의 외상 경험을 뛰어넘도록 격려한다.

복합 외상을 보이는 청소년들에게 외상 경험에 대한 인지적 처리는 어떻게 다른가요?

청소년들이 여러 가지 외상 사건에 노출되면, 전형적으로 그들의 외상 경험을 연결하는 핵심 외상 주제가 있다. 이러한 핵심 외상 주제는 종종 신뢰의 부족, 수치심, 상처받은 느낌 및 일어난 일에 대한 책임감을 포함한다. 예를 들어, 한 14세 소녀는 친아버지로부터 성폭행을 당했다. 그녀는 외상 서술에 "만일 어머니나 아버지를 믿을 수 없다면, 사실 아무도 믿을 수 없다."라고 작성했다. 이 소녀가 가족으로부터 분리된 후에 위탁가정에서 자신보다 나이 많은 남자아이에게 성폭행을 당했다. 그녀는 외상 서술에 "나는 그를 내 오빠라고 생각했다. 오빠는 나를 돌봐주었다. 이제는 오빠도 믿지 말았어야 했다는 것을 안다."라고 썼다. 그 후 소녀는 집단 거주 시설로 옮겨졌고, 한 직원에게 강간당했다. 그녀는 외상 서술에서 이렇게 보고했다. "이것이 마지막 결정타였다. 이런 일이 나에게 몇 번이나 더 일어날까? 사람들이 계속 나에게 이렇게 하는데 내가 뭐가 잘못됐지? 심지어 친아버지도 나를 학대했다. 이런 일이 계속 일어나는 건 나에게 뭔가 있는 게 분명하다. 나는 아무도 믿지 않는다. 앞으로도 절대 믿지 않을 것이다." 이 시나리오에서, 치료사는 배신과 신뢰의 문제가 그녀의 모든 외상 경험을 어떻게 연결하는지 소녀가 이해하도록 도울 수 있었다. 그런 다음 치료사는, 그녀가 현재 삶에서 신뢰할 수 있는 사람이 있는지 탐색하는 것을 돕기 위해 점진적인 논리적 질문을 사용했다. 그녀는 자신이 신뢰하기 시작한 치료사와 현재의 위탁모를 포함한 몇몇 사람을 말했다. 그녀는 또한 치료에서 배운 새로운 기술로 인해 자신이 더 강하고 안전하다고 느낄 수 있게 되었다는 것을 받아들였다. 위에서 설명한 기법(예: 점진적인 논리적 질문, 인지적 삼각구도)들을 사용하여 외상 경험의 세부내용을 탐색하고 인지적으로 처리함으로써, 그녀의 새로운 인지는 여러 사람이 그녀를 학대하는 것이 자기 잘못이 아니라는 것이었다. 대신에, 그녀는 일찍이 부모의 학대로 인해 위탁가정과 집단 거주 시설에서 보호받지 못했던 상황에 처했고, 이것이 그녀를 학대에 더 취약하게 만들었다는 것, 즉 이런 상황은 그녀의 부모 때문이지, 그녀가 어떤 나쁜 구석이 있어서가 아니라는 것을 알게 되었다. 따라서 복합 외상 증상에 대한 인지적 처리의 초점은, 일반적으로 청소년들이 자신의 근본적인 핵심 외상 주제를 탐색하고, 처리하고, 더 유용하고 정확한 의미를 만들 수 있도록 돕는 데 있다.

13장

외상 알림요인에 대한
실제 상황 적응 숙달

모든 TF-CBT PRACTICE 구성요소 중에서, 오직 실제 상황(in vivo) 숙달만이 선택사항이다. 대부분 아동이 무해한 상황에까지 일반화된 두려움을 발달시키지는 않으므로, 더욱 실제 상황(in vivo) 숙달 기법을 사용할 필요가 있다. 치료사는 안전한(무해한) 상황이나 단서에 대해 지속적인 회피를 경험하고, 회피 행동이 긍정적인 발달 능력을 방해하는 아동에게만 이 구성요소를 실행해야 한다.

무해한 두려움과 현실 기반 두려움 구별하기

아동의 외상 서술을 작성하고 인지적으로 처리하는 것은 아동이 회피 행동을 극복하고 그들의 외상 경험에 대한 의미를 만들도록 돕는 중요한 방법이다. 그러나 이러한 기법은 일반화된 회피 행동을 해결하기에는 불충분할 수 있다. 어떤 아동은 본질적으로는 무해한 단서를 외상 단서로 지각하고 지속적으로 회피하기 때문에 최적으로 기능하는 능력을 방해하는 일반화된 두려움을 발달시킨다. 일반적으로 안전에 대한 지속적인 위협을 나타내는 상황을 피하는 것은 적응적이다. 예를 들어, 어떤 여자아이가 아버지의 집에 갈 때 여전히 신체적 학대를 당하고 있다면, 아버지를 방문하는 것을 피하고 싶은 것이 적절하고 건강한 것이다. 그렇다면 치료사는 아동이 이러한 외상 단서에 대해 둔감해지도록 해서는 안 된다. 왜냐하면 그것은 아동을 안전하게 지켜주는 기능을 하는 '알람'이나 '위험' 신호 역할을 하기 때문이다. 유사한 예로는 지속되는 가정폭력이나 공동체 외상으로, 아동이 임박한 위험으로부터 스스로 피할 수 있도록 폭력의 선행 요인을 적절하게 자각하고, 가능하다면 적절한 어른에게 개입하도록 알리는 것이 중요하다. 아동이 적절한 수준의 불안과 경계로 대응하지 못하게 이러한 단서들에 대한 둔감화를 시도하는 것은 아동을 보호하기보다는 위험에 빠뜨릴 것이다.

이와는 대조적으로, 두려워하는 외상 단서가 과거 경험에 대한 무해한 알림요인이라면, 현재 안전 유지의 목적에 부합하지 않으며, 지나치게 일반화되면 건강한 적응을 방해할 수 있다. 예를 들어, 한 여자아이는 자신의 침실에서 성폭행당한 후로, 가해자(어머니의 전 남자친구)가 더 이상 집에 없는데도(즉, 침실은 안전한데도), 침실이 성폭행을 연상시키므로 이제는 자신의 방에서 자려고 하지 않는다. 이 아이에게는 학대의 두려움을 침대(이것 자체로는 위험하지 않음)로 일반화시키기보다, 자신의 침대에서 잘 수 있게 되는 것이 중요할 것이다. 왜냐하면 그렇게 할 수 없게 되면 정상적인 발달 궤적을 되찾는 아이의 능력(자신의 방에서 잘 수 있는 것)을 방해하기 때문이다. 또 다른 상황에서, 한 여자아이의 어머니는 아이가 학교에 있는 동안 아버지에게 두들겨 맞곤 했는데, 어머니가 혼자 남겨지면 어머니에게 나쁜 일이 생길까 봐 학교에 가는 것을 두려워한다. 세 번째는 체육 수업이 끝난 후 학교 샤워장에서 또래 친구들에게 심하게 괴롭힘을 당한 10대 게이 남학생의 사례이다. 이제 이 학생은 집에서 샤워하지 않을 것이다. 이로 인해 개인위생에 문제가 생겼고, 이 문제로 인해 학교 정학 위기에 처하게 되었다. 실제 상황(in vivo) 숙달은 이러한 유형의 회피를 점진적으로 극복하여 아동이 최적의 기능을 되찾을 수 있도록 설계된 구성요소이다.

회피의 한 가지 문제는 매우 강력하게 자기강화적이라는 것이다. 다시 말하면, 아동이 무언가를 피하면 피할수록 두려움에 대처하는 방법은 회피밖에 없다고 생각하게 된다는 것이다. 반대로, 회피를 극복하는 가장 강력하고 효과적인 방법은 두려워하는 것을 피하지 않거나 자신을 그것에 노출하는 것이다. 두려워하는 상황에 대한 노출이 두려워하는 결과를 초래하지 않으면, 한때 피했던 상황과 연관된 불안은 줄어들기 시작한다. 이런 감소는 아동이 두려움을 극복하고, 그것에 마주할수록 덜 무섭게 된다는 것을 배울 수 있게 해준다. 간단히 말해서, 두려움에 대한 가장 효과적인 치료는 두려운 것을 직면하는 것이다.

그러나 실제 상황(in vivo) 숙달은 초기에 신뢰의 큰 도약을 요구하는데, 이것은 많은 아동 및 부모, 치료사들이 절대 하지 않는 작업이다. 두려움을 직면하지 않는 결과로, 아동은 오래전에 극복할 수 있었던 두려움과 회피 행동에 대해 불필요하게, 그리고 때로는 비극적으로 수년간 괴로워하도록 남겨진다. 치료사가 이 구성요소를 다루는 동안 저지르는 심각한 실수는 실제 상황(in vivo) 숙달을 시작해놓고, 이 개입에 대한 믿음이 부족해서 중간에 멈춰버리는 것이다. 아동이 이로부터 배우게 되는 교훈은 두려움이 자신과 치료사가 생각했던 것보다 훨씬 더 강하다는 것이다. 아동이 이 과제를 터득하고 자신이 두려워하는 것을 견딜 수 있다는 사실을 알게 될 때까지, 치료사는 반드시 인내할 의지가 있어야 하고, 부모 또한 인내할 의지가 있어야 한다. 이것은 아동의 학교 거부와 성인들의 공포증을 치료하는 데 사용되는 것과 같은 개입이다. 꾸준히 사용하면 효과가 큰 것으로 알려져 있다. 다음은 이것이 어떻게 작동하는지에 대한 내용이다.

외상 서술을 개발하는 경우와 마찬가지로, 두려운 상황이나 외상 알림요인으로 아동을 압도하거나 함몰되지 않도록 하는 것이 목표이다. 오히려, 아동이 점진적으로 한 번에 조금씩 두려운 상황에 익숙해질 수 있도록 도와 각 단계를 견딜 수 있도록 하는 것이 목표이다. 아동이 한 번에 조금씩 적응했으므로, 개입이 끝날 때쯤에 아동은 지나친 불안이나 두려움 없이 그 상황에 있을 수 있어야 한다. 첫 번째 단계는 두려운 상황을 알아차리는 것이다. 위에서 설명한 사례 중 하나를 예로 들어보자. 여자아이는 집에서 성폭행당했고, 이전에 학대를 당했던 침대에서 잠을 자지 않을 것이다. 실제 상황(in vivo) 숙달 계획을 세울 때, 가장 두려운 상황에 대해 가능한 한 많은 정보를 얻는 것이 중요하다. 이 경우 치료사는 반드시 집이 정말 안전한지, 즉 가해자가 정말 집에 없는지를 확인해야 한다. 만일 그렇지 않다면, 위에서 설명한 것처럼, 치료사는 실제 상황(in vivo) 숙달 요소를 제공하지 않을 것이다. 왜냐하면 그러한 작업을 함으로써 아동을 위험과 재외상에 노출할 수 있기 때문이다. 대신, 치료사는 아동의 안전을 옹호하고, 적절하다면 아동보호서비스 기관(CPS)에 연락할 것이다. 이런 경우, 아동은 치료 시작 이후 가해자(어머니의 남자친구)와 접촉한 적이 없다고 보고하게 된다. 이 여자아이는 가해자가 감옥에서 나와 자신이나 어머니를 다치게 할까 봐 걱정한다. 처음에는 자기 방에서 자다가도, 침대가 성적 학대를 상기시키고(방이 학대 당시와 변함이 없음) 가해자가 자신과 어머니에게 했던 협박이 생각나 겁이 나기 시작한다. 아이는 어머니를 불러서 달래달라고 하고, 어머니는 아이를 엄마 침대에 있게 한다. 엄마 방에서는 학대가 생각나지 않고, 두 사람이 밤새도록 붙어 있으므로 아이는 그곳에서 더 잘 잔다. 따라서 실제 상황(in vivo) 노출 계획을 설계할 때의 목표는 이 아이가 어머니를 부르거나 어머니의 침대에 들어가지 않고 자신의 침대에서 밤새 자는 것이다.

효과적인 실제 상황 계획 설계하기

효과적인 계획을 설계하기 위해서는 먼저 치료사가 아동의 회피 행동의 기초가 되는 부적응적 인지를 검증하는 것이 중요한 경우가 많다. 대부분, 아동은 회피 행동을 유지하면 외상이 재발할 가능성이 줄어들 것이라는 믿음(비록 이것이 비현실적이거나 진실이 아니라는 것을 '알고 있다'고 하더라도)을 형성하게 된다. 이러한 형태의 마술적 생각은, 이전의 외상을 초래했던 통제할 수 없는 사건들에 대해 통제나 숙달을 얻으려는 아동의 방법이다. 치료사는, 외상 사건에 대해 통제력이 부족한 것은 무서운 일이고, 미래의 외상을 막기 위해 사건을 통제하고자 하는 욕구는 자연스러운 것임을 인정함으로써, 아동과 부모가 아동의 일반화된 회피 행동을 이해하고 정상화할 수 있도록 돕는다.

　다음 단계는 치료사가 이러한 믿음(예: "내 침대에서 잠을 자지 않는다면 나는 다시는 성적 학대를 당하지 않을 것이다. 엄마와 함께 자면 우리 둘 다 안전할 것이다.", "만일 내가 학교에 절대 가지 않는다면 아무도 우리 엄마를 해치지 않을 것이다.", "내 욕실에서 샤워를 하지 않는다면 나는 다시는 절대로 두들겨 맞지 않을 것이다.")의 현실적 근거에 대해 부드러우면서도 분명하게 논박하는 것이다. 비록 아이들은 이러한 믿음들이 사실이기를 바라면서도, 대개는 이러한 믿음이 무서운 세상에서 통제력을 얻기 위한 방법이라는 것을 이해한다. 그다음, 치료사는 회피 행동이 어떻게 긍정적 적응을 방해하는지를 다룬다(예: 자신의 침대에서 잠을 자지 않는 것은 친구들이 놀러 와 함께 잘 수 없다는 것을 의미한다. 학교에 가지 않는 것은 학기 말에 친구들과 함께 진급할 수 없다는 것을 의미한다. 샤워를 하지 않는 것은 많은 친구를 사귈 수 없다는 것을 의미한다.). 이 접근방식은 치료사가 아동과 부모를 실제 상황(in vivo) 숙달 구성요소에 참여시키도록 도움을 준다.

　만일 현실에 기반한 안전 문제가 있다면, 실제 상황(in vivo) 계획이 효과적이 되기 위해 치료사는 이를 다루고 현실적인 안전 개입을 제공할 필요가 있다. 예를 들어, 가해자가 탈출하여 아이와 어머니를 위협할 수 있다는 현실적인 우려가 있었다면, 그들을 보호하기 위한 안전 전략(예: 가정 경보 시스템)이 마련되어야 할 필요가 있는 것이다.

　부모가 적극적으로 참여하고, 편안해하며, 계획에 수긍하는 것은 필수적이다. 예를 들어, 만일 어머니가 아이의 회피적인 행동을 유지하는 데 몰두했다면(예: 밤에 아이와 함께 있어 주기 위해, 정서적 지지를 위해, 아이와 어머니 자신이 밤에 안전하다는 것을 확신시키기 위해), 개입은 성공하지 못했을 것이다. 어머니는 자신의 아이에게 실제 상황(in vivo) 계획이 올바른 전략이고, 아이와 어머니도 안전할 것이며, 아이가 밤에 혼자 자면 그들 중 한 명에게 나쁜 일은 일어나지 않을 것이고, 두 사람 모두 밤에 각자의 침대에서 자는 것이 중요하다고 믿는다는 사실을 들어 안심시켜줄 필요가 있을 것이다. 과거에 어머니가 아이에게 노골적으로 또는 은밀하게 모순적인 메시지를 주었다면, 이제는 상황이 다르다는 것을 어머니가 아이에게 확신시키는 것이 중요하다.

아이와 어머니의 안전을 보장하는 것이 확실해지면, 어머니와 아이, 치료사 간에 계획이 합의되어야 한다. 아이가 지금까지 얼마나 오랫동안 자신의 침대에 머물 수 있었느냐에 따라, 어머니의 침대로 돌아가려 하지 않고 자신의 침대에 머무르는 숙달력을 점진적으로 높이는 것이 목표일 것이다. 아이가 지난 한 달 동안 매일 밤 1시간 이상 침대에 누워 있을 수 없어서 그 시간에 매일 밤 어머니의 침대에 들어가는 것이 허용되었다고 가정해보자. 치료사와 아이, 부모는 종종 실제 상황(in vivo) 프로그램 동안 아이가 정상에(프로그램의 끝) 오르기 위해 점진적으로 올라갈 공포의 위계 또는 '공포 사다리'를 만드는 것이 도움이 된다는 것을 발견한다. 각 연속적인 단계(사다리 줄기)는 다음의 요소와 짝지어진다. (1) 두려운 상황(이 경우, 밤새 침대에서 혼자 자는 것)에 점진적으로 더 많이 노출됨, (2) 더 큰 수준의 두려움, (3) 아이가 두려움에 대처하기 위해 사용할 수 있는 이완, 정서조절 및 자기 진정 전략, 그리고 (4) 한 단계가 성공적으로 달성했을 때의 보상. 다음은 이 아이의 실제 상황(in vivo) 노출에 대한 샘플 계획이다.

잠자기 전의 루틴은 어머니와 아이가 책을 읽고, 노래를 부르며, 이완 비디오를 보는 것이다. 어머니는 아이가 호들갑을 떨거나, 어머니를 부르거나, 아니면 기분이 안 좋아지지 않고, 차분하게 눈을 감고 누워 있을 때 아이를 확인하러 온다. 아이는 자신의 두려움에 대처하기 위해 치료사와 함께 연습한 손전등, 비명 소리 알람, 다양한 이완 전략을 사용할 수 있다. 어머니는 아이가 너무 무서워서 침대에 있을 수가 없다고 말한다면 이러한 전략을 사용하도록 격려할 것이다. 만일 아이가 밤중에 어머니의 방에 오면, 어머니는 자주 이런 일이 있더라도, 매우 늦었을 때라도 아이를 다시 자기 방으로 데려다줄 것이다. 그들은 이 일이 일어난 후에도 프로그램을 계속 따를 것이다 (예: 2단계에 있는 경우, 아이는 최소 1시간 이상 침대에 있게 될 것이고, 엄마는 30분마다 확인할 것이다). 매일 아침 어머니와 아이는 전날 밤에 아이가 어떻게 했는지 검토하고, 지정된 단계에 대해 아이가 자신의 차트에 별을 받을 것인지 결정할 것이다. 다음 단계로 넘어가기 전에, 아이는 각 단계를 3일 동안 유지한다. 만일 별 3개를 받는다면(즉, 매일 성공한다면), 아이는 새 옷을 선물로 받을 것이다. 만일 별 2개를 받는다면, 2개의 비디오를 빌릴 수 있다. 만일 별을 1개만 받는다면, 하나의 비디오만 빌릴 수 있다. 아이가 받는 별의 수에 상관없이, 3일 후에 다음 단계로 올라갈 것이다. 다음은 이 사례에 적용되는 10단계 노출 과정이다.

- 10단계(두려움 10/10): 7일 연속으로 밤새 자기 침대에서 혼자 자기
- 9단계(두려움 9/10): 2일 연속으로 밤새 자기 침대에서 혼자 자기
- 8단계(두려움 8/10): 밤새 자기 침대에서 혼자 자기
  엄마의 확인 없음
- 7단계(두려움 7/10): 밤새 자기 침대에서 혼자 자기
  아이가 침착할 때 엄마가 한 번 확인
- 6단계(두려움 6/10): 밤새 자기 침대에 혼자 있기
  아이가 침착할 때 엄마가 세 번 확인
- 5단계(두려움 5/10): 밤새 자기 침대에 혼자 있기
  아이가 침착할 때 엄마가 2시간마다 확인
- 4단계(두려움 4/10): 4시간 동안 자기 침대에 혼자 있기
  아이가 침착할 때 엄마가 매시간 확인
- 3단계(두려움 3/10): 2시간 동안 자기 침대에 혼자 있기
  아이가 침착할 때 엄마가 30분마다 확인
- 2단계(두려움 2/10): 1시간 동안 자기 침대에 혼자 있기
  아이가 침착할 때 엄마가 30분마다 확인
- 1단계(두려움 1/10): 30분 동안 자기 침대에 혼자 있기
  아이가 침착할 때 엄마가 15분마다 확인

또한 아침마다 어머니는 칭찬과 안도감을 안겨주고, 만일 아이가 별을 획득한다면 즉시 별을 만들어놓아야 한다. 아이가 실제 상황(in vivo) 숙달 계획(프로그램의 가장 높은 단계)의 끝에 성공적으로 도달하면 부모는 대개 특별한 보상을 제공한다. 일반적으로, 두려운 상황을 극복해내는 것은 그 자체로 보상이 되며, 아이들은 자신의 긍정적인 대처 행동을 계속하는 데 있어 내적으로 동기를 부여받는다.

아동이 어떤 특정한 날에 어떻게 하느냐와 상관없이, 부모와 치료사는 아동이 프

로그램을 고수하도록 격려하고, 치료사는 부모도 그렇게 하도록 격려한다. 과잉 일반화된 회피 행동은 아동의 기능을 방해하므로, 치료사는 대개 실제 상황(in vivo) 숙달 프로그램을 치료 초기(일반적으로 아동이 이완과 정서조절 전략을 학습한 직후 기술 구성요소를 다루는 동안)에 소개한다. 따라서 실제 상황(in vivo) 계획은 일반적으로 다른 TF-CBT 구성요소를 다루는 동안, 즉 안정화 기술의 나머지를 다루는 동안, 그리고 외상 서술 및 처리 단계 전체에 걸쳐 계속된다. 치료사는 아동이 실제 상황(in vivo) 숙달 계획을 통해 꾸준히 발전하고 있으며, 가족이 예상치 못한 작은 문제들을 겪거나 계획을 포기한 일이 없다는 사실에 대해 아동과 부모에게 알려주어야 한다. 치료사는 아동이 어떻게 진행하고 있는지 알아보기 위해 정기적으로 추적함으로써, 아동이 무해한 단서를 숙달해내는 데 계속 나아가고 있음을 확신시킨다.

아동이 학교와 관련된 회피 행동을 보이는 상황에서는 실제 상황(in vivo) 계획에 교육자(예: 교사, 학교 지도 상담자 또는 보건교사)를 참여시켜, 아동 또는 부모와 결탁해 계획을 훼손(예: 계획은 아이가 학교생활 내내 학교에 머무르도록 하는 것인데, 아이가 아프다고 해서 집으로 보내는 것)하지 않도록 하는 것도 중요하다. 만일 학교 직원들이 아동의 문제나 이를 해결하기 위한 계획을 알지 못하면, 그들은 효과적으로 계획을 수행하는 데 조력할 수 없다. 실제 상황(in vivo) 숙달은 대부분의 회피 행동을 확실하게 변화시키며, 그 자체로 아동과 가족의 적응적 기능에 있어 가치를 지닌다. 그러나 이 개입의 가장 중요한 결과는 아동이 그들 자신의 역량과 숙달에 대한 감각을 되찾는 것이라고 믿는다. 압도적인 두려움에 휘둘리는 느낌은 힘을 빼앗기는 경험이다. 아이들은 끔찍한 기억과 두려움을 극복할 수 있다는 것을 배우면서, 삶에서 오래도록 긍정적인 결과를 경험할 수 있는 자기효능감을 얻는다.

문제 해결

아이들을 학교에 다시 다니게 할 계획을 학교에 알리는 것과 비밀보장을 어떻게 동시에 이해시키나요?

학교 측에서 아이가 다시 학교에 다니도록 도울 계획을 이해하는 데 군이 아이의 치료 내용을 자세히 알 필요가 없다. 치료사는, 치료 계획에 대해 학교 직원과 공유해야 할 사항과 공유하지 말아야 할 사항에 대해 어머니, 아이와 함께 이야기해야 한다. 일반적으로 학교 직원에게 아이의 외상 경험(들)의 본질에 대해 상세히 말할 필요는 없다.

만약 부모가 아이의 일반화된 두려움 행동으로부터 조금이라도 이익('이차적 이득')을 얻는다면 어떻게 해야 하나요? 예를 들어, 위의 첫 예시에서 가정폭력을 경험한 어머니가 아이가 학교에서 돌아와 집에 있을 때 더 안전하다고 느끼거나, 위의 구체적인 실제 상황(in vivo) 예시에서처럼 어머니가 밤새 자신의 침대에서 아이가 잘 때 더 안전하다고 느낀다면 어떻게 해야 하나요? 부모가 실제 상황 숙달 계획의 가치를 떨어뜨리지 않도록 치료사는 이러한 부모 반응을 어떻게 효과적으로 해결할 수 있나요?

아이는 자신의 두려움을 직면할 준비가 되어 있는 경우가 많다. 이것이 정상적인 발달 궤적을 되찾는 것을 의미할 때조차 아이가 그렇게 하도록 허용하는 것을 두려워하는 사람은 부모이다. 부모와 함께 이 문제를 지지적인 방식으로 논의하는 것은 도움이 될 수 있다. 그러나 많은 부모는 자신의 욕구가 자녀들의 과잉 일반화된 두려움을 유지하는 데 어떻게 영향을 주는지 자각하지 못한다. 이러한 부모들은 성장할 수 없는 사람은 아이라고 주장할 것이다. 이는 부모가 계획을 훼손할 가능성이 커서 행동적 개입에 반응할 가능성이 낮은 어려운 상황이다. 실제 상황(in vivo) 숙달 구성요소를 시작하기 전에 부모가 자녀와 자신 모두에 대해 가지고 있는 자신의 근본적인 두려움을 발견하고, 인정할 수 있도록 돕는 것은 종종 중요하고 필요한 일이다. 제12장에 기술된 처리 연습은 부모의 역기능적인 사고와 믿음을 논박하는 데 사용될 수 있다. 또한, 부모가 아직 개별 치료에 참여하지 않는 경우라면, 이때가 치료를 의뢰할 적절한 시기일 수 있다.

만약 아이가 너무 불안에 사로잡혀 있어서 치료사가 실제 상황(in vivo) 계획에 착수하는 것을 피한다면 어떻게 될까요?

아이의 행동과 불안을 유지하게 하는 선행 요소와 결과를 이해하기 위해, 치료사는 제7장에 기술된 기능적 행동 분석(FBA)을 실시해야 한다. 만약 실제 상황(in vivo) 계획을 수립하기에 적절한 상황이라면(즉, 두려워하는 상황이 무해하다면), 아이의 과잉 일반화된 외상 회피는 당연히 아이의 불안을 유지하므로, 이것이 실제 상황 숙달 계획을 수립하는 근거가 된다. 만약 치료사가 아이의 극심한 불안을 허용하여 실제 상황 계획의 도입을 지연시킨다면, 그는 아이의 숙달을 격려하는 대신에 불안과 회피를 강화하게 되는 것이다. 극심한 수준의 두려움을 보이는 한(즉, 아이가 극도로 두려워하는 한, 치료사는 실제 상황을 시작하지 않을 것이다), 아이는 결코 두려운 상황을 극복할 필요가 없다고 여기게 될 것이다. 아이는 근본적으로 무해한 상황에서 자신의 두려움을 용감하게 직면하기보다는 훨씬 더 두려워하는 법을 배우게 될 것이다. 실제 상황 숙달 계획을 수행하는 데 어려움을 겪거나 불편함을 느끼는 치료사는, 이 구성요소를 자신감 있게 수행하고 성공을 경험할 때까지, 지지와 안내를 제공할 수 있는 숙련된 TF-CBT 전문가로부터 수퍼비전이나 자문을 구해야 한다.

자녀-부모 공동 회기

TF-CBT 모델에는 아동과 부모가 상담사와 만나 교육적 정보를 검토하고, 기술을 연습하며, 아동의 외상 서술을 공유하고, 더욱 개방적인 의사소통을 하는 공동 회기가 포함되어 있다. 이 회기들은, 부모와 자녀가 기술을 함께 연습할 기회를 제공하여 부모-자녀 관계를 향상하는 동시에, 외상 경험뿐만 아니라 자녀(또는 부모)가 해결하기를 원하는 다른 문제에 대해 자녀가 부모와 더욱 편안하게 대화하기 위함이다. 일반적으로, 공동 회기는 이 기간 동안 부모-자녀 상호작용이 안전하고, 생산적이며, 긍정적으로 느껴질 가능성을 높이기 위해 신중하게 구조화되어야 한다. 부모도 매우 잘 준비되어 있어야 한다. 공동 회기는 부모가 자녀에게 효과적으로 대처하는 역할모델을 할 수 있도록 참여하기에 충분한 정서적 통제를 얻었을 때 비로소 소집된다. 따라서 공동 회기에 대한 부모와 아동의 준비 상태를 평가하는 것이 중요하다.

이러한 평가는 주로 개별 회기에서 내담자의 대처 능력, 기술 연습 과제에 대한 반응성, 그리고 외상 관련 자료에 대한 정서적 반응을 지속적으로 관찰함으로써 이루어질 수 있다. 예를 들어, 어떤 부모들은 치료 초기에 자녀들과 함께 심리교육 및 대처 능력에 초점을 맞춘 짧은 공동 회기에 참여할 준비가 잘되어 있다. 그리고 몇 번의 개별 회기 준비 후에는, 치료의 후반부에 있을 자녀의 외상 서술 및 처리를 공유하는 공동 회기에 대해 매우 편안해한다. 다른 부모들은 자녀가 겪은 외상을 점진적으로 마주할 시간이 필요하고, 어느 공동 회기든 그에 대한 준비가 되기 전에 자신의 대처 및 양육 기술을 발달시킬 필요가 있다.

외상 서술 및 처리를 공유하기 위한 자녀-부모 공동 회기

아동의 외상 서술이 공유되는 공동 회기를 위해서는, 사전에 부모와 개별 회기에서 상당한 준비를 해야 할 필요가 있다. 그러나 공동 회기에서 외상 서술에 접근하고, 이를 준비하고 공유하는 것은 부모와 자녀의 역동, 정서적 적응, 대처 양식에 따라 크게 달라질 수 있다. 예를 들어, 위탁부모와 준비할 경우, 아동이 개별 회기에서 서술문을 만들고 있는 동안, 부모는 자신의 개별 회기에서 아동의 서술문을 치료사와 함께 읽을 수 있다. 이를 통해 위탁부모가 아동이 겪은 모든 것에 대해 연민을 가지고, 아동의 행동 문제와 외상 간의 연관성을 이해하도록 도울 수 있다. 다른 부모들은 자녀의 서술을 읽기 전에 개별 회기에서 대처 및 양육 기술을 익히는 데 더 많은 시간이 필요하다. 특히, 성적 학대를 경험했고 그 외상에 대한 슬픔과 죄책감에 시달리는 아동의 부모는, 아동의 서술이 거의 마무리되었을 때 개별 회기에서 치료사와 함께 듣는 것에 더 잘 반응할 수 있다. 치료사가 인지적 대처 및 처리 기술 구성요소를 다루는 동안 아동의 외상과 관련된 부모의 개인적인 부적응적 인지를 다루기 시작했어야 하지만(제10장), 어쩌면 부모는 자녀의 외상 서술을 듣는 동안 일어나는 더 많은 부적응적 사고 및 고통스러운 감정을 다루기 위해 더 많은 시간이 필요할지도 모른다. 따라서 아동이 서술문을 만드는 동안, 그 서술문을 부모와 공유하는 것이 도움이 될 수 있다. 어느 쪽이든, 개별 회기에서 부모가 서술문을 검토하는 것은 종종 두세 번의 회기 시간이 걸릴 수 있다. 이는 공동 회기에서 자녀의 서술문을 공유할 때 부모가 그것을 읽고, 처리하고, 어떻게 반응하고 싶은지에 따라, 회기가 진행되는 동안 자녀를 가장 잘 지원할 수 있도록 준비하기 위함이다.

마지막으로, 공동 회기 동안 아동의 서술을 공유하는 것이 TF-CBT의 필수 요소는 아니라는 점을 유념해야 한다. 사실, 어떤 경우에는 부모가 정서적으로 공동 회기에 많이 참여할 수 없기에 외상 서술의 공유가 금지되기도 한다. 비록 이런 경우는 상대적으로 드물지만, 어떤 경우에는 이러한 부모들이 대처하는 데 도움을 주려는 치료사의 노력에도 불구하고, 부모들이(자신의 아동기 외상 경험, 치료되지 않은 PTSD 또는 우울증 및 최근 물질 남용 이력으로 인해) 자녀의 외상에 관한 자세한 내용을 들을 준비가 되어 있지 않을 수 있다. 그러한 부모들은 종종 자신을 위한 개별 치료를 받거나, 추가 개별 지원을 위해 치료 의뢰를 받을 수 있다. 그럼에도 그들은 여전히 자신의 자녀들이 성공적으로 TF-CBT를 완료할 수 있도록 도울 수 있다. 예를 들어, 경우에 따라 치료사는 부모가 정서적으로 전체 서술문을 들을 준비가 되어 있지 않다고 느낄 수 있다. 하지만 아동에게 자신의 서술문 마지막 장에 있는 치료 과정에서 배운 것이나 치료 참여에 대해, 다른 아이들에게 어떤 이야기를 들려줄지를 읽도록 격려할 수 있다. 또 다른 부모들은 자녀의 외상 경험에 대한 세부사항을 들을 수 없을지도 모른다. 그러나 안전 계획이나 긍정적인 부모-자녀 의사소통의 다른 측면을 다루는 것과 같이 자녀와 함께하는 다른 공동 활동에 지지적인 태도로 참여할 수 있다. 이에 대해서는 아래에 설명된다. 요컨대, 위에 언급한 바와 같이, 공동 회기의 계획과 준비, 구조화는 사례별로 치료사의 임상적 판단에 따라 결정되어야 한다.

서술 공유를 위해 마련된 공동 회기는, 일반적으로 아동과 부모가 치료사와 개별 회기에서 아동의 외상 경험에 대한 인지적 처리를 완료한 후에 진행된다. 치료사와 가족은 공동 회기가 도움이 될 것인지, 그러한 회기의 시작 시기 또는 개별 회기보다 상대적으로 더 적거나 많은 공동 회기가 있어야 하는지, 함께 결정해야 한다. 많은 가정의 경우, 기술 연습(예: 상호 칭찬, 이완 기술) 및 외상에 대한 더욱 일반적인 논의(예: 경험한 외상[들]에 대한 일반적인 정보를 누가 더 많이 알고 있는지 확인하기 위해 부모와 자녀가 경쟁하는 질의-응답 게임)로 시작하기가 훨씬 쉽다. 이러한 점진적인 노출 접근방식은 그들이 기술을 연습하기 위해 함께 만나는 것을 경험하고, 외상에 대해 개략적으로 이야기하는 데 편안함을 얻을 수 있게 해준다. 이는 다시 그들이 나중에 치료에서 외상 서술을 함께 읽고 검토할 준비를 할 수 있도록 한다.

공동 회기가 1시간인 경우, 회기는 일반적으로 치료사가 아동과 먼저 15분간 만나고, 그다음에 부모와 15분, 마지막으로 아동과 부모를 30분간 함께 만나도록 나뉜다. 치료사는 각 가정의 필요에 따라 시간을 유연하게 분배해야 한다.

치료 마지막 단계에서 공동 회기의 목표가 아동의 서술을 공유하는 것이라면, 각각의 공동 회기를 갖기 전에, 아동은 외상 서술을 완성한 상태여야 하고, 그것을 치료에서 소리 내어 읽고 치료사와 함께 이야기할 수 있어야 하며, 부모와 기꺼이 공유할 수 있어야 한다. 부모는, 앞선 부모 개별 회기에서 치료사가 완성된 외상 서술을 읽는 것을 들은 상태여야 하고, 그것을 읽는 것에 대해 정서적으로 수용할 수 있어야 하며 (즉, 흐느껴 울거나 극도의 회피성 대처 기제를 사용하지 않고), 부모 치료 회기 동안 반응을 연습할 때 반영적으로 경청할 수 있어야 하고 지지하는 말을 할 수 있어야 한다. 경우에 따라, 치료사는 아동의 서술을 부모와 여러 번 검토할 필요가 있다. 이는 공동 회기가 생산적일 수 있도록 부모가 정서적인 평정을 충분히 얻을 수 있게 돕기 위함이다. 또한, 치료사는 이러한 상호작용에 대해 부모와 역할극을 함으로써 자녀에 대한 부모 반응이 반드시 지지적이고 적절해지도록 해야 한다. 치료사는, 부모가 아동의 서술문 읽기에 반응할 때 따라야 할 간단한 지침을 제공할 수 있다. 예를 들어, 서술문을 공유하는 동안 부모가 반영적 경청 기술을 활용하는 것에 집중하는 것은 매우 도움이 된다. 사실, 치료사는 아동이 공유한 것의 일부를 부모가 되돌아볼 수 있도록 아동에게 각 꼭지 끝마다 잠시 멈추도록 안내할 수 있다. 부모가 단순히 서술문의 실제 단어 중 일부를 되뇌기만 해도 도움이 되는 경우가 많다. 치료사는 부모에게 자녀의 말을 일부 반복함으로써 자녀가 나눈 말을 잘 들었다는 것, 필요한 단어(예: 질, 음경, 성교, 학대, 살해, 화상, 죽음)를 사용하는 데 편안하다는 것, 그리고 앞으로 자녀가 관련 고민을 이야기하고자 부모에게로 올 수 있다는 것을 아주 직접적으로 보여준다고 설명할 수 있다. 어린 아동의 서술은, 부모가 그들의 정확한 문장을 되뇔 수 있다. 하지만 그보다 연령대가 있는 아동 및 10대 청소년은, 서술문의 길이가 더 길다는 것을 고려하여, 부모는 자신이 들은 것을 요약하는 것이 더 적합하다. 그러면서도 부모는 10대 자녀가 사용한 언어를 사용하여 나눈 이야기 중 더 힘든 측면을 되돌아보고, 공유한 것에 대해 가능한 한 개방적으로 토론하려는 의지를 보여주는 것이 중요하다.

부모가 정서적으로 자녀와 함께 서술문을 검토할 준비가 되었을 때, 치료사는 아동과 개별적으로 준비 작업을 시작해야 한다. 치료사는 아동에게 개별 회기에서 외상 서술을 큰 소리로 읽게 하고, 아동이 부모와 그것을 공유할 준비가 되어 있다고 제안해야 한다. (치료사는 이전의 외상 서술 회기들에서 서술문을 부모와 공유할 수도 있다는 점을 이미 언급했어야 한다.) 그런 다음 치료사는 아동에게 부모와 상의하거나 물어보고 싶은 질문이나 항목을 적어보라고 제안해야 한다. 이러한 질문은 아동이 부모와 더욱 개방적으로 이야기하고 싶어 하는 외상 경험(들)에 대한 외상 관련 또는 기타 내용과 관련이 있을 수 있다. 일부 예를 들자면, 부모는 외상을 저지른 사람에 대해 어떻게 느끼는지, 외상에 대한 부모의 감정이나 생각, 또는 아동이 가질 수 있는 외상이나 가족 관계에 대한 다른 질문들을 포함한다. 부모는 물론 다른 사람들에게도 아동이 외상의 원인이 아니라는 말을 들었는데도, 아이들이 계속해서 부모에게 어떤 이유로든 화가 났고, 현재 화가 나는지를 물어보고 싶어 하고, 그러한 필요를 보인다는 것은 놀라운 일이다. 치료사는 개별 회기에서 아동에게 이러한 문제에 대해 이야기하게 하고, 계속 자신을 괴롭히는 질문을 진술하도록 조력해야 한다.

부모와의 개별 회기 동안 치료사는 다시 한번 아이의 외상 이야기를 부모에게 읽어준다. 그럼으로써 부모가, 아이가 부모와 직접 공유할 책이나 책의 부분을 읽는 것을 들을 준비가 되었는지 확인해야 한다. 그런 다음 치료사는 부모와 함께 아동의 질문들을 검토하고, 부모가 반응하는 최적의 방식을 만들도록 조력해야 한다. 부모도 아동에게 질문이 있을 수 있으며, 치료사는 부모가 이를 적절한 방법으로 표현하도록 도와야 한다.

공동 회기에서 아동은 부모와 치료사에게 자신이 쓴 외상 서술을 읽을 것이다. 그러나 때로 아이들은 치료사가 서술문을 읽어주는 것을 선호한다. 이는 부모의 반응을 보고자 하는 욕구 및 부모를 속상하게 하는 것과 관련된 지속적인 두려움의 결과로 인한 것이다. 치료사는 서술문을 읽어주는 것에 동의할 수도 있고, 자신과 아동이 돌아가면서 챕터를 읽도록 제안할 수도 있다. 서술문의 결론에서, 또는 챕터 읽기가 끝난 후 계획적으로 일시 중지한 상태에서, 부모와 치료사는 아동이 외상 서술을 쓰고 부모에게 읽어줄 수 있는 용기를 칭찬해야 한다. 그런 다음 아동은 미리 준비한 목록에서 고민이 되는 문제를 제기하도록 격려되어야 한다. 그리고 각각의 문제에 대해 부모와 자녀 모두가 만족할 때까지 토론하는 시간을 가져야 한다. 부모도 자녀에게 질문할 것을 준비했다면, 이것은 아동이 자신의 질문을 다 하고 난 후에 다루어야 한다. 이러한 상호교환에서 치료사의 역할은 개입을 최대한 적게 하면서 아동과 부모가 서로 직접 의사소통할 수 있도록 하는 것이어야 한다. 만일 아동이나 부모가 어려움을 겪거나, 둘 중 한 명이 부정확하거나 도움이 되지 않는 인지를 표현했는데 상대방이 논박하지 않는다면, 치료사는 (임상적으로 적절하다고 판단될 경우) 그러한 인지가 다루어지지 않고 넘어가지 않도록 개입해야 한다. 치료사는 또한, 부모와 아동이 외상 서술과 치료의 공동 회기 구성요소를 성공적으로 마친 것에 대해 둘 다를 칭찬해야 한다.

이러한 공동 회기가 끝나면 치료사와 부모, 아동은 다음 주에 진행될 공동 회기의 내용을 결정해야 한다. 종종 아동과 부모는 이 회기를 굉장히 즐기게 되어 한 번 더 회기를 갖는 것에 열광하고, 함께 대화할 더 많은 문제를 제기하고 싶어 한다. 만일 대화에 어색함이나 어려움이 있었다면 그러한 생각에 대해 덜 긍정적으로 생각할 수 있다. 하지만 이런 상황이라면 치료사는 이러한 주제에 대해 이야기하는 데 부모와 아동의 편안함을 높이기 위해 또 다른 공동 회기를 적극 권장해야 한다. 또한 공동 회기는 아동의 외상 관련 증상, 아동이 경험한 특정 유형의 외상 사건(들) 등에 대한 심리교육을 제공 및 강화하는 데 사용될 수 있다.

자녀-부모 공동 회기를 위한 기타 활동

가족들이 일반적으로 공동 회기 동안 참여하는 기타 활동에는 (1) 외상 경험(들)과 관련된 귀인, (2) 안전 계획, (3) 성적 학대의 경우 건강한 성관계, (4) 건강한 관계, (5) 가정폭력 상황에 노출된 경험이 있는 10대들의 분노 해결 및 적절한 연애 상대 선택 방법, (6) 갈등 회피, (7) 폭력적인 지역사회에 사는 아동을 위한 약물 거부 및 위험 감소 전략, (8) 아동의 외상 경험(들)에 대한 정서적 반응(및 적절한 경우 부모 자신의 외상 반응)의 공유와 이것이 치료 과정 동안 어떻게 변화했는지에 관해 이야기하는 것 등이 있다. 아동이 외상 사건을 겪었을 때, 부모는 당연히 자녀의 미래에 대해 염려한다. 특히 이러한 경험에 따른 자녀의 감정, 인지, 행동, 신체 변화를 부모가 관찰하게 되면 더욱 그렇다. 공동 치료 회기는 부모가 이러한 우려를 건설적인 방식으로 극복할 수 있게 해준다. 종종 부모는, 자녀가 치료에서 그리고 나중에 집에서 개방적으로 부모와 이러한 문제들을 논의할 수 있을 때 안심한다. 이러한 우려를 공공연하게 드러내는 것은 이전에 가족 내에서 다루지 않고 넘어갔을 수 있는 측면에 대해 아동이 질문할 수 있게 해준다. 예를 들어, 아버지가 어머니를 목 졸라 죽이려는 것을 목격한 한 사춘기 소녀는, 공동 회기에 초대되어 미래에 폭력적이지 않은 연애 상대를 선택하는 방법에 관해 이야기하였다. 이러한 논의는 처음으로 그녀가 어머니의 새로운 애인에 대한 부정적인 감정을 개방적으로 표현할 수 있게 해주었다. 어머니의 새 애인은 아버지처럼 갑작스러운 분노에 쉽게 휘둘리면서 '아무것도 아닌 일로' 소리를 지르는 그런 사람이었다. 어머니가 이 남자는 신체적으로 폭력적이었던 적이 없다고 지적하자, 여학생은 대답했다. "아직은 아니죠. 저는 그가 어머니를 해치는 일이 절대 일어나지 않았으면 좋겠어요." 이 진술은 어머니가 자신의 현재 남자친구의 행동이 딸에게 미치는 영향을 이해할 수 있게 하였고, 딸이 집에서 더 안전하게 느끼고 어머니와 더 공개적으로 대화할 수 있도록 돕는 변화를 가져오게 했다.

치료사는 공동 회기가 항상 쉽거나 재미있지는 않을 것이라는 점을 예상해야 한다. 성장과 변화는 아동과 부모에게 어려울 수 있다. 새로운 측면들이 처음으로 논의되면서, 오래된 상처, 상처받은 감정, 오해, 잘못된 소통이 다시 불러일으켜질 수도 있다. 이러한 문제들을 다루는 것이 가족에게는 적지 않은 고통일 수 있겠지만, 이 작업은 매우 뿌듯한 일이 될 수 있다. 아동의 외상 경험 및 현재 증상과 얼마나 밀접하게 관련되어 있는지, 가족의 현재 기능에 얼마나 관련이 있는지에 따라, 치료사는 이러한 문제를 다루기 위해 얼마만큼의 회기를 할애해야 할지 임상적 판단을 통해 결정해야 한다. 회기에서, 또는 지난 한 주간 감사했던 일에 대해 부모와 자녀가 서로를 칭찬하도록 적극적으로 격려함으로써 긍정적인 톤으로 공동 회기를 마치는 것이 도움이 될 수 있다. 다시 말하면, 성공 가능성을 높이기 위해서는 부모와 아동이 사전에 각자의 개별 회기에서 치료사의 도움을 받아, 공동 회기의 종료 시점에 정확히 무엇을 어떻게 서로에게 칭찬할 것인지 준비하도록 하는 것이 유용하다. 치료사들은 내담자들이 건설적인 피드백으로부터 계속 이득을 얻는다는 것을 발견하곤 한다. 즉, 부모들은 특히 칭찬의 특효성은 높고, 부정적인 꼬리표 사용은 줄이며, 열의를 다해 칭찬을 표현하기 위해 지원이 필요하다. 부모와 자녀 간의 이러한 칭찬의 상호교환은 치료에서 일찍부터 시작될 수도 있고, 종종 부모와 자녀가 고대하는 회기 활동의 마무리가 되기도 하며, 치료가 끝난 후에도 계속될 수 있다.

문제 해결

치료의 시작 시점에 공동 회기에 대해 언급해야 하나요?

치료 모델을 설명할 때, 치료사가 공동 회기에서 부모와 자녀를 함께 만나는 것을 요청할 수 있다는 점을 언급하는 것이 타당하다. 다만, 공동 회기의 내용은 임상적 상황과 아동 및 부모의 진행 과정에 따라 매우 달라질 것이므로, 공동 회기를 자세히 설명하거나 서술의 공유를 논의하지 않는 것이 가장 적합하다. 양육자와 외상 서술을 공유하는 것이 금지되어야 한다고 결정되면, 가족이 치료를 온전히 또는 성공적으로 완료하지 못한 것처럼 느끼지 않는 것이 최선이다. 사실, 서술문을 공유하는 것이 실제로 가족을 더 강하고 가까워지도록 돕는 것으로 보이며, 임상적으로 적절하다면 권장된다. 하지만 양육자와 서술문을 공유하는 것이 회복에 필수적이라는 증거는 없다.

만약 아이가 부모와 서술문을 공유하고 싶어 하지 않고, 치료사도 공유하는 것이 좋은 생각이 아니라는 것에 동의한다면 어떻게 되나요?

만일 부모가 자녀의 서술을 듣는 것을 견딜 수 없거나 자녀를 적절하게 지원할 수 없을 것이라고 생각된다면, 서술문을 부모와 공유하지 않는 편이 나을지도 모른다. 대신에 공동 회기는 아동과 부모 사이의 다른 긍정적인 상호작용을 격려하는 데 할애될 수 있다. 이와 관련하여 치료사는 아동과 부모에게 다양한 협동적 활동을 제공하고, 이러한 활동을 통해 의사소통 능력을 배양하도록 격려해야 한다. 완성된 서술문을 부모와 공유하는 것이 임상적으로 적절하지 않을 때, 치료사는 아이들에게 예술작품이나 시, 혹은 치료에서 배운 것, 그 과정에서 도움을 준 사람, 미래에 대한 희망을 설명하는 마지막 꼭지를 만들도록 격려할 수 있다. 그러한 작업은 대부분 부모, 심지어 감정적으로 훨씬 취약한 부모와도 치료 마지막 단계에서 공유될 수 있다. 대안적으로 부모와 자녀는 안전, 건강한 관계, 연예 또는 위에서 언급한 기타 주제를 다루기 위해 공동회기를 사용할 수 있다.

만약 아이가 서술문을 공유하고 싶어 하고 치료사가 부모가 정서적으로 그것을 다룰 수 있다는 확신이 있음에도, 부모가 듣고 싶어 하지 않는다면 어떻게 하나요?

이런 유형의 상황을 다루는 것은 근본적으로 임상적인 판단에 달려 있다. 하지만 서술문을 듣는 것에 대한 부모의 두려움을 탐색하고, 아이가 서술문을 공유하게 하는 것에 대한 근거를 제시하며, 서술문의 부분들을 점차 읽어주어 어떤 느낌인지 부모가 알 수 있도록 하는 것은 항상 가치가 있는 일이다. 많은 부모는 일단 자녀가 서술문을 공유함으로써 어떤 이익을 얻을 수 있는지 이해하게 되면, 종종 최소한으로라도 용기를 내어 개별 회기에서 그 서술문을 듣고 공동 회기에서 아이와 서술문 일부를 나눌 수 있을 것이다. 만약 부모가 서술문 일부를 읽고 매우 자랑스러워한다는 사실을 치료사가 아이와 나누는 것이 최선이라고 느낀다면, 그것만으로도 아이에게 중요하고 의미 있는 일이 될 수 있다. 점진적인 노출 과정은 종종 부모들이 편안해지도록 도움을 준다. 이미 묘사된 경험을 상상하는 것과는 달리 그들의 초점이 자녀들을 지지하고 칭찬하는 데 맞추어지면, 일반적으로 외상 경험을 떠올렸을 때 애정 어린 부모들이 자연스럽게 경험하는 감정들을 다스릴 수 있다. 대부분 서술문에는 마지막 꼭지를 잘 마무리하는 것과 더불어 건강한 생각과 믿음이 담겨 있다. 따라서 부모들은 종종 자녀들이 어떻게 대처했는지, 그리고 궁극적으로는 부모와 치료의 도움으로 어떻게 생산적인 방식으로 경험을 처리했는지, 직접 들음으로써 이익을 얻는다. 다시 말하면, 특정 아동과 가족에게 가장 잘 맞는 서술문 공유 방법을 찾는 것이 지극히 합리적이다. 예를 들어, 어떤 사례에서 한 아버지는 서술문의 자세한 내용을 듣는 것을 불편하게 느꼈지만, 자신의 아이가 전적으로 지지받는다고 느끼기를 원했다. 그래서 딸이 서술문을 읽을 때, 아버지는 성폭행의 세세한 부분에까지 관심을 집중시키지 않기 위해 스스로를 다소 산만하게 했다. 하지만 그는 딸이 마지막 꼭지에서 자신과 아버지, 가족, 미래에 대해 치료에서 배운 것을 쓴 내용을 자세히 되돌아보았다. 이러한 접근은 아이가 아빠로부터 수용받고, 지지받고, 사랑받는다고 느낄 수 있게 해준다. 한편, 아빠 역시 반추와 분노 폭발과 같은 자신의 성향을 관리하는 능력에 대한 걱정으로부터 스스로를 보호하였다.

여러 형제자매가 치료 중일 때는 공동 회기를 어떻게 관리해야 하나요?

일반적으로, 형제마다 자신과 부모가 함께 공동 회기를 갖게 된다. 이 형식은 각각의 아이가 외상 경험에 대한 자신의 지각을 공유하고 그 경험을 자신만의 방식으로 맥락화할 수 있도록 해준다. 비록 우리는 형제자매가 자신의 서술문을 서로 공유하도록 격려하지는 않으나, 형제자매가 서술문을 서로 공유하고자 하는 강한 욕구를 표현하는 드문 상황이 있을 수 있다. 부모가 동의한다면, 치료사가 그렇게 하는 것의 유익성과 위해성을 신중하게 따져보고(예: 형제자매들의 관점이 달라 불협화음에 영향을 줄 수 있고, 한 형제자매가 부주의하게 다른 형제자매의 부적응적인 인지를 불러일으킬 수 있음) 임상적인 결론에 따라 결정되었을 때만 이러한 활동을 촉진해야 한다. 아이들이 의견에 따라 그들이 원한다면, 더 어린 동생들과 공유할 수 있도록 서술문을 발달 단계에 더 적합하게 수정해보라는 안내를 할 수 있다. 놀랍게도, 아이들은 매우 본능적으로 무엇을 수정해야 할지 알고 있다. 그렇지만 아이들이 어떤 것을 고쳐야 할지 잘 모른다면 치료사는 이와 관련하여 항상 도움을 줄 수 있다.

만약 부모가 공동 회기 중에 아이에 대해 '부정적'이 된다면, 즉 부모가 비판적이고, 외상에 대해 아이를 탓하는 등의 모습을 보이면 어떻게 하나요?

치료사는 가능할 때마다 아이와 부모 사이에서 가교역할을 하면서 두 사람 사이의 긍정적인 상호작용을 모델링하려고 노력해야 한다. 예를 들어, 부모들은 때로 "왜 학대 사실에 대해 바로 나에게 말하지 않았니?"와 같이 죄책감을 유발할 수 있는 방식으로 질문을 던진다. 그런 질문들을 예상하고, 부모가 더욱 긍정적인 방식으로 질문할 수 있도록 준비시키는 것이 최선이다. 그러나 필요하다면 공동 회기 중에 개입하여 부모와 아이에게, 대부분 아이가 성적 학대에 대해 아무에게도 말하지 않는다는 사실을 상기시킬 수 있다. 그렇게 되면 아이에게 학대 사실을 밝힐 용기를 준 것을 시작으로, 그다음에는 무엇이 처음에 말을 못 하게 했는지 나열하도록 하는 데 도움이 될 수 있다. 만약 공동 회기의 분위기가 너무 부정적으로 변한다면, 치료사는 공동 회기를 끝내고 부모와 단둘이 만나 무엇이 잘못되었는지 탐색해야 한다. 그러나 가능하다면, 치료사는 공동 회기 동안 부모의 행동이 더 긍정적으로 '조성'되도록 노력하고, 앞으로 있을 공동 회기를 위해 부모를 준비시키는 데 더 많은 시간을 보내야 한다.

미래 안전 강화 및 개발

TF-CBT PRACTICE 중 마지막 구성요소는 미래 안전 강화 및 개발(Enhancing future safety and development)이다. 만일 이 두문자어 'PRACTICE'의 순서를 그대로 받아들인다면, 치료사는 안전 문제를 다루는 것을 치료의 종료 시점에 가서야 지연시킬 수도 있다. 하지만 외상적 생활 사건에 노출된 아동·청소년을 대상으로 한 적절한 임상 수행은 그 반대를 시사한다. 실제로 안전 문제는 모든 청소년과 그들의 보호자에게 TF-CBT의 시작부터 다루어져야 한다.

개인 안전 기술 교육

치료의 시작 시기에 안전 문제를 다루는 것은 지속적인 외상 가능성이 있을 때 특히 중요하다. 예를 들어, 가정폭력 상황에서 어머니가 가해자와의 관계를 끝내지 못했을 수도 있다. 즉, 가해자가 계속 주기적으로 집에 찾아오는 것이다. 이런 종류의 시나리오에 있는 아동은 폭력이 다시 일어날까 봐 걱정할 수 있다. 그 예로, 한 10세 남자 아이는 자신의 어머니가 남자친구에게 목이 졸리고 주먹으로 맞는 것을 목격했다. 그 남자친구는 더 이상 아이의 집에 살고 있지 않지만, 어머니는 그와 통화를 했고, 때로 그는 늦은 밤에 찾아왔다. (어머니는 아들이 남자친구가 가끔 찾아오고 있다는 것을 모른다고 믿었으나, 아이는 치료사에게 그 남자친구를 자기 집에서 봐왔고, 그것이 무섭다고 말했다.) 따라서 치료사는 안전 문제를 다루기 위해 아이와 어머니를 함께 만났다. 구체적으로, 어머니는 자신이 여전히 가끔 남자친구를 만났다는 것을 인정했고, 이제는 그 사실이 아들에게 무서운 일임을 이해했다. 치료사의 도움으로, 아이와 엄마는 만일 남자친구가 엄마를 다시 해칠까 봐 두려워하게 될 때에 대비해 안전 계획을 세웠다. 이 안전 계획에는 '911'에 어떻게 전화하는지 배우는 것과 언어적 갈등 또는 실제 신체적 폭력이 고조되면 옆에 사는 할머니 집으로 가는 것이 포함되었다. 이러한 안전 계획은 아이가 더 안전함을 느끼도록 도왔고 전반적인 걱정과 불안을 감소시켰다. 치료 초반에 안전 문제를 다루는 것은 특히 지속적인 외상에 대한 우려가 있을 때 효과적인 외상 치료를 시작하는 좋은 방법이다.

TF-CBT 시작 시, 복합 외상 증상을 지닌 청소년과 함께 안전 및 신뢰 문제를 다루는 것 또한 중요하다. 전형적으로, 이러한 청소년들은 종종 대인관계 폭력을 포함하는 만연한 외상을 경험하였고, 이러한 외상은 그들이 속한 가족에서 시작된 경우가 많다. 게다가, 불안전한 거주지 배치 및 애착은 그들의 삶에서 흔하게 일어나며, 이것은 그들의 배신감과 안전성의 결여를 악화시킬 뿐이다. 복합적으로 외상을 입은 청소년과 TF-CBT를 시작할 때는 치료사가 이 청소년에게 신뢰와 안전이 존재하지 않았던 사실을 알려주고 타당화해 주어야 한다. 더구나, 이러한 청소년의 삶에서 다른 중요한 어른들이 배신하고 안전한 환경을 만들지 못했기 때문에, 치료사가 외상 알림요인이 될 수도 있다. 치료사는 이 문제를 청소년과 다루어야 한다. 그런 다음 치료사와 청소년은 치료 관계의 맥락 안에서뿐만 아니라 치료실 밖에서도 안전 문제를 다룰 수 있도록 안전 계획을 협력적으로 개발해야 한다.

지속적인 외상이나 복합 외상 증상이 없는 경우에도 TF-CBT 치료사는 안전 문제에 대해 정기적으로 아동과 확인해야 한다. 이사, 전학 등과 같이, 외상과 관련된 이차적인 어려움은 안전과 보안에 대한 걱정을 불러일으킬 수 있다. 안전 문제를 다루는 것은 청소년이 더 침착하게 느끼고 외상 치료에 참여하는 어려움을 더 잘 감당할 수 있도록 도와준다. 청소년이 안전하다고 느끼지 못한다면 TF-CBT가 압도적이라고 느낄 수 있다. 아동과 부모는 때로 그들의 집이나 이웃이 '항상' 위험하다고 말한다는 점도 언급할 필요가 있겠다. 그러나 우리의 경험에 따르면, 더 위험한 지역에서도 어떤 거리, 시간, 장소(예: 교회, 소년 및 소녀 동아리) 등 다른 상황이나 환경보다 상대적으로 안전한 요소들이 있다. 이렇게 훨씬 안전한 측면에 대해 아동 및 부모와 건설적인 논의를 함으로써, 완전히 정확하지 않을 수도 있고 아동의 안전 의식에 도움이 되지 않는 과잉일반화의 가능성을 줄일 수 있다. 그렇지만 대부분 어떤 이웃과 가정은 극도로 위험할 수 있다는 것이 사실이다. 이런 경우에는 가족이 원한다면 그들이 주거지를 옮기는 것, 다른 보조 서비스를 활용하는 것, 그리고 아동과 가족의 안전을 확보하기 위해 다른 개입을 받으려는 노력에 대해 치료사가 지지하는 것이 중요하다.

어떤 안전 문제는 비교적 직접적인 방식으로 다루어질 수 있다. 예를 들어, 무해한 외상 알림요인(예: 외상 기억, 어둠)에 대한 두려움은 외상 서술 및 처리 작업과 실제 상황(in vivo) 숙달 과제를 통해 다루어지는 경우가 가장 많다. 어떤 안전 문제는 안전 기술 교육 및 훈련을 통해 가장 잘 해결될 수 있다. 안타깝게도 아동에게 다시는 외상을 겪지 않을 것이라고 장담할 수도 없고, 또 그렇게 확언해서도 안 된다. 하지만 아동의 자기효능감과 준비성을 증가시킬 기술을 가르침으로써 그들의 두려움에 반응할 수 있다. 아동에게 길을 건널 때는 양쪽을 살피고 여행할 때는 자전거 헬멧과 안전띠를 착용하는 것과 같은 표준 안전 주의사항을 가르치는 것 외에도, 모든 아동에게 가르쳐야 할 다른 귀중한 안전 교육이 많이 있다. 아동이 경험할 수 있는 취약한 감각이 증가하기 때문에, 이러한 교육은 특히 외상을 경험한 아동과 공유하거나 검토하는 것이 중요하다.

예를 들어, 집의 화재에 휘말린 한 아이는 이런 유형의 외상에 다시 직면하지 않을 수도 있지만, 아이에게 그 사실을 장담할 수는 없다. 그러나 화재 재발 가능성에 대한 현실적인 시각을 가질 수 있도록 격려하고, 표준 화재 안전 예방책을 검토 및 실천함으로써 아이의 안전감을 높일 수 있다(www.usfa.fema.gov/kids/flash.shtm 참조). 치료의 이러한 측면에는 화재경보기를 설치하고, 그것이 작동하는지 확실하게 하고, 대피 계획을 파악 및 연습하고, 대피해 나갈 때 몸을 바닥으로 낮게 유지하며, 911에 전화하고, 화재 속에 다시 들어가지 않는 것이 포함된다. 이 정보에 대한 검토와 화재에 대한 실제 대응 연습은 부모-자녀 회기에 통합될 수 있으며, 아동이 실제 상황(in vivo) 숙달 기술을 추가로 연습할 수 있도록 과제로도 부여될 수 있다.

화재 안전과 같이, 모든 아동이 개인의 안전을 배우는 것도 중요하다. 그러나 이것은 학대 또는 폭력에 노출되었던 아동에게 특히 더 중요하다. 왜냐하면 이들은 이차 피해의 위험이 크기 때문이다(Arata, 2000; Boney-McCoy & Finkelhor, 1995). 개인 안전 기술을 가르치는 시기는 신중하게 고려해야 한다. 일반적으로는 아동이 외상 서술의 많은 부분을 완료한 후에 이러한 기술을 가르치는 것이 바람직하다. 이 순서는 대부분 아동이 외상에 대해 우리가 고려하는 최적의 반응으로 자연스럽게 반응하지 않는다는 사실을 나타낸다. 예를 들어, 학대나 폭력을 막기 위해 아이들이 매우 단호한 태도로 반응하는 것은 흔한 일이 아니다. 따라서 이전의 외상 경험에 대한 현실적이지만 가장 적합하지는 않은 반응을 공유함에 있어 아동의 편안함을 무심코 훼손하지 않도록, 적어도 외상 서술 및 처리의 일부 또는 기타 노출 작업이 완료될 때까지는 안전 기술 교육을 미루는 것이 가장 좋다. 아동이 너무 일찍 개인 안전 기술을 배우면, 폭력이나 학대를 멈추기 위해 그러한 기술을 사용하지 않은 것에 대해 죄책감, 수치심, 자기 비난 또는 다른 부정적인 생각이나 감정을 경험할 수 있다. 이러한 나쁜 감정을 줄이기 위해 그들은 자신의 서술문에 안전 행동을 포함할 수도 있다. 점진적인 노출 및 처리 작업은 아동이 자신의 외상 경험을 일어난 대로 보고할 때 가장 효과적이다. 나중에 아동이 그 경험을 처리하고 의미를 부여함에 따라, 앞으로도 자신을 안전하게 유지하는 데 도움이 될 수 있는 대안적인 반응을 탐색하고 싶어 할 수 있다.

일반적으로, 안전 기술 교육에 아동을 참여시키기 전에 이전 외상에 대한 아동의 반응을 인정하고 칭찬하는 것이 중요하다. 이러한 반응이 외상을 막지는 못했을지라도, 그들이 어떻게 반응했는지의 일부 측면은 매우 생산적이었을 것이기에 칭찬으로 인정받을 수 있다. 사실, 대부분 아동은 안전에 대한 가장 중요한 발걸음을 내딛는 것,

즉 그들의 피해 사실에 대하여 누군가에게 말하는 것에 대해 칭찬받을 수 있다. 칭찬하는 것은 외상을 목격한 사람이 발견해 보고한 학대라고 해도 언제나 적절하다. 이런 경우, 비록 아동이 처음에 말하지 않았더라도, 어느 시점에서 누군가(예: 경찰, 아동보호 직원, 치료사)에게 외상에 대해 말할 용기를 찾은 것이다. 그리고 이러한 개방은 또한 해당 아동뿐만 아니라 다른 아동이 미래에 비슷한 학대를 겪는 것으로부터 보호하는 역할을 한다. 안전 기술 교육이 아동에게 이전 외상에 대한 반응으로 적절한 행동을 하지 못한 것처럼 느끼게 내버려둘 가능성을 줄이기 위해, 그 당시에는 그들이 아는 가장 최선의 방식으로 반응했다는 것을 강조하는 것이 중요하다. 당신은 치료사로서 이 개념을 다음과 같이 소개할 수 있다.

치료사: 대부분 아이는 누군가가 학대하거나 폭력적일 때 무엇을 해야 하는지에 대해 절대 배우지 못해. 우리는 아이들에게 집에 불이 나거나 다른 긴급 상황이 발생했을 때 어떻게 해야 하는지에 대해 이야기하지만, 누군가가 학대를 할 때는 대부분은 아이들에게 정확히 무엇을 해야 하는지 가르치지 않지. 그래서 아빠가 엄마를 때리고 있을 때 네가 한 행동은 그 당시에 네가 반응할 수 있는 가장 최선의 방법이었던 거야!

아동: 저는 도움을 받지 못해서 그렇게 생각하지 않아요.

치료사: 아빠가 엄마를 때리면 어떻게 해야 하는지 가르쳐준 사람이 있니?

아동: 아니요.

치료사: 그러니 네가 정확히 어떻게 도움을 받을 수 있는지 몰랐다는 것은 큰일이 아니야. 하지만 여동생을 네 옆에 있게 했을 때 너는 정말 도움이 되는 행동을 한 거야.

아동: 그런 것 같아요.

치료사: 그리고 네가 매우 용감하게 했던 또 다른 행동은 무엇이었니?

아동: 모르겠어요.

치료사: 아동보호 직원이 무슨 일이 있었냐고 너에게 물었을 때 어떻게 했니?

아동: 무슨 일이 있었는지 말했어요.

치료사: 그렇게 하는 게 힘들었니?

아동: 정말 힘들었어요. 아빠를 다시 볼 수 없을 것 같아서 아무 말도 하고 싶지 않았
어요.

치료사: 그런데도 네가 그 직원의 모든 질문에 그렇게 명확하게 대답한 것이 매우 용
감했다고 생각해.

아동: 그런 것 같네요.

치료사: 오늘은 네가 또는 다른 누군가가 위험에 처할 수 있는 상황에 처했을 때 도움
이 될 수 있는 몇 가지 특별한 기술을 연습해볼 거야. 이것은 네가 이전에 무언
가를 잘못했다는 걸 의미하지 않아. 왜냐하면 특히 그것이 꽤 무서운 것이었
고, 아무도 그런 상황에서 무엇을 해야 할지 말해주지 않았는데도, 너는 그 당
시에 네가 할 수 있는 최선을 다했기 때문이야.

아동: 그때는 무서웠어요. 하지만 지금은 두렵지 않아요!

치료사: 좋아. 그러면 만일 네가 앞으로 누군가의 안전에 관해 고민이라면, 너를 도와
줄 몇 가지 기술에 관해 이야기해보자.

아동: 네.

부모의 참여가 아동이 개인 안전 기술을 유지하고 적용하는 것을 강화하는 것으
로 보인다는 점이 여러 연구에서 명확히 입증되었다(예: Finkelhor, Asdigian, & Dziu-
ba-Leatherman, 1995; Deblinger et al., 2001). 따라서 개인 안전 기술 교육이 아동과의
개별 회기에서 시작될 수 있지만, 궁극적으로는 부모가 이러한 기술을 배우고 연습하
는 데 참여하는 것이 중요하다.

아동이 스스로를 안전하게 지키도록 돕는 첫 번째 단계는, 무섭고 혼란스러운 경
험들에 대해 다른 사람들과 의사소통하는 능력을 향상시키는 것이다. 성적 학대와 가
족 및 지역사회 폭력에 관한 기본적인 사실들을 검토하는 것은 아동에게 지식을 제공
할 뿐만 아니라, 그들이 잠재적 위협을 발견하도록 도움을 주며, 누군가에게 학대와
관련된 걱정거리나 다른 힘든 경험들(예: 따돌림당하는 것, 지역사회 폭력을 목격한 것)에
대해 말할 가능성을 높일 수도 있다. 또한, 만일 아동이 자기 경험을 묘사하는 데 필요

한 언어를 불편해한다면, 성학대에 대한 소통이 특히나 더 어려울 수 있다. 감정을 공유하는 것을 연습하고, '은밀한 신체 부분에 대해 전문가가 쓰는 명칭'을 가르친다면, 아동은 성학대를 포함한 모든 형태의 피해 사실에 대해 소통하기 위한 몇 가지 기본 기술을 확실히 배울 수 있다. 이러한 유형의 심리교육은 다양한 책, 비디오, 그리고 교육용 게임(예를 들어, Creative Therapy Store; www.creativetherapystore.com의 게임들)을 통해 제공될 수 있다.

일반적으로, 아동에게 그들의 환경에서 일어날 수 있는 위험에 대해 가르치는 것과 위험에 대한 '직감' 반응과 지각에 주의를 기울이도록 격려하는 것이 중요하다. 살면서 폭력을 경험하거나 PTSD를 겪고 있는 아동은 때로 위험 단서에 덜 민감하다. 왜냐하면 이러한 단서는 잠재적 위협에 대한 효과적인 처리를 방해하는 PTSD 반응을 촉발할 수 있기 때문이다. 이러한 이유로, 아동이 잠재적으로 위험한 상황에 어떻게 반응할 수 있는지 연습하도록 하는 것이 중요하다. 이러한 유형의 역할극은 아동이 안전 기술을 발달시키는 데 도움이 될 뿐만 아니라, 습관화를 통해 위협에 대한 생리적 및 분열성 반응을 감소시키는 것으로 이어질 수 있다. 또한 반복적으로 폭력에 노출된 아동은 그러한 위협이 존재하지 않는 곳에서 위험을 지각할 가능성이 크므로, 무해한 단서에 공격적인 반응으로 과민하게 반응할 수도 있다는 점을 유의하는 것이 중요하다. 다시 말해, 아동이 직면할 수 있는 시나리오를 상상하고 연기해보는 역할극은 소극적이거나 공격적인 대응보다는 단호한 대응을 연습하는 기회를 줄 것이다. 요약하자면, 교육, 기술 개발, 그리고 경험적인 연습은 아동이 미래에 실제 위협을 더 효과적으로 알아차리고 대응하도록 도울 수 있다.

비록 개인 안전 기술 훈련이 미래의 피해 예방을 보장하지는 않더라도 복잡한 개인 상황에 반응하는 데 있어 아동의 통제감과 자신감을 높일 수 있다는 점을 부모와 아동이 이해하는 것이 중요하다. 사실, 아동은 이런 종류의 훈련을 받았을 때 피해 사실을 공개하거나 자기보호 전략을 활용할 가능성이 더 크다는 증거가 있다(Finkelhor et al., 1995).

안전 기술 교육에 통합되는 개념

개인 안전 기술 활동에 통합되는 중요한 개념으로는 (1) 감정과 욕구를 명확하고 개방적으로 소통하기, (2) '직감'에 주의를 기울이기, (3) 안전을 제공하는 사람과 장소를 파악하기, (4) 신체 소유권('괜찮은' 그리고 '괜찮지 않은' 접촉에 대한 규칙) 학습하기, (5) 무서운 비밀(secret)과 깜짝 비밀(surprise)의 차이를 알기, (6) 누군가가 필요한 도움을 제공할 때까지 도움을 요청하기가 포함된다.

스트레스를 많이 받는 상황에서, 특히 편안하고 안전한 환경이 아니라면 감정을 이야기하는 것은 어려운 일이다. 잠재적으로 어려운 또래 상호작용은 아동이 자기주장을 하고 명확하고 직접적으로 의사소통하는 것을 연습할 수 있는 초기 역할극의 맥락을 제공할 수 있다.

치료사: 오늘은 만일 누군가가 너에게 형편없는 말을 하거나 어떤 식으로든 괴롭히는 경우에 학교에서 도움이 될 수 있는 몇 가지 기술을 가르쳐주고 싶어. 그런 경험이 한 번이라도 있니?

아동: 그럼요. 한 아이가 항상 저를 괴롭혀요.

치료사: 그 애가 무엇을 하니?

아동: 저를 뚱보라고 불러요.

치료사: 그 애가 너를 뚱보라고 부를 때 너는 무엇을 하는지 연기를 해볼까? 내가 잠깐 그 남자애가 되어도 될까?

아동: 네.

치료사: [남자아이 흉내] 이봐, 뚱보. 뭐 하냐? 또 난장판을 만드는 거야?

아동: 그러는 너는 뭐 하는 거냐, 못생긴 놈아?

치료사: 이제, 네가 그렇게 말하면 빌리(Billy)는 보통 무얼 하니?

아동: 그냥 모든 애들이 쳐다볼 때까지 점점 더 크게 '뚱보'라고 소리쳐요.

치료사: 그래, 좋아. 그럼 더 잘 통할 수 있는 다른 반응을 해볼 수 있는지 보자. 우리가

'나' 진술에 대해서, 그리고 누군가에게 네가 어떻게 느끼고 상대방이 무엇을 하기를 원하는지 정말 분명하게 말하는 것에 대해서 이야기한 걸 기억하지? 이번에는 네가 직접 당당하게 서서 말했으면 좋겠어. "나는 네가 나를 게으름뱅이라고 부를 때 화가 나. 더 이상 그렇게 부르지 마."

아동: 네. 노력해볼게요.

치료사: [남자아이 흉내] 좋아…. 이봐, '뚱뚱보', 너 지금 뭐 하고 있냐?

아동: 네가 나를 '뚱뚱보'라고 부를 때 화가 나. 더 이상 나를 그렇게 부르지 마.

치료사: 와, 정말 잘했어! 네가 스스로를 아주 분명하게, 똑바로 표현한 것이 정말 좋아. 똑같이 강한 목소리로 한 번 더 해보자. 그런데 이번에는 그렇게 말할 때 어깨를 뒤로 젖히고 내 눈을 똑바로 쳐다보면서 해보자.

역할극에서 나타났듯이, 아동의 언어적 의사소통을 지도하는 것 외에도, 그들의 비언어적 행동을 지도하는 것 또한 중요하다. 예를 들어, 각각의 역할극 후에 아동은 긍정적인 피드백뿐만 아니라 언어적·비언어적 행동 모두에 대해 부드러우면서도 구체적인 건설적 피드백을 받을 수 있다. 아동이 회기에서 감정 표현 연습을 하는 것 외에도, 부모가 집에서 자녀들의 감정 표현에 효과적으로 반응하는 법을 가르쳐주는 것은 매우 도움이 되는 일이다. 예를 들어, 부모들은 때로 자녀들의 분노 표현에 효과적으로 반응하는 것을 어려워한다. 부모는 아이가 "엄마, 저 엄마한테 화났어요."라고 말하면 방어적으로 반응하는 대신, "네가 화났다는 것을 엄마에게 말해주어 고맙구나. 그것에 대해 말해볼래?"라고 말하도록 지도를 받을 수 있다. 이런 종류의 반응은 종종 아이들을 놀라게 하고, 생산적인 대화로 이끌 가능성이 크다. 동시에 벽을 치거나 다른 공격적인 행동을 하는 것보다 훨씬 더 적절한 행동을 강화한다. 아동에게 자신의 '직감' 반응에 주의를 기울이도록 가르치는 것은 그들이 안전한 장소로 탈출해서 도움을 구하고자 하는 필요를 알리는 내적 단서를 알아차리도록 도울 것이다. 아이들은 가끔 위험과 그들 자신의 생리적 각성에 행동을 취하기보다는 자동적으로 얼어붙은 상태로 반응한다. 사실, 얼어붙은 반응으로 자신을 보호할 수 있는 경우가 있기는 하다. 그렇지만 아동은 가능한 한 빨리 도움을 받을 수 있도록 안전과 연결되는 장소와 사람을 파악하는 것이 중요하다. 이 단계는 가정폭력에 노출된 아동과 함께 작업할 때 특히 중요하다. 앞서 논의한 바와 같이, 부모는 자녀들이 자기보호 전략, 현실적으로 안전 및 조력을 제공할 수 있는 장소와 사람의 확인, 그리고 911에 전화하도록 격려하는 것을 포함할 수 있는 안전 계획을 개발할 수 있도록 안내된다(Runyon, Basilio, Van Hasselt, & Hersen, 1998). 주어진 상황이 어떠하든지, 누구에게 접근가능한지 알기 어렵기 때문에, 안전한 장소와 신뢰할 수 있는 사람들의 목록을 만들어두는 것이 도움이 된다. 다시 한번 강조하자면, 간단한 역할극은 아동이 개별 회기에서, 그리고 나중에 부모와의 공동 회기에서 이러한 기술을 연습하는 데 도움을 줄 수 있다.

치료사: 오늘은 우리가 지난주에 네 엄마와 함께 작업했던 안전 계획 연습을 할 거야.

아동: 네.

치료사: 이제, 방문 이후에 아빠가 너를 집에 데려다줄 때, 아빠와 엄마가 주로 겪곤 했던 정말 심한 다툼을 하기 시작했다고 상상해보자. 엄마가 무서워하거나 다칠지도 모른다는 걸 어떻게 눈치챌 수 있는지 말해줄 수 있니?

아동: 보통 엄마는 울고 소리 지르기 시작해요.

치료사: 그래. 그리고 엄마가 말했던 것처럼, 엄마가 멈추라고 소리 지르기 시작하고 아버지는 멈추지 않으면, 넌 어떻게 할 거니?

아동: 엄마 침실로 들어가서 911에 신고할 거예요.

치료사: 좋아. 그걸 연습해보자. 네가 전화를 걸 수 있게 전화기 선은 뽑아둘게.

아동: 네. (911에 전화한다)

치료사: [911 전화관리자 흉내] 911입니다. 무슨 일이시죠?

아동: 저의 부모님이 싸우고 있어요. 저는 엄마가 심하게 다칠까 봐 걱정돼요.

치료사: [911 전화관리자] 지금 어디에 있니? 주소 좀 알려줄래?

아동: 포플러(Poplar)가 19번지에요.

치료사: [911 전화관리자] 지금 있는 곳은 안전하니?

아동: 아뇨. 무서워요. 저는 뒷문으로 나가 이웃집으로 갈 거예요.

치료사: [911 전화관리자] 좋아. 경찰이 가고 있어. 지금 당장 이웃집으로 가도 돼.

부모들은 아이들이 어른에게 공손하게 대하는 법을 배울 수 있다는 것을 기억하는 한편, 어른들도 때로 잘못된 것을 말하거나 행동할 수 있다는 것을 이해하는 것이 중요하다. 이 사항은 괜찮은/괜찮지 않은 신체접촉과 관련하여 특히 중요하다. 다시 말해, 아동 성학대에 대한 개인 안전 교육은 어떤 종류의 신체접촉이 정상인지 아닌지, 그리고 '사적인 부분'에 대한 적절한 명칭에 대한 정보를 검토함으로써 시작된다. 아동은 어른이나 더 나이가 있는 다른 아이가 규칙을 어기고 잘못된 신체접촉을 할 때, 또는 그 상황이 아동에게 불편한 느낌을 줄 때, 싫다고 말한 다음 가서(즉, 벗어나서) 말하는 것(즉, 책임 있는 어른에게 그 부적절한 행동을 보고하는 것)이 중요하다는 것을 기억하면 된다. 성적 학대뿐만 아니라 다른 형태의 피해와 관련해서도, 아동은 종종 가해자들에 의해 이러한 학대적인 상호작용을 비밀로 하도록 경고 또는 위협당한다. 여기서 아동에게 깜짝 비밀과 무서운 비밀 사이의 차이를 가르치는 것이 중요하다. 즉, 깜짝 비밀(surprises)은 아이들이 영원히 간직하지 않고 궁극적으로 나눌 수 있는 재미있는 비밀이다(예: 깜짝 선물이나 파티를 나누는 것과 같음). 반대로, 무서운 비밀(scary secrets)은 아이들이 부모 또는 누구에게도 절대 말하지 않도록 요구받는 비밀이다. 이런 비밀들은 비록 아이들이 지키겠다고 상대에게 말했다 하더라도 지키고 싶어 하지 않는 것들이다. 또한, 성적 학대와 같은 무서운 비밀을 폭로할 때, 아동은 그것을 이해하고 도움을 줄 수 있는 누군가를 찾을 때까지 계속 그 비밀을 말할 수 있어야 한다.

위에서 언급한 바와 같이, 개인 안전에 대한 정보를 제공하는 많은 훌륭한 책과 비디오(DVD)가 있다(www.creativetherapystore.com). 그러나 최근 연구는 아이들이 제시된 개념에 대한 이해와 내재화를 평가하는 대화형 토론과 역할극을 통해 가장 잘 배운다는 것을 시사한다(Finkelhor et al., 1995; Deblinger et al., 2001). 스타우퍼(Stauffer)와 데블링거(예: 2003, 2004)가 쓴 일련의 책과 워크북은 부모, 교사 및 상담자를 위해 그러한 토론에 아이들을 참여시킬 수 있는 훌륭한 틀을 제공하는 동시에 개인 안전 기술을 연습할 수 있는 역할극에 대한 아이디어도 제공한다(www.hope4families.com 참조).

비록 개인 안전 기술을 가르치는 것이 중요하고 아동에게 위협적인 상황을 인식하도록 도움을 줄 수는 있으나, 만일 앞으로 학대나 폭력이 일어난다면 그것은 그들의 잘못이 아니라는 것을 전달하는 것이 필수적이다. 궁극적으로, 그들이 할 수 있는 가장 중요한 것은, 믿을 수 있는 어른에게 무슨 일이 일어났는지 말하는 것이다.

문제 해결

아이가 학교로 걸어갈 때 신체적인 폭행을 당하면 그 후에 실제 상황(in vivo) 숙달이나 안전 계획을 실행해야 하나요?

그것은 아이가 학교로 걸어가는 동네에 진짜 위협이 계속 존재하는지에 대한 치료사의 평가에 모두 달려 있다. 아이와 부모의 정보에 기초하여, 만일 치료사가 그 동네는 일반적으로 안전하고 이전 가해자가 더 이상 아이에게 위험하지 않다고 판단하면, 그때 실제 상황(in vivo) 숙달이 적절할 것이다(그렇다 하더라도 이 시나리오에서 안전 기술 및 계획에 어느 정도 초점을 두는 것은 여전히 치료의 일부가 될 것이다). 반대로, 그 동네가 일반적으로 안전하지 않거나 초기 가해자가 아이에게 위협으로 남아 있는 경우에는 실제 상황(in vivo) 숙달이 아니라 안전 계획이 일차적인 개입이 되어야 한다.

만약 신체적 학대, 성적 학대 또는 가정폭력의 가해자가 여전히 가정 내에 있다면, 적절한 안전 계획이 마련되어 있는 한 TF-CBT를 실행하는 것이 임상적으로 적절한가요?

이것은 어려운 질문인데, 정답은 적어도 몇 가지 요인에 달려 있다. 일반적으로는 아동이 안전한 환경에 거주하고 있을 때 TF-CBT를 실행할 것을 권장한다. 예를 들어, 만약 아이가 아직 집 안에 있는 아버지로부터 정기적으로 신체적 학대당한다면, 어린 아이가 TF-CBT에 참여하는 것은 매우 어렵고, 어쩌면 임상적으로 부적절할 것이다.

반면, 아이들은 때로 CPS로부터 폭력적이었던 양육자와 함께 살 것을 요구받거나 법원으로부터 그러도록 명령을 받기도 한다. 일례로, 아버지가 가끔 퇴근할 때 술을 마시면 폭력적으로 변하는 가정에서, 아이와 어머니는 이러한 사건들이 일어나는 동안 적절한 안전 계획(예: 이웃집에 가기, 자기 침실에 있기)을 세울 수 있었다. 물론, 이것이 이상적인 상황이 아니라는 것은 인정하지만, 어떤 상황에서는 이것이 현실이 될 수도 있다. 치료사들은 어려운 임상적 상황에 직면해 일부 어려운 결정을 내려야 할 때가 자주 있다. 이와 관련하여 다른 전문가들과의 논의가 도움이 될 수 있다.

16장

외상중심 구성요소의
집단 적용

여러 통제된 실험을 통해, 치료가 아동이 PTSD 및 기타 외상 증상을 극복하는 데 효과적일 수 있다는 증거를 알 수 있다(Stein et al., 2003; Kataoka et al., 2003; Chemtob, Nakashima, & Hamada, 2002). 또한, 최근 몇 년간, 특히 그러한 치료를 받을 수 없는 아동의 치료에 대한 접근성과 도달 범위를 높이기 위해 아동, 청소년, 그리고 그들의 비폭력적인 부모들에게 집단 형식으로 TF-CBT를 구체적으로 적용하는 것을 지지하는 관심과 연구가 증가하고 있다(예: Jaycox et al., 2010). 많은 학교, 난민 수용소, 저자원 국가에서는 개별 치료보다 집단 치료로 외상을 입은 아동의 치료가 실현될 가능성이 더 크다. 이 장에서는 집단 형식의 TF-CBT 제공을 설명한다.

집단 형식의 TF-CBT의 효과성을 살펴보는 첫 번째 무작위 실험은, 아동 성학대의 영향을 받은 비폭력적 부모와 어린 아동을 위한 집단 치료 서비스 제공에 초점을 맞췄다(Deblinger et al., 2001). 이 연구는 아동과 그들의 비폭력적 양육자를 위한 지지적 집단 형식과 비교하여, 구조화된 TF-CBT 집단 형식의 가치를 입증하고 효과성을 높였다. 좀 더 구체적으로, 연구 결과는 무작위로 TF-CBT 집단에 배정된 부모들이 교육적 지지 집단에 배정된 부모들에 비해 학대 관련 고통과 침투적인 사고가 유의하게 더 감소되었다는 것을 보여주었다. TF-CBT에 무작위로 배정된 아이들은 교육적 지지 집단에 배정된 아이들에 비해 개인 안전과 관련된 지식과 기술이 유의하게 더 높은 증가를 보였다. 이 결과는 주로 설명으로써 개인 안전에 대한 정보를 제공하는 아동 교육 지지 집단과는 대조적으로, TF-CBT 집단에서의 행동 연습, 역할극, 연습 과제 사용의 중요성을 상기하고자 했을 것이다.

이 선행 연구에서 아동의 어린 나이 때문에 외상 서술 및 처리 구성요소는 TF-CBT 집단에 포함되지 않았다. 따라서 집단 조건 전반에서 아동 PTSD 증상 감소에 관한 차이가 발견되지 않은 것은 당연함을 유의해야 한다. 그러나 TF-CBT 집단 구현에 대한 더 최근의 연구는 집단 치료 모델에서 모든 TF-CBT PRACTICE 구성요소를 제공함으로써 이러한 고민을 해결했다. 외상 서술 및 처리 구성요소는 집단 치료사 중 한 명과 짧은 개별 시간을 갖도록 아동을 집단에서 잠시 나오게 하거나 계획된 집단 회기들 사이사이에 아동을 위한 개별 회기를 계획함으로써 개별 회기에서 제공되었다.

최근에 콩고 민주공화국의 연구자들은 전쟁의 맥락에서 착취당하고 외상을 입은 청소년들에게 TF-CBT를 제공하기 위해 이 집단 형식을 활용했다. 두 번의 무작위 통제 실험에서 연구자들은 13~17세 소녀와 소년 각각에 대하여 15회기의 TF-CBT 집단의 이점을 대기자 통제 조건과 비교하여 기록했다(O'Callaghan et al., 2013; McMullen et al., 2013). 각 연구에서 10대들은 2~4회기 정도 외상 서술 회기에도 참여하였다. 이 2개의 연구 결과에는 대기자 조건과는 대조적으로, 적극적 치료 참여자 조건에서 PTSD 증상뿐만 아니라 기타 심리사회적 어려움이 유의하게 더 감소하였다고 기록되었다. 또한, 이 청소년들의 심리사회적 적응 수준은 3개월간의 추적 기간 동안 유지되거나 더 향상되었다. 성착취, 유기, 군인으로서 폭력에 대한 강제 참여, 그리고 다른 많은 전쟁 관련 잔혹 행위를 포함하여 이 청소년들이 보였던 아동기 외상에 대한 높은 평균 수치(즉, 12개의 외상 유형)를 고려하면, 이러한 발견은 굉장히 놀라운 것이다. 최근에는, 탄자니아에서 부모 중 한 명 또는 두 명 모두의 죽음을 경험한 7~13세 아동에게 제공되는 TF-CBT 집단 서비스에 대해서도 유사한 결과가 보고되었다. 또한 이 공개 실험 결과는 아동의 PTSD 증상, 행동 문제, 애도뿐만 아니라 우울 증상에서도 유의한 감소를 나타냈으며, 이 모든 결과는 3~12개월간의 후속 평가에서 유지되었다(O'Donnell et al., 2014). 외상과 애도 반응 모두에 초점을 맞춘 TF-CBT 집단 회기는 그 회기들 사이에 아동의 집이나 지역사회 환경(예: 학교)에서 수행된 2~4개의 외상 서술 회기와 병행되었다. 탄자니아와 케냐의 사별한 아동과 그들의 양육자가 참여하는 무작위 실험에서 이 TF-CBT 집단 접근방식을 더욱 엄격하게 시험하기 위한 대규모 연구가 현재 진행 중이다(Grant No. R01 MH095749; Dorsey & Whetten, multiple principal investigators).

미국의 어린이와 가족은 여전히 개별 치료사로부터 TF-CBT 서비스를 받을 가능성이 크나, 증거 기반의 집단 치료 서비스에 대한 수요는 증가하고 있다. 그럼에도, TF-CBT 모델을 처음 배울 때는 훨씬 복잡한 집단 역동과 TF-CBT를 집단 형식으로 구현할 때 필요한 적응을 고려하여 TF-CBT를 개별 아동과 가족에게 활용하는 것이 더 나을 수도 있다. 그러나 일부 서비스 환경에서는 집단 TF-CBT가 이 모델에서 새로운 치료사들을 교육하는 가능한 수단이 될 수 있다. 또한, 아동의 상황과 환경을 고려할 때(예: 만연해 있는 재난, 전쟁으로 인한 치료 서비스에 대한 급작스럽고 극적인 수요) 집단 치료가 최선의 치료 선택인 일부 상황이 있을 수 있다.

집단 TF-CBT의 실제적·임상적 이점

일반적으로, TF-CBT를 집단 형식으로 제공하면 실제적·임상적 이점을 모두 제공할 수 있다. 첫째, 실제적인 관점에서, 집단 치료는 치료사들의 수가 제한되고 주요 야간 치료 시간이 한정적인 환경에 있는 더 많은 아동과 가족에게 접근할 수 있으므로 비용 효율적인 수단이다. 예를 들어, 집단 TF-CBT 서비스는, 만연해 있는 재난의 여파가 있거나 병원의 대기자 명단이 길고 일하는 부모들의 저녁 약속이 제한된 도시 환경에서 특히 유익한 개입이 될 수 있다. 임상적 관점에서 보면, 비록 TF-CBT를 집단 형식으로 제공하는 것에는 치료 회기의 속도를 개별적으로 조정할 수 있는 능력이 제한되는 것과 같은 잠재적인 임상적 곤란함이 있다. 그러나 집단 참여는 내담자가 유사한 외상 경험을 지닌 동료들을 만나 수치심을 더 쉽게 극복하도록 도울 수 있다. 실제로, 집단 형식은 아동과 보호자 모두에게 그들과 비슷한 상황에 있던 다른 사람들의 관점을 듣고 그들로부터 지지를 받을 기회를 제공한다. 이는 심한 낙인을 경험할 수 있는 외상(예: 아동 성학대, 가정폭력)을 견뎌낸 가족들에게 특히 중요할 수 있다. 이러한 외상의 영향을 받은 가족들에게 집단 형식은, 아이들에게 자신만이 유일하게 특정 외상을 경험한 것이 아니라는 구체적인 증거를 제공한다. 또 부모들도 자녀들에 대한 비슷한 두려움과 염려가 있는 다른 부모들과 터놓고 이야기할 수 있는 기회를 제공한다. 한편, TF-CBT 집단 형식은 부모들이 심리교육뿐만 아니라 대처 및 부모 기술 지도를 받는 동시에 서로에게 정서적인 지지를 공유하는 구조를 제공한다. 자녀의 성적 학대를 경험한 부모들은 때로 법 집행 및 CPS의 반응이 최적이지 못한 것에 대한 분노 감정을 반추하고 표출한다. 집단 TF-CBT의 구조는 부모 지지 집단 모임에 비해 우리가 관찰한 이와 같은 경향을 최소화하는 듯하다. 이러한 부모의 감정이 종종 타당하기는 하나, 우리의 연구 결과는 더욱 능동적인 방법으로 그러한 감정에 대처하는 법을 배우는 것이 부모의 학대 관련 고통을 더 많이 감소시킨다는 것을 시사한다(Deblinger et al., 2001).

집단 TF-CBT 지침

TF-CBT 집단 수행을 위한 기본 지침은 다음과 같다. 두 명의 치료사가 각 집단(부모 집단, 병행하는 아동 집단)에 6~10명의 자녀를 두고 각 집단을 수행하는 한편, 부모들은 동시에 또 다른 두 명의 치료사와 부모 집단에 참여한다. 이러한 준비는 한 치료사가 집단에 남아 있고, 다른 치료사는 브레이크아웃 회기, 또는 나중에 부모-자녀 공동 회기를 수행하는 데 참여하는 것을 가능하게 한다. 또한, 만일 아동이 회기 중에 빠져야 한다면, 한 치료사가 그 아동을 담당하는 한편, 다른 치료사는 계속해서 집단을 수행할 수 있다. 일반적으로 집단은 같은 연령대의 아동(예: 3~6세, 7~10세, 11~13세, 14~17세)으로 구성되는 것이 가장 좋은데, 이는 집단 활동이 해당 연령대에 최적으로 참여하도록 맞춤화할 수 있기 때문이다. 가능하다면, 집단 TF-CBT는 특정한 외상 경험(예: 성착취, 가정폭력, 복합 외상)에 초점을 맞추는 것이 가장 좋다. 이렇게 하면 집단이 치료 전반에 걸쳐 공통적인 문제에 집중할 수 있다(예: 특정 외상에 대한 심리교육을 제공하는 것). 그러나 우리는 집단을 소집할 때 이렇게 하는 것이 항상 가능한 것은 아니며, 이에 관해서는 치료사들이 유연함을 가져야 한다는 것을 인정하는 바이다.

여러 측면에서, 집단 TF-CBT는 개별 TF-CBT와 매우 유사하게 구현된다. 즉, 아동과 그들의 양육자가 분리되어 있지만 동시에 이루어지는 집단 회기이다. 집단 회기 시간은 아동의 연령 및 다른 현실적인 고려사항에 따라 회기당 1시간에서 2시간까지 달라질 수 있다. 더 어린 아동을 위해 마련된 집단은 시간이 더 짧지만, 규모가 더 크고 연령대가 더 높은 아동 및 10대 청소년들에게 서비스를 제공하는 집단은 시간이 더 긴 경향이 있다. 또한 단기 부모-자녀 공동 집단 회기는 종종 각 집단 회기의 마지막에 포함되어, 아동은 집단에서 배운 기술을 부모와 공유하고, 부모는 구체적인 칭찬 또는 반영적 경청의 사용과 같은 기본적인 양육 기술을 연습할 수 있는 기회를 제공한다. TF-CBT 집단 프로그램에서는 일반적으로 12~15회기와 함께, 외상 서술문이 만들어지고 처리되는 최소 2~4개의 추가 개별 회기가 이루어진다. 집단 회기의 내용 또한 개별 TF-CBT와 유사하므로, 각 집단 회기는 한 개 이상의 PRACTICE 구성요소를 통합하는 계획된 의제를 중심으로 준비된다.

물론, 첫 회기는 아동과 부모가 함께 간략한 소개를 하면서 시작된다. 그리고 가족을 집단 프로그램에 오게 한 공통적인 외상에 대한 설명과 집단 기대에 대한 일부 기본적인 검토를 한다. 비밀보장, 집단 구성원 간의 의사소통 등을 포함한 집단 규칙은 처음부터 명확하게 다루어져야 한다. 그 시점부터 아동과 보호자는 증거 기반의 참여 전략으로 시작하는 회기에 분리되어 참여한다. 예를 들어, 매주 집단 회기에 참석하고 해결책을 브레인스토밍하는 데 잠재적인 장애물이 있다면, 부모와 논의하고 검토하는 것이 도움이 된다. 또한, 과거 긍정적 또는 부정적 치료 경험에 대해 물어보는 것도 도움이 된다. 사실, 최소한 일부 부모가 이전 치료 경험에 대해 큰 실망감을 드러내는 일은 드물지 않다. 이는 자연스럽게 이전 경험과 현재 집단 치료 프로그램 계획 사이의 차이를 강조하는 기회를 제공한다.

개별 치료에서와 같이, 집단 치료사들은 아동과 그들의 보호자에게 외상 서술 구성요소를 언급하지 않고, 치료를 구성하는 교육적, 기술 함양 및 재미있는 아동 집단 활동에 대한 일반적인 치료 계획과 근거를 공유하도록 권장한다. 앞서 개별 TF-CBT와 관련하여 언급한 바와 같이, 처음부터 외상 서술 및 처리 치료 단계에 초점을 두는 것은 일부 아동의 불안을 불필요하게 높이고, 서면 서술문을 작성하지 않기로 선택할 수도 있는 아동에게는 성공의 느낌을 약화시킬 것이다. 따라서 치료 모델의 개요에는 외상 서술 및 처리 치료 단계에 대한 구체적인 설명이 포함되지 않는다. 처음 소개하는 회기 이후에 진행되는 회기는 점진적 노출의 원칙에 따라 진행된다. 이 회기의 초기 초점은 집단 구성원들이 경험한 외상에 대한 일반적인 정보를 유병률, 역학, 영향의 관점에서 논의하는 것에 있다. 또한, 초기 회기는 이완, 정서 표현 및 조절, 인지적 대처 기술의 개발 및 연습에 초점을 둔다. 이 과정 동안에는 확인된 외상에 대해 언급하는데, 특히 학습되고 있는 대처 기술이 외상 알림요인 및 관련 고통에 있어 참여자들을 어떻게 조력할 수 있는지의 관점에서 논의가 이루어진다. 집단 TF-CBT 치료사들은 회기들 사이에 배운 대처 기술의 연습을 격려하고, 집단 참여자들이 집에서 해당 기술을 실행하면서 경험한 성공과 어려움을 검토하며 정기적으로 회기를 시작한다. 아동과 부모 집단 회기 모두에서 이러한 연습 과제를 검토하는 것은, 그러한 기술 구현에 대해 긍정적이고 건설적인 피드백을 제공할 수 있는 기회를 제공한다. 부모 집단 회기에서는 효과적인 칭찬과 반영적 경청 제공, 선택적 주의 실행, 타임아웃 절차 및 연령에 적합한 기타 관련 훈육 수행을 포함하는 양육 기술을 소개하고, 검토하고, 연습하는 데 많은 시간이 소요된다. 부모들은 회기들 사이에 이러한 기술을 활용하도록 격려받으며, 이를 통해 전반적인 부모-자녀 관계를 강화하고, 자녀들의 정서적 및 행동적 어려움을 최소화하고, 긍정적인 대체 행동을 격려함으로써 자녀의 강점을 높일 수 있다. 부모와 아동의 각 집단이 병렬적으로 진행되면서, 집단 참여자들이 보고한 격려와 성공으로 인해 부모와 자녀는 각각 양육 기술과 대처 기술을 보다 적극적으로 활용하도록 자극받는 경우가 많다는 점은 놀라운 일이 아니다.

일반적으로, 네 번째 집단 회기 이후부터 가능한 경우에, 치료사는 아동의 외상 경험 논의와 외상 서술 개발을 격려하기 위해 아동과의 개별 회기를 계획하기 시작할 수 있다. 앞서 언급한 바와 같이, 이러한 치료사와의 개별 시간은 회기들 사이에 예약될 수도 있고, 외상 서술을 개발하여 나중에 처리할 수 있도록 집단 치료사들이 아이들을 개별적으로 집단 밖으로 나오게 하는 시간에 이루어질 수도 있다. 이렇게 아이들이 개별적으로 집단 밖으로 나오는 동안 집단에 남아 있는 아이들은 계속해서 기술을 연습하고, 무언가를 표현하며, 예술이나 음악, 또는 기타 창의적인 작품(예: 콜라주, 뉴스 쇼, 시/가사)의 형태로 자신이 겪었던 외상에 대해 새로 발견한 지식을 공유하기 위한 창의적인 배출구를 제공하는 활동에 참여할 수 있다. 이 시간 동안 부모들은 그들의 대처 및 양육 기술을 계속 발전시키고 자녀들과 함께 공동 집단 회기를 준비할 수 있다. 이러한 공동 회기는 부모-자녀 쌍이 번갈아가며 칭찬의 상호교환 또는 반영적 경청 연습과 같은 간단한 계획된 공동 활동에 참여함으로써 양육과 대처 기술을 연습할 수 있는 더 많은 기회를 제공한다.

일단 아이들이 작성한 서술문이 완성되면, 부모들은 임상적으로 적절할 때 개별적으로 치료사와 함께 자녀의 서술문을 검토할 수 있다. 집단 회기에서 자녀의 서술문에 대한 부모의 반응에 대한 약간의 논의가 일어날 수 있으나, 부모들은 자녀의 이야기를 처리하고 자녀가 자신의 서술문을 부모와 공유할 수 있는 공동 회기를 준비하기 위해 자녀의 치료사와 개별 시간을 가질 수 있다. 이러한 회기는 부모-자녀 쌍이 치료사와 개인적으로 만나는 개별 치료와 거의 동일한 방식으로 진행된다.

아동이 외상 서술 및 처리 단계를 완료하면, 개인 안전 기술 교육이 집단 회기의 초점이 될 수 있다. 이러한 회기는 경험한 외상과 관련된 개인 안전 기술에 초점을 맞추는 경향이 있지만, 아동의 자신감(예: 자기주장 기술)을 높이는 다른 일반적인 기술도 검토하고 연습할 수 있다. 그런 다음 마지막 집단 회기는 내담자가 배운 지식과 기술을 검토하고 통합하도록 도와, 치료 종료 후에도 지속적으로 사용할 수 있도록 돕는 데 초점을 맞춘다. 마지막으로, 집단은 축하를 위한 멋진 분위기를 제공하며, 부모와 자녀들은 종종 축하하고자 하는 마지막 집단 회기의 계획과 실행에 크게 기여한다. 사실, 종종 부모들은 자녀들의 치료 성공을 인정하고 축하하기 위해 자녀들이 좋아하는 간식과 풍선, 다른 장식품들을 가지고 온다. 축하 시간 동안 아이들은 그들의 창작품을 공유하기로 할 수 있고, 치료사들은 아이들과 보호자들에게 수료증과 졸업모까지도 선물할 수 있다.

요약하자면, 지금까지의 연구는 아동과 그들의 보호자를 위한 TF-CBT의 개인 및 집단 형식의 효과성을 보고한다. 따라서 내담자에게 TF-CBT를 집단으로 제공할 것인가 개별적으로 제공할 것인가를 제안하는 것에 있어 적합성을 결정할 때는 현실적인 고려사항, 임상적 문제, 그리고 내담자의 선호를 신중하게 고려해야 한다. 마지막으로, 집단 TF-CBT 구현을 위한 추가 정보와 회기별 지침이 최근에 출간되었는데(Deblinger, Pollio, & Dorsey, 2016 참조), 이는 TF-CBT 집단 프로그램을 계획하는 데 유용할 수도 있다.

문제 해결

집단에 남자아이와 여자아이, 다양한 연령대의 아이들, 그리고 다양한 유형의 외상을 경험한 아이들을 포함할 수 있나요?

우리의 경험에 의하면, 아이들을 대략 같은 나이나 발달 단계에 있는 다른 아이들과 묶는 것이 가장 좋다. 그러나 어린아이일수록 혼성 집단이 괜찮고, 아이들이 점점 자라면 동성 집단에서 이익을 얻을 수 있다. 혹은 적어도 한 명의 아이만 반대 성별인 집단 구성은 피하는 것이 낫다는 것이 우리의 경험이다. 마지막으로, 지금까지 TF-CBT 집단 연구에는 일반적으로 최소 한 가지 외상 유형을 공통적으로 공유하는 아이들이 참여해왔다. 그러나 아이들이 다른 여러 종류의 외상을 경험하는 것은 드문 일이 아니다. 어떤 경우에는, 아이들이 특정 유형의 외상에 대한 집단 치료를 마치고 나면, 그 집단 회기에서 온전히 다루거나 처리하지 못한 다른 외상에 대한 개별 치료에 참석할 수도 있다. 예를 들어, 성적으로 학대를 당한 아이들을 위한 집단에 성공적으로 참여한 한 아이는 그 후 한 명의 형제자매의 죽음과 관련된 지속적인 애도 관련 증상들을 다루기 위해 추가적인 개별 치료를 받도록 의뢰되었다.

집단에서 한 아이가 집단 규칙이나 활동을 준수하지 않을 경우에는 어떻게 하나요?

집단 치료사는 집단에 참여하는 아동에 대한 사전 치료 평가를 신중하게 검토하고 그곳에서 발생할 수 있는 잠재적인 행동 문제를 다룰 준비가 잘되어 있어야 한다. 이러한 문제들은 아이들이 겪었던 외상을 고려하면 드문 것이 아님을 인정하면서, 부모들에게 그러한 문제들이 어떻게 다루어질 것인지에 대해 미리 알리는 것이 중요하다. 칭찬을 아낌없이 사용하고, 선택적 주의와 때로는 작은 보상도 어린아이들이 긍정적인 행동을 유지하도록 큰 도움을 준다. 전형적으로 칭찬, 선택적 주의, 우발적 강화 또는 타임아웃 절차는 아이들이 잘 따르도록 격려하는 데 매우 효과적이다. 그러나 각 집단 프로그램에는 대개 한계를 시험하고 타임아웃에 응하기를 거부하기도 하는 아이가 한 명 정도 있게 마련이다. 따라서 부모들에게 집단 프로그램 과정 중에 최소한 한 번은 규칙을 어긴 것 때문에 부모와 자녀가 집단을 일찍 떠나도록 요청받는 것이 이상한 일이 아니라는 것을 미리 주지시켜야 한다. 이렇게 주지시키는 것은 일반적으로 집단 프로그램의 나머지 기간 동안 한 명의 아이와 다른 모든 아이에 대한 행동 기대치를 강화하는 데 도움이 된다.

만약 아이가 집단에서 자신의 외상 경험의 세부내용을 공유한다면 어떻게 되나요?

놀랍게도 그런 경우는 거의 없지만, 어떤 아이들은 자신의 외상 경험의 일부 구체적인 내용을 자발적으로 공유할 것이다. 아이가 자기 경험을 공유하고 싶은 욕구를 타당화하는 동시에, 화제를 돌려 아이를 집단 회기의 초점으로 다시 유도하는 것이 중요하다. 이렇게 하는 것은 외상 관련 감정의 표현과 같이, 집단이 논의하고 있는 것과 관련하여 공유되었던 어떤 측면을 다시 바라보게 하고, 아이에게 집단 프로그램에서 나중에 자신의 개인적 경험에 대해 더 많이 이야기할 수 있는 기회가 있다는 점을 상기시킬 수 있다.

만일 부모 한 명이 집단 토론을 장악하고 있는 것 같다면 어떻게 하나요?

부모마다 그들의 가족에게 영향을 준 외상에 대해 기꺼이 터놓고 이야기하려는 의지가 상당히 다르므로, 이러한 역동은 흔히 일어난다. 결과적으로, 집단 TF-CBT 치료사는 집단 토론과 연습 기회에 모든 부모가 참여하는 것이 중요함을 명확하고 솔직하게 표명해야 한다. 따라서 치료사는 때때로 상냥하면서도 직접적인 태도로 말이 많은 부모를 멈추게 하고, 다른 부모들도 토론과 연습에 참여할 필요가 있음을 설명해야 한다. 또한 집단 치료사가 화이트보드를 사용하여 집단 회기의 의제를 표시하고, 회기의 진행 방향과 계획된 활동에 대한 초점을 유지하기 위해 모든 참여자의 도움을 요청하는 것이 도움될 수 있다.

3부

애도중심 구성요소

애도중심 구성요소 소개

앞서 설명된 바와 같이, 외상적 애도를 경험하는 아동은 외상 및 부적응적 애도 둘 다에 대해 어려움을 겪는다. 세 가지 연구에서는 TF-CBT 외상 및 애도 구성요소를 순차적으로 제공함으로써 외상 후 스트레스 증상과 부적응적 애도 증상 모두 개선된 것으로 나타났다(Cohen, Mannarino, et al., 2004; Cohen et al., 2006; O'Donnell et al., 2014). 이 중 두 가지 연구는 외상중심 구성요소가 PTSD 증상을 우선적으로 다루지만, 애도중심 구성요소는 부적응적인 애도 증상을 다룬다는 것을 보여주었다(Cohen, Mannarino, et al., 2004; Cohen et al., 2006). 이는 이 구성요소들을 차례로 실행하는 것을 더 강조하는 것이다.

앞서 설명된 PRACTICE 구성요소는 지금까지 외상적 애도를 겪는 대부분 아동이 죽음의 외상적 측면을 해결하는 데 성공적으로 도움을 주었다. 일단 아동의 외상 증상이 더 이상 두드러지지 않게 되면, 더 전형적인 애도 과제를 시작할 수 있다. 애도는 대개 지속적이고 비연속적인 과정이며, 이에 따라 우리는 비교적 짧은 치료 과정이 종료되는 시점에 아동의 애도가 '해결'될 것이라고 기대하지 않는다. 그러나 일단 아이들이 외상 반응을 해소하도록 도움을 받으면, 더욱 전형적인 애도 과정으로 훨씬 수월하게 넘어갈 수 있다. 그리고 더 이상 치료가 필요하지 않게 된다는 것을 발견하였다. 게다가, 이 치료에 참여하는 부모들도 그들의 개인적인 PTSD 및 우울 증상으로부터 완화를 경험한다(Cohen, Mannarino, et al., 2004; Cohen et al., 2006). 그렇게 되면 부모들이 자녀에게 더 잘 반응할 수 있게 되고, 이에 따라 아동이 더 일반적인 애도 반응으로 옮겨가는 것을 강화할 수 있다.

TF-CBT의 외상중심 구성요소와 유사하게, 이 모델의 애도중심 개입은 구조화되어 있고, 애착을 증진하며, 회복탄력성을 높이고, 구성요소에 기반을 둔 틀 안에서 제공된다. 이 틀은 외상적으로 사별하게 된 아동을 치료해온 우리의 임상 경험과 아동의 애도 치료에 대한 기존의 임상 및 경험적 지식에 인지·행동적 원칙을 통합시킨다(예: Eth & Pynoos, 1985; Wolfelt, 1991; Fitzgerald, 1992, 1995; Christ, 2000; Siegel, Karus, & Raveis, 1996; Siegel, Raveis, & Karus, 1996; Webb, 2010; Rando, 1993, 1996; Worden, 1996; Goldman, 1996, 2000; Nader, 1997; Black, 1998). 구체적인 구성요소로는 애도 심리교육, 상실 애도 및 고인에 대한 양가감정 해소, 고인에 대한 긍정적인 기억 보존, 고인과의 관계 재정립 및 현재 관계들에 대한 전념 등이 있다. 아프리카에서는 훈련된 일반인 상담사들이 집단 형식으로 제공하는 아동기 외상적 애도에 대한 TF-CBT를 평가하기 위해 무작위 통제 실험이 현재 진행 중이다(Whetten, 2011). 제17장에서는 TF-CBT의 애도중심 구성요소에 대해 설명한다.

용어에 대한 참고 사항: 아동(및 보호자)이 죽은 사람에 대해 많은 다양한 감정을 가질 수 있음을 인정한다는 점에서, 죽은 사람을 설명하기 위해 사랑하는 사람보다는 고인, 중요한 애착 관계, 중요한 인물 등의 용어를 사용하기로 한다. 이렇게 다양한 감정을 인정하고 타당화하는 것은 이 치료의 중요한 구성요소이다.

애도 심리교육

아동은 사건의 외상적인 측면에 관해 이야기하고, 이를 상당 부분 해소한 후에도 죽음에 대해 이야기하는 것이 어렵다고 느낄 수 있다. 이러한 어려움은 어느 정도 어른들에 의해 모델링된다. 누군가 죽었을 때 이들은 대개 '무슨 말을 해야 할지 모르고', 그 결과 아무 말도 하지 않거나 죽음에 대해 이야기하는 것을 최선을 다해 피하려 할 수도 있다. 우리 문화는 매체에서 죽음을 미화하지만, 보통 이 주제에 대한 의미 있는 토론은 피한다. 애도 심리교육은 아동과 보호자가 죽음에 대해 개방적으로 말하고 이전에는 다루지 않았던 누군가의 죽음에 대해 심층적인 문제를 탐색할 기회를 제공한다.

아동을 위한 애도 심리교육

부모 또는 다른 보호자들이 외상적 죽음 이후에 흔히 제기하는 질문은, 아이가 그 사람이 어떻게 죽었는지에 대한 진실을 알아야 하는지이다. 우리의 견해는 발달적으로 적절한 방식으로, 아동이 그 사람이 어떻게 죽었는지에 대한 진실을 아는 것이 중요하다는 것이다. 부모, 그리고 치료사를 포함한 다른 어른들은 대개 죽음으로부터 아이들을 보호한다. 이는 부분적으로 슬프거나 당황스러운 현실에 대한 노출을 지연시키고자 하는 자연스러운 욕구, 혹은 부모나 치료사가 죽음에 대해 이야기하는 것을 개인적으로 꺼려하기 때문일 수 있다. 아동 외상 치료사들은 아이들과 죽음에 대해 이야기하는 데 익숙해질 필요가 있고, 필요할 때는 적극적으로 부모들에게 그렇게 하도록 격려할 필요가 있다. 진실을 말하지 않으면, 비록 당장은 아니더라도, 언젠가 부모가 이 중요한 정보에 대해 진실하지 않았다는 사실을 아이가 알게 되는 미래 시점에 배신감을 느낄 수도 있다. 예를 들어, 한 여자아이의 어머니는 그녀에게 아버지가 '사고로' 죽었다고 말했지만, 몇 년 후에 아이는 아버지가 자살했다는 것을 알게 되었다. 아이는 어머니가 다른 것들에 대해서도 거짓말한다고 비난하며 어머니에게 맞섰고, 극도로 화가 났으며, 반항적으로 변했는데, 이로 인해 어머니는 딸을 치료에 데려오게 되었다. 어머니는 그때를 돌이켜보며 남편의 죽음에 대해 딸에게 진실을 말하지 않은 것에 대해 후회했다. 아이는 외상중심 구성요소 치료가 이루어지는 동안 분노, 그리고 엄마를 신뢰할 수 없다는 새로운 신념을 표현했다. 아이는 외상 서술 및 처리 과정에 이러한 감정/신념을 포함했으며, 아동-부모 공동 회기 동안 자신의 서술문을 어머니와 직접 공유했다. 개별 부모 회기에서 준비해온 어머니는 방어적인 태도 없이 경청한 다음, 딸을 고통으로부터 보호하고 싶었지만 이러한 실수를 후회하고 있으며 다시는 거짓말을 하지 않겠다고 설명했다. 그들이 애도중심 구성요소에 도달했을 때, 아이의 배신감이 개방적으로 다루어졌고, 이 과정을 통해 상당 부분 해결되었으며, 이는 아이가 애도중심 구성요소를 시작할 수 있게 해주었다.

죽음의 원인에 대해 솔직하게 말할 때, 이 정보를 민감하게, 그리고 발달적으로 적절한 방식으로 제공하는 것이 중요하다. 주요 애착 인물을 상실했을 때 정서적 지지, 안전감 및 정서조절 역할을 제공하는 어른의 '보호막'이 있는 것의 가치는 아무리 강조해도 지나치지 않다. 이렇게 어른 인물이 할 수 있는 역할 중 하나는 부모 또는 다른 중요한 사람이 어떻게 죽었는지에 대한 정확한 정보를 제공하여, 아동의 지속적인

적응을 저해하기보다 이에 기여하는 것이다.

위에서 언급한 바와 같이, 그 사람이 어떻게 죽었는지에 대해 아이에게 거짓말하는 것은 도움이 되지 않는다. 그러나 아이의 발달적 또는 인지적 대처 능력을 고려하여 너무 세부적이거나, 압도적이거나, 불쾌한 내용을 전달하지 않는 것도 중요하다. 교육자와 성직자, 소아 전문가와 정신건강 전문가들은 다양한 연령과 능력을 지닌 아동에게 어떤 세부사항을 제공할지 보호자들을 지도하는 데 매우 큰 도움을 줄 수 있다. 일반적인 지침은, 보호자가 고인의 죽음에서 이러한 요소들이 사실이라 믿는 경우에도, 아이들에게 그 죽음이 끔찍했다고 말하거나 생생한 세부사항을 보여주는 것은 (외상적 이미지를 더 생각나게 할 수 있음) 보통 도움이 되지 않는다. 또한, 고인이 극심한 고통을 겪거나 경험했다거나(그 사람의 고통에 대한 침투적 이미지 또는 부적응적 인지를 불러일으킬 수 있음), 도와줄 수 있는 사람들이 그 사람을 구하기 위해 할 수 있는 모든 것을 하지 않았다는(예: 그 사람을 구하기 위해 아이가 할 수 있었던[혹은 해야만 했던] 일에 대한 자기비난 또는 죄책감과 같은 부적응적 인식을 불러일으킬 수 있음) 말도 도움이 되지 않는다. 특히 어린아이가 가까운 애착 인물의 죽음을 막 경험했고, 안전감과 보안, 정체성에 대해 이 인물에게 자연스럽게 의존했기에 정서적으로 매우 취약한 상태일 때, 발달적으로 부적절한(또는 발달적으로 부적절한 방식으로) 정보를 제공하는 것은 아이가 그 정보를 견딜 수 있는 능력을 넘어서서 더 큰 외상으로 이어질 수 있다. 발달적으로 부적절한 노출의 한 예로는, 한 할머니가 딸의 끔찍한 모습을 보자마자 세 살 난 손자를 아래층으로 데려와 "네 아버지가 어머니에게 무슨 짓을 했는지 보라!"고 한 일이다. 이 어린아이는 할머니가 소리를 지르며 복수를 하겠다고 위협하는 동안 몇 번씩이나 피투성이로 매를 맞은 엄마의 시신을 볼 수밖에 없었다. 예상대로, 이 아이는 이렇게 시각적으로 생생한 이미지에 노출되어 압도당하고 더 큰 외상을 입었다.

외상적으로 사별한 아동에게 TF-CBT를 제공하는 치료사는 연령에 적합한 용어로 각기 다른 연령의 아동에게 죽음을 설명하는 연습을 해야 한다. 다음의 예들이 도움 될 것이다.

- 죽음: "누군가의 몸이 영원히 작동을 멈춘다."

- 사고 또는 질병: "아무도 사람의 몸이 작동을 멈추도록 만들지 않았다. 이것은 고의로 이루어진 것이 아니다."
- 자살: "그 사람은 자신의 몸이 작동을 멈추도록 선택했다. 자살하는 대부분 사람은 우울증이라고 불리는 병에 걸려 또렷하게 생각하지 못하고 나쁜 선택을 하게 된다. 그 선택 중 하나가 자신의 몸이 작동을 멈추게 하는 것일 수 있다."
- 살인: "누군가가 다른 사람의 몸이 작동을 멈추도록 만든 것이다."
- 약물 과다복용: "의사가 말하는 대로만 약을 먹는 것이 중요하다. 대부분 약은 우리 몸을 더 잘 작동하게 만든다. 하지만 누군가가 약을 잘못 먹거나 너무 많이 먹으면 몸을 상하게 하거나 심지어 작동을 멈추게 할 수 있다. 중독이라고 불리는 병에 걸린 사람은 자신의 몸을 해치는 약을 먹을 수도 있다. 그것들은 보통 의사가 주는 것이 아니고, 이 약들은 마약이라고 불린다. 마약은 사람의 몸이 작동을 멈추게 할 수 있다."

TF-CBT에서 이 시점까지 치료사는 죽음에 대해 상당한 양의 심리교육을 제공하고, 점진적인 노출을 촉진하기 위해 죽음과 죽었다라는 용어를 일관되게 사용했을 것이다. 앞서 언급했듯이, 이러한 용어들에 완곡한 표현(예: 상실, 천국에 갔다, 갔다)을 사용하는 것은 어린 아동을 혼란스럽게 하고 모든 연령대에서 회피를 부추긴다. 매우 어린 아이들은(보통 3~4세 미만) 죽음의 영구성을 이해하지 못하며, "아빠는 가셨어." 또는 "아빠를 잃었어."와 같은 말을 "아빠를 따라잡을 수 있다." 또는 "아빠를 찾으면 나타날 것이다."라고 오해하기 쉽다. 이러한 이유로, 죽음과 죽었다와 같은 명확하고 일관된 용어를 사용하는 것이 가장 적절하다.

죽음에 대한 일반적 노출

훨씬 어린 아동은 죽음에 관해 발달 수준에 적합한 책을 읽음으로써 치료의 애도

중심 부분을 시작하는 것이 도움이 될 수 있다. 이런 책은 아동이 죽음에 대해 터놓고 이야기할 수 있는 모범이 되며, 많은 책이 죽음과 애도의 측면을 독자들에게 교육하기도 한다. 어린 아동을 위한 이런 종류의 책으로는『로지는 엄마를 기억해(Rosie Remembers Mommy)』(Goodman et al., 2015),『굿바이 마우지(Goodbye Mousie)』(Harris, 2001),『당신이 그리워요: 처음 보는 죽음(I Miss You: A First Look at Death)』(Thomas, 2001),『공룡이 죽을 때: 죽음 이해 안내서(When Dinosaurs Die: A Guide to Understanding Death)』(Brown & Brown, 1996)가 있다. 학령기 아동을 위한 예로는『가장 밝은 별(The Brightest Star)』(Hemery, 1998),『미소짓는 사만다(Samantha Jane's Missing Smile)』(Kaplow & Pincus, 2007),『기억할 준비(Ready to Remember)』Goodman et al., 2011)가 있다. 우리는 아이들이 자신과 비슷한 상황에 대해 써진 치료책을 큰 소리로 읽는 것에 잘 반응한다는 것을 발견해왔다. 왜냐하면 이러한 개입은 좀 더 정중한 개입으로써 자신에 대해 즉시 말하도록 요구하지 않고 자신의 상황에 대해 이야기하도록 안내하기 때문이다. 이런 의미에서, 그러한 책을 읽는 것은 죽음과 애도에 노출되는 초기 점진적인 형태이다.

애도의 일반적인 주제를 소개하는 또 다른 방법은 작별 게임(The Good-Bye Game; Childswork/Childsplay)이나 애도 게임(The Grief Game; Jessica Kinglsey Publishers) 같은 애도 교육 게임을 하는 것이다.

다음으로 치료사는 아동에게 누군가가 죽으면 어떻게 되는지 말로 설명하거나 그림을 그리도록 요청할 수 있다(예: "사람이 죽으면 그 사람에게 어떤 일이 일어나니?"; Stubenbort, Donnelly, & Cohen, 2001). 비록 죽음에 대한 일부 오해를 이전에 논의된 외상중심 개입(즉, 신체 재건)에서 다루어졌을 수도 있지만, 아동은 여전히 죽음에 대해 상당히 혼란스러울 수 있다(예: 아이는 팔다리가 없는 사람, 시체가 회복되지 않은 사람, 또는 자살한 사람은 천국에 갈 수 없다고 믿을 수 있으며, 이것은 아이에게 극심한 고통을 줄 수 있다). 치료사는 이러한 부적응적 인지를 가족의 문화적·종교적 신념과 일치하는 방식으로 교정해야 한다(이다음 부분에서 논의됨). 그러면 치료사는 아동에게 다른 아이들이나 다 큰 어른들이 그들과 가까운 누군가가 죽었을 때 느낄 수 있는 다른 감정들을 나열해보라고 요청할 수도 있다. 만일 아동이 죽은 사람에 대해 양가감정을 표현한다면, 치료사는 이러한 감정을 솔직하게 표현한 것을 칭찬하고, 그 감정들을 타당화하고, 그 감정들은 다음에 있을 애도중심 구성요소에서 보다 온전히 다루어질 것이라는 확신을 주어야 한다. 컬러 유어 라이프(Color-Your-Life) 기법도 누군가 죽었을 때 어른들(꼭 아이 자신일 필요는 없음)이 경험할 수 있는 다른 감정들을 묘사하는 데 사용될 수 있다. 따라서 이 세 가지 단계의 과정(즉, 책 읽기 또는 죽음에 대한 게임하기, 죽음 다음에 어떤 일이 일어나는지 아이의 신념에 대해 질문하기, 사람들이 삶에서 중요한 인물의 죽음 이후에 가지는 감정을 나열하기 또는 그림 그리기)에서 아동은 점진적으로 추상적인 의미에서의 죽음에 노출되고, 그것을 견디며, 그것에 대해 이야기하게 되는 것이다. 다음 단계는 아동이 자신의 슬픔에 대해 직접 이야기하고 상실을 애도하기 시작할 수 있도록 격려하는 것이다. 이에 대해서는 다음 구성요소에서 다루어진다.

타인의 죽음에 대한 개인적 경험의 점진적이면서도 직접적인 노출

치료사들은 청소년을 치료할 때, 『죽음을 배우러 가볼까?(What on Earth Do You Do When Someone Dies?)』(Romain, 1999)와 같은 책을 추천함으로써 애도 심리교육을 제공할 수 있을 것이다. 그러나 대부분의 10대들은 전자 게임이 더 매력적이라고 생각한다. 애도와 관련된 전자 앱은 많이 있는데, 예를 들어, '애도: 젊은이를 위한 지원(Grief: Support for Young People)', '애도 구호(Grief Relief)', '어린이의 애도(Kids' Grief)', '애도 지원 네트워크(Grief Support Network)', '애도는 싫어(Grief Sucks)', '관찰된 애도(A Grief Observed)' 등이 있다. 10대들은 다른 어른이나 또래와 함께 죽음에 대한 감정을 이끌어내고 죽음과 관련된 자신의 부적응적 인지를 발견하도록 서로 돕는 작업을 편안해하지 않을 수도 있다. 치료사는 위의 전자 앱 또는 이와 유사한 전자 게임을 사용하여 10대들과 죽음에 대해 직접적인 치료적 상호작용을 촉진할 수 있다. 보다 연령대가 높은 청소년은 그들의 발달 성숙도로 인해 어린아이들보다 죽음에 대한 사실적인 오해를 덜 가질 것이다. 그러나 청소년은 대개 해결할 필요가 있는 다른 애도 관련 부적응적 인지를 가지고 있다. 예를 들어, 그들의 행동 또는 행동하지 않음은 죽음에 대해 자신에게 책임이 있다는 신념, 죽음과 관련된 낙인에 대한 신념, 죽음 이후 안전하거나 위험 감수 행동으로 이어질 수 있다. 이에 대해서는 아래에 설명된다.

죽음과 죽어감에 대한 정보를 제공하는 것 외에도, 아동에게 일반적인 애도 반응에 대해 발달적으로 적절한 방식으로 교육하고 각 아동의 개인적 애도 반응을 타당화하는 것이 중요하다. 어린 아동에게 이 단계는 다음과 같은 간단한 설명만으로도 가능할 것이다. "아이들은 엄마 같은 사람을 사랑하고, 엄마가 매일 돌봐주다가 엄마가 죽어서 함께할 수 없을 때, 슬프고 무섭고 외롭고, 엄마가 돌아올 수 없는데도 엄마가 돌아올 수 있기를 바라는 것과 같이 다른 많은 것들을 느끼게 돼. 지금 어떤 느낌이니?" 좀 더 나이가 있는 아이들에게는 고인을 향한 슬픔과 그리움, 갈망과 같은 일반적인 애도 반응을 설명하는 것과 더불어, 그들이 이러한 감정을 지속적으로 또는 간헐적으로 경험할 수 있다는 것과 이러한 감정은 생각보다 오래 지속될 수 있다는 것, 그리고 고인과 관련해 다양한 다른 감정들을 느낄 수 있다는 정보를 포함하는 것이 도움이 된다.

또한, 치료사는 외상과 상실, 그리고 변화를 상기시키는 요인에 대한 정보를 제공하고, 아동이 이러한 종류의 요인들에 대한 반응으로 강렬한 애도 관련 감정을 경험할 수 있다는 것을 이해하도록 돕는 것이 중요하다. 앞서 설명한 바와 같이, 죽음은 아동의 역할이나 정체성의 큰 상실로 이어질 수 있다. 어떤 아동에게는 때로 이러한 변화가 고인에 대한 애착 상실과 동등한, 또는 이보다 더 큰 현실로 다가올 수 있다. 아동이 이러한 반응, 그리고 이 반응이 외상이나 상실, 변화를 상기시키는 요인에 의해 어떻게 더 심해질 수 있는지 이해하도록 돕는 것 또한 중요하다. 예를 들어, 한 여자아이는 매우 가까운 대가족이 있었고, 여기에는 같은 학교에 다니고 이 아이의 주요 사회망을 이루는 비슷한 나이의 여러 사촌이 있었다. 아이가 외할아버지의 성폭행을 폭로한 후에 이 대가족 구성원들은 할아버지 편을 들고 아이를 외면했다. 할아버지의 예비심리 당일 아침, 그는 아이를 '거짓말하는 창녀'라고 부르는 글을 남기고 자살했다. 대

가족 구성원들은 할아버지의 죽음에 대해 아이를 비난했고, 사촌들은 학교에서 그녀를 괴롭히며 욕하기 시작했다. 비록 아이가 성적 학대와 할아버지의 자살과 관련하여 PTSD 증상을 보였고, 성적 학대로 인해 이미 할아버지에 대한 애착의 혼란을 겪었으나(학대 전에는 극도로 가까웠음), 아이의 가장 고통스러운 증상은 가족과 학교에서의 소속감을 잃은 것과 관련이 있었다. 아이는 자신을 세상 어디에도 설 곳이 없는 '외부인'으로 여겼다. 이러한 반응을 아동기 외상적 애도의 일부로 맥락화하는 것은 이 아이와 부모에게 매우 도움이 되었다.

부모를 위한 애도 심리교육

치료사들은 애도가 보편적이라서 부모가 자녀들의 애도 반응에 대해 알고 있다고 흔히 가정한다. 그러나 대부분 부모는 개별 자녀 또는 자녀들에게 적절한 애도 및 외상적 애도 반응에 대한 몇 가지 기본적인 정보를 얻기만 해도 이득을 얻는다. 감정 변화(예: 슬픔, 분노, 죄책감, 수치심, 신경질, 정서조절 곤란), 행동 변화(예: 수면 문제, 집착, 식욕 변화, 공격성, 위험 감수), 대인관계 변화(예: 고립, 친구들과의 싸움), 사고 변화(예: 죽음에 대한 자기비난, 죽음을 막았어야 했다는 신념), 또는 지각의 변화(예: 고인이 여전히 존재한다고 느낌, 죽음에 대한 꿈 또는 집착)가 아동의 흔한 애도 반응이라는 것을 부모가 이해하도록 돕는 것은 부모를 안심시키고, 부모가 자녀의 애도 및 외상적 애도 반응을 지지하는 방법을 더 잘 이해하도록 도울 수 있다. 이와 관련하여 국립 아동 외상 스트레스 네트워크(NCTSN)는 부모와 자녀, 청소년 및 교육자를 위한 많은 유용한 정보지와 간단한 팁 자료를 가지고 있으며, 이는 NCTSN 홈페이지(www.nctsn.org)에서 구할 수 있다.

부모와 애도중심 문제를 다룰 때, 치료사는 죽음·비애·애도에 관한 가족적·종교적·문화적 신념을 이해하는 것이 중요하다. 이러한 문제 중 일부는 부모의 외상 서술 및 처리 구성요소에서 간략하게 다루어졌을 수도 있다. 아동 치료 중 애도중심 단계가 시작되면서, 치료사는 이러한 문제를 부모와 다시 논의해야 한다. 경우에 따라, 부모는 자신의 가족/종교/문화가 지시하는 '정상적' 또는 '적절한' 애도와 실제로 부모가 생각하고 느끼고 행동하는 것 사이의 갈등으로 힘들어하고 있을 수 있다. 예를 들어, 만약 부모가 더 이상 신에 대한 믿음이 없다면 자신의 종교 집단으로부터 부정적으로 판단을 당하거나 거절당한다고 느낄 수 있다. 배우자가 죽은 지 불과 몇 달 뒤 다른 사람과 데이트하기 시작한 어떤 부모는, 가족과 친구들이 고인에 대한 '무례함'이라며 화가 나 있다고 느낄 수 있다. 또는, 군대에 화가 나 있는 군 유족 배우자는 지지의 근원이 될 수 있는 군 사회로부터 소외되었다고 느낄 수 있다. 부모가 이러한 문제를 논의할 수 있도록 비판단적이고 수용적인 환경을 제공하는 것은 부모와 자녀 모두에게 큰 이익을 가져다줄 수 있다.

치료사가, 아동이 죽음을 어떻게 이해하고 있는지에 대한 부모의 인식을 확인하는 것 또한 중요하다. 부모들은 대개 자녀가 죽음이나 죽은 사람에 대해 감정을 거의 보이지 않아서 속상해하거나 혼란스러워한다. 이러한 감정의 부재는 충격, 아동이 죽음의 영구성을 이해하는 능력의 한계, PTSD 회피 또는 자신이 얼마나 속상한지 모르도록 하여 부모를 보호하려는 시도 때문일 수 있다. 이것은 부모와 함께 탐색해야 하는 매우 중요한 요점이다. 즉, 만일 아이가 부모의 안전이나 정서적 안녕에 대해 지나치게 걱정한다면, 치료사는 이것을 부모 자신의 애도 반응과 잠재적인 취약성을 고려하는 민감한 방식으로 다루어야 한다. 그러면서 아이에게는 부모가 늘 돌보고 있다고 확신시켜야 한다는 점을 강조할 필요가 있다. 대개 이러한 상황에서는 사별한 부모에게 추가적인 지지 자원을 제공하는 것이 필요하다(예: 가족 및 신앙 공동체의 당연한 지원 체계에 접근할 수 있도록 부모 격려 및 조력, 지역사회 사별 서비스 및 개별 상담 서비스에 의뢰).

어떤 상황은 아이가 그 사람이 죽었다고 믿거나 어떻게 행동해야 할지 알기 어렵게 만들기도 한다. 예를 들어, 2001년 9월 11일 뉴욕과 워싱턴 DC에 대한 테러 공격, 2011년 일본 쓰나미, 2015년 네팔 지진, 그 밖의 다른 재난들 이후 수일간 수천 명의 사람이 가족원들과 친구들의 사진과 인상착의를 게시하며 이들이 아직 살아 있다는 희망을 놓지 않았다. 언론을 통해서 혹은 직접 이 뉴스를 본 아이들은 분명 혼란스러웠을 것이고, 심지어 몇 달 후에도 실종자들이 아직 살아 있다고 믿었을 것이다. 누군가가 납치되고 시신이 전혀 발견되지 않았을 때도 비슷한 상황이 발생한다. 즉, 희생자가 아직 살아 있을 가능성은 매우 낮은 것이다. 자연재해든 사람이 저지른 것이든 큰 규모의 사건으로 중요한 애착 인물이 사라진 아이들은 가족이나 친구가 기적적으로 살아남기를 바라는 것이 당연하다. 어른들이 점점 삶의 희망을 잃고 슬퍼하기 시작하는 것을 직접 관찰하는 것조차도 그러한 아이들에게는 '최후의' 진실이 있다는 사실을 확신시키지 못할 수도 있다. 일반적으로 아이들이 더 어릴수록, 이런 종류의 상황으로 인해 더 혼란스러워질 가능성이 크다. 따라서 자녀가 죽음에 대해 어떤 개념을 가졌는지 이해하고, 자녀 연령에 맞게 죽음을 설명하려면, 부모에게는 상당한 도움이 필요할 것이다. 만일 부모가 이러한 설명을 치료사가 해주기를 선호한다면, 치료사와 부모는 치료사가 아이에게 제공할 정확한 설명에 대해 사전에 상의하고 동의해야 한다. 그래야 그 설명이 부모의 신념 체계에 부합할 수 있다. 이런 방식으로 치료사와 부모가 아이에게 제공하는 정보는 비슷할 것이고 아이에게 더 이상의 혼란을 일으키지 않을 것이다. 유해가 수습되지 않은 상황은 특히 까다로우므로, 미확인 사망에 대한 부모 정보지는 국립 아동 외상 스트레스 네트워크(NCTSN)에서 제공된다.

위에서 언급한 바와 같이, TF-CBT 모델이 아동의 외상 및 애도 관련 문제를 다루는 데 초점을 두고 있더라도, 이 치료 기간 동안 아이의 애도 과정에 대해 듣는 것은 부모 자신의 일부 애도 및 외상 문제(관련된 경우)의 표현을 촉발할 가능성이 크다. 우리는 부모의 정서적 고통 해결을 돕는 것이 치료에 대한 아이의 반응에 긍정적인 영향을 미칠 수 있다고 믿으며, 경험적 증거 또한 이를 제안한다. 따라서 치료사는 죽음과 관련된 부모의 감정 표현을 격려하고, 부모 개인적 애도 문제를 다루고, 실현 가능한 범위 내에서 이 문제를 해결하도록 조력해야 한다. 부모가 이런 감정(고인에 대한 양가 감정이 존재한다면 이것도 포함)을 훨씬 편하게 논의한다면, 죽음과 고인에 대해 이야기하고 심지어 부정적인 감정을 표현하는 것도 괜찮다는 사실을 아이에게 모델링하게 된다. 이 과정은 치료 종결 시 아동-부모 공동 회기에서 마무리되며, 이는 본 교재의 마지막 제목인 '치료 검토 및 종결'에서 논의된다. 비록 모든 경우는 아니지만, 일반적으로 부모의 개인적 애도 문제는 아이의 문제와 몇 가지 공통점을 가지고 있다. 물론, 부모가 고인과 가졌던 관계는 다르고, 부모가 어른이라는 사실로 인한 차이점도 있다. 이 밖의 기타 요인들로 인한 추가적인 차이가 있을 수 있는데, 이에 대해서는 아래에 논의된다. 아동에 초점을 둔 부모의 애도 개입은 제18장에서 설명된다. 부모 자신의 애도 문제와 상관없이, 치료사는 부모가 적절한 방식으로 자신의 감정을 자녀에게 표현하는 것의 중요성을 강조해야 한다(즉, 부모가 치료사와 논의하는 모든 것을 반드시 자녀에게 말하지는 않는다).

부모에게 '정상적인' 애도 과정에 대한 심리교육을 제공하는 것은 부모에게 큰 도움이 될 수 있다. 즉, 아이들은 다양한 방식으로, 또는 다양한 정서적 반응을 통해 애도 반응을 보일 수 있고, 애도를 '극복'하는 정해진 시간은 없으며, 연인이나 자녀를 상실한 것과 관련된 심한 고통을 해결하는 데는 단 하나의 '정상적인' 과정이 있지 않다고 교육하는 것이다. 아이들은 외상과 상실, 변화를 상기시키는 요인들에 반응할 수 있고, 고인과 관련된 분리의 고통을 보이는 것 외에도 대개 누군가의 죽음으로 인해 정체성의 변화 또는 가정에서의 역할 변화에 적응하는 데 어려움을 겪는다는 사실을 부모들이 이해하도록 돕는 것도 중요하다. 이와 관련하여 여러 공공 웹사이트를 이용할 수 있다. 가장 유용한 웹사이트는 다음과 같다.

- compassionatefriends.com
- www.dougy.org
- www.genesis-resources.com
- www.centerforloss.com

문제 해결

'정상적인' 애도란 무엇인가요? 무엇이 정상인지에 대한 정보가 없다면 우리는 어떻게 심리교육을 제공할 수 있나요?

애도에는 대부분 사람이 동의할 만한 몇 가지 보편적인 요소들이 있다. 즉, 애도는 고통스럽고 일반적으로 슬픈 감정이 격렬하게 오고 가는 것을 수반하며, 시간이 지남에 따라 일어나는 과정이다. 애도는 개인적이기도 하다. 왜냐하면 두 사람(죽은 사람과 죽음을 애도하는 사람) 간 관계의 마지막 부분이기 때문이다. '정상적인'(그리고 그렇지 않은) 관계에는 매우 넓은 스펙트럼과 많은 다양성이 있는 것처럼, 사람들이 밀접하게 애착을 형성했던 누군가의 죽음에 어떻게 반응하는가는 큰 차이가 있다. 앞서 설명한 바와 같이, 어떤 아이들은 아동의 일반적인 애도 과제를 쉽게 달성하는 반면, 다른 아이들은 이러한 문제들을 해결하고자 시도하는 데 훨씬 더 오랜 시간이 걸리기도 한다.

외상적 애도가 일부 아동에게 부정적인 정신건강에 대한 높은 위험을 준다는 점에서, 우리는 그러한 위험을 줄이도록 돕는 개입을 아이들에게 제공하는 것이 정당하다고 믿는다. 아동과 성인에게 일반적인 애도 반응과 복합적 또는 외상적 애도 반응 간의 구별을 어떻게, 어디서 지을지에 대한 논쟁은 계속되고 있다. 치료사들이 어디에 이러한 경계를 두든 간에, 심각하고 능동적인 자살이나 타살 사고를 하는 아동은 즉각적인 임상적 개입을 받아야 한다.

'일반적인' 애도의 관점에서, TF-CBT 치료사들은 아이들이 이러한 애도 반응을 경험하거나 '극복'하는 특정 방법이나 시기는 없으며, 이전에 믿었던 것처럼 특정 '애도 단계'가 존재하지도 않는다는 것을 설명하는 심리교육을 제공한다. 오히려, 애도와 관련된 '정상'의 범위는 매우 광범위하며, 이것은 개인, 가족, 문화, 그리고 기타 요인들에 따라 다를 수 있다. 우리는 또한 위에서 설명한 바와 같이 일반적인 애도 반응과 이것이 아동의 과거 외상적 애도 반응과 어떻게 다른지에 대한 정보를 제공한다. 즉, 아동의 과거 외상적 애도 반응은 외상 증상이 일반적인 애도 과제를 할 수 있는 아동의 능력을 방해했다. 일반적 애도와 외상적 애도의 차이에 대해 아동을 교육하는 예로, 치료사는 아동이 치료를 시작할 때 외상적 회피, 침투적 사고, 기타 외상 증상이 인지적 처리 수준을 방해했던 것과는 달리 이제는 고인에 대해 더 잘 이야기하고, 생각하며, 기억할 수 있다는 것을 알려줄 수 있다.

사별, 애도, 장례의 차이는 무엇인가요?

사별(Bereavement)이란 가까운 친척의 죽음을 경험한 상태를 말한다. 애도(Grief)는 죽음과 관련된 정서적 고통이다. 장례(Mourning)는 죽음과 관련된 다양한 문화 의식을 포함한다.

치료사가 가족원들과 개인적인 애도 경험을 나누는 것은 어떤가요?

개인적인 정보를 공유하는 것은 당연히 개인적인 결정이다. 이것은 여러 면에서 개인적인 외상 정보를 가족과 공유할지 말지에 대한 결정과 비슷하다. 그러나 외상 이력과 달리, 애도는 모든 사람이 어느 시점에 가족 또는 다른 가까운 사람의 죽음을 경험하게 된다는 점에서 보편적이다. 그리고 대부분의 죽음에 대해서는 많은 외상에 대한 것보다 사회적 낙인이 훨씬 적게 일어난다. 외상 이력과 마찬가지로, 치료사가 자신이 죽음을 경험한 개인적인 과거를 이야기하기로 했다면, 이를 아동 및 부모와 공유하는 이유를 명확히 해야 하며, 그러한 자기개방의 잠재적 이익과 잠재적 위해를 비교 검토해야 한다. 자기개방이 아동 및 부모의 치료적 필요를 잘 진행하기 위한 이유로만 이루어져야 한다는 것은 말할 필요도 없다. 초점은 죽음에 대한 아동과 부모의 경험에 맞추어져야 하므로 개인적인 공유 범위 및 세부사항은 제한적일 필요가 있다. 자기개방은 어떤 경우에는 긍정적인 결과를 가져올 수 있다. 하지만 또 어떤 경우에는 내담자가 치료사를 위로해야 할 필요를 느끼거나, 치료사가 자신의 상실 문제를 해결하기 위해 이 작업을 하고 있다고 여기게 되는 결과를 가져올 수도 있다. 이러한 이유로 인해 자기개방은 치료 개입이 아동의 기존 치료 계획과 어떻게 관련이 있는지 명확히 이해한 후 신중하게 이루어져야 한다. 만일 의도된 결과가 달성되지 않는 경우, 치료사는 자기개방을 통해 예기치 않은 방식으로 치료 관계를 훼손할 가능성이 있다는 것을 이해하면서, 어떻게 교정 조치할 것인지에 대한 명확한 계획을 세워야 한다.

애도는 종교적·실존적 믿음과 밀접하게 관련되어 있습니다. 아이들이 종교 지향적인 질문을 하면(예: "하나님을 믿으세요?") 치료사는 이에 대답해야 하나요?

아이가 치료사에게 개인적인 질문을 하면, 치료사는 아이가 왜 이 질문을 하고 어떤 종류의 대답을 받기를 원하는지에 대해 민감할 필요가 있다. 우리는 대부분 아이가 이런 종류의 질문을 하는 데는 이유가 있다고, 즉 아이가 특정한 종류의 대답을 찾고 있다고 믿는다. 우리는 먼저 아이가 스스로 답해보도록 격려하는 방식으로 대답하는 경향이 있다(예: "꽤 중요한 질문이구나. 너는 하나님에 대해 어떻게 생각하니?"). 그러나 아이가 계속 질문을 해온다면, 진솔하면서도 아이와 부모의 견해에 최대한 일치하는 방식으로 대답할 것이다. 예를 들어, 한 10대 초반 여자아이는 자신이 하나님에게 정말 화났다며, 치료사가 하나님을 믿는지 물었다. 이런 상황에서 치료사는 질문의 이유를, 내담자가 치료사의 개인적 신앙에 대해 진짜 호기심을 느껴서라기보다는 "어떻게 하나님이 우리 부모님에게 이런 일이 일어나게 할 수 있을까?"라는 질문에 고심하고 있기 때문이라고 판단했다. 치료사는 이렇게 대답했다. "정말 어렵구나. 나는 하나님을 믿지만, 불공평하고 정말 끔찍한 일들을 경험하는 아이들을 너무 많이 보게 돼. 어떻게 하나님이 이런 일들이 일어나게 놔두실 수 있는지 이해할 수가 없어. 그래서 나도 하나님을 믿지만 정말 화가 나기도 해. '하나님, 왜 더 좋은 일을 하시지 않나요?' 하고 물어보기도 하지." 아이는 치료사가 말하자 활기를 띠었고, 자신도 똑같이 느꼈다고 말했다. 그런 후에 아이는 생존 부모, 종교 집단, 그리고 하나님이 자신이 이런 생각을 하고 있다는 것을 안다면 모두 자신을 거절할 것이라는 두려움에 대해 말했다. 치료사는 아이의 신앙 공동체에 대한 충분한 지식을 가지고 있었기에, 죽음 이후에 하나님에게 질문하거나 화가 나는 것이 아이의 신앙에서 수용 가능하다는 것을 말하고 안심시켜 주었다. 치료사의 지지로 인해 아이는 생존 부모와 이러한 생각을 공유했고, 부모는 아이를 지지했을 뿐만 아니라 공동 회기 동안 비슷한 생각을 공유했다. 이 예는 왜 아이가 종교적인 질문을 하는지, 아이의 욕구를 해소하는 방식으로 대답해야 하는지를 이해하는 것의 중요성을 보여준다.

반면에 간단히 솔직하게 대답하는 것이 적절할 때도 있다. 예를 들어, 복합 외상을 지닌 청소년들은 치료사를 자주 시험한다(Cohen, Mannarino, Kliethermes, et al., 2012). 이런 시나리오에서, 직접적인 대답을 하지 않고 '질문에 질문으로 대답'하는 것은 좌절, 신뢰의 상실로 이어질 수 있다. 어머니의 외상적 죽음과 관련하여 가족의 신앙적 전통에 대해 이야기하는 중에, 복합 외상을 지닌 한 10대 여자아이는 우리 중 한 명에게 "당신은 무슨 종교인가요?"라고 물었고, 나는 "난 유대인이야"라고 말했다. 그녀가 대답했다. "헐, 제가 아는 유대인은 선생님뿐이네요." 그것으로 그 주제는 끝이었고, 우리는 중단했던 부분부터 계속했다. 그다음 주 부모 회기에서 할머니(주 보호자)가 말했다. "제 손녀가 당신의 종교에 대해 바보 같은 말을 하지 않았으면 좋겠어요. 그 아이는 별 의미 없이 그러는 거예요." 나는 그녀의 손녀가 매우 적절한 것이라고 강조했다. 할머니는 내가 개인적인 정보를 손녀와 공유한 것에 대해 매우 기뻐했다고 말했고, 실제로 그 아이는 훨씬 더 개방적이고 내가 계속 진행하는 것에 대해 신뢰하는 것 같았다. 따라서 이런 유형의 질문에 어떻게 반응할 것인지 임상적인 판단을 사용하는 것이 중요하다. 치료사들이 종교 지향적인 질문에 어떻게 반응하든 간에, 치료는 철학적이거나 신학적인 논쟁으로 번져서는 안 된다.

복합 외상을 지닌 많은 청소년들은 죽음이라는 맥락 밖에서 외상적 상실을 경험하는데(예: 위탁가정 경험, 친권 해지, 부모의 투옥, 이민 경험), 이러한 아이들에게 외상적 애도 구성요소가 적용될 수 있나요?

죽음에는 몇 가지 독특한 측면(예: 이번 생에는 다시 만날 희망이 없음)이 있으므로, 애도라는 용어는 특히 죽음에 대한 반응을 의미한다. 아이들이 아직 살아 있는 부모, 형제, 또는 다른 중요한 사람과의 분리에 대해 외상적인 반응을 보일 때, 우리는 외상적 분리(traumatic separation)라는 용어를 사용한다. 그러나 외상적 애도 반응과 외상적 분리 반응에는 많은 유사점이 있다. 예를 들어, 두 경우 모두에서 아이들은 중요한 사람이 더 이상 존재하지 않는 이유에 대해 부적응적 인지를 가질 수 있다(예: 부적절하게 부재하는/사망한 사람을 비난, 자기비난, 남은 부모 또는 보호자를 비난하거나 사망/분리를 막지 못한 어른들 또는 제3자를 비난). 두 경우 모두에서 아이들은 실종/사망한 사람에 대해 비현실적인 관점을 가질 수 있고(예: 고인을 떠받들거나 악마처럼 여김), 이는 아이들의 행동 및 정서적 적응에 부정적인 영향을 미칠 수 있다. 각 아이의 반응이 외상적 애도 반응과 유사한 정도에 따라, 외상적 애도 구성요소가 유용할 수 있다. 정신건강 전문가와 보호자를 위한 외상적 분리에 대한 정보지는 NCTSN(www.nctsn.org)에 의해 마련되었다.

상실 애도하기와 양가감정 해소하기
"그리운 것과 그립지 않은 것"

상실 애도하기: "그리운 것"

애도하는 성인조차도 죽은 사람과의 관계의 본질을 되돌아보는 것은 어려운 일이다. 부모나 형제자매의 외상적 죽음 이후, 어떤 아동은 상실의 참 본질(예: 부모의 사랑, 공통 경험을 가진 형제자매와의 고유한 연결이 되는 '보호막')이 너무 심오해서 말로 표현할 수 없을 수 있다. 그럼에도 잃어버린 것의 작은 부분에 대해 이야기함으로써 많은 아동이 이러한 상실을 다룰 수 있는 문을 열 수 있다. 죽음을 애도하는 것은 아동이 관계의 편안하고 사랑스러운 측면과 관련하여, 이미 잃어버린 것과 지금은 아니지만 미래에 일어날 수도 있는 것들을 설명하도록 격려한다. 이 두 가지 차원은 이번 논의에서 별도로 다루어지지만, 치료에서는 종종 혼합되어 다루어진다. 제1장에서 설명된 바와 같이, 많은 아동에게 분리의 고통 및 역할 정체성 상실은 그들의 외상 증상만큼이나 고통스러울 수 있다. TF-CBT 외상중심 구성요소에서, 아동은 애착 관계에 있는 사람의 죽음으로 인해 상실한 것에 대한 외상 관련 측면을 다룬다(예: 외상적 죽음에 대한 알림요인에 반응하는 데 사용할 수 있는 기술 개발, 죽음에 대한 외상 서술, 죽음과 관련된 부적응적 인지 처리, 적절한 지지를 제공하는 부모와 서술문 공유). 애도중심 구성요소는 아동에게 일반적인 애도 과제를 수행할 수 있는 추가적인 기회를 준다. 이 구성요소를 다루는 동안 아동은 고인과의 상호작용과 역할에 대해 그리워하는 몇 가지 구체적인 사항을 나열한다. 이러한 사항을 기억하는 것은 아동을 기쁘게도 하고 슬프게도 하는 경향이 있다. 한 아이는 이렇게 말했다. "정말 오랫동안 저는 오빠가 총에 맞았을 때만 생각해왔어요. 우리가 함께했던 즐거운 시간들을 모두 기억해서 좋아요." 이 진술은 아동의 외상 증상이 해결된 후에 애도중심 구성요소를 제공하는 것의 이점을 강조하는 것이다. 비록 이 아이는 외상적 애도를 경험하는 많은 아이들처럼 오빠에 대한 모든 것을 항상 기억한다고 생각했지만, 죽음의 외상적인 측면에 너무 '사로잡혀' 있었기 때문에 오빠나 오빠와의 관계에 대한 긍정적인 측면들을 완전히 기억하지는 못했다. 이 구성요소는 대개 다음 애도중심 구성요소인 '긍정적인 기억 보존하기'(제19장)로 넘어가는 데 도움이 되는 역할을 한다.

아동이 고인과의 관계에서 편안하고 애정 어린 측면을 상실한 것에 대해 애도할 때, 고인과 아동이 함께했던 것과 서로를 위해 했던 것, 즉 더 이상 일어나지 않을 일들을 기억·확인·명명하는 것이 필요하다. 여기에는 기본적인 양육(즉, 다양한 다른 보호자들이 수행할 수 있는 과제)부터 해당 관계의 가장 고유한 측면에 이르는 모든 것이 포함될 수 있다. 요리와 청소 같은 평범한 것조차도 고인이 아동과 함께 이 일에 참여하는 고유한 방식으로 아동에게 특별했을 수 있다(예: 이제는 아버지가 아이를 위해 음식을 준비하지만, 아이가 요리 시간과 연결했던 엄마의 특별한 '저녁식사' 노래를 부르지 않는다. 아버지는 하루 종일 일하고 와서 서둘러 음식을 준비하고, 아이에게 메뉴 선택을 하는 일, 음식을 섞어서 오븐에 넣는 것을 도와주는 일, 그리고 아이가 이전에 어머니와 함께했던 다른 일들을 하도록 요청하지 않는다. 음식은 어머니가 요리했을 때와 맛이 똑같지 않다.). 치료사는 아동이 현재 상실된 관계의 특별한 측면을 묘사하도록 격려해야 한다. 예를 들어, 어떤 아이들은 서로 다른 범주에서 그들이 그리워하는 내용을 다음과 같이 나열하고 싶을 수 있다.

- "엄마와 함께했던 것이 그리움."
- "엄마와 함께 갔던 장소가 그리움."
- "엄마와의 특별한 의식이 그리움."
- "엄마의 특별한 점이 그리움."

이 과정 동안 많은 아이는 자발적으로 말한다. "엄마는 저를 정말 사랑했어요.", "엄마는 저를 가장 잘 이해해줬어요.", "엄마는 저와 함께 시간을 보냈어요." 또는 아이들이 특정 활동보다는 부모(또는 형제자매)와의 애착 관계를 그리워함을 나타내는 다른 말들을 하기도 한다. 이것은 애착 관계가 어떤 느낌이었는지, 지금 그 관계가 없다는 것은 어떤 느낌인지에 대한 더 깊은 논의로 이어질 것이다.

미취학 아동은 죽은 사람에 대해 그리워하는 특정 요소들을 덜 나열한다는 것을 치료사는 알게 될 것이다. 예를 들어, 3~4세 여자아이는 할머니가 안아주고 달래주려고 할 때 냄새, 소리, 느낌이 왜 엄마와 다른지 말로 표현할 수 없다. 아이는 그저 엄마가 그리울 뿐이다. 매우 어린 아동에게는 일반적으로 다음과 같은 구체적인 치료 단계를 밟는 것이 더 도움이 된다.

1. 애착 인물의 죽음과 관련된 아동의 감정을 타당화하고 반영한다(예: "슬프구나.", "엄마가 왜 돌아오지 못하는지 이해하기 어렵지.", "화가 났구나.").
2. 아이(또는 보호자)에게 아이의 기분을 나아지게 하는 데 도움이 되는 것을 질문한다.
3. 이러한 기술을 아동 및 보호자와 연습한다.
4. 이 교재의 앞부분에서 설명한 것처럼, 아동 및 보호자와 진정할 수 있는 다른 방법을 연습한다.
5. 아동과 보호자가 매일 이 기술들을 연습하도록 격려한다.
6. 죽음에 대한 정확하고 연령에 적합한 심리교육을 지속적으로 제공하고 강화한다(예: 『로지는 엄마를 기억해』[Goodman et al., 2015]).

어떤 아동은 죽은 사람에 대한 연상으로부터 자신의 정체성, 위치 또는 의미의 상당 부분을 끌어낸다. 이 구성요소를 다루는 동안 이러한 '이차적 상실'을 중요한 요소로 나열하고 타당화하는 것이 중요하다. 예를 들어, 군 복무 중 부모가 사망한 군인 가정의 아이들은 부모뿐만 아니라 군인 자녀로서 인정받던 정체성까지도 잃게 된다. 즉, 잠재적으로 군인 주택, 학교, 지지 자원이 되는 군 사회의 즉각적 참여 및 기타 다양한 혜택까지도 잃는 것이다. 고인이 된 부모가 인기 있는 코치나 가장 좋아하는 선생님, 사랑하는 스카우트 리더였던 아이는 부모를 상실한 것뿐만 아니라, 매우 인기 있는 부모를 가진 것에 딸려오는 위치도 잃을 수 있는 것이다. 그런 아동은 사회적 지지가 가장 필요한 시기에 생각보다 진정한 친구가 별로 없다는 것을 알게 될 수도 있다. 다른 이차적 상실에는 다른 동네, 새로운 학교로 옮겨갈 필요가 있거나, 생존 부모가 일해야 하고, 자녀와 함께 있어줄 시간이 부족해 새로운 생활환경에 적응해야 하는 것이 포함될 수 있다. 어떤 아이들은 잘 적응하는 한편, 이러한 변화는 이미 외상적 죽음을 감당하고 있는 많은 아이에게 매우 힘든 일일 수 있다. 따라서 누군가의 죽음으로 인해 상실된 측면을 탐색하고 타당화하는 것 또한 중요하다.

또한, 아동은 이전에 위와 같은 활동 또는 상호작용을 고인과 함께 공유하면서 경험했던 감정들을 쓴 다음에, 그 활동들을 기억 속에서 재현하는 것을 제외하고는 다시 고인과 함께할 수 없다는 것에 지금 어떻게 느끼는지를 쓸 수 있다. 어떤 아이들은 이것들을 종이에 나열하고자 할 수도 있고(또는 치료사에게 써달라고 할 수도 있고), 다른 아이들은 그리워하는 것을 표현하기 위해 그림을 그리거나, 콜라주를 만들거나, 다른 창의적인 기법을 사용할 수도 있다. 이 활동은 슬픔을 불러일으킬 터인데, 이것은 정상적인 애도 과정의 일부이다. 치료사는 아동에게, 많은 아이가 중요한 사람이 죽은 후에 '파도와 같은 슬픔'을 느낀다는 것(들어오고 나가는 파도의 비유는 대개 애도의 물결을 설명하는 데 도움이 됨)과 이렇게 느끼는 것은 그 사람에 대해 그토록 강한 감정이 있었기 때문이며, 자연스러운 결과라는 것을 설명해주어야 한다. 어떤 아이들에게는 다른 가족원들도 고인과 나누던 것을 슬퍼하고 그리워한다는 것을 아는 것이 도움이 될 수 있다. 하지만 남아 있는 가족원들을 지나치게 보호하려는 아이들에게는 가족원들의 애도에 대해 듣는 것이 도움이 되지 않을 수도 있다.

고인과의 과거 관계 상실과 이차적 상실 외에도, 아동은 미래에 일어날 수도 있는 것들을 잃었고, 이제는 결코 고인과 나눌 수 없게 된다. 세례식, 성인식, 고등학교 졸업식, 결혼식, 첫아이의 출생과 같은 중요한 통과 의례는 주로 가족, 그리고 아동과 중요한 관계에 있는 다른 사람들과 함께하는 시간이다. 예를 들어, 여동생을 잃은 한 여자아이는 여동생의 첫 데이트에 참석하거나, 동생에게 운전을 가르쳐주거나, 동생의 고등학교 졸업식을 보거나, 동생의 결혼식에서 대표 들러리로 서는 것을 절대 하지 못할 것이라고 설명했다(흥미롭게도, 이 모든 것들은 그 아이 자신이 아직 경험하지 못한 것들이었다). 이렇게 아이가 선택한 중요한 행사들은 여동생에게 '큰언니'로서의 정체성과 이 역할을 잃었다고 느끼는 정도를 반영한다. 그러한 행사들에서 부모 또는 다른 중요한 인물의 부재는 많은 아동에게 큰 상실이다. 학교 연극팀에 가입하는 것, 스포츠 경기에 참여하는 것, 학업 또는 학업 외의 상을 타는 것과 같이 화려하지는 않아도 의미 있는 행사들은 아동의 성장기 동안 계속 발생한다. 이것들은 모두 아이들이 부모와 형제자매, 그리고 기타 중요한 사람들이 참석하기를 바라는 행사들이다. 이러한 상실을 인식하고, 이름을 부여하고, 애도하는 것도 많은 아동에게 중요한 일이며, 이러한 작업들을 잃어버린 것과 이런 상실들을 명명하는 것에 수반되는 감정을 논의할 때 함께 이루어져야 한다.

이러한 행사에서, 고인의 부재에 대비하는 것은 아동이 앞으로 상실을 상기할 많은 요인이 있을 수 있다는 것을 깨닫는 한 가지 방법이다. '상실 알림요인'(Layne et al., 1999)을 예상하고 이를 다루기 위한 긍정적인 대처 반응을 개발하는 것은 아동이 치료를 통해 다루기 시작할 수 있는 두 가지 영역이다. 상실 알림요인에는 학교 첫날, 졸업식, 아이와 죽은 사람의 생일, 어머니 또는 아버지의 날, 공휴일과 같은 명백한 행사들뿐만 아니라, 아이가 다시는 여기서 함께할 수 없을 것이라고 상기하는 고인과 했던 평범한 일들, 그리고 고인에 대해 가지곤 했던 감정과 반응을 상기하는 눈에 보이는 것, 냄새, 내적 경험 등이 있다.

외상적 애도를 경험하는 군인 자녀들은 죽음을 애도하는 데 특별한 문제가 있을 수 있다. 미국에서는 여전히 진행 중인 중동 전쟁 기간 동안 많은 가정이 여러 번 배치 발령으로 인해 거주지를 옮겼다. 이 과정에서 아이는 아이가 죽음을 경험하기 전에 부모, 형제자매 또는 다른 중요한 애착 인물로부터 장기적, 반복적 기간에 걸쳐 분리된다. 이렇게 반복되는 분리 경험은 대개 관계의 본질, 아이가 그리워하는 것, 그리고 죽은 사람에 대한, 그리고 어쩌면 군대에 대해서도 아이가 가지는 양가감정에 중요한 영향을 끼친다. 이와 관련하여 아동의 생각과 감정은 나머지 가족원들과 크게 다를 수 있다(예: 아이는 군에 화가 나는 반면, 나머지 가족원들은 군대를 존경하고 받들 수도 있고, 또는 아이와 가족이 반대로 느낄 수도 있다). 이러한 차이는 아동의 외상적 애도 증상과 죽은 사람에 대해 회상하는 것과 같은 일반적인 애도 과제의 어려움을 더 크게 만들 수 있다. 배치 발령 중 분리되는 상황에서 아동이 죽은 사람에 대한 자신의 감정을 이야기하도록 돕는 것은, 대개 아동이 마지막으로 죽음에 대한 상실의 맥락을 정리할 수 있는 데 중요한 역할을 한다. 예를 들어, 한 아이는 말했다. "저는 한 번도 아빠와 원했던 관계를 맺지 못했어요. 왜냐하면 아빠는 항상 사라졌으니까요[배치 발령, 교육, 또는 군대 관련 의무로 바쁨]. 저는 다른 아이들이 자기 아빠와 했던 모든 걸 할 수 있게 항상 아빠를 기다리고 있었어요. 이제는 아빠가 죽어서 아빠와 그런 일들을 할 수 없게 됐어요." 현충일, 독립기념일, 재향 군인의 날과 같은 군 관련 공휴일은 대개 아이들이 고인이 죽기 전부터도 고인과 원하는 관계를 맺지 못했다는 것을 상기시키는 추가적인 상실 알림요인 및 고통스러운 외상 알림요인으로 작용한다. 치료사는 이런 요인들을 상실 알림요인으로 명명하고, 앞으로 아동의 일상생활이 이어지는 과정에서 이런 알림요인들이 발생할 때 대처할 수 있는 구체적인 전략을 개발함으로써 아동을 도울 수 있다. 그렇게 하면 군인 자녀들이 미래에 이러한 알림요인을 경험할 때 압도된다는 느낌을 훨씬 덜 느낄 것이다.

이에 대한 한 가지 접근법은 고인의 물리적인 부재에도 불구하고 아이들이 고인과 함께 보낼 것이라고 예상했던 중요한 행사들이 특별해질 수 있는 방법을 생각해보도록 아이들에게 요청하는 것이다. 어떤 아동은 자신의 특별한 행사를 공개적이거나 개인적으로 어떤 방식으로든 고인에게 '바친다'. 예를 들어, 한 젊은 남성은 자신의 바르미츠바(성인식)가 "나와 여전히 영적으로 함께하는 내 여동생을 기리기 위한 것"이라고 발표했다. 어떤 청소년들은 '아빠를 위해' 큰 경주를 하거나 중요한 게임을 한다. 다른 아이들은 고인의 가장 친한 친구와 같이 고인을 대변하는 특별한 사람을 이러한 행사에 초대한다. 고등학교 졸업 몇 달 전에 아버지와 사별한 한 10대 소녀는 이렇게 썼다. "아빠가 여기 계시면 나를 얼마나 자랑스러워하실지 기억할 것이기 때문에 나는 행복할 것이다." 어떤 단체들은 죽은 사람들을 기억하는 데 특별히 헌정할 수 있는 경주나 다른 행사를 열며, 많은 아이가 그러한 행사에 참여하게 하는 것이 매우 유익하다는 것을 발견했다. 예를 들어, 생존자를 위한 비극 지원 프로그램(www.taps.org)은 외상적으로 사별한 군인 가족을 위해 연례 경주를 후원하고, 수전 코멘 재단(Susan B. Komen Foundation)은 유방암 환자들에게 치료 혜택을 주기 위한 경주(Race for the Cure)를 후원한다.

아이들은 다음과 같은 방식으로 어떻게 미래의 상실 알림요인에 대처할 것인지를 나열하고자 할 수도 있다.

미래에 그리워할 것들:	어떻게 대처할 것인가:

이러한 상실을 애도하는 것은 단 한 번의 치료로 이루어지는 것이 아니다. 실제로 많은 아이에게는 심지어 몇 주간의 치료로도 가능하지 않다. 목표는 치료 기간 동안 애도 과정을 완료하는 것이 아니라, 아이들이 큰 상실을 경험했을 때 큰 슬픔을 느끼는 것이 괜찮다는 것을 모델링하고, 그들에게 다른 사람들의 취약함을 걱정할 필요가 없는 환경에서 이러한 슬픈 감정을 표현할 수 있는 기회를 주고, 그들의 고통은 시간이 지남에 따라 줄어들 것이라고 믿도록 격려하는 것이다.

복합 외상을 가진 아동은 대개 자신에게 중요한 사람들과 관련된 여러 죽음과 기타 상실의 충격을 견뎌낸다. 이런 아이들의 상실은 보통 상당히 심오하다. 예를 들어, 죽음은 친부모에게 돌아가려 했던 오랜 희망을 끝냈을 수도 있고, 죽은 부모와 화해할 가능성을 없앴을 수도 있다. 또는 아동의 혈연과의 마지막 남은 연결고리를 끊었을 수도 있다. 치료사는 이러한 상실을 노골적으로 열거하면 강렬한 감정을 건드릴 수 있다는 것을 예상해야 한다. 그러나 대부분 경우에 아이들은 이미 이러한 상실의 일부 측면을 외상 서술 및 처리 단계에 포함했을 것이며, 따라서 이 연습을 어느 정도 준비할 수 있었을 것이다. 치료사는 아동의 힘든 감정에 대한 지지와 타당화를 제공하고 그들이 선호하는 대처 기술을 사용하도록 격려해야 한다. 현재의 보호자가 이러한 문제들에 대한 통찰력을 얻도록 돕는 것 또한 이 아이들이 앞으로 나아가는 데 중요한 역할을 한다.

양가감정 해소하기: "그립지 않은 것"

죽은 사람의 결점을 인정하는 것은 종종 어렵다. 만일 죽음이 갑작스럽고, 예상치 못했으며, 외상적인 방식으로 발생했다면, 이러한 어려움은 더욱 심해질 수 있다. 때로는 고인이 아이나 다른 사람들에게 순교자나 영웅으로 비칠 수 있다. 그러나 아동과 고인 사이에 아이가 말했거나 말하지 못했던 것을 이제 와서 후회하는 미해결된 갈등이나 언어와 같은 '미완성 과제' 또한 있을 수 있다.

고인이 자신의 죽음에 적극적인 역할을 한 시나리오에서는 양가감정을 다루기 더 어려운 경우가 많다(예: 자살이나 약물 과다복용으로 인한 사망, 범죄 조직 관련 사망, 만취 상태 운전 중 교통사고). 이러한 상황에서 아동은 외상과 애도 문제 외에도 이러한 활동과 관련된 낙인과 부정적인 인지를 다루어야 한다. 사람들이 심각한 공공 재난(예: 항공기 공격, 폭격, 테러 공격, 자연재해)에서 사망하면 그들은 영웅은 아니더라도 무고한 희생자로 간주되며, 그들에게 대중의 관심, 정서적인 지원, 그리고 공공 또는 정부의 재정적 지원이 자주 쏟아진다. 이런 경우 아이들은 대개 지금은 고인이 된 애착 인물을 마땅히 자랑스러워하고, 이 긍정적인 측면은 대개 아이들의 외상과 애도 문제를 해결하는 데 다소 도움이 된다. 그러나 대인관계 폭력, 자살, HIV 관련 사망 또는 약물 과다복용과 같이 덜 '영웅적인' 상황에서 누군가의 죽음을 경험한 아이들에게는 이러한 긍정적인 측면이 거의 없다. 이런 상황에서, 더 넓은 지역사회에서의 낙인, 비꼬는 암시 및 빈정거리는 현상은 대개 아이들의 외상적 애도 반응을 상당히 크게 만든다. 부모가 낯선 사람에 의해 살해된 경우, 아이들도 흔히 고인이 자신의 죽음에 어느 정도 책임이 있는지에 대한 질문에 직면한다(예: 어른이나 또래들이 "그녀가 그렇게 늦은 밤에 그 동네에서 무엇을 하고 있었는지 궁금하지 않니?"라고 말하는 것을 들을 수도 있다). 만일 이 문제가 치료의 외상중심 부분에서 다루어지지 않는다면, 이 문제는 고인과의 '미완성 과제'를 논의할 때 발생할 수 있다.

누군가의 죽음에 영향을 미친 외상 유형에 상관없이, 거의 모든 아이가 때에 따라 형제자매나 부모와 갈등을 겪는데, 이러한 갈등은 사망 당시 해결되지 않은 상태였을 수 있다. 특히 청소년들은 고인과 수주 또는 수개월에 걸쳐 무분별하거나 무례하거나 반항적인 상호작용을 겪었을 수 있는데, 이는 죽음 전에 해소되지 않은 갈등이다. 이렇게 잘 해결하지 못한 것은 생존 아동에게 죄책감이나 후회를 느끼게 할 뿐만 아니라, 해결되지 않은 원한이나 분노를 남길 수도 있다. 이것은 '죽은 사람을 나쁘게 말하지 말라'는 가족이나 사회적 기대로 인해 말하지 못한 채로 남아 있을 수 있다. 치료사는 아동에게 이러한 문제와 감정에 대해 이야기할 기회를 준 후에, 모든 아이가 때때로 부모/형제자매와 갈등을 겪지만 이런 것은 일반적으로 시간이 지남에 따라 이야기하면서 해결된다는 점을 알려줌으로써, 문제 및 감정을 정상화해야 한다. 그런 다음 치료사는 비록 고인의 이른 죽음이 이런 작업을 불가능하게 했지만 아이는 고인과 상상 속의 '대화'를 할 수 있고, 그러면 이러한 문제와 감정으로부터 편안해질 수 있을 것이라고 제안할 수 있다. 만일 가족의 종교적 신념이(다음 절에서 논의됨) 이 관점과 일치한다면, 아이는 고인의 영혼이나 혼과 정신적인 대화를 할 수도 있다. 다른 아이들은 역방향 역할극 방법을 더 편안해할 것이다. 이에 대해서는 아래에 설명된다. 또 다른 기법은 아동이 고인에게 편지를 쓰게 하는 것인데, 그 사람이 죽기 전에 했었더라면 하고 소망하는 모든 말을 하는 것이다(Stubenbort et al., 2001). 어떤 방법을 쓰든 간에, 목표는 아동이 자신의 미완성 과제를 해결할 수 있도록 죽음을 경험하기 전에 말하고 싶었던 것을 말하게 하는 것이다. 그리고 고인이 아이에게 하고 싶을 수도 있는 말을 상상하고 말로 표현하게 하는 것이다. 다만, 아주 어린 아동의 경우 부모가 어딘가에 살아 있다고 착각하지 않도록 주의해야 한다. 이렇게 혼란스러워 보이는 아이들을 위해 편지를 풍선에 넣어 하늘로(하늘을 향해) 올려 보내거나 땅에 묻는 것이 도움이 될 수 있다(Worden, 1996).

이 교재 앞부분에서 설명된 인지적 처리 기법은, 아동이 고인에 대한 부정확하거나 도움이 되지 않는 생각을 처리하는 데 사용될 수 있다. 이와 관련된 감정을 단순히 표현한다고 해서 아동의 양가감정이 해결되는 것은 아니다. 특히, 아동이 아동 학대나 가정폭력과 같이 고인에 의해 저질러진 행동을 경험했다면 더욱 그렇다. 예를 들어, TF-CBT의 인생의 삼각형(Triangle of Life) 게임을 사용해 이점을 경험한 아이들은, 치료사가 고인과 관련된 부적응적 인지를 확인했을 때 이 게임을 다시 사용할 수 있다. 치료사는 이 앱을 사용해 게임 중에 하나 이상의 삼각형에 있는 생각, 감정, 행동을 아동이 고인에 대해 가지고 있는 생각으로 대체할 수 있다. 그리고 아동의 현재 상황과 관련하여 보다 정확하고 유용한 생각을 만들어내도록 도울 수 있다. 아동이 하나 이상의 대안적인 생각을 할 수 있으면(아동 스스로 또는 치료사의 도움으로), 치료사는 아동이 그 새로운 생각을 어떤 감정 및 행동과 연결할지 결정할 수 있게 도울 수 있다.

고인과의 문제를 해결하기 위해 '치유적' 대화를 상상하는 것과 관련하여, 일부 부모들과 치료사들은 아동이 고인'답지 않은' 무언가를 믿도록 격려하는 것을 불편하게 느낄 수 있고, 이러한 개입이 고인에 대하여 건강하지 못한 이상화를 부추길 수도 있음을 우려할 수도 있다. 예를 들어, 아버지가 약물 과다복용으로 사망한 아이는 아버지가 다음과 같은 말을 하고 싶어한다고 믿도록 장려될 것이다.

"약물을 사용한 것은 내 잘못이었다. 미안하다. 내가 마약을 한 이유는 내 자신의 중독 때문이지, 너 때문이 아니란다. 너는 훌륭한 아이이고, 내가 평생 가지기를 꿈꿔왔던 가장 멋진 아이야. 나의 가장 큰 후회는 더 좋은 부모가 되기에 실패했다는 거야. 너는 강하니까 나처럼 되지 않을 것이다. 사랑하고, 네가 행복하길 바란다."

어떤 부모들은 스스로 고인을 이상화하고, 아이가 사랑하는 사람에 대해 부정적인 감정이 있다는 것을 받아들이는 데 어려움을 겪을 수 있다(다음 절에서 설명됨). 이와 관련하여, 부모의 소망을 존중하는 것뿐만 아니라, 이 과정에서 부모가 고인에 대한 중요한 통찰을 얻으면 치료사의 계획을 더욱 촉진할 수 있으므로, 치료사는 아동 회기에서 이 개입을 도입하기 전에 이에 대해 부모/보호자와 논의하는 것이 중요하다. 마지막으로, 아동-부모 공동 회기에서 부모는 고인이 죽기 전에 이러한 문제를 해결하기를 원했을 것이라는 아이의 믿음을 강화하는 것이 중요하다.

누군가가 사망한 방식의 결과로 아이들에게 양가감정이 발생했을 때, 그 감정은 대개 외상 서술 및 처리 과정에서 확인된다. 앞서 설명된 바와 같이, 아이들은 중요한 사람의 외상적 죽음을 포함하여 그들의 외상 경험과 관련된 특정 상황에서의 생각과 감정을 나타낸다. 예를 들어, 복합 외상을 경험한 한 10대 소녀는 자신의 상업적인 성착취 경험뿐만 아니라 어머니가 저지른 신체적 학대와 태만을 설명했다. 그녀는 어머니나 어머니의 남자친구가 그녀를 학대했을 때 슬프고 무서웠다고 설명했고, 이러한 경험들에 관한 생각과 의미를 그대로 처리했다. 이 치료 시점에서 외상중심 구성요소는 그녀가 어머니에 대한 자신의 양가감정을 더 완전하게 다룰 수 있도록 대비하게 하였다. 그녀는 여기에 앞서 설명된 기법을 사용하여 어머니에 대해 그리워했던 것들을 몇 가지 확인했다. 그중 가장 중요한 것은 어머니가 남자친구를 만나지 않는 기간 동안 보였던 애정 어린 태도, 그리고 지금은 결코 일어날 수 없을, 어머니가 회복되었을 때의 미래의 재회에 대한 그녀의 희망이었다. 또한 그녀는 어머니의 약물 사용, 어머니가 돌아가며 만나는 여러 남자친구가 그녀를 성적으로 학대했던 것, 그리고 어머니가 "나의 남동생과 여동생들을 돌봐야 했지만 돌보지 않았다."라고 말하는 것 등, 어머니에 대해 그리워하지 않는 것들을 발견할 수 있었다. 이 10대 소녀는 또한, 어머니의 물질 남용과 아동 학대가 아이들이 집에서 분리되게 된 원인이었고, 어머니는 "치료를 받으러 갔어야 했다."고 인정했다. 그녀는 그 당시 어머니에게 분노를 느꼈지만, 현재는 "그녀는 떠났고 이제 끝났다."는 것 때문에 단지 슬프기만 하다고 설명했다. 그녀는 어머니에게 보낸 상상의 편지에서 이러한 생각과 감정을 표현할 수 있었다. 더 도움이 되었던 것은 그녀가 어머니로부터 받은 상상의 답장이다. 그 편지에서 어머니는 치료를 받으려고 하지 않은 것, 자신의 딸과 동생들을 학대하고 방치한 것, 딸이 어린 동생들을 돌볼 만큼 "다 자란 것처럼" 기능해야 하는 상황에 처하게 한 것에 대해 사과했다. 어머니는 이 상상의 편지에서 그녀에게 "절대 마약을 하지 말고 좋은 인생을 살라."고 강조했다.

고인의 죽음 원인과 관련된 낙인과 수치심에 시달리는 아이들을 위한 또 다른 유용한 기법은, 만약 고인이 낙인과 수치심과 연관된 원인 때문이 아니라 다른(낙인 찍히지 않을) 원인으로 죽었다면 그들의 감정과 생각이 어떻게 바뀔지 물어보는 것이다. 예를 들어, 한 소녀는 어머니가 팔에 바늘이 꽂힌 채 사망한 것을 발견했지만, 어머니가 심장마비로 죽었다고 주장했다. 검시관 보고서에는 어머니의 몸에는 헤로인이 들어 있었지만 '심정지'로 사망했다고 진술되어 있었기 때문에, 가족들은 소녀에게 어머니의 죽음이 마약 때문이라는 말을 하지 않았다. 치료사는 소녀에게 만일 사인이 헤로인이거나 심장 질환이라면 어머니에 대한 감정이 어떻게 바뀔지 물었다. 소녀는 만약 원인이 질병이라면, "어머니가 나를 사랑했고 나보다 약물을 택하지 않은 거예요."라고 말했다. 치료사는 중독이 질병이라는 이전 심리교육을 복습시키며 말했다. "무슨 일이 있었든지 간에, 네 어머니는 질병으로 돌아가신 거야. 중독을 경험하는 것은 질병이고, 사망 원인은 어머니가 너를 얼마나 사랑했는지와는 아무런 관련이 없단다." 소녀는 말했다. "어머니가 아파서 돌아가셨다고 말할 수만 있다면, 친구들에게 말하는 게 창피하지 않을 거예요." 치료사는 이것이 정말 사실임을 확인했고, 소녀는 훨씬 기분이 좋아졌다. 음주운전이나 자살에 의한 사망에도 유사한 접근법이 사용될 수 있다 (예: "우울증은 질병이다.").

어떤 아이들에게는 상실한 것을 애도하는 또 다른 어려운 점이 있다. 그것은 그들이 생존 부모보다 죽은 부모와 훨씬 더 가까웠다는 사실과 관련된 것이다. 즉, 아동의 양가감정은 생존 부모에 대한 것일 수도 있는데, 이때 생존 부모는 아동이 고인이 된 부모의 죽음에 대해 어떤 식으로든 책임을 묻는 대상이 될 수도 있다. 생존 부모의 책임에 대한 자녀의 인식에 실제로는 근거가 없다고 가정한다면, 이 문제는 자녀와 부모가 함께(예: 부모-자녀 공동 회기 동안) 다루어야 할 필요가 있을 것이다.

상실 애도하기 및 양가감정 다루기: 부모편

상실 애도하기

치료사는, 아동이 죽음의 결과로 잃어버린 것에 대해 치료에서 표현하고 있는 것을 부모와 논의해야 한다. 부모가 고인과 지속적인 관계에 있었다고 가정하면, 부모는 일반적으로 아이의 상실과 자기 자신의 개인적인 상실 모두를 애도하게 될 것이다. 따라서 이렇게 논의하는 것은 아이에게 그랬던 것처럼 큰 슬픔의 감정을 불러일으킬 수 있다. 치료사는 이러한 감정을 정상화하고 자녀를 사랑하는 좋은 부모가 느낄 만한 감정으로 묘사해야 한다. 부모를 위해 다음과 같이 이 내용에 대한 틀을 마련하는 것은 도움이 될 것이다.

"자녀가 이 죽음에 대해 슬픔과 다른 강렬한 감정을 느끼는 것을 보는 것은 당연히 매우 어렵습니다. 자녀를 사랑하는 어느 부모라도 자녀가 고통스러워하는 것을 보는 것은 힘든 일입니다. 하지만 치료사로서 저는 아이가 이런 고통을 경험한다는 것에 안도합니다. 많은 아이는 이런 상황에서 기분이 나빠지는 것을 너무 두려워해서 그들의 감정에 벽을 세우려 하고, 그러고 나서는 어떤 감정도 갖는 것을 두려워하게 됩니다. 고통은 덜하지만, 이 아이들은 행복과 뿌듯함, 열정, 그리고 다른 좋은 감정들을 느끼는 데도 어려움을 겪을 것입니다. 안타깝지만 슬픔과 고통을 느끼는 것은 가까운 사람이 죽은 후에 치유하는 과정에서 필요한 단계이며, 저는 아이가 스스로 느낄 수 있을 만큼 충분히 용감하다는 것에 고마움을 느낍니다."

부모는 현재의 상실에 내포된 미래의 상실에 대해 자녀가 이렇게 피할 수 없는 상실 알림요인을 최적으로 처리할 방법을 제안할 수 있을 것이다. 부모는 그중 일부를 예상하고 이러한 미래 사건들을 아이에게 '특별한' 것으로 만드는 것의 중요성을 인식할 수 있다. 예를 들어, 과거에는 학교 연극이나 운동회에 고인이 된 부모가 함께 참석했으므로, 행사를 놓친 부모는 앞으로 이러한 행사에 정기적으로 참석할 계획을 세워 아이가 겪을 수 있는 상실감을 최소화할 수 있다. 다른 친구들이나 친척들을 초대하는 것은 고인의 부재에도 행사가 아이에게 특별할 수 있게 유지하는 또 다른 방법이 될 수 있다.

양가감정 다루기

아동 치료 부분에서 언급한 바와 같이, 치료사는 아이가 고인에 대해 표현하고 있는 양가감정을 부모와 논의하고, 이러한 맥락에서 부모가 아이의 관점을 이해할 수 있도록 도와야 한다. 어떤 부모들은 여러 가지 이유로 고인에 대해 그들 자신의 양가감정을 가지고 있을 수 있다. 그리고 아이와 부모의 감정 사이에 조금이라도 합의되지 못한 부분이 있다면 치료사가 이를 다루어야 한다. 이런 작업은 어느 방향으로든 일어날 수 있다. 즉, 부모는 부정적이거나 양가적으로 느끼지만 아이는 그렇지 않을 수 있고, 그 반대일 수도 있다. 예를 들어, 현재 아이의 보호자는 고인이 된 부모와 이혼 상태에서 지속적인 갈등을 겪었을 수도 있고, 어쩌면 고인이 된 부모를 좋아하거나 용인한 적이 없는 조부모 또는 다른 친척일 수도 있다. 이런 경우 보호자는 고인에 대해 아이보다 훨씬 더 부정적으로 느낄 수 있다. 반대로, 아이는 고인이 된 형제자매나 부모에 대해 부정적 또는 양가적 감정을 가지고 있지만, 생존 부모나 보호자는 긍정적인 감정만 가지고 있을 수도 있다.

이 중 어떤 경우든지, 치료사는 아이가 고인과의 관계를 부모와 고인이 맺었던 동일한 방식으로 가지지 않았다는 사실을 부모가 이해할 수 있도록 도와야 한다. 즉, 각자가 고인에 대해 다른 감정이 있는 것은 놀라운 일이 아니다. 치료사는 부모와 함께 아이나 부모가 고인을 이상화하고 있는지(혹은 평가절하하고 있는지) 탐색해야 한다. 만일 둘 중 하나가 발생한다면, 고인에 대한 더욱 현실적인 관점을 회복하는 데 인지적 처리 개입이 도움이 될 수 있다. 사랑하는 고인을 이상화하는 것이 반드시 해로운지는 분명하지 않다. 그러므로 아이들이나 부모들이 가지고 있는 고인에 대한 지나치게 긍정적인 시각을 교정하는 데 신중을 기해야 한다. 가장 좋은 접근은 부모가 아이와 동일한 견해를 가지고 있든 아니든 간에, 부모가 고인에 대한 아이의 견해를 아이에게 타당한 것으로 받아들이고, 아이가 고인과의 '미완성 과제'를 해결하도록 돕는 방법에 초점을 맞추도록 격려하는 것일 수 있다. 한 가지 예외 상황이 있다. 만일 고인이 아이의 형제자매라면, 부모가 그 형제자매를 이상화하는 것이 아이에게는 힘든 일일 수 있다. 그러한 이상화가 일어날 때, 생존한 아이는 부모가 죽은 형제자매에게 집중하는 것에 분개하기 시작할 수 있고, 마치 고인이 된 형제자매에 대한 부모의 이상화된 지각에 결코 부응할 수 없을 것처럼 느끼기 시작할 수 있다. 만일 그렇다면 이러한 우려를 부모와 공유하고, 부모가 고인이 된 형제자매에 대해, 특히 생존 자녀들 앞에서 더욱 현실적인 방식으로 이야기하도록 돕는 것이 도움이 될 수 있다.

부모는 고인과의 죄책감 및 기타 개인적인 '미완성 과제'를 해결하도록 지지받아야 한다. 우여곡절이 없는 관계는 거의 없다. 그러므로 애도를 하는 많은 부모가 고인과 완벽한 관계를 맺지 않은 것과 때로 외상/죽음 전 수년에 걸쳐 고인과 한 것이나 하지 않은 것, 또는 고인을 위해 한 것이나 하지 않은 것에 대해 죄책감으로 가득 차 있다는 것은 놀라운 일이 아니다. 예를 들어, 외도를 한 남편, 부부의 친밀감에 관심이 없었던 아내, 5년 전 해결되지 않은 말다툼으로 형제자매와 말을 끊은 여동생 등, 이 모든 가족은 소원해진 가족원의 예상치 못한 죽음 이후에 죄책감과 자책감에 압도됨을 느낄 수도 있다. 이렇게 충돌하는 감정들은 고인이 자신을 영웅으로 만들 만한 방식으로 죽었다면 더욱 커질 수 있다(예: 테러 공격 장소에 있었던 구조대원, 화재 속 아이들을 구조했던 소방관). 치료사는 부모가 고인이 죽은 방식뿐만 아니라, 고인의 전체적인 부분을 정확하게 돌아보도록 격려해야 한다. 비록 합당한 후회가 있을 수 있지만, 고인에 대한 부모의 과거 다른 감정 및 행동에도 보통 타당한 이유가 있다. 따라서 부모가 외상적 죽음 이후 정서적으로 격해져 이러한 감정들을 놓치지 않는 것이 중요하다. 또한, 부모는 후회되는 행동 외에도 관계에 많은 긍정적인 것들을 기여했을 수 있는데, 이런 것은 부모의 현재 마음가짐에서 간과되거나 최소화될 수도 있다. 마지막으로, 부모들에게 "지나고 보니 보인다."는 것을 상기시켜주는 것이 도움 될 수 있다. 즉 일이 일어나는 동안 완벽한 명확성을 가지고 그것을 볼 수 있는 능력을 가진 사람은 거의 없다는 것이다. 따라서 부모는 자기 평가에 좀 더 관대해지도록 격려받아야 한다. 이런 맥락에서 '가장 친한 친구' 역할극을 사용하는 것이 도움이 될 수 있다.

'가장 친한 친구' 역할극(제12장에 설명됨)은 부모가 더 현실적이고 공정한 자기평가를 할 수 있도록 도울 수 있다. 치료사는 부모가 부모 자신의 친한 친구인 척하도록 지시해야 한다. 치료사는 부모의 역할을 맡고, 부모가 자신에 대해 경험해온 경멸적이고 죄책감이 가득한 감정을 '가장 친한 친구'에게 표현한다. 예를 들어, 치료사는 '가장 친한 친구'에게 이렇게 말할 수 있다. "나는 세상에서 가장 나쁜 아내였어. 남편이 원할 때 이사하는 대신, 나는 내 가족 근처에 머물자고 고집했고, 그는 결코 자신의 꿈을 이루지 못했어. 이제 남편은 죽었고, 내 이기심 때문에 그는 자신의 꿈을 이룰 기회를 결코 얻지 못할 거야." 그런 다음 치료사는 '가장 친한 친구에게' 그 친구가 기분이 더 좋아지거나 상황을 더 명확하게 볼 수 있게 하려고 무슨 말을 할 것인지 묻는다. 이 역할극을 통해 부모는 종종 자신에게 취했던 모습보다 '가장 친한 친구'를 더 지지하게 된다. 일단 부모가 역할극을 통해 귀인하는 것을 바로잡고 나면 (예: "네가 이기심에서 그런 건 아니야. 네 남편은 자녀들이 주변에 사랑하는 대가족과 함께 자라는 것이 어떤 것인지 알고 있었기 때문에 그가 여기 머물게 된 것이 얼마나 기쁜지 여러 번 말했고, 그것이 그에게 가장 중요한 일이었다고 말했어."), 치료사는 부모가 자신의 가장 친한 친구가 되도록 격려해야 한다. 즉, 이와 동일한 방법을 사용해 자신의 왜곡된 인지를 논박하는 것이다.

문제 해결

아이와 부모가 고인에 대한 양가감정을 해소하거나 상실을 애도함에 있어 같은 단계에 있지 않으면 어떻게 대처하나요?

이러한 불일치는 치료 과정에서 상당히 흔한 시나리오이며, 이 모델의 대부분 치료 과정에서 부모와 아이들을 분리해 각자 개별 회기에 참여하도록 격려하는 한 가지 이유이기도 하다. 어떤 경우에는 부모가 편안하게 고인에 대해 말하기 전에 아이가 고인에 대해 터놓고 이야기할 준비가 되어 있다. 우리는 이런 상황에서 많은 부모가 자녀들의 치료를 돕기 위해 스스로 애도하며 앞으로 나아갈 수 있다는 것을 발견했다. 예를 들어, 어떤 부모들은 자신의 해소를 위해 논의하기는 어려워도, 그들의 자녀가 충돌하는 감정을 해결하도록 돕기 위해, 죽은 파트너의 힘든 측면에 관해 이야기하는 것을 견딜 수 있었다. 다른 사례에서는 치료사가 아동과 부모가 각자의 속도로 진행하는 것이 더 낫다고 판단할 수 있다. 이와 관련하여 치료사는 아이의 진행 상황을 부모에게 계속 알려주고, 동시에 부모가 정서적으로 같은 지점에 있지 않다는 것과 이러한 차이가 정상적이고 예상된 것임을 인정하고 단호하게 말할 수 있다.

만약 아이가 양가감정에 대해 이야기하는 중에 고인에 의한 아동 학대나 가정폭력에 대해 새로운 사실을 공개한다면, 이를 치료사가 알지 못했기 때문에 외상중심 구성요소에서 다루지 않았다면 어떻게 하나요?

이상적인 상황이라면, 아이 또는 보호자가 평가 중에 모든 중요한 외상 경험을 설명했을 것이고, 이로 인해 치료사는 이 정보를 TF-CBT의 외상중심 회기에 통합시켰을 것이다. 그러나 이러한 경험 중 1개 이상이 외상중심 구성요소를 다루는 중에 처음으로 공개되는 경우, 치료사는 교재 앞부분에서 설명한 개입법을 사용하여 치료의 현시점에서 그 새로운 폭로를 다룰 기회를 잡아야 한다. 여기에는 법적으로 규정된 아동학대 보고서 작성하기, 이 과정을 통해 가족을 지원하기, 새롭게 공개된 외상 경험에 대한 추가적인 심리교육을 제공하기, 아동의 조절곤란 증가에 대한 추가적인 정서조절 및 양육 기술을 제공하기, 아동의 외상 서술문에 새로운 내용 포함하기, 아동이 고인과 함께했던 경험과 고인을 향한 양가감정에 대한 인지적 처리 과정을 촉진하기, 그리고 위의 모든 것에 대해 보호자에게 유사한 개입을 제공하는 것이 포함될 수 있다. 이 과정에는 일반적으로 몇 번의 추가 회기가 필요하다.

자살은 어떤가요? 가족에게 낙인을 찍는 것으로부터 막는 것과 자살 행위를 미화하지 않는 것 사이의 균형을 어떻게 유지하나요?

이것은 특히 자살이 어떤 식으로든 미화되거나 보상되지 않는다는 메시지를 들을 필요가 있는 10대들 사이에서 중요한 문제이다. 자살 행동을 초래했을 가능성이 있는 병리학(예: 우울증, 물질 남용, 외상적 뇌손상)에 대해 발달적으로 적절한 심리교육을 제공하는 것이 행동(어떤 식으로든 미화되지 않는 나쁜 결정)과 그 인물(아동이 양가감정을 느끼거나 무조건 사랑할 수 있는 사람)을 분리하는 데 극히 중요하다. 가족들은 고인이 어떻게 자살했는지에 대한 그들의 양가감정을 인식하면서, 그들에게 의미 있는 방식으로 고인을 추모할 방법을 결정해야 한다. 이와 관련하여, 가족들이 치료받을 때 추도식을 아직 하지 않은 상태라면 치료사가 도움이 될 수 있다.

아기가 죽었을 때는 어떻게 하나요?

좀 더 나이를 먹은 아이들과 부모들은 가족 중 다른 자녀들에게 피해를 입힐 정도로 아기를 이상화할 위험이 있다. 영아들은 자랄 기회가 없었으므로, 부모와 아이들은 종종 그들을 마음속에 영원히 '작은 천사'로 박제해둔다. 하지만 이것은 가족 중 더 나이가 많은 아이들, 혹은 아직 태어나지 않은 아이들에게 불공평한 일이다. 가족 중 다른 아이들은 죽은 아기에 대해 잘못된 정의를 내리는 데 공모할 수도 있는데, 그들이 그렇게 하는 것을 막는 것은 치료사와 부모에게 달려 있다. "그는 너무 순수했다." 또는 "너는 네 여동생의 어린 엄마 같았다."와 같은 오해할 만한 말들을 바탕으로, 유족이 된 아이들은 이런 상황에서 부적응적인 인지를 형성할 수 있다. 예를 들어, 아기 대신 자신이 죽어야 했다는 인지(자신은 아기만큼 순수하지 않았기 때문에), 아기의 안전을 보장할 책임이 있었다(그러나 실패했다)는 인지 및 부모가 아기 대신에 그들이 죽는 것을 원했을 수도 있다는 인지가 이에 해당한다. 부모들은 대개 자신의 개인적인 애도로 인해 자기 자녀들이 이러한 부적응적인 신념으로 부담을 느끼고 있다는 것을 알지 못하는데, 이것은 그들의 외상적 애도 경험에 영향을 미칠 수 있다. 여기에 설명된 구성요소를 통해, 아이와 부모들이 이러한 신념을 개방적으로 다루고 처리하며 함께 더 긍정적인 방향으로 나아갈 기회를 얻는다. 만일 부모가 아이를 더 가질 계획이라면, TF-CBT 치료사는 죽은 아기의 주제를 추후 미래의 아이들에게 발달적이고 적절한 방법으로 소개하는 시기와 방법에 대한 지침을 제공할 수 있다.

긍정적인 기억 보존하기

아동을 위한 긍정적인 기억 보존하기

먼저 아동이 고인과 미래에 하지 못하게 되는 것에 대해 애도하는 과정을 시작하고 고인과의 미완성 과제를 다루게 되면, 보통 고인과 나눈 관계의 긍정적인 측면에 더 초점을 맞출 수 있다. 이러한 긍정적인 기억을 구체적으로 기록하고 보존하는 것은, 슬프고 고통스러운 감정을 만들어낼 수밖에 없다. 하지만 많은 경우 아이들이 이전에 고인과 함께 나누었던 행복을 다시 경험할 수 있게 해주기도 한다. 아이들이 여전히 행복할 수 있는 능력(과 허락)이 있음을 깨닫는 것은 매우 중요한 일이다. 어떤 아이들은 추억 책, 추억 상자, 추억 콜라주, 또는 다른 기념물을 만들고 싶어 한다(Goodman et al., 2015; Worden, 1996). 이런 작품들은 그림, 유품(예: 영화나 스포츠 행사 입장권, 오랜 생일 선물, 좋아하는 장난감이나 책), 사진, 손으로 그린 그림 또는 사랑하는 사람에 대한 시 또는 기타 글 등으로 구성할 수 있다. 스마트폰과 태블릿을 즉시 사용할 수 있다면, 아이들은 고인을 담은 비디오테이프나 슬라이드 쇼와 같은 결과물을 만들 수도 있다. 어떤 아이들은 다른 가족원들과 친구들에게 그들의 추억 프로젝트에 기여해달라고 부탁하는 반면, 다른 아이들은 스스로 이러한 기념품들을 모으는 것을 선호한다. 한 여자아이는 자신의 언니를 죽게 한 집 화재에서 가족사진이 모두 사라진 것을 애통해했다. 그녀는 언니의 친구들과 다른 가족원들에게 그들이 좋아하는 언니와 그들의 사진을 기증해달라고 요청하기로 했다. 언니의 많은 친구가 이 책을 위해 이야기를 썼는데, 이 책에는 언니가 자신의 친구들에게 수년간 생존 형제자매에 대해 했던 사랑스럽고 재미있는 이야기가 포함되어 있었다. 이것은 아이에게 대단히 의미 있는 일이었고, 이 활동을 통해 아이는 자신이 언니에게 얼마나 중요한 존재였는지 깨닫게 되었다. 아이들은 이 활동을 매우 즐기고, 이 책들을 만드는 과정에서 다른 가족원 그리고 친구들과 다시 연결되는 경우가 많다. 다음은 아이들이 고인을 추모하는 사진에 쓰거나 그리거나 포함한 몇 가지 아이디어이다.

- 그가 가장 좋아하는 옷
- 가장 재미있는 습관
- 취미
- "우리가 함께 갔던 여행"
- "그가 나한테 가르쳐준 것들"
- "함께했던 최고의 시간"
- "그가 나한테 준 것 중 가장 마음에 드는 것"
- "그가 나에게 해준 일 중 가장 멋진 일"
- 그가 가장 좋아하는 표정/농담

아이들은 공동 회기 동안 그들의 부모/보호자와 이러한 기념 내용들을 공유하고, 치료가 끝난 후에도 계속 추가하도록 격려를 받는다.

이와 관련하여 아이들이 즐길 수 있는 치료 활동은 고인의 이름을 쓰고, 그 사람의 이름 각 글자에 행복한 기억을 채우고 묘사하는 것이다. 예를 들어, 한 어린 남자아이는 그의 형 '마이크 블랙(Mike Black)'과 관련하여 이 활동을 했다.

Making me do my homework after school.

(방과 후에 나에게 숙제를 하게 한 것.)

Ice cream-chocolate was his favorite with double chocolate sauce.

(더블 초콜릿 소스가 올려진 초콜릿 아이스크림은 형이 가장 좋아하는 것이었다.)

Kept people from beating me up.

(사람들이 날 때리는 걸 막아주었다.)

Eating pizza, he was always eating.

(피자를 먹는 것. 형은 항상 피자를 먹고 있었다.)

Building stuff with him.

(형과 함께 물건을 쌓은 것.)

Loved the Steelers.

(스틸러스*를 사랑했다.)

Always happy.

(항상 행복했다.)

Called his friends funny names.

(친구들을 웃긴 이름으로 불렀다.)

Kicking footballs-he taught me how.

(형이 축구공을 차는 법을 가르쳐주었다.)

경우에 따라 아이들은 고인과 공유했던 활동이나 행사를 기억하는 데 어려움을 겪을 수 있고, 생존 부모는 이러한 행사에 참석하지 않았을 수 있다. 이러한 상황에서는 다른 사람들에게 기억을 제공하도록 요청하는 것이 도움이 될 수 있다(예: 고인이 된

*   (역자 주) 미국의 미식축구팀 피츠버그 스틸러스를 가리킨다.

부모는 아이의 스포츠 행사에 참석했지만 생존 부모는 그렇지 않은 경우, 아이는 팀 코치나 다른 팀의 구성원들에게 고인이 된 부모의 참여와 관련하여 무엇을 기억하는지 물을 수 있다). 더 어린 아이들은 발달 사항으로 인해 전형적으로 긍정적인 기억을 회상하는 데 더 어려움을 겪을 것이다. 그러한 아이들은 고인과 함께 찍은 사진을 보는 것, 이 사진들에 대한 이야기를 쓰는 것, 고인과의 사진을 그리는 것, 그리고 생존 부모, 자신보다 나이 많은 형제자매들, 조부모 등에게 고인과 함께한 행복한 시간을 회상하도록 도와달라고 요청하는 것을 통해 이익을 얻을 수 있다. 미취학 아이들의 참여 활동은 고인에 대한 '영원한 마음'을 만드는 것인데, 즉 죽은 사람에 대한 마음을 설명하거나 그리거나 장식하는 것이다(Goodman et al., 2015). 우리가 경험한 흥미로운 한 가지 현상에 따르면, 어린아이는 죽음 당시에 너무 어려서 고인을 잘 기억하지 못하므로, 나이가 많은 형제자매들에 비해 고인에 대한 기억이 거의(또는 아예) 없다. 사별은 했지만 기억이 없다는 것 때문에 어린아이는 '두 배로 다른' 느낌을 받을 수 있다. 이러한 상황에 있는 어떤 아이들은 생존 부모가 고인이 된 부모에 대한 정보를 공유하는 것이 다소 도움이 된다고 여긴다(예: 고인이 어린 자녀를 얼마나 사랑했고, 이야기했으며, 원했는지에 대한 정보, 고인이 그 아이와 가진 상호작용에 대한 구체적인 기억). 그러나 치료사들은 이것이 기억을 갖는 것과는 다른 정보라는 것을 명확하게 하는 것이 중요하다.

비록 고인에 대한 공식적인 행사가 이미 있었더라도, 많은 아이가 고인을 위한 추도식으로부터 도움을 받을 것이다. 그러한 행사는 치료 회기나 집, 묘지, 또는 아이들이 원하는 곳 어디에서나 고인을 추모하는 자신들만의 특별한 헌사를 직접 준비할 수 있게 해주어야 한다. 그리고 여기에는 아이들이 사랑하는 사람을 추모하기 위해 사용하고 싶은 사람, 상징, 글자들이 포함되어야 한다. 아이들이 그렇게 하는 것을 원한다면 치료사는 아이들이 그러한 행사를 여는 데 부모가 지지할 수 있도록 조력해야 한다.

복합 외상을 입은 아이들은 대개 여러 죽음을 경험했기 때문에 이를 추모하는 데 큰 어려움에 직면한다. 즉, 그들은 보통 여러 번 집을 잃었고, 여러 사망 사건 후에 다른 이차적 상실을 겪음으로써, 죽은 사람들의 물리적인 기억 단서와 유품들을 모두 또는 대부분 잃어버렸다. 그리고 이 아이들의 가족의 과거 기억을 보존하도록 조력할 수 있는 모든 가족원이 없어졌을 수도 있다. 그러한 아이들에게 일반적으로 안전과 신뢰, 애착을 다시 확립하는 일은 지속적으로 어려울 수 있는데, 예를 들어, "내가 사랑하는 모든 사람이 죽었는데 어떻게 누군가 나를 안전하게 지켜줄 것이라고 믿을 수 있을까?", "현재 내 보호자마저 죽는다면 무슨 일이 일어날까?" 또는 "모든 사람이 죽었는데 어떻게 내가 다른 사람을 신경 쓸 수 있을까?"와 같은 지속적인 문제에 맞닥뜨리는 것이다. 그러한 심각한 상실 후 회복하는 것은 어려운 일이며, 가장 중요한 것은 지속적인 안정 애착 관계가 필요하다는 것이다. 어떤 경우에는 생존한 공동체 구성원(예: 가족의 신앙 공동체, 가족의 친구, 이전 위탁부모) 또는 더 먼 친척의 존재가, 아이가 죽은 사람을 기리고 유품을 얻을 수 있는 더 큰 가족의 역사 또는 맥락을 기념하는 것을 촉진하는 데, 도움이 될 수 있다.

부모를 위한 긍정적인 기억 보존하기

치료사는 아이가 고인에 대한 긍정적인 기억을 떠올리고 보존하는 것을 부모가 조력하도록 격려해야 한다. 이렇게 하는 것은 부모가 고인과 맺었던 개인적인 관계에 문제가 있었다면 복잡할 수 있다. 이런 상황에서 치료사는 아이의 긍정적인 기억이 어떻게 치유 과정을 돕는지 부모가 이해할 수 있도록 도와야 한다. 이전 아동 치료 부분에서 논의한 바와 같이, 비록 고인이 아이를 대하는 데 부정적인 측면이 있었을지라도, 치료사는 고인에게 선한 의도가 있었을 것이라고 아이가 여기도록 하는 것(즉, 아이를 위한 좋은 의도와 아이에게 좋기를 바라는 마음)이 중요하다는 점을 부모에게 설명해야 한다. 선한 의도는 아이와 고인 사이의 관계에서 일어나거나 일어나지 않았던 어떠한 부정적인 행위도 없었던 것처럼 만들지는 않는다. 사실, 아이가 고인에게 선한 의도가 있었을 것이라 여기게 되면 아이는 고인에 대해 부정적인 생각을 하고 개방적으로 그것에 대해 표현하는 것에 대해 죄책감을 덜 느끼므로, 관계의 긍정적인 것뿐만 아니라 부정적인 측면도 정확하게 인식할 수 있을 것이다.

고인과 좋은 관계에 있었던 부모는, 아이가 아기였을 때 일어났던 일이나 아이가 잊고 있었던 일 등 아이가 고인과 가졌던 상호작용의 애틋한 추억을 아이의 책에 많이 추가할 수 있을 것이다. 이렇게 아이를 조력할 수 있는 부모(예: 아이와 함께 오래된 스크랩북이나 사진첩을 살펴보기 또는 고인이 참석했던 과거의 행복한 행사에 대해 이야기하기)는 행복한 기억을 가지는 것은 좋은 것이고, 이러한 기억에 대해 슬픈 감정뿐만 아니라 행복한 감정을 가져도 괜찮다는 중요한 메시지를 전달하는 역할을 한다. 이는 부모가 고인에 관해 이야기하는 것을 감정적으로 견딜 수 있다는 것과 그렇게 한다고 해서 항상 슬픔을 느낄 필요는 없다는 것도 보여준다.

부모가 자신의 파트너, 배우자, 자녀 또는 다른 애착 인물의 죽음을 애도할 때(이런 경우가 대부분임), 자녀보다 정서적으로 더 혼란스러울 수 있으며, 이는 잠재적으로 부모가 효과적인 방법으로 아이를 정서적으로 지지할 수 있는 능력을 크게 손상시킬 수 있다. 그러한 경우에, 아이들은 흔히 부모를 강하게 보호하려고 하며, 생존 부모를 더 힘들게 하지 않기 위해 고인 이야기나 그 사람에 대한 감정을 말하려 하지 않을 것이다. 이 시나리오에서 치료사는 아이에게 미치는 영향에 대해 동정 어린 마음으로 심리교육을 제공하고, 부모가 자신을 위한 치료나 애도 지원을 추구하도록 격려해야 한다.

문제 해결

아이와 부모가 고인과 매우 다른 관계를 맺은 상황에서는 긍정적인 기억 보존하기를 어떻게 다루나요? 예를 들어, 부모가 고인과 이혼 문제로 논쟁이 심했다면 어떻게 하나요?

위에서 언급한 바와 같이, 긍정적인 기억을 보존하는 것은 양가감정을 부정하는 것이 아니며, TF-CBT가 아동중심 치료라는 것을 강조하는 것이 중요하다. 그러므로 아이와 부모 모두에게 치료를 제공하기보다는 아이가 자신의 외상 및 외상적 애도 반응을 해결하도록 돕는 것이 주된 강조 사항이다. 생존 부모는 이런 관점을 염두에 두고, 자신의 감정이 아이의 감정과 크게 다를 경우, 특히 고인이 아이의 부모였다면, 아이의 정서적 치유를 지원하기 위해 아이의 치료 환경에서는 부모 자신의 강한 정서적 반응을 아이에게 보이지 말아야 할 필요도 있다. 이는 부모가 자신의 치료 맥락에서 개인적인 지원이 필요하다는 것을 부정하는 것이 아니다. 다만, TF-CBT의 틀은 부모에게 개인적인 심리치료를 제공하기보다 부모가 아이의 욕구에 반응하도록 돕는 것이다. 치료사는 고인에 대한 생존 부모의 감정이 자녀의 감정과 매우 다르다는 것을 타당화한다. 그렇지만 이와 관련하여 자녀의 감정을 존중하고 자녀가 자신만의 기억을 보존할 수 있도록 돕는 것이 중요하다는 것을 명확하게 해야 한다. 치료사는 부모가 고인과 가졌던 개인적인 경험과 고인에 대한 감정을 공유하는 것과 관련하여 아이에게 가장 이익이 되는 것이 무엇인지 임상적으로 판단하고 결정해야 한다.

만약 아이가 고인에 대해 가지고 있는 긍정적인 기억이 현실적인 것 같지 않다면 어떻게 하나요? 예를 들어, 죽은 형제자매나 부모가 학대했지만, 이러한 학대에도 불구하고 아이가 대부분 긍정적인 기억을 가지고 있다면 어떻게 하나요?

이런 경우는 치료사들에게 힘든 임상적 상황이 될 수 있다. 가해자는 사망했고 이 사람으로부터 추가 학대의 위험이 없으므로, 이 시나리오에서 치료사의 주된 고민은 가해자에 대한 아이의 인식이 정확한지 확인하는 것이다. 그러나 치료사가 아이가 고인과 맺었던 관계의 전체적인 부분을 가늠하기란 대개 어려운 일이다. 대부분 아이가 부모나 형제자매에 대해 변함없는 애착을 가지고 있다는 것, 그리고 이 사람들이 학대를 가했을지라도 아이들이 이들의 죽음을 애도하는 것이 일반적임을 기억하는 것이 중요하다. 그러한 아이(양가감정을 가질 것으로 예상되는 아이)는 많은 이유로 관계의 학대적인 측면과 관련된 어떠한 부정적인 감정도 최소화(또는 부인)할 수 있다. 여기에는 외상적 유대감, 학대했던 사람과의 투사적 동일시, 부모나 형제자매의 죽음과 관련된 죄책감 등이 포함될 수 있다. 치료사는 치료의 외상중심 구성요소에서 부모나 형제자매가 저지른 학대 경험에 대한 아이의 기억을 탐색한 상태여야 한다. 교재의 앞부분에서 설명한 바와 같이, 아이는 고인이 자신에게 했던 학대 행위를 매우 분명하게 인정하고 이러한 경험을 인지적으로 처리함으로써 학대나 폭력을 인식하되, 그에 대한 책임을 짊어지거나 자신에게 가해진 학대와 관련된 기타 부적응적인 인지를 가지지 않는 것이 중요하다. 이전의 애도중심 구성요소를 다루는 동안 치료사는 또한 아이가 고인에 대해 그리워하는 것뿐만 아니라 그립지 않은 것을 명시하도록 격려할 것이다. 그중 후자에는 사망한 부모나 형제자매가 저지른 학대와 다른 모든 부정적인 행동들이 포함될 것이다.

만일 아이가 가해자의 학대 행위를 인정하고 이러한 경험을 합리적인 방식을 통해 인지적으로 처리했지만 죽은 부모나 형제자매와의 다른 많은 긍정적인 상호작용과 기억이 이러한 외상적 경험보다 많다고 주장한다면, 치료사가 아이와 다른 의견을 내놓는 것은 역효과를 낳을 것이다. 어떤 이유로든, 이 시나리오의 아이들에게는 현시점에서 죽은 부모나 형제자매에 대한 강한 긍정적인 기억을 보존할 필요가 있다. 그 기억이 완전히 현실적이지 않을지라도 말이다. 이러한 기억들은 아이가 새로운 수준의 인지 성숙도를 얻음에 따라 살펴보기 수월할 것이다.

만약 아이의 긍정적인 기억은 현실적인 편인데 반해 생존 부모의 기억은 지나치게 이상화되어 있다면, 예를 들어, 고인이 아이의 형제자매인 경우에 어떻게 하나요?

앞서 언급했듯이, 이러한 상황은 생존 아이들이 고인의 '작은 천사' 또는 '완벽한 아이' 이미지에 부응해야 할 것 같은 불가능한 이상을 만들어낼 수 있다. 그렇지만 이 이미지는 사별한 부모가 아이가 살아있었을 때는 결코 사실이 아니었던, 완벽함이라는 기억에 집착하는 것이다. 치료사는 부모 및 자녀와 함께 죽은 아이의 삶의 현실이 어땠는지, 완벽함에 대한 환상이 살아남은 아이들에게 어떤 부담을 주는지 탐색해야 한다. 치료사가 아이의 관점은 정확한데 부모가 계속 과잉 이상화(또는 고인에 대해 지나치게 부정적 태도 유지)를 하고 있다고 확신하는 상황에서는, 부모의 이러한 관점이 생존 자녀에게 어떤 영향을 미치는지 부모와 함께 탐색하고, 부모가 이 문제를 해결하는 데 수치심이나 비난의 감정 없이 개인적인 치료를 추구할 수 있도록 격려해야 한다.

고인이 된 친부모에 대해 지나치게 부정적인 위탁부모가 있는 복합 외상 아동은 어떤가요?

고인에 대한 아이와 부모의 견해에 차이가 있는 다른 상황과 마찬가지로, 아이가 고인이 된 부모 또는 기타 중요 애착 인물에 대한 긍정적인 기억을 보존할 수 있도록, 치료사는 부모(이 경우 위탁부모)와 협력하고 모든 합리적인 방법을 동원하여 지원하는 것이 중요하다. 치료사는 위탁부모와 함께, 아이가 죽은 사람에 대한 긍정적인 기억을 가진 것에 대해, 위탁부모가 가지고 있는 고민사항을 탐색하는 것이 도움이 된다는 것을 발견할 수 있다. 위탁부모는 아이의 이런 기억 때문에, 추후 아이가 죽은 부모의 부정적인 행동(예: 물질 남용, 아동 학대)을 모방하지 않을지 우려하고 있는가? 만약 그렇다면, 치료사는 이 우려가 먼저 아이를 진심으로 아끼는 것에서 생긴 것임을 타당화하고, 인지적 처리 기법을 사용하여, 이 우려의 현실 근거를 검증해야 한다(위탁부모가 우려하는 것과는 달리 아이는 이러한 경향을 보이지 않는다거나, 치료사가 TF-CBT보다 심각한 행동 문제를 다루는 데 초점을 두어 치료를 제공하고 있다는 증거). 위탁부모는 아이를 학대하거나 유기한 친부모에 대해 아이가 긍정적으로 여기는 것이 '공평하지 않다'거나 '옳지 않다'고 믿는 것일 수 있다. 이런 경우, 치료사는 이 입장이 위탁부모가 아이를 진정으로 보살피는 것에서 나오는 것임을 다시 한번 타당화하되, 아이와 친부모 사이의 애착에 대해 심리교육을 제공할 수 있다. 그리고 위탁부모가 이러한 긍정적인 감정을 지지하면, 아이가 위탁부모와 다른 어른들과 신뢰를 형성하는 능력을 향상할 수 있음을 알려줄 수 있다.

관계 재정의 및
현재 관계에 대한 전념

이러한 애도중심 구성요소를 적용하는 동안 치료사는 아동이 고인과 정신적인 '대화'를 할 수 있도록 격려한다. 이것은 고인에게 기회가 주어졌다면 아이에게 무슨 말을 할 것 같은지, 하고 싶을 것 같은지를 상상하는 것이다. 많은 아이가 외상/죽음 후에도 오랫동안 고인과 이러한 정신적 교류를 계속한다. 비록 이러한 행동은 정상적이지만, 시간이 지나면서 아동과 고인 관계의 성격이 현재의 상호작용을 기반으로 한 것에서 기억의 관계로 점차 전환되기를 기대할 수 있다(Wolfelt, 1991). 어떤 아이들은 고인이 없는 현재와 미래에 점차 적응할 때 마치 고인을 배신이라도 한 것처럼 죄책감을 느낄 수도 있다. 하지만 이것은 아동이 현재 관계에 다시 전념하기 위해 해야 할 일이다.

아동을 위한 관계 재정의

집단 및 개별 치료 환경에서 우리가 사용해온 한 가지 개입은 풍선 그리기이다 (Stubenbort et al., 2001). 아동은 풍선 2개가 있는 그림을 받는데, 하나는 공중에 떠다니고 있고, 다른 하나는 땅에 고정되어 있다. 떠다니는 풍선은 아동이 잃어버린 것이고, 고정된 풍선은 고인에 대한 기억을 비롯해 아동이 여전히 소유하고 있는 모든 것을 상징한다. 아동은 각 풍선에 고인과의 관계에서 자신이 잃어버린 것과 여전히 소유하고, 있는 것을 묘사하는 단어로 채우도록 요청을 받는다. 이 활동을 통해 아이는 비록 그 관계에 대한 기억과 관계의 다른 측면들도 많이 남아 있지만, 그 사람의 죽음으로 능동적이고, 변화하며, 상호작용하는 관계의 특성도 함께 없어졌다는 것을 알 수 있다.

외상적 애도를 하는 많은 아이는 가능한 한 오랫동안 고인과의 상호작용적인 측면에 집착한다. 예를 들어, 어떤 아이는 고인이 죽은 지 수개월이 지난 후에도 그와 정신적인 대화를 할 수 있는데, 이 정신적인 과정을 통해 다양한 주제에 대해 고인의 의견, 허락 또는 조언을 구할 수도 있다. 이 활동이 일시적으로 아동을 진정시킬 수는 있으나, 아동이 죽음을 완전히 수용하고 다른 중요한 관계에 전념하는 것을 회피하거나 지연시키는 수단으로 작용하는 경우도 많다.

현재 관계에 재전념하는 것은 아동의 적응적인 기능을 향상시키는 중요한 단계이다. 중요한 애착 인물의 죽음 이후, 당분간은 평소 활동이나 관계에서 어느 정도 철회하는 것이 정상이다. 외상적 상실에 따른 PTSD 증상의 발달은 극단적인 또는 건강하지 않은 정도로 아동이 스스로 고립되게 할 수 있다. 아동이 친구, 교사, 친구의 부모, 종교 공동체 구성원과 같은 편안한 지원 체계와 접촉할 수 있어야 그들도 아동에게 지원을 제공할 수 있는데, 사회적 고립은 그러한 지원 체계와 접촉하는 것을 방해할 수 있다.

복합적이지 않은 애도 또한 건강한 관계가 상호적이라는 본질을 방해할 수 있다. 이는 아동이 죽음과 상실한 것에 집중하기 때문이다. 외상적 애도의 경우, 아동의 정신적 에너지의 상당 부분은 강렬한 상기요인과 그것을 피하려는 시도로 소비된다. 그러나 중요한 점은, 일단 아동이 죽음을 받아들이고 삶의 과제로 돌아가기 시작한다면, 삶에서 다른 중요한 사람들과 다시 연결될 수 있다는 것이다. 사용할 수 없던 에너지는 이제 기존 및 새로운 관계에 재투자될 수 있다(Rando, 1993; Worden, 1996). 인지적 대처(예: 학습된 낙관주의)는 잃어버린 것과는 달리 아동이 여전히 가지고 있는 것에 다시 집중할 수 있도록 도울 수 있다. 치료사는 아동에게 중요한 사람들의 목록을 만들고 나서 (각 사람의) 긍정적인 자질, 특징 또는 그 사람이 아동의 삶에 기여하는 방식을 확인하도록 요청해야 한다. 더 어린 아이에게는 중요한 사람들을 그리도록 지시할 수 있고, 치료사는 아이들을 위해 긍정적인 측면을 기록할 수 있다.

치료사들은 아이들의 현재 관계에 대한 재투자라는 중요한 과제의 장애물을 반드시 알고 있어야 한다. 아이들은 배신감 외에도 죽음이나 외상적 분리가 또 일어날까 봐 두려워해 강한 애착을 경계할 수도 있다. 아이들이 고통과 상실로부터 자신을 보호하려는 욕구가 어떻게 우정과 사랑을 경험하지 못하게 하는지 이해하면 도움이 된다. 이 내용은 아이들이 벽 뒤에는 자기 자신을 그리고, 고통(슬픈 얼굴)과 상처(부서진 마음), 그리고 다른 부정적인 감정들은 벽 밖에 있게 그림으로써 시각적으로 보이게 할 수 있다. 아이들이 그 고통을 멀리할 수 있다는 것이 얼마나 기분 좋은 것인지 이야기하도록 허용하는 것이 필요하다. 아이들이 개입의 이 부분을 완료하고 나면, 치료사는 어떻게 사랑(마음, 사람들이 껴안는 모습 등) 및 다른 긍정적인 감정과 경험들이 그 벽을 통과하지 못하는지를 (그림을 통해) 보여줄 수 있다. 이 단계는 긍정적인 관계의 가능성을 허용하기 위해 벽을 한 번에 조금씩 무너뜨리는 방법에 대한 논의로 이어질 수 있다.

레인과 파이누스(Layne, Pynoos et al., 2001)는 고인이 아동의 삶을 채워주던 역할을 위해 다른 사람들을 '오디션'하는 것을 설명한다. 예를 들어, 아버지가 사망한 한 여자아이는 삼촌에게 농구 코치는 부탁했지만, 삼촌이 미적분 숙제를 도와주기에는 전혀 적합하지 않을 것 같아서 이것은 어머니에게 도와달라고 부탁했다. 어머니의 날(Mother's Day)에 어머니에게 특별한 선물을 사주고 싶었을 때, 아이는 할머니와 상의했다. 이전에는 이 모든 역할을 아버지가 맡아왔을 것이기에, 이 아이는 각각의 상황에서 자신을 도와줄 가장 적합한 사람을 찾아야 했다. 비록 이들 중 아무도 아버지의 역할을 대신하지 못했으나, 아이는 자신이 해낼 수 있도록 아버지가 도왔었던 개별 과제들을 다른 가족들이 대신 도울 수 있도록 작은 역할을 맡길 수 있었고, 이에 따라 현재의 관계에 전념하고 현재를 살아갈 수 있었다.

부모를 위한 관계 재정의

아동이 고인과의 관계에서 지속적이고 상호작용적인 측면을 내려놓으려면 부모의 '허락'이 필요할 수도 있다. 즉, 아동은 이것을 내려놓는 것이 고인을 배신하는 것일까 봐 두려워할 수 있으며, 이 생각을 논박하기 위해 부모가 필요할 수 있다. 그렇게 하는 것은 아직 이러한 전환을 스스로 시도하지 않은 부모에게 어려울 수 있다. 치료사는 아이가 고인과의 관계에서 이러한 측면을 내려놓을 수 있어야 비로소 현재 관계에 재투자할 수 있다는 것, 그리고 여기에는 생존 부모를 진정으로 친밀하게 느낄 수 있는 능력도 포함된다는 것을 부모가 이해할 수 있도록 도와야 한다.

치료사는 아동이 현재와 미래의 관계에 다시 집중할 수 있는 능력이 애도의 해소뿐만 아니라 아동의 전반적인 발달에도 매우 중요하다고 설명해야 한다. 대부분 부모는 그들의 자녀들을 돕기 위해 무엇이든지 하고 싶어 할 것이다. 그러므로 이 작업의 중요성을 이해하면 부모 자신의 애도를 넘어 자녀를 위해 '옳은 일'을 할 수 있을 것이다. 치료사는 부모와 아이의 회복 사이의 주요한 차이점 중 하나가 아이의 발달 단계와 관련이 있다고 설명해야 한다. 구체적으로, 아이는 '발달이 진행 중'인 반면, 어른은 완전한 형태와 기능을 갖춘 개인이라고 가정된다. 발달에서 매우 중요한 과제는 정체성 형성에 관한 것이다. 아이들의 정체성 발달은 사회적 존재로서 다른 사람들과의 관계, 특히 부모와 같은 중요한 타인과의 관계에 크게 좌우된다. 아이들은 이렇게 중요한 사람들과의 상호작용을 통해 자신이 누구인지 알게 된다. 그런데 아이가 만일 더 이상 살고 있지 않은 사람과의 '상호작용'을 계속 주요 관계로서 유지한다면, 그 관계는 과거에 속한 것이다. 그렇다고 고인이 더 이상 아이의 삶에서 중요한 부분이 아니라거나, 아이의 정체성에서 중요한 측면이 아니라는 뜻은 아니다. 다만, 아이가 계속 발달하기 위해서는 반드시 현존하는 세상의 일부이자, 아이와 함께 살아가고 변화하며 성장할 중요한 사람들과 교류해야 한다. 이렇게 중요한 어른들은 아이가 과거에 갇히게 내버려두지 않고 현재와 미래 세상에 아이를 위한 '닻'을 제공한다. 아이에게 그러한 닻을 제공하는 것은 (1) 아이가 고인의 긍정적인 측면을 발달 중인 자신의 정체성에 통합할 수 있도록 보장하고, (2) 생존 부모와의 애정 관계를 증진하며, (3) 아이가 미래에 긍정적이고 건강한 관계(예: 친구, 교사, 미래의 배우자)를 형성할 가능성을 높인다. 아이의 미래를 위해 부모 자신이 원하는 것에 집중할 수 있도록 돕는 것은 도움이 된다. 자녀에게 가장 바라는 것 중 하나가 무엇인지, 대부분 부모가 질문받으면 자녀가 사랑하는 아내, 남편, 혹은 인생의 동반자를 갖는 것이라고 대답할 것이다. 부모가 자녀의 미래에 집중할 수 있도록 돕는다면 고인과의 관계를 하나의 기억으로 전환하는 것에 대한 일부 저항을 줄일 수 있다.

부모가 이 과제의 중요성을 받아들이고 어떤 저항이든지 잘 대처한다면, 치료사는 적어도 아이에게 적용하는 방법과 같이, 아이가 고인과의 관계를 재정의하고 현재 관계에 전념하려는 노력을 부모가 격려할 수 있는 구체적인 방법을 검토할 수 있다. 예를 들어, 부모가 고인에 대해 이야기할 때 자신이 사용하는 언어에 주의하도록 지시해야 하고, 고인을 지칭할 때 현재형보다는 과거에 머무를 수 있도록 단결하여 힘써야 한다(예: "아빠는 빵집에서 일했어." vs. "아빠는 빵집에서 일해."; "조니는 컴퓨터를 잘했어." vs. "조니는 컴퓨터를 잘해."). 부모가 군이 아이의 언어를 교정할 필요는 없지만, 부모가 고인을 언급할 때는 과거형을 사용함으로써 가족이 현재의 삶을 살아가고 있다는 것을 보여주어야 한다. 현재의 관계를 유지하거나 발전시키기 위한 모든 단계를 격려하는 것 또한 중요하다. 부모가 칭찬을 통해 다른 긍정적인 행동을 증가시키듯이, 적절한 사회적 행동에 대한 칭찬도 마찬가지로 효과적일 수 있다. 부모는 아이가 조부모나 친구들과 시간을 보내고 싶어 하거나, 다시 친사회적 활동을 하는 것에 대해 칭찬해야 한다. 단순히 "그게 재미있을 것 같구나." 또는 "네가 그렇게 해서 기뻐. 네가 친구와 재미있었으면 좋겠어."라고 말하기만 해도 아이가 겪고 있을 수도 있는 죄책감이나 망설임을 덜어주는 데 도움이 된다. 어떤 아이들은 심지어 짧은 시간 동안이라도 생존 부모를 혼자 두는 것에 대해 죄책감을 느끼는데, 이럴 때 부모가 혼자 시간을 보내는 것이 괜찮다는 것을 직접 들어야 할 수도 있다. 부모는 자신의 친구나 다른 친척들과 시간을 보냄으로써, 그리고 죽음 전에 즐겼던 활동(예: 운동, 모임, 스포츠)을 재개함으로써, 자녀들에게 이러한 행동을 모델링할 수 있다. 그 후에 아이나 부모가 다른 사람들과 함께 시간을 보내는 동안 부모가 가진 생각과 느낌에 대한 논의를 시작하는 것도 도움이 될 것이다.

관계를 재정의하는 과정에서 부모들은 자녀들과 '비동기화'될 수 있다. 즉, 부모가 자녀보다 힘들어할 수도 있고, 아이가 부모보다 더 힘들어할 수도 있다. 이러한 상황 중 어느 경우든, 치료사는 이 구성요소와 관련된 활동을 견디는 데 있어 아이와 부모의 편안함 수준의 차이를 인식할 수 있도록 도와야 한다. 만일 부모는 여전히 어려움을 겪고 있는데 아이는 앞으로 나아가고 있다면, 치료사는 부모가 이 문제와 관련하여 개인적인 어려움을 계속 겪고 있지만, 어떻게 아이의 지속적인 성장을 지원할 수 있을지 부모와 논의해야 한다. 형제자매 죽음의 경우에 이런 일이 자주 발생할 수 있다. 예를 들어, 고인이 된 형과 이전에 농구를 했던 한 남자아이는 처음에는 그 스포츠를 다시 하고 싶어 하지 않았다. 아이는 여전히 형의 살인사건에 대해 매우 슬퍼했지만, 치료의 외상중심 구성요소를 완료한 후에 농구 게임을 그리워하기 시작했다. 이 구성요소를 다루는 동안, 아이는 사촌 형이 몇몇 게임에 함께 해주었으면 좋겠다고 생각했다. 아이의 어머니는 치료사에게 화를 내며 말했다. "그 애가 어떻게 그렇게 잔인할 수 있나요? 아무도 형을 대신할 수 없다는 걸 모르는 걸까요?" 치료사는 어머니가 이 부적응적인 인지를 재구성할 수 있도록 도왔다. 즉, 그녀의 아들은 여전히 형의 죽음을 깊이 애도하고 있고, 아무도 형을 '대신'할 수 없다는 것을 알고 있다는 것을 설명했다. 이러한 확신으로 어머니와 치료사는, 아들이 다른 남자들과 지속적인 긍정적 관계에 투자하고 친사회적 활동을 재개해야 하는 필요성을 어머니가 지원할 수 있는 구체적인 방법으로 역할극을 했다(예: 어머니는 아들이 사촌 형에게 농구 게임에 데려가 달라고 부탁한 것에 대해 칭찬했고, 부정적인 발언이나 부정적인 표정을 자제하며, 이 부분을 부정적으로 인식하게 되면 아들에게 직접 표현하기보다 치료사에게 표현하거나 글로 썼다).

아이가 부모보다 더 힘들어할 때, 치료사는 아이와 협력하여 아이가 이 구성요소를 터득하는 데 있어 더 나아갈 수 있도록 격려해야 한다. 동시에, 치료사는 부모가 아이의 고군분투하는 과정을 이해하고, 민감한 균형을 찾는 것을 지지하고 인내할 수 있도록 돕는 한편, 부모의 개인적인 성장도 격려해야 한다(예: 부모가 새로운 파트너를 사귀기 시작했거나 만났는데 아이는 이것이 고인이 된 부모에게 부정한 일이라고 믿는 경우).

홀로 자녀를 키울 수 있는 능력에 대한 우려

이 논의는 고인이 아동의 부모 중 한 명인 상황과 관련된다. 사별한 일부 부모들은 외상/죽음 전 자녀 양육 활동의 일차적 책임을 수행할 수 있지만, 다른 부모들은 죽음 이후 처음으로 이런 책임을 감당하기도 한다. 어느 경우든지 간에, 사별한 부모는 아이의 건강, 교육, 재정적 미래 등 과거에는 고인이 된 부모와 공유했던 모든 결정에 있어 혼자가 되었다는 생각에 압도되곤 한다. 즉, 옳은 결정을 내릴 수 있을 것인가에 대한 두려움이나 불안, 고인이 이러한 부담을 자신에게 안겼다는 것에 대한 분노나 원망, 그리고 서로 기대고 의사결정을 함께하며 아이가 자라는 모습을 보는 기쁨을 함께 나눌 고인이 없다는 것에 대한 슬픔을 느낄 수 있다. 이러한 감정들은 고인이 된 부모가 이전에 했던 결정 때문에 복잡해질 수 있다(예: 생명보험에 가입하지 않은 것이나 대학을 위해 저축하지 않기로 한 것, 자녀의 사교육을 고집해 아이는 이제 익숙해졌지만 생존 부모가 그 비용을 위해 지불할 수 없을 때, 생존 부모가 직장생활을 지속하지 못하게 한 것) 부모가 이러한 감정을 개방적으로 표현하도록 허용한다면 그들이 이를 해소할 수 있도록 조력할 수 있다. 인지 왜곡과 잘못된 정보도 이 과정에서 논박 및 교정할 수 있다. 예를 들어, "청구 비용을 어떻게 내야 할지 모르겠다. 남편이 그 모든 것을 했다."라는 믿음을 다룰 때, 청구 비용은 대부분 정리의 문제이고, 그 어머니는 수년 간 집안의 많은 것들을 정리해왔으며, 이것도 마찬가지로 배울 수 있다는 것을 알려줄 수 있다. 위에서 언급한 바와 같이, 치료사의 가장 중요한 개입 중 하나는 부모에게 법률, 재정, 의료 및 기타 지원 프로그램에 대한 적절한 정보를 제공하는 것일 수 있다. 마지막으로, 치료사는 큰 역경에도 불구하고 현재 부모가 자녀들을 잘 양육하고 있다고 언급할 수 있다.

문제 해결

아이들이 '앞으로 나아가는 것'에 대해 죄책감을 느끼게 하는 부모들은 어떤가요? 어떻게 하면 치료사가 부모의 고통에 무감각해 보이지 않으면서 그 문제를 다룰 수 있을까요?

이 문제를 다루는 한 가지 방법은 발달적으로 정상적인 아이들의 초점은 현재 순간에 맞추어져 있고, 이 초점이 애도와 같은 어려움에 대처하도록 돕는 데 얼마나 적응적일지를 알려주는 것이다. 만약 부모가 아이의 이러한 행동을 '무감각함'이라고 지각한다면, 치료사는 아이의 감정과 행동을 건강한 적응이라고 정중하게 재구성할 수 있다. 그런 다음 치료사는 아이가 현재 관계에 재투자하는 것에 대한 부모의 두려움이나 우려를 탐색하고(예: 아이가 고인을 잊을 것이라는 점), 이와 관련하여 부모를 안심시킬 증거를 제시할 수 있다(예: 아이가 모든 치료 회기에서 여전히 고인에 대해 이야기한다는 점). 치료사는 또한 적절한 시점에서 부모가 고인과의 상호작용적인 관계를 포기하고 현재 관계에 재전념하는 것에 대해 갖는 죄책감과 두려움의 감정을 탐색할 수 있다(예: "만약 제가 극복해서 연애를 시작한다면 그것은 그를 진정으로 사랑한 적이 없다는 것을 의미해요." 또는 "제가 극복한다면 저는 피상적인 사람이 될 거예요." 또는 "만약 제가 극복할 준비가 되었다면 저는 보험금을 받을 자격이 없어요." 또는 "제가 극복한다면 시댁 식구들은 저를 싫어할 거예요."). 치료사는 부모(또는 자녀)에게 고인이 이 상황에서 부모와 자녀가 무엇을 하길 원했을 것으로 생각하는지 물어볼 수 있다. 고인은 살아남은 배우자와 자녀가 계속 슬프고, 외롭고, 죄책감을 느끼거나 가난해지기를 원했을 것인가? 아니면 고인은 그들이 가능한 한 행복하고 좋은 삶을 살기를 바랐을 것인가? 대부분은, 부모나 자녀는 고인이 그들이 행복하고 좋은 삶을 살기를 바랐을 것이라는 데 동의한다.

만약 부모 또는 아이가 고인이 그들이 계속 고통받기를 원할 것이라고 주장한다면, 치료사는 매우 민감하게, 이것이 진정으로 사랑하는 부모나 파트너가 미래에 자신의 자녀와 파트너를 위해 바라는 것인지를 탐색해야 한다. 만약 고인이 점잖은 의도를 가지지 않았다면(예: 만약 이 과정을 통해 치료사가 처음으로 고인이 정서적 학대를 했다는 것을 발견한다면), 치료사는 심리교육과 인지적 처리 기법을 사용하여 부모 또는 아이가 더 적응적인 인지를 발달시킬 수 있도록 그들의 부적응적인 인지를 탐색하고 처리해야 한다(예: "그가 죽은 후에 우리가 결코 행복하지 않기를 바란다면, 그는 우리를 정말 사랑한 것이 아니기에 우리는 그의 죽음 이후 앞으로 나아가는 것에 대해 죄책감을 느끼지 말아야 한다.").

고아가 된 아이들을 키우는 조부모나 다른 친척들은 어떻게 돕나요?

아이들이 부모를 모두 잃었을 때, 새로운 보호자들은 아이들이 이렇게 새로운 일차적 관계에 전념하도록 돕는 과정에서 추가적인 어려움을 겪을 수 있다. 아이들은 외상적인 상황에서 자신의 유일한 부모를 잃었기 때문에 당연히 새로운 보호자와의 관계에 다시 전념하는 것이 의리를 저버리는 것이라고 느낄 것이다. 만약 새로운 보호자가 이런 감정에 민감하게 반응하고, 고인이 된 부모에 대한 아이들의 의리와 기억을 북돋아준다면, 새로운 관계로 전환하는 것을 수월하게 할 수 있다. 고인이 된 부모를 대신할 수도 없고, 대신하는 것을 결코 원하지 않으리라는 것도 알고 있다고 명확하게 말하는 것은 아이들이 갖는 이러한 불안감의 일부를 덜어줄 수 있다.

이 친지들은 대개 그들만의 외상적 애도 증상을 가지고 있어서, 개인적으로 이러한 외상 및 애도 구성요소의 도움을 얻을 수 있다. 치료사는 이러한 보호자들을 TF-CBT에 일관되게 참여시켜 그들이 외상 반응을 이해하고(예: 이 보호자들은 가까운 친척으로서 고인에 대한 외상 알림요인 역할을 할 수도 있으므로, 외상적 애도를 하는 아이들로부터 부정적인 행동 또는 정서 반응을 불러일으킬 수 있음), 아이들에게 최적의 지지와 양육을 제공할 수 있도록 해야 한다. 예를 들어, 부모가 살해된 한 10대 여자아이는 할머니(자신의 딸이 피해자 중 한 명이었음)에게 이렇게 말했다. "할머니는 엄마를 잃는다는 게 어떤 것인지 모르잖아요. 할머니는 자녀를 잃었고, 그건 아무것도 아니에요." 이 시점에서 할머니는 이렇게 말할 수 있었다. "네가 화난 거 알아. 난 네 엄마를 사랑했지만, 네 말이 맞아. 그녀는 내 엄마가 아니었지. 그리고 네가 얼마나 기분 나쁜지 가늠할 수도 없어. 나는 그저 너를 사랑할 수 있고, 너를 위해 이 자리에 있고, 앞으로도 항상 그럴 거란다." 아이는 울기 시작했고 할머니에게 못되게 굴었던 것에 대해 사과했다.

부모가 죽은 형제자매를 대신할 새 자녀를 갖기 원한다면, 이 부모의 아이가 처한 상황은 어떻게 다루나요? 이것이 좋은 생각인가요, 아닌가요?

치료사는, 아이에게 새로운 아기를 갖는 결정은 부모에게 달려 있지, 아이들에게 달려 있지 않다고 설명해야 한다. 부모들은 죽은 형제자매를 대신할 필요(또는 살아남은 아이의 욕구)보다는 다른 아이를 갖고 싶은 그들 자신의 욕구에 근거하여 이상적으로 이러한 결정을 내린다. 그 어떤 새 자녀도 죽은 아이를 대체해야 한다는 부담을 가져서는 안 된다. 새로운 관계에 재전념한다는 개념은, 부모가 새 자녀를 갖지 않기로 했다면 이 아이가 가족 밖에서 친해질 다른 아이들을 찾는 것이 더 좋은 방법이라는 것을 시사한다. 치료사는 이러한 아이와 함께 또래들과 만족스러운 관계를 발전시킬 수 있는 대안을 모색할 수 있다.

21장

치료의 검토 및 종료

아이와 부모가 TF-CBT의 완료에 거의 다다르면, 치료사는 치료 과정을 통해 각 개인이 어떻게 개선되었는지 평가해야 한다. 교재 서두에서 언급한 바와 같이, 표준화된 평가 도구를 사용하는 것은 TF-CBT 모델에서 필수적인 작업이다. 치료가 끝나면 치료사는 치료 시작 시에 아이들 또는 부모들이 받았던 평가 도구를 다시 수행하여 그들의 진행 과정을 평가해야 한다. 치료사는 최종 치료 회기 이전 또는 도중에 이러한 평가 도구를 실시할지에 대한 임상적 판단을 내려야 한다. 마지막 회기 전에 평가 도구를 실시하는 것의 장점은 남아 있는 문제를 발견하고 치료 종료 전에 이 문제를 해결할 수 있다는 것이다. 마지막 치료 회기에서 도구를 실시하는 것의 장점은 이것이 진정한 '치료 후' 평가를 나타낸다. 어느 쪽이든, 치료사는 아이나 부모가 치료가 끝날 무렵에 이러한 도구 작성을 완료하도록 하여 진행 상황을 재평가하고 추가적인 필요를 결정해야 한다. 이 정보는 마지막 회기에서 아이 및 부모와 공유해야 한다.

이러한 구성요소를 완료한 후, 치료사는 치료를 종결하기 전에 한두 번 정도 개별 아동과 부모 회기뿐만 아니라 최종 공동 회기를 더 가질 수 있다는 가능성을 제시해야 한다. 마지막 회기는 아이가 완성한 외상 및 애도 관련 작업을 공유하고, 아이와 부모 모두가 치료에서 얻은 이익을 인정할 수 있는 기회로 제시되어야 한다. 마지막 공동 회기는 치료 종료 축하 행사에 활용할 수 있도록 미리 계획해두는 것이 중요하다.

마지막 공동 회기는 이전의 외상중심 공동 회기와 동일한 형식을 사용해야 한다. 즉, 공동 회기에 앞서 15분간의 개별 아동 및 부모 회기는 아동의 작업을 공유하는 것과 아동 및 부모 공동 활동을 준비하는 것으로 구성되어야 한다. 부모도 적절한 반응을 연습해야 한다. 아동과 부모가 함께 공유하기로 합의한 활동이 어떤 것이든지(예: 아동의 책이나 시, 편지를 읽기, 긍정적인 기억 공유, 추모 행사 수행, 상호 간 칭찬), 미래의 상실과 외상 알림요인에 대비하기 위한 계획을 세우는 데 약간의 시간이 소요될 것이다.

마지막 개별 아동과 부모 치료 회기는, 부분적으로 공동 회기에서의 상호작용을 하는 동안 아동과 부모가 경험한 생각과 느낌을 포함하여 공동 회기 경험을 이야기하는 데 사용되어야 한다. 추가적으로, 치료사는 아동과 부모의 치료 진행 상황을 검토하고, 각 개인에게 적절한 칭찬을 하며 치료 과정을 인정해주어야 한다. 만일 치료사가 둘 중 한 명이라도 지속적인 치료가 필요하다고 판단한다면, 이 권고사항을 논의하고, 치료 종결 전에 적절한 의뢰와 준비가 이루어져야 한다.

외상적 경험에 대한 의미 만들기

아동 치료의 마지막 단계에서는, 외상과 애도 모두에 대해 가장 두드러진 요소에 주안점을 두어야 한다. 그것은 바로 외상 후 삶에서 의미를 찾는 것이다. 외상을 겪은 아이들은 자주 목적이나 방향을 상실하고, 공허감을 느낄 수 있으며, 더 큰 실존적인 문제에 의문을 가질 수 있다(예: "삶의 목적은 무엇인가?"). 의미를 더욱 긍정적으로 만듦으로써(즉, 부정적인 상황에서 '한 줄기의 빛'을 찾는 것), 개인은 과거 외상 경험이었던 것을 자신의 기존 정체성과 세계관에 통합하고, 긍정적인 것에 다시 초점을 맞추고, 과거가 아닌 미래로 다시 향하기 시작할 수 있다. TF-CBT 초반에 제공되는 인지적 처리 구성요소와 외상 서술 및 처리 구성요소는 일반적으로 아동이 대부분의 부적응적 인지를 다루는 데 조력한다. 그리고 많은 아동은 이러한 구성요소를 사용하여 자신이 경험했던 외상에 대해 더 유용한/정확한 인지를 자연스럽게 형성한다. 아이들은 종종 외상 서술 및 처리 구성요소 과정에서 자발적으로 자신의 외상 경험에 대해 더 긍정적인 의미를 부여한다. 그러나 아이들에게 도움이 되는 것은 TF-CBT를 완료하기 전에 자신의 외상 경험에 대한 이러한 새로운 인지를 명확하게 표현(즉, 언어화 또는 쓰기)하는 것이다. 치료사는 아동이 의미를 찾도록 돕기 위해 다음과 같은 일련의 질문을 할 수 있다.

"만약 네가 겪은 것과 같은 종류의 외상[상실]을 겪은 또 다른 아이를 만난다면 네가 배운 것에 대해 뭐라고 말하고 싶을 것 같니?"

"이 아이에게 도움이 될 만한 것이 무엇인지 알려주고 싶을 것 같니?"

"만약 이 아이가 치료가 너무 힘들다고 생각하면 뭐라고 말해줄 것 같니?"

"이 과정을 거치고 나니 이제 너 자신을 어떻게 다르게 생각하니?"

이 질문들에 대한 답변은 다른 사람들에게 주고자 하는 아동의 조언을 요약하기 위해 사용되어야 하며, 이는 치료와 회복 과정을 통해 진행되는 아동의 경험을 반영할 것이다. 예를 들어, 한 10대 아이는 이렇게 썼다. "내가 [치료를] 시작했을 때 나는 정말로 무슨 일이 일어났는지 아무에게도 말하지 않을 것이라고 확신했다. 나는 다른 아이에게, 아무것도 도움이 안 될 거라고 생각하겠지만 학대 사실을 말하면서 내 안에 있던 모든 나쁜 감정들을 꺼내놓을 수 있었다고 말할 것이다. 이제 나는 일어났던 일이 모두 내 잘못이 아니라는 걸 안다. 내 기분은 나아졌고 너도 그럴 수 있다고 말할 것이다." 또 다른 아이는 이렇게 말했다. "나는 이렇게 말하고 싶어. '네 기분이 어떤지 알아. 그건 너무 아픈 일이야…. 그런 일은 없었던 걸로 하고 싶겠지만, 정말 그렇게 할 수는 없겠지…. 그것에 대해 이야기해야 해. 그러고 나면 더 나아질 거야.' 그 누구도 엄마가 나에게 준 사랑을 빼앗을 수 없다는 걸 안다. 엄마는 내가 이겨낸 걸 자랑스러워할 것이다." 또한, 이러한 종류의 질문에 대해 어떤 것에 '속해' 있기보다 '통과'

한 입장에서 대답하는 것은 아동에게 자신이 외상 사건을 극복했다는 것을 강조해준다. 나아가, 아동이 지휘할 수 있는 입장에 있도록 하면 외상 사건에 대한 숙달 수준을 알 수 있고, 자신이 다른 아이를 돕고 있다는 믿음과 함께 오는 보상을 경험할 수 있다. 이에 따라 다른 아이의 애도나 외상 경험이 시작될 때 그 아이에게 도움이 되었을 것이라고 상상하는 방식으로 위로하게 된다.

다음은 외상 경험이 어떤 의미가 있는지를 알도록 하는 아동기 외상 또는 외상적 애도 치료를 통한 아이들의 진술이다.

"넌 혼자가 아니야."
"다른 아이들이 자신이 괜찮을 것이라고 알면 좋겠어."
"그 학대는 내 잘못이 아니라는 것을 알았어."
"다시 행복해질 수 있어."
"사랑하는 사람이 하늘에서 내려다보고 있어."
"비록 그 사람이 함께 있지 않더라도, 마음속에서 함께할 수 있어."
"내가 얼마나 강한지 알았어."
"난 여전히 즐길 수 있어."
"내 진정한 친구가 누군지 알았어."
"나는 아빠와 더 가까워졌어."
"처음에는 아프지만, 그러고 나면 좋은 일들이 생각나."
"기억해도 괜찮아."
"죽음에 대해 이야기하는 건 도움이 돼."

아이들이 의미를 만들도록 조력하는 또 다른 중요한 방법은, 그들이 경험할 수 있는 '교정 활동'을 발견하는 것이다. 교정 활동은 외상과 어떻게든 관련이 있는 긍정적인 행동이다. (다만, 부모가 자녀의 노력을 지지할 때 편안함을 느낄 수 있도록 이러한 활동에 대해 사전에 논의해야 한다.) 예를 들어, 아버지가 약물 과다복용으로 사망한 아이는 다른 학생들에게 약물 사용의 위험에 대해 말하고자 할 수 있다. 성폭력을 경험했거나 가정폭력에 노출된 아이는 가정폭력에 대한 교육적 미술 전시회에 기여하고 싶을 수 있다. 형제자매가 총기 폭력으로 사망한 한 10대 청소년은 다른 청소년들에게 총기 폭력과 범죄조직의 위험성에 대해 교육을 제공하기로 했다. 다시 말하면, 이러한 활동은 숙달과 남을 돕는 경험, 외상이나 죽음에서 의미를 만드는 기회를 제공한다.

치료 종결 준비

마지막으로, 치료사는 아동에게 '3P'를 가르침으로써 치료 종결을 준비해야 한다. 즉, 예측하기(predict), 계획하기(plan), 허용하기(permit)이다.

- 아동에게 삶의 다양한 지점에서 슬픔 및 애도의 시간을 보낼 수 있다고 예측할 수 있게 한다. 애도는 지속되는 과정이므로, 이 짧은 치료가 끝나도 애도는 '끝나지' 않을 것이고, 오히려 다른 때에 다시 시작될 수 있는데 이는 고인과 관련된 기념일이나 다른 알림요인은 물론 외상이나 상실, 변화 알림요인으로 촉발될 수 있다.
- 아동과 부모가 알림요인에 최적으로 대처할 방법을 계획한다. 이 계획에는 부모 또는 다른 중요한 사람과 대화하기, 특정 이완 기법 사용하기, 추모 장소 방문하기, 애도 책 보기, 또는 아동에게 위안을 줄 다른 어떤 활동이든 포함될 수 있다.
- 아동이 삶의 어느 시점에서든 다양한 감정을 가질 수 있도록 허용하고, 아동이 다른 가족 구성원에게도 감정(아이와 다르게 경험하는 감정 포함)을 병리적 신호로 해석하지 않고 표현할 수 있도록 허용할 수 있게 돕는다. 부모들도 3P를 배우고 연습하여 이를 자녀들에게 강화할 필요가 있다.

치료사는 모든 개월이 나타나는 영구(순회하는) 달력인 '생명의 원'을 만드는 것이 유용하다는 것을 발견할 수 있다. (생명의 원 표본은 부록 1에 포함되어 있다.) 아동은 외상이나 상실, 변화 알림요인으로 작용할 만한 각 날짜에 표시한다. 예를 들어, 생일, 휴일, 졸업식, 개학일, 사망이나 외상이 일어난 날 등을 채워 넣는다. 부모가 사망한 아이들은 일반적으로 어머니의 날이나 아버지의 날을 적으며, 군인 자녀들은 현충일과 참전용사의 날과 같은 중요한 알림요인을 적을 수도 있다. 또한 아동은 그날 자신을 위로하기 위해 무엇을 할 것인가를 계획하면서 그날을 준비한다. 이것은 아동-부모 공동 회기 중에 공유할 수 있는 활동이다.

모든 치료 관계에서와 마찬가지로, 종결 및 종료에 관해서는 TF-CBT 모델을 활용할 때 계획된 방식으로 접근해야 한다. 복합 외상을 지닌 아이들은 외상적 분리 또는 죽음을 통해 애착 단절을 경험한다. 특히 이러한 아동의 경우, 관계 종결의 시기와 과정을 정하는 데 함께 참여했으며, 치료 종결은 아동이(그리고 어쩌면 부모도) 계획된 관계의 끝을 경험하는 첫 번째 기회가 될 수 있다. 치료가 거의 끝나갈 무렵, 치료사들은 남은 치료 회기가 얼마 안 남았으며, 아직 처리되지 않은 문제가 나타난다면 그 기간 내에 해결해야 한다는 점에 유의해야 한다. 또한 치료사들은 복합 외상이 있는 아이들과 종결 문제를 개방적으로 논의하고, 그들에게 어떻게, (얼마 남지 않은 회기 내에) 언제 종결되기를 원하는지에 대한 선택권을 제공해야 한다. 이 논의를 하는 동안 치료사는, 종결하는 것이 아이들이 이전의 관계나 애착 단절에서처럼 '버림받는' 것이 아니라, 그들이 중요한 목표를 달성하고 치료를 계속할 필요 없이 성장할 준비가 되었다는 점에서 다른 분리 경험과는 다르다는 것을 강조해야 한다.

치료사들은 외상을 입은 많은 아동이 공통으로 가지고 있는 특정 상실 문제, 그리고 신뢰하는 치료사를 잃는 것이 이러한 문제와 어떻게 밀접하게 연결되는지를 인식하고, 이에 민감할 필요가 있다. 특히, 외상을 입은 많은 아동은 이전에 사랑하는 사람들을 계속 상실한 경험이 있다(예: 폭력, 사고, 전쟁 또는 학대 가해자인 가족원의 유죄판결 및 투옥). 이어서 치료사까지 상실하는 것은 이전의 유기 또는 상실과 관련된 문제를 불러일으킬 수 있는데, 이러한 문제는 치료 종결 단계에서 개방적으로 다루어져야 한다. 즉, 치료에서 아동이 얻은 이점(으로 인해 더 이상 매주 치료를 받으러 올 필요가 없고 대신 이 시간을 즐거운 활동에 쓸 수 있음), 치료에서 가족이 열심히 노력한 덕분에 아동에게 부모가 필요할 때 더 많이 옆에 있어줄 수 있는 것, 부모의 지원 능력과 효능이 향상되는 것, 그리고 치료사가 아동을 떠나는 것이 아니라 아동이 치료사를 떠난다는 사실에 초점을 두는 것이 도움이 될 수 있다. 마지막으로, 치료사는 미래에 아동이 자신을 쉽게 찾을 수 있도록 할 수 있는데, 이것이 임상적으로 필요한 일이라고 여겨질 때 그렇게 할 수 있다. 실제로, 이 선택사항은 미래에 잠재적인 외상 관련 스트레스 요인을 예상하는 아이들과 보호자들에게 특히 중요할 수 있다(예: 법원 참석). 그러한 스트레스를 스스로 관리할 수 있는 아동의 능력에 대한 자신감을 표현하는 것이 중요하며, 치료 복귀는 실패가 아니라 어렵거나 새로운 발달 관련 어려움을 극복하는 데 아동에게 도움을 줄 수 있는 재충전 과정으로 볼 필요가 있다고 강조한다.

어떤 아이들은 치료사를 기억할 수 있는 물품을 얻거나(예: 아이와 치료사가 함께 찍은 사진) 치료사가 간직할 수 있는 자신의 사진을 주는 것으로도 도움을 얻는다. 치료사가 아이와 가족을 기억하고 계속 마음을 쓸 것이라고 약속하는 것 또한 중요하다. 요약하자면 TF-CBT 모델은 아동과 부모에게 중요한 치료 관계를 제공하며, 이 관계는 사전에 계획된 대로 신중한 방식으로 종료되어야 한다. TF-CBT 모델과 관련된 추가 교육 또는 치료적 자원을 원하는 치료사를 위해 부록 3에 링크 및 기타 자원 자료를 포함하였다.

문제 해결

외상 경험에 대한 '의미화'가 부정적인 아이들은 어떻게 도울 수 있을까요(예: "삶에서 어떤 것도 의지할 수 없잖아요")?

위와 같은 인지는 매우 흔한데, 지속적인 외상을 겪는 아동에게도 이것은 정확하지 않을 가능성이 있다. TF-CBT 과정에서 아동 대부분의 부정적인 인지는 치료사가 그들의 외상 경험을 좀 더 현실적으로 이해할 수 있도록 도와주면서 변화한다. 아동의 인지가 현실에 기반을 두고 있지 않다면, 치료사는 추가 설명을 요청해야 하며 TF-CBT 전략을 사용하여 부적응적 인지를 계속 다루어야 한다. 이상적으로, 치료사는 아동이 이러한 인지를 가지고 있다는 점을 이미 알 것이고, TF-CBT 과정 내내 이를 다룰 것이다.

안타깝게도, 우리의 최선에도 불구하고 여전히 일부 아이들은 지속적인 학대나 외상으로부터 보호받지 못하고 있으며, 부정적인 인지가 이러한 경험과 일치한다는 것을 인식하는 것이 중요하다. 이런 아이들에게 치료사는 그들의 삶의 현실성을 외면하지 않으면서 안전과 적응적인 기능을 강화하는 데 초점을 맞춰야 한다. 이러한 상황에서도 치료사는 아동의 부정확하거나 도움이 되지 않는 진술을 탐색하고 더 구체적으로 만들도록 도울 수 있다. 예를 들어, "아무것도 의지할 수 없다."라는 믿음을 "항상 누군가가 나를 돌봐줄 것이라고 믿었는데, 그들은 죽었거나 약물을 과다복용했다."로 재구성하면 아동은 자신이 무엇을 두려워하고(보호자를 신뢰하는 것), 왜 그런지(죽음 또는 약물 관련 상실)를 정확히 이해할 수 있다. 이 구체성은 아동의 생활 기반(위탁부모)을 탐색할 수 있는 시작이 될 수 있다. 즉, 지금까지 현재 보호자는 죽지도 않았고 과다복용을 하지도 않았다는 사실과, 아동이 보호자에게 의지할 수 있도록 일부 과제를 부모에게 부여하기 위해 '오디션'과 같은 작은 단계를 어떻게 밟아 나갈 수 있을지에 대해 탐색할 수 있는 것이다.

부모가 자녀의 치료보다는 복수나 사건의 법적 측면에 집중할 때는 어떻게 가족을 도울 수 있을까요?

우리는 부모가 자신의 사랑하는 사람을 죽게 만든 살인범이나 운전자를 고소하거나, 성범죄자에 대한 형사재판에 몰두해 있는 가족을 치료해왔다. 그런데 이런 가족은 자녀의 치료 참여에 부정적인 영향을 준다. 민사소송에서 보상받는 것은 때로 피해를 입증하는 것에 달려 있으므로, 이러한 부모들은 외상의 결과로 자신의 가족에게 얼마나 큰 피해가 가해졌는지 배심원들에게 증명하기 위해 무심코 자녀의 증상이나 '아픈' 상태를 유지하는 데 몰두할 수 있다. 당연히 이러한 태도는 치료에 긍정적인 영향을 미치지 않는다. 부모에게 이 사실을 지적함으로써 자녀의 현재 증상과 치료의 필요성에 다시 집중하도록 도울 수 있다. 실제로, 부모가 자녀의 회복에 미치는 잠재적 영향은 부모가 가해자의 미래 또는 법적 결과에 미칠 수 있는 영향보다 훨씬 크다는 점을 부모에게 강조하는 것이 중요하다.

부모가 죽음이나 외상에 대해 우는 것을 못 견디는 아이들은 어떻게 도울 수 있나요?

이 상황에서는 치료사가 아동의 어려움이 부모의 과도한 울음 때문인지(그렇다면 부모의 개별 치료에 대한 임상적 의뢰가 확실히 필요함), 아니면 부모의 어떠한 부정적인 감정 표현도 견딜 수 없는 아동의 어려움 때문인지를 평가하는 것이 중요할 것이다. 후자를 가정할 때, 3P를 검토하는 것이 도움이 된다. 즉, 욕구를 예측하고, 부모가 부정적인 감정을 가지도록 허용하며, 이러한 시기에 최적으로 대처할 방법을 계획하는 것이다. 다른 아이들은 부모가 슬퍼서 울지라도 괜찮고, 여전히 자녀를 사랑하며, 그저 감정을 표출할 기회가 필요하다고 안심시켜주기를 원할 수도 있다. 이런 아이들은 자신의 존재가 부모에게 큰 행복과 위안을 가져다준다는 말을 듣는 것도 도움이 될 수 있다. 왜냐하면 그렇게 하지 않으면 이 아이들은 다음과 같이 궁금해할 것이기 때문이다. "부모님이 잃은 것을 내가 채울 만큼 충분히 좋은 아이가 아닌가? 나는 부모님을 행복하게 하지 않나? 내가 죽어야 할 아이였고 다른 아이가 살았더라면 부모님은 항상 행복했을까?" 이와 관련하여 이 문제들을 개방적으로 논의한다면 아이가 안심하는 데 큰 도움이 될 것이다.

아이가 여전히 부모의 타당한 슬픔 표현을 견디지 못한다면, 아이가 TF-CBT의 안정화 단계에서 배운 대처 기술을 검토하고, 아이와 부모가 이 기술을 매일 연습하는 동시에 어떤 대처 전략이 이 시기에 아이의 정서적 고통을 가장 성공적으로 줄이는지 세심하게 추적하도록 격려하는 것이 도움이 될 것이다. 치료사는 회기 중 연습과 역할 극을 시도하는데, 치료사가 우는 부모 역할을 하고 아이는 배운 기술을 사용하여 스스로를 달래는 연습을 함으로써, 타인의 감정 표현에 대한 아이의 회피와 과잉반응을 줄일 수 있어야 한다. 또한 치료사는 회기 중에 부모가 울거나 정서적으로 괴로워할 때도 아이가 이러한 기술을 사용할 수 있는 능력을 향상하기 위해 시연과 역할극을 수행해야 한다. 아이가 부모의 지속적인 지지를 받으며 이러한 전략을 계속 사용하게 되면, 부모의 타당한 감정 표현을 견딜 수 있는 능력이 빠르게 향상될 가능성이 크다. 이것은 지지적인 부모의 도움을 받아 TF-CBT 기술을 연습하는 것이 아이들의 회피 극복, 숙달감 획득, 적응적인 기능 향상을 가능하게 함을 보여주는 또 하나의 예이다.

가족을 위한 유인물

부모를 위한 가정폭력 정보지

아동을 위한 가정폭력 정보지

부모를 위한 아동 성학대 정보지

아동을 위한 아동 성학대 정보지

이완 유인물: 스트레스와 PTSD가 우리 몸에 미치는 영향

정서조절 유인물: 바로 지금 기분이 나아지는 방법

주중에 인지적 삼각구도 연습하기

생명의 원

유인물 자료의 확대 버전(영문)은 www.guilford.com/cohen-forms에서 다운로드받을 수 있습니다.

부모를 위한 가정폭력 정보지

가정폭력이란?

가정폭력은 파트너의 행동과 감정, 선택을 통제하는 패턴이다. 통제 방법에는 신체적 학대, 성적 학대, 심리적 학대, 재정적 학대, 사회적 제약, 그리고 재산 또는 반려동물의 훼손 등이 포함될 수 있다. 가정폭력을 지칭할 때 자주 사용되는 다른 용어로는 배우자 학대, 친밀한 파트너 폭력, 폭행 등이 있다. 가정폭력은 사용되는 용어와 상관없이 상대방의 의도적인 행동으로 인해 재산, 건강, 또는 생명이 위태로워지는 사회 문제이다. 현재 추정에 따르면 이성 관계에서 가정폭력은 남성이 여성에게 가장 많이 저지르는 것으로 나타난다. 가정폭력은 이성애자 관계만큼 게이와 레즈비언 관계에서도 자주 발생한다. 또한 가정폭력은 매우 적게 보고되고 있는 것으로 보인다.

가정폭력이 아이들에게 미치는 영향은 무엇인가?

가정폭력에 노출되는 것은 아동의 정서적·발달적·신체적 안녕에 영향을 미친다. 이런 아이들은 학대당하기 쉽고, 폭력적인 사건이 일어나는 동안 피해를 입고 의도치 않게 다칠 수 있으며, 분노, 공격성, 반항 행동과 관련된 행동 문제를 경험할 수 있고, 다른 아이들에 비해 우울증과 불안을 경험할 가능성이 크다. 또한, 이들은 친구들과 보내는 시간이 적고, 친구의 안전에 대해 더 많이 걱정하며, 절친한 친구가 없을 가능성이 크다. 이처럼, 가정폭력에 노출된 아이들은 학교에서 높은 행동 문제, 과잉활동, 사회적 철회, 학습의 어려움을 겪을 수 있다.

이런 아동 중 다수는 가정폭력에 노출되어 외상 후 스트레스 장애(PTSD) 증상을 갖게 된다. 이러한 증상에는 폭력에 대한 고통스러운 기억 또는 악몽, 폭력을 상기시킬 수 있는 생각이나 느낌, 대화를 피하려는 노력, 한때 즐거웠던 활동에 대한 관심 감소, 사회적 고립, 잠드는 것이나 수면의 어려움, 집중력 저하, 분노 폭발 등이 포함된다.

가정폭력에 노출된 아이들은 다른 형태의 학대에도 노출될 위험이 크다. 배우자를 학대하는 가해자의 50%가 자녀도 학대하는 것으로 현재 추산되고 있다. 이러한 아동은 다른 아동에 비해 정서적 학대 및 성적 학대의 위험성이 높은 것으로 나타났다.

가정폭력에 노출되면 다른 장기적인 결과를 불러일으킬 수도 있는데, 그 예로 청소년 교정 시설 입소, 자살 시도, 성폭행 범죄, 약물 및 알코올 남용 등을 들 수 있다. 또한, 성인이 되어 학대의 피해자가 될 위험이 증가하며, 관계, 개인의 책임, 폭력 및 공격성, 성역할 기대에 대한 왜곡된 신념 체계를 발달시킬 위험도 커진다.

아동마다 연령, 학대가 발생한 기간, 학대 빈도와 심각성, 아동과 학대자의 관계, 학대 유형, 아동에게 지원 가능한 지지 체계, 아동의 전반적인 회복탄력성과 취약성에 따라 가정폭력 노출에 다르게 반응한다.

가정폭력은 얼마나 흔한가?

가정폭력은 모든 인종, 종교, 민족, 경제 집단을 막론하고 발생한다. 매년 100만 명 이상의 여성이 가정폭력의 희생자이며, 한 명 이상의 아동이 이러한 폭력을 목격하는 것으로 추산된다. 다시 말해, 매년 300만 명 이상의 미국인 아동이 가정폭력에 노출되고 있다.

가정폭력에 노출된 아동의 일반적인 행동 증상은 무엇인가?

- 괴롭힘, 신체적 공격성, 또래에 대한 모욕적 행동.
- 또래 및 사회적 접촉으로부터의 철회, 전반적으로 열악한 또래 관계.
- 특히 학대당하는 부모로부터의 분리 어려움.
- 특히 학대당하는 부모와 같은 권위 인물에 대한 반대 및 반항 행동.
- 언어적 공격성/말대답.
- 야뇨증, 주간 '사고', '아기같이 말함' 또는 기타 퇴행 행동.
- 학교에 있는 동안 집중 및 학습 어려움.
- 식욕 상실 또는 식습관 변화.
- 유아기 성장 발달 문제.
- 악몽, 불면증 또는 기타 수면 문제.
- 형제자매 및 또래에 대한 폭력적 행동 증가.
- 가출.
- 역할 전도: 부모 역할 수행.

가정폭력에 노출된 10대 전후 청소년들의 행동 증상은 무엇인가?

- 연애 상대에게 신체적, 언어적 또는 성적 학대를 가함.
- 연애 상대에게 신체적, 언어적 또는 성적 피해를 당함.
- 학대당하는 부모에 대한 폭력/학대자의 말과 행동 모방.
- 학대당하는 부모의 '보호자' 역할을 함.
- 약물 또는 알코올 남용.
- 열악한 또래 관계 및 선택.

가정폭력에 노출되었을 때 나타나는 정서적 증상은 무엇인가?

- 초조함, 불안, 두려움 증가.
- 우울한 기분과 자살 충동.
- 불안정함.
- 학대당하는 부모와 형제자매 보호에 대한 책임감.
- 타인의 안전에 대한 지나친 걱정.
- 창피함(또래들이 가정폭력에 대해 모르기를 원함).
- 학대당한 부모와 형제자매에 대한 원망.
- 일상적인 언쟁에 대한 두려움.
- 학대자에게 맞서거나 상처를 주는 환상.
- 학대자와 동일한 힘을 갖고자 하는 소망.
- 학대하는 부모와 학대당하는 부모 모두에 대한 '충성심'과 관련된 혼란.

누가 가정폭력을 저지르는가?

가해자 또는 '때리는 사람'은 파트너 관계에서 1회 이상의 협박, 성폭행 또는 물리적 폭력에 대한 위협 행위를 하는 등 반복적인 강압적 통제 패턴을 행사하는 사람을 말한다. 이러한 패턴은 심리적 통제, 경제적 통제, 성적 강요 또는 주로 신체적 폭력을 통해 나타날 수 있다. 남녀 모두 폭행을 할 수 있지만, 대부분 가해자는 남성이다. 폭행을 일삼는 사람은 파트너에게만 폭력적일 수 있으나, 아이를 폭력에 노출하는 것에 대한 책임도 있다. 폭행은 충동 조절 문제나 음주 문제, 분노 조절 문제 때문이 아니다. 이것은 친밀한 관계에서 한 파트너가 다른 파트너에게 행사하는 의도적이고 반복적인 강압적 지배 행위의 문제이다. 따라서 분노 관리, 알코올 중독자 갱생회(Alcoholics Anonymous) 또는 커플 치료는 가정폭력을 멈추기 위한 적절한 치료법이 아니다.

어떻게 하면 자녀를 도울 수 있을까?

- 학대 행위는 잘못된 것이라고 말한다.
- 어떤 폭력 사건도 아이의 잘못이 아니라는 것을 확신시킨다.
- 자녀를 얼마나 사랑하는지 상기시킨다.
- 위기 상황에 대비하기 위한 안전 계획을 개발한다.
- 자녀가 자신의 감정을 터놓고 말하도록 격려한다.
- 자녀의 교육을 위한 추가 도움을 받을 준비를 한다.
- 정신건강 전문가의 도움을 구한다.

아동을 위한 가정폭력 정보지

가정폭력이란?

가정폭력은 가족의 한 어른이 다른 가족 구성원을 해친다는 것을 의미한다. 이렇게 '해치는 것'은 한 어른이 밀거나 밀치거나 때리거나 치거나 주먹질을 하거나 물건을 사용해 다른 가족을 다치게 할 때 발생한다. 또한 욕설, 하고 싶은 일을 못 하게 하는 것, 하고 싶지 않은 것을 하게 만드는 것, 밀거나 때리거나 치거나 주먹질을 하거나 심지어 죽이겠다고 협박하는 것을 통해서도 해치는 일은 일어날 수 있다. 이 모든 것이 매우 무섭게 보일 수 있지만, 기억해야 할 가장 중요한 것은 어른들이 싸운다면 그것은 절대 아이의 잘못이 아니라는 것이다. 아이들이 아무리 착하더라도 집안의 어른들 싸움을 막을 수는 없다.

가정에서 가정폭력을 보고 듣는 아이들이 많은가?

그렇다. 매년 300만 명 이상의 아이들이 집에서 이런 폭력을 목격한다. 이는 가족의 어른들끼리 서로 상처를 주는 것을 보고 듣는 아이들이 많다는 뜻이다.

아이들이 집에서 이런 종류의 폭력을 보거나 들을 때 무엇을 할 수 있을까?

1. 싸움이 일어나지 않을 때는 한 부모가 다른 부모를 해칠 때 어떤 기분이 드는지 부모님에게 말할 수 있다.
2. 부모가 싸울 때 아이들이 갈 수 있는 '안전한' 집이나 장소를 마련하도록 부모와 함께 계획한다.
3. 응급 상황에 대비하여 학대당하는 부모와 함께 안전 대책을 마련한다.
4. 조부모나 이모 또는 삼촌, 나이가 더 많은 친한 사람, 친구의 부모, 또는 가족 도우미에게 부모가 싸울 때 느끼는 감정을 이야기한다.
5. 느끼는 것을 그림으로 그린다.
6. 좋아하는 책 읽기, 보드게임 또는 비디오 게임하기, TV 프로그램 보기, 친구들과 전화하기(또는 방문하기) 등 행복하게 하는 일들을 한다.
7. 한 부모가 다른 부모를 학대하는 이유는 아이들 때문이 아니라는 것을 기억한다.

학대당한 부모에게 폭력적이었던 사람과 더 이상 함께 살지 않는데도 아이들이 불행하거나 두려움을 느낀다면 무엇을 할 수 있을까?

1. 학대당한 부모 또는 신뢰할 수 있는 다른 어른에게 가정에서 폭력을 보거나 들었을 때 어떤 기분이 들었는지 이야기한다.
2. 학대당한 부모 또는 신뢰할 수 있는 다른 어른에게 상황이 달라진 지금 어떤 느낌인지 이야기한다. 비록 그 느낌이 혼란스럽더라도 말이다.
3. 가족 도우미에게 이 모든 혼란스러운 느낌을 이야기한다.
4. 그림 그리기, 책 읽기, 색칠하기, 보드게임 하기, 비디오 게임 하기, TV 보기, 스포츠 하기, 가족 및 친구들과 시간 보내기 등 행복감을 느끼는 일들을 한다.

5. 부모 사이에 무슨 일이 있었든 간에 그것은 아이들의 잘못이 아니라는 것을 기억한다.

부모를 위한 아동 성학대 정보지

아동 성학대란?

아동 성학대는 아동과 성인 사이의 접촉이나 상호작용으로 정의되는 경우가 많은데, 이는 아동이 가해자 또는 다른 사람의 성적 만족을 위해 이용되는 것을 말한다. 성학대는 18세 미만이더라도 아동보다 나이가 현저히 많거나, 아동에 대한 권력 또는 통제를 가진 사람에 의해 저질러지는 경우도 있다. 대부분 성학대는 직접적인 신체접촉을 수반한다. 예를 들어, 성적 접촉 및 키스, 질 또는 항문을 손가락으로 애무하기, 문지르기 및 삽입하는 것, 구강성교, 그리고 질 또는 항문에 성기를 삽입하는 시늉을 하는 것 등이 포함된다. 어떤 성범죄자들은 아이에게 자신의 생식기를 보여주거나, 아이가 자신의 옷을 벗는 것을 관찰하거나 촬영하는 것으로 만족감을 느낀다.

아이들은 장난스러운 꼬임으로 인한 성학대 활동(예: "이건 우리의 특별한 비밀이 될 거야…")이나 돈, 사탕, 호의적 행위를 받고 넘어가는 경우가 많다. 때로 아이들은 괴롭힘을 당하거나 위협을 당한다. 덜 빈번하지만 물리적인 힘이나 폭력이 사용될 수도 있다. 아이가 실제로 '다쳤는지' 아닌지, 아이가 거절하는지 아닌지, 아이가 좋아하는지 아닌지와는 관계없이, 성인 또는 강압적이거나 더 나이 많은 아이에 의한 성적 관계는 아동 성학대로 간주된다는 점을 명심해야 한다.

아이들이 성적 학대를 경험하면 나타나는 결과는 무엇인가?

성학대를 겪은 아이들은 학대로 인해 광범위한 정서 및 행동 반응을 경험할 수 있다. 이러한 어려움의 성격과 심각성은 아동의 나이, 가해자의 신원, 학대 상황, 그리고 아동의 폭로에 대한 가족 반응에 따라 달라질 수 있다. 아이들은 침대에 오줌을 싸거나, 철회 또는 말썽을 피우는 행동, 악몽, 힘든 학교생활, 가출 등 불안과 괴로움을 나타내는 증상을 보일 수 있다. 이러한 어려움은 어떤 종류의 외상이라도 겪은 아이들이 겪는 문제와 유사하다. 아이들은 반복적인 성적 대화와 놀이, 연령에 맞지 않는 성적 행동, 학대를 상기시키는 특정 상황이나 사람에 대한 두려움과 같이 성학대에 더 특정한 증상을 보일 수도 있다. 또한, 어떤 아이들은 외상 경험의 결과로 어떠한 명백한 어려움도 보이지 않기도 한다.

    일단 학대 사실이 공개되고 중단되면, 어떤 아이들은 비교적 정상적인 행동과 감정을 회복한다. 그들과 가까운 사람들의 지지와 보호는 그들이 정상적으로 회복하도록 돕는 데 매우 중요하다. 그러나 어떤 아이들은 학대 자체가 끝난 후에도 오래 지속되는 증상을 보인다. 사실, 성학대를 경험한 아동 중 상당수가 외상 후 스트레스 증상을 보인다. 그러므로 성학대를 경험한 아동은 심리적인 평가를 받고, 필요하다면 치료를 받는 것이 중요하다.

성학대를 경험한 아동이 받을 수 있는 치료의 종류에는 어떤 것이 있는가?

아이들이 성학대의 충격을 극복하도록 돕기 위해 많은 치료 방식이 사용되어왔다. 여기에는 개인, 가족, 집단 치료 형식이 포함된다. 사용된 치료 기법은 정신역동, 행동, 인지, 통찰 지향, 가족 치료의 구조적·전략적 이론 등 광범위한 심리학 이론에서 비롯된다. 아이들이 성학대로 인해 겪는 어려움에 대처할 수 있도록 조력하는 데 이렇게 다양한 접근법의 효과를 보고한 연구는 매우 제한적이다. 그럼에도, 개인 및 집단 환경 모두에서 인지행동치료를 적용하면 성학대의 여파로 경험하는 문제를 효과적으로 감소시킨다는 많은 연구 결과가 있다.

인지행동적 개입은 성적으로 학대당한 아동뿐만 아니라 학대를 저지르지 않은 보호자도 성공적으로 도울 수 있었다. 인지행동 치료사는 비학대 부모들이 자녀의 학대에 대한 자신의 생각과 감정에 대처하는 것을 도울 수 있다. 동시에, 치료사는 자녀의 폭로와 학대 관련 어려움에 대해 부모가 더욱 효과적으로 대응할 수 있도록 돕는 양육기술을 교육한다. 인지행동적 개입은 특정 아동의 어려움을 대상으로 개별 조정되며, 교육적 활동, 대처 기술 및 처리 연습을 포함한다. 처리 연습은 시간이 지남에 따라 단계적으로 학대에 대한 기억과 생각, 일상적인 알림요인(예: 화장실, 혼자 자는 것, 옷을 벗는 것, 샤워하는 것)에 직면하도록 격려하는 것이다. 그 과정에서 토론, 인형놀이, 그림 그리기, 독서, 글쓰기, 시, 노래 등을 사용할 수 있다. 이러한 치료 활동은 학대에 관한 이야기를 하는 것에 대한 불안감을 줄여줌으로써 성학대를 경험한 아이들이 자신의 생각과 감정을 보다 개방적으로 표현할 수 있도록 돕고, 이에 따라 학대 경험(들)에 대한 이해와 정서적 처리를 증진한다.

마지막으로, 아동 성학대 분야의 연구에서 성학대 이후 아동의 심리적 적응에 영향을 미치는 가장 중요한 요소는 부모 및 기타 보호자로부터 받는 지지의 정도라는 것을 반복적으로 입증해왔다는 사실을 부모들이 아는 것이 중요하다. 잘 보살펴주는 어른들의 강한 정서적 지지와 효과적인 의료 및 정신건강 개입을 통해, 성학대를 경험한 아이들은 건강하고, 만족스럽고, 충만한 미래를 기대할 수 있다.

누가 성학대를 당하는가?

아동 성학대는 모든 사회 계층과 인종·종교 집단에서 일어난다. 남자아이와 여자아이 모두 피해 대상이며, 이것은 드문 일이 아니다. 우리가 추산할 수 있는 가장 근접한 확률로는, 18세가 되면 여성 4명 중 1명과 남성 7명 중 1명이 어떤 형태로든 성학대를 당할 가능성이 있다.

누가 아이들을 성적으로 학대하는가?

여성 성범죄자가 낮은 비율로 존재하기는 하나, 대다수 성범죄자는 남성이다. 성범죄자들은 일반적으로 '더러운 노인'이나 골목에 숨어 있는 낯선 사람이 아니다. 사실, 성범죄자들은 그들이 학대하는 아이들에게 잘 알려져 있고 신뢰받는 경우가 많다. 범죄자는 종종 가족 구성원(예: 사촌, 삼촌, 부모, 양부모, 조부모) 또는 아동과 친척은 아니지만 잘 알고 있는 사람이다(예: 이웃, 코치, 보모). 성범죄자에 대한 명확한 설명이나 프로필이 있는 것은 아니며, 잠재적인 가해자를 알아볼 방법도 없다. 이런 이유로, 신뢰할 만한 개인이 아이들을 성적으로 학대할 수 있다는 것을 믿기 어려운 경우가 많다.

일부 범죄자는 자신이 어린 시절에 성적 학대를 당한 적이 있고, 다른 범죄자들은 어린 시절에 다른 형태의 학대와 방치를 당한 경험이 있다. 어떤 범죄자들은 성인 파트너와 성적인 관계를 맺지 못하고 다양한 아동과 만나는 경우도 있다. 또 다른 범죄자들은 성인과 성적 관계를 유지할 수 있으나, 스트레스를 받는 시기에는 아동에게서 만족감을 찾으려 할 수도 있다. 소수의 범죄자는 약물이나 알코올에 취해 아동을 성적으로 학대한다.

성적 학대는 왜 일어나는가?

아동 성학대가 발생하는 이유는 아동과 보호자가 자주 하는 질문이지만, 간단한 답은 없다. 기억해야 할 요점은 성학대를 경험한 아동과 청소년, 그리고 그들의 비학대 부모에게는 잘못이 없다는 것이다. 성학대에 대한 책임은 학대 행위의 원인이 될 수 있는 문제와 상관없이 전적으로 성범죄자에게 있다.

우리 사회는 일반적으로 성에 대해 불편해하기 때문에 아동 성학대를 막기 위해 제한적인 노력을 해왔다. 이러한 태도도 문제를 오랫동안 숨기는 것에 책임이 있을 수 있다. 이 때문에 우리가 아동 성학대에 대한 우려를 명확하게, 개방적으로 소통하는 것은 필수적이다. 사회의 구성원으로서 우리는 반드시 문제의 심각성과 만연함을 더 잘 인식해야 하며, 이 문제를 해결하기 위해 현재 하는 노력을 전 세계적으로 늘려야 한다.

아동 성학대는 본질적인 특성상 비밀스러운 것이 있다. 성학대는 거의 항상 아동이 범죄자와 단둘이 있을 때 발생한다. 범죄자는 성행위가 지속되도록 아동에게 비밀을 지키도록 한다. 범죄자는 만일 아동이 사실을 말한다면 아동 및 아동의 애완동물, 가족 구성원에게 신체적 해악이 있을 것이라고 위협을 직접 가할 수도 있다. 아이들은 학대가 자기 잘못이라고 믿게 되고, 만일 그들이 사실을 말한다면 비난받거나 거부당하거나 믿지 못할 대상이 될 것이라고 믿게끔 유도당하는 경우가 많다. 아이들은 학대뿐만 아니라 그 비밀에 대해 창피하고, 수치스럽고, 두렵다고 느낀다. 사실, 성학대를 경험한 많은 아동은 거부나 처벌, 보복이 두려워 아무에게도 말하지 않고 성인으로 자란다.

아이들은 왜 무슨 일이 벌어지고 있는지 말하지 않는가? ·················

성학대의 비밀스러운 성격과 아동이 보이는 매우 넓은 범위의 행동 반응 때문에, 아동 성학대는 발견하기 어려운 문제이다. 그러나 성학대는 이를 당한 아동 자신의 우발적 또는 의도적인 폭로로 확인되는 경우가 가장 많다. 어떤 아이들은 성인과 같은 성적 행동을 보이거나 나이를 뛰어넘는 성적 지식을 공유함으로써 우연히 자신의 학대 경험을 드러내기도 한다. 어떤 아이들은 애매하게 사실을 말하거나 친구에게 말하는데, 그러면 친구가 어른에게 말해서 알게 되기도 한다. 부모는 자녀의 갑작스러운 행동 변화를 인지해야 한다. 즉, 악몽, 특정 사람이나 장소, 사물로부터의 철회 및 회피, 평소와 다른 공격성, 경솔함 및 부적절한 성행위를 알아차려야 한다. 이러한 행동은 탐색되어야 할 광범위한 외상적 어려움이 있을 수 있음을 시사할 수 있다.

아이들은 자신을 학대하는 사람에 대한 반응을 꽤 다양하게 보인다. 아동과 범죄자가 함께 있는 것을 관찰한다고 해서 성학대가 발생하는지 판단할 수는 없다. 어떤 아이들은 범죄자를 두려워하고 피한다. 다른 아이들은 범죄자에 대해 매우 부정적으로 말하지만, 범죄자에게 긍정적으로 행동한다. 또 다른 아이들은 범죄를 가하는 부모나 보호자에게 큰 애착과 애정을 유지한다. 아동의 감정이 긍정적이든, 부정적이든, 양가적이든 간에 범죄자에 대한 아동의 감정은 수용해야 한다. 아이들은 자신의 감정이 잘못되지 않았다는 것을 알 필요가 있다.

자녀에게 안전 기술을 가르치고 가정 안에서 열린 의사소통망을 유지하는 것은 자녀가 성학대 및 기타 아동기 외상 경험을 경험할 때 이를 공개할 가능성을 높일 수 있다.

어떻게 하면 아동의 성적 피해 위험을 줄일 수 있는가?

일반적으로 아이들과 열린 소통망을 유지하는 것이 중요하다. 구체적으로, 아이들은 연령에 맞는 성교육뿐만 아니라 성학대에 대한 정보도 받아야 한다. 우리가 아이들에게 화재 예방에 대해 가르치듯이, 아동 성학대에 대해서도 가르쳐야 한다. 감정적이 아닌 매우 당연하다는 사무적인 톤으로, 아이들에게 그들의 신체는 그들에게 속해있고, '괜찮지 않은' 접촉에 대해 '싫다'라고 말할 권리가 있음을 가르쳐야 한다. 그들이 불편하다고 느끼거나 '괜찮지 않다'라고 생각하는 어떠한 접촉에 대해서도 어른에게 말할 수 있다는 것을 배울 필요가 있다. 또한, 아동과 청소년은 부모나 어른의 감독이 없을 때 어디로 가고 무엇을 하는지에 대한 안전한 결정을 내리는 방법을 배울 수 있다.

그러나 아동이나 청소년이 성학대를 멈추거나 이에 대해 누군가에게 말하는 것은 극도로 어려울 수 있다는 것을 기억해야 한다. 그러므로 아동이나 청소년은 학대가 일어나는 것을 막지 못하거나 누군가에게 그에 대해 말하기 전에 잠시 머뭇거렸다는 이유로 비난받아서는 안 된다. 많은 아이는 절대 사실을 말하지 않으며, 대부분 아이는 바로 말하지 않는다.

부모가 자녀를 항상 지켜보고 감독할 수 없다는 것을 기억하는 것도 중요하다. 따라서 당신이 무엇을 하든, 당신은 자녀가 절대 성학대를 당하지 않도록 지킬 수 없을지도 모른다. 당신은 비학대 부모로서 자녀가 성학대를 당하더라도 자신을 비난해서는 안 된다. 대신, 자녀가 필요한 서비스를 받는 데 힘을 쏟는 것이 가장 도움이 될 것이다.

부모가 자녀가 성적으로 학대당했을지도 모른다는 것을 알고 매우 괴로워하는 것은 당연한 일이다. 그러나 부모로서 취해야 할 가장 중요한 행동은 침착함을 유지하는 것이다. 청소년을 포함한 아이들은 부모의 정서적 반응에 매우 민감하며, 만일 당신이 얼마나 속상해하거나 화가 났는지를 보거나 느낀다면, 그들은 매우 겁을 먹고 '입을 다물' 수도 있다. 당신은 아이가 당신에게 말한 것을 잘했다고 말해주어야 한다. 만일 아이에게 차분히 질문할 수 없다면, 차라리 전문가의 도움을 구하는 것이 좋다. 자녀를 비난하는 듯한 말을 하지 않도록 주의하고, 학대가 자녀의 잘못이 아님을 강조해야 한다. 어떤 아이들은 성적 접촉이 기분 좋았다고 보고한다. 이것은 어떤 식으로든 아이에게 책임이 있다거나, 성적인 상호작용 또는 범죄자의 관심을 즐긴 것에 대해 죄책감을 느껴야 한다는 것을 의미하는 것이 아니다. 때로는 피해를 받은 아이들이 다른 성인들과의 성적인 행동을 먼저 시작했을 수도 있다. 그러나 적절한 한계를 설정하는 것은 언제나 어른의 책임이다.

당신의 자녀에게 "그건 잊어버려."라고 말하고 대화를 끊지 마라. 한편, 아이가 말할 준비가 되어 있는 것 이상으로 밀어붙이는 것은 도움이 되지 않는다. 그저 아이가 당신에게 할 수 있는 모든 말과 어떠한 질문에도 마음을 열어라. 가해자와 일어난 일에 대해 아이가 복잡한 감정을 가질 수 있다는 것을 이해하려고 노력하라. 자녀를 보호하기 위해 계속 곁에 두고 싶겠지만, 지나치게 구속하지 말고 가족이 가능한 한 정상적인 일상으로 돌아갈 수 있도록 돕는 것이 중요하다. 자녀에게 평소와 같은 애정표현과 신체적 친밀감을 보여주는 것을 두려워하지 않는 것 또한 중요하다. 이것은 때로 어려운데, 특히 비학대 아버지들에게 그렇다. 하지만 당신은 자녀에게 일어난 일 때문에 자녀에 대한 당신의 감정이 변했다는 인상을 주고 싶지 않을 것이다.

성적으로 학대를 당했을지도 모르는 아이들은 생식기와 관련된 전문 신체검사를 받아야 한다. 아이들이 성학대로 인해 상처받았을지라도, 그들의 몸은 대개 변하지 않는다. 숙련된 의사들은 아이들에게 그들의 몸이 괜찮다고 안심시킬 수 있다.

도움을 받으려면 어디로 가야 하는가?

아동이 성학대를 당했다는 것을 의심하는 사람은 누구라도 해당 지역의 아동보호기관에 연락해야 한다. 대부분 지역은 이를 위해 24시간 무료 전화가 가능하다. 연락하는 사람은 익명으로 남을 수 있으며, 사건 담당자는 아동, 잠재적 범죄자, 상황에 대해 중요한 질문을 할 것이다. 기관에서는 성학대 의혹을 수사하고, 아동과 가족에게 안내와 도움을 줄 것이다.

아동을 위한 아동 성학대 정보지

아동 성학대란?

아동 성학대는 성인이나 나이가 더 많은 아이가 다른 아이의 사적인 신체 부분(음경, 고환, 질, 엉덩이, 가슴)을 만지거나 문지를 때, 또는 성인이나 나이가 더 많은 아이가 다른 아이에게 자신의 사적인 부분을 만지거나 문지르도록 할 때 발생한다. 이러한 접촉은 괜찮지 않다. 이 행위를 하는 사람을 성범죄자라고 부른다. 범죄자는 아이에게 이런 행위를 하게 하고 함부로 대할 수도 있고, 게임인 척하거나 심지어 아이에게 행위를 하는 것에 대한 보상을 줄 수도 있다. 범죄자는 친인척, 가족의 친구, 10대 또는 다른 아이와 같이 아이가 알고 있는 사람일 수 있다. 그 사람이 재미로 한다 하더라도, 그리고 아이가 재미있다고 생각하더라도 이런 행위는 여전히 적절하지 않은 것이다.

누가 성학대를 당하는가?

성학대는 많은 아이에게 일어난다. 모든 연령, 종교, 인종의 남녀 아이들에게 일어날 수 있다. 성학대를 당한 아이 중에는 부유한 아이도 있고, 가난한 아이도 있으며, 모두 사는 동네도 다르다. 18세를 기준으로 네 명의 여자아이 중 한 명, 일곱 명의 남자아이 중 한 명 정도가 성학대를 경험했을 가능성이 있다.

누가 아동을 성적으로 학대하는가?

어떤 사람들은 아이들을 성적으로 학대하지만, 훨씬 많은 사람이 아이들에게 적절하지 않은 신체접촉을 한다. 대부분 성범죄자는 남성이지만 일부는 여성이기도 하다. 아이들은 이 사람들의 겉모습, 옷차림, 행동으로 그들이 범죄자라는 것을 구분할 수 없다. 대부분 범죄자는 낯선 사람이 아니라 아이가 잘 아는 사람이다. 범죄자는 가족 구성원(사촌, 삼촌, 부모 또는 조부모 등)일 수도 있고, 아이가 잘 알고 있는 사람(코치, 보모 또는 이웃 등)일 수도 있다.

왜 아이들은 사실을 말하지 않는가?

범죄자는 가끔 아이에게 괜찮지 않은 접촉을 비밀로 하라고 말한다. 범죄자는 아이가 말하지 못하도록 속임수를 쓸 수 있다. 그런 행위가 아이의 잘못이라고 말하거나, 아이가 사실을 말한다면 아이의 가족이 다칠 것이라고 말할 수도 있다. 그렇지만 이것들은 다 속임수다. 때로 아이들은 수치스럽거나, 창피하거나, 두려워서 비밀로 한다. 이 때문에 많은 아이가 성학대에 대해 아무에게도 말하지 않거나, 말할 용기를 얻기까지 약간의 시간이 걸린다. 성학대를 멈추도록 도와줄 어른을 찾을 때까지 아이들이 계속 어른들에게 말하는 것이 도움이 된다.

왜 성학대가 발생하는가?

범죄자들이 많은 것처럼 이유도 다양하게 많다. 하지만 왜 이런 일이 아이들에게 일어나는지 그 이유를 알기는 매우 어렵다. 다만 우리는 어떤 아이도 어른이 하는 일에 책임이 없다는 것 정도는 충분히 알고 있다.

아이가 성학대를 당했다는 것을 어떻게 알 수 있는가?

아이를 본다고 해서 그 아이가 성적으로 학대를 당했는지 알 수는 없다. 때로 아이가 행동하는 방식을 보고 뭔가가 아이를 괴롭히고 있다는 것을 알 수 있지만, 그것이 무엇인지는 알기 어렵다. 따라서 아이들이 괜찮지 않거나 혼란스러운 손길을 느낄 때 누군가에게 말하는 것이 매우 중요한 것이다.

아이들이 성학대를 당하면 어떤 기분이 드는가?

아이들은 성학대에 대한 반응으로 모든 종류의 감정을 느낄 수 있다. 어떤 아이들은 성적인 손길이 기분 좋을 수도 있고, 이런 행위를 한 사람을 여전히 좋아할 수도 있다. 하지만 어떤 아이들은 다른 감정을 느낀다. 즉, 학대를 가한 사람에게 매우 화가 나거나 그 사람을 무서워하는 것이다. 또 다른 아이들은 일어난 일에 대해 죄책감을 느낄 수도 있다. 그러나 이 모든 감정은 괜찮은 것이다. 때때로 사람들이 이런 감정을 느낄 때, 그 감정은 사람들이 행동하는 방식에 영향을 준다. 두려운 아이는 혼자 자거나 혼자 남겨지고 싶지 않을 수 있다. 어떤 아이들은 말다툼을 더 많이 하고, 때로는 그저 슬퍼하며 혼자 있고 싶어 할 수도 있다. 어떤 아이들은 학대가 끝난 뒤 오랫동안 속상해하기도 하지만, 상담의 도움을 받고 기분이 나아지는 경우가 많다. 만일 아이들이 이런 감정들로 어려움을 겪고 있다면, 상담자나 부모와 대화함으로써 기분이 더 나아질 수 있다.

아동 성학대에 아이들은 어떻게 반응할 수 있는가?

모든 아이는 자신의 몸이 자기 것이라는 것을 알아야 한다. 만일 누가 만지는 것이 불편하다면, 상대방에게 "싫어요!"라고 말할 수 있다. "싫어요!"라고 말하는 것은 때로 어려울 수 있는데, 특히 겁을 먹거나, 수줍어하거나, 부끄러워할 때 그럴 수 있다. 하지만 그다음으로 할 수 있는 것은 '가는 것', 즉 그 사람한테서 멀어지는 것이다. 그리고 그다음으로 해야 할 가장 중요한 일은 '말하는 것'이다. 비록 이 또한 어려울 수 있지만, 어른(부모님, 다른 가족 구성원 또는 선생님)에게 무슨 일이 일어났는지 말하는 것이 중요하다. 누군가 듣고 도와줄 때까지 계속 말하는 것이 중요하다. 이 단계를 기억해야 한다. 싫어요 – 멀어지기 – 말하기!

상담사나 부모님에게 말하는 것이 좋다. 힘들 수도 있지만 성학대에 대해 이야기하는 것은 도움이 된다. 말하기, 쓰기, 심지어 노래하기와 그림 그리기도 성학대를 당한 아이들이 조금이나마 더 나은 기분을 느낄 수 있도록 도울 수 있다.

도움을 얻을 수 있도록 어른들에게 성학대에 대해 말하는 것이 중요하다. 모든 지역에 학대를 경험한 아이들을 도울 수 있는 특별 기관이 있다.

이완 유인물:
스트레스와 PTSD가 우리 몸에 미치는 영향

스트레스는 우리의 뇌와 신체의 다양한 부분에서 화학물질의 생산을 자극함으로써 영향을 준다. PTSD에서처럼 스트레스가 만성화되면 이런 변화는 되돌리기가 더 어렵다.

뇌에서 일어나는 일

- 시상하부(hypothalamus)는 뇌하수체(pituitary gland)를 자극하는 CRF라는 화학물질을 생성한다. 그다음 뇌하수체는 ACTH라고 불리는 화학물질을 방출하는데, 이것은 몸의 나머지 부분을 순환한다.

- 우리가 듣고, 보고, 냄새 맡고, 느끼는 것에 감정적 의미를 부여하는 편도체(amygdala)는 보통 때라면 그렇게 큰 의미를 지니지 않는 것에 감정적인 의미를 훨씬 더 많이 부여하기 시작한다. 예를 들어, 우리가 보통 무섭게 여기지 않던 것들에 이제는 편도체에 의해 무섭다는 딱지가 붙는 것이다.

- 전두엽 피질(prefrontal cortex)은 학습된 공포 반응을 소멸시키는 역할을 하는 뇌 영역이다. PTSD에서는 전두엽 피질이 평소와 달리 활발하지 않아, 기존에 학습한

공포 반응이 소멸하지 않는다. 따라서 과거에 우리를 두렵게 했던 것들이 더 이상 일어나지 않을 때조차도, 그것들을 두려워하는 것을 더 멈추기 어렵게 만든다.

• 마지막으로, 뇌에서는 신경전달물질인 노르에피네프린(norepinephrine; 노르아드레날린[noradrenaline]이라고도 함)의 생성과 활동이 증가하며, 이는 나머지 신체 부위에 에피네프린 또는 아드레날린의 증가를 초래한다.

나머지 신체 부위에서 일어나는 일

뇌하수체에서 나온 ACTH는 코티솔(cortisol)의 생성을 증가시키기 위해 부신에 영향을 준다. 코티솔의 수치가 증가하면 나머지 신체 부위에서 에피네프린 수치가 높아진다. 이러한 수준이 높을수록 다음과 같은 결과가 발생한다.

• 심박 수 증가.
• 심장 두근거림.
• 호흡 곤란.
• 식은땀.
• 무력함, 어지럼증.
• 근육 긴장.
• 배탈.
• 두통.
• 피부 발진.
• 투쟁, 도피 또는 얼어붙기 반응.

좋은 소식은 이완을 사용하면 이 모든 영향을 줄일 수 있다는 것이다.

정서조절 유인물:
바로 지금 기분이 나아지는 방법

1. 하던 일을 멈추고, 눈을 감고, 천천히 심호흡을 열 번 한다.

2. '안전한 장소'를 시각화한다.

3. 조용한 방으로 가서 좋은 책을 읽는다.

4. 가장 좋아하는 음악을 듣는다.

5. 기도, 명상 또는 특별한 이완 문장에 집중한다.

6. 재미있는 것을 듣거나, 보거나, 읽는다.

7. 밖으로 나가서 안전한 곳을 산책한다.

8. 제자리에서 5분간 달린다.

9. 친구를 부른다.

10. 이해하고 들어주는 부모나 다른 어른과 대화한다.

11. 일기를 쓴다.

12. 자원봉사를 한다.

13. 크게 노래 부른다.

14. 춤춘다.

15. 상황이 나아질 것이라고 스스로에게 말한다.

16. 따뜻한 물로 목욕한다.

17. 뜨개질, 바느질, , 목공예, 페인트 등 손으로 무언가를 만든다.

18. 스스로에게 자신의 좋은 점 다섯 가지를 말한다.

19. 감정에 대해 말한다.

20. 누군가에게 사랑한다고 말한다.

21. 반려동물과 논다.

22. 다른 사람을 돕기 위해 무언가를 한다.

주중에 인지적 삼각구도 연습하기

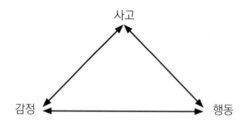

다음 주 동안, 어떤 일로 기분이 상할 때마다 그 상황과 기분이 어떤지를 적어보세요.
그런 다음 그렇게 생각하게 만든 상황에 대해 어떤 생각을 했는지 '추적'해보세요. 그
생각이 (1) 정확한지, 그리고 (2) 도움이 되는지 자신에게 질문해보세요. 이 상황에 맞
는 대안적인 생각을 해보고, 그것이 어떤 기분을 느끼게 하는지, 그리고 그 생각들이
정확하고 도움이 되는지 적어보세요. 새롭고 더 도움이 되는 생각을 발견하기 위해,
비슷한 상황에서 좋은 친구가 괴로운 생각을 공유한다면 그 친구에게 뭐라고 말할 것
같은지 생각해보세요.

상황: _____

생각: _____

느낌: _____

행동: _____

새로운 생각: _____

새로운 느낌: _____

새로운 행동: _____

상황: _____

생각: _____

느낌: _____

행동: _____

새로운 생각: _____

새로운 느낌: _____

새로운 행동: _____

상황: _____

생각: _____

느낌: _____

행동: _____

새로운 생각: _____

새로운 느낌: _____

새로운 행동: _____

상황: _____

생각: _____

느낌: _____

행동: _____

새로운 생각: _____

새로운 느낌: _____

새로운 행동: _____

상황: _____

생각: _____

느낌: _____

행동: _____

새로운 생각: _____

새로운 느낌: _____

새로운 행동: _____

———————————

생명의 원

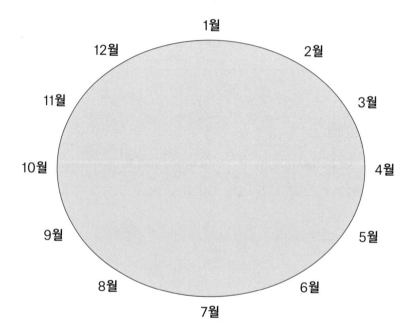

TF-CBT 실행 자원

치료 중 사용할 수 있는 도서 및 게임

치료 중 사용할 수 있는 도서 및 게임

모든 자원은 개별 아동 및 보호자에 대한 발달 및 임상적 적합성 측면에서 검토되어야 한다.

모든 TF-CBT 구성요소

Hendricks, A., Cohen, J. A., Mannarino, A. P., & Deblinger, E. (2010). *Your very own TF-CBT workbook.* Available at *https://tfcbt.org/tf-cbt-workbook.*

Hendricks, A., Cohen, J. A., Mannarino, A. P., & Deblinger, E. (2012). *Dealing with trauma: A TF-CBT workbook for teens.* Available at *https://tfcbt.org/dealing-trauma-workbook-teens.*

심리교육

Bean, B., & Bennett, S. (1993). *The me nobody knows: A guide for teen survi-*

vors. New York: Lexington Books.

Loiselle, M., & Wright, L. B. (1997). *Shining through: Pulling it together after sexual abuse* (2nd ed.). Brandon, VT: Safe Society Press.

Munson, L., & Riskin, K. (1995). *In their own words: A sexual abuse workbook for teenage girls*. Washington, DC: Child Welfare League.

Porterfield, K. M. (1996). *Straight talk about post-traumatic stress disorder: Coping with the aftermath of trauma*. New York: Facts on File.

Sanford, D. (1993). *Something must be wrong with me: A boy's book about sexual abuse*. Sisters, OR: Quetar.

Sherman, M. D., & Sherman, D. M. (2005). *Finding my way: A teen's guide to living with a parent who has experienced trauma*. Edina, MN: Beavers Pond Press.

Sherman, M. D., & Sherman, D. M. (2006). *I'm not alone: A teen's guide to living with a parent who has mental illness*. Edina, MN: Beavers Pond Press.

Wright, L. B., & Loiselle, M. (1997). Back on track: Boys dealing with sexual abuse. Brandon, VT: Safe Society Press.

게임

Deblinger, E., Neubauer, F., Runyon, M., & Baker, D. *What Do You Know?: A therapeutic card game*. Strattord, NJ: CARES Institute. Available from www.caresinstitute.org/products.php.

양육 기술

Clark, L. (2013). *SOS! Help for parents: A practical guide for handling common everyday behavior problems* (3rd ed.). Bowling Green, KY: SOS Programs & Parents Press.

Johnson, T. C. (2004). *Understanding children's sexual behaviors: A guidebook for professionals and caregivers.* South Pasadena, CA: Author (www.tcav-john.com).

Pacifici, C., Chamberlain, P., & White, L. (2002). *Off road parenting: Practical solutions for difficult behavior.* Portland, OR: Northwest Media.

Patterson, G., & Forgatch, M. S. (2005). *Parents and adolescents living together, Part I: The basics.* Champaign, IL: Research Press.

Whitham, C. (1991). *Win the whining war and other skirmishes: A family peace plan.* Glendale, CA: Perspective.

이완

Alderfer, L. (2011). *Mindful monkey, happy panda.* Somerville, MA: Wisdom Pub lications.

Baptiste, B. (2004). *My daddy is a pretzel: Yoga for parents and kids.* Cambridge, MA: Barefoot Books.

Freeman, D. (2010). *Once upon a pose: A guide to yoga adventure stories for children.* Bloomington, IN: Trafford.

Gates, M. (2015). *Goodnight yoga.* Boulder, CO: Sounds True.

Hahn, T. N. (2008). *Mindful movements: Ten exercises for well-being.* Berkeley, CA: Parallax Press.

Lite, L. (2001). *Angry octopus: A relaxation story.* Marietta, GA: Stress Free Kids.

Lite, L. (2001). *A boy and a turtle: A children's relaxation story.* Marietta, GA: Stress Free Kids.

Maclean, L. K. (2008). *Peaceful piggy yoga.* Park Ridge, IL: Albert Whitman.

Weiss-Gelmi, D. (2012). *Sing-song yoga.* Plainview, NY: Childswork/Childsplay.

오디오테이프

Kerr, C. (2007). *Rays of calm: Relaxation for teenagers.* Borough Green, Kent, UK: Diviniti. Available at www.hypnosisaudio.com.

Saltzman, A. (2007). *Still quiet place: Mindfulness for young children.* Portland, OR: CD Baby.

정서조절

Cain, B. S. (2001). *Double-dip feelings: Stories to help children understand emotions.* Washington, DC: Magination Press.

Cain, J. (2000). *The way I feel.* Seattle, WA: Parenting Press

Canfield, J., Hansen, M. V., & Kirberger, K. (Eds.). (1997). *Chicken soup for the teenage soul: 101 stories of life, love and learning.* Deerfield Beach, FL: Health Communications.

Conlin, S., & Friedman, S. L. (1989). *All my feelings at home: Ellie's day.* Seattle, WA: Parenting Press.

Curtis, J. L. (1998). *Today I feel silly and other moods that make my day.* New York: HarperCollins.

Ditta-Donahue, G. (2003). *Josh's smiley faces: A story about anger.* Washington, DC: Magination Press.

Moser, A. (1988). *Don't pop your cork on Mondays: The children's anti-stress book.* Kansas City, KS: Landmark Editions.

Nass, M. S. (2000). *The lion who lost his roar: A story about facing your fears.* Plainview, NY: Childswork/Childsplay.

Poland, B. K. (2004). *Feelings: Inside you and outloud too.* Berkeley, CA: Tricycle Press.

Slap-Shelton, E., & Shapiro, L. E. (2001). *Every time I blow my top I lose my head: A kid's guide to keeping cool under stress*. Plainview, NY: Childswork/Childsplay.

Sobel, M. (2000). *The penguin who lost her cool: A story about controlling your anger*. Plainview, NY: Childswork/Childsplay.

Verdick, E. (2010). *Calm down time*. Golden Valley, MN: Free Spirit.

게임

Barden, L. M. (1999). *The peace path*. Los Angeles: Western Psychological Services.

Black, C. (1984). *The stamp game: A game of feelings*. Denver: MAC Printing. Available from www.claudiablack.com.

Dlugokinski, E. *Dealing with feelings card game*. Available from www.creativetherapystore.com.

The Mad, Sad, Glad Game. (1990). *Loveland,* CO: Peak Potential.

Mariah, K. *Angry Animals 2*. Torrance, CA: Creative Therapy Store.

Mitlin, M. (2006). *Emotional bingo for teens*. Los Angeles: Western Psychological Services.

인지적 대처

Bowen, C. (2014). *I believe in me*. Wellington, New Zealand: Unity Books.

Gilgannon, D. (2000). *The hyena who lost her laugh: A story about changing your negative thinking*. Plainview, NY: Childswork/Childsplay.

Kasza, K. (2009). *Ready for anything*. New York: Putnam's Sons Books for Young Readers.

Lite, L. (2001). *Affirmation weaver: A believe in yourself story*. Marietta, GA: Stress Free Kids.

Piper, W. (2005). *The little engine that could*. New York: Philomel Books.

Sosland, M. (2005). *The can do duck: A story about believing in yourself*. Voorhees, NJ: Can Do Duck Publishing. Available from www.thecandoduck.com.

Spinelli, E. (1991). *Somebody loves you, Mr. Hatch*. New York: Simon & Schuster Books for Young Readers.

외상 서술 및 처리

David, D. (2010). *Something is wrong at my house: A book about parent's fighting*. Seattle, WA: Parenting Press.

Foltz, L. L. (2003). *Kids helping kids break the silence of sexual abuse*. Lighthouse Point Press (e-mail: *info@lhpmag.com*).

Goodman, R., Miller, D., Cohen, J., & Lieberman, A. F. (2015). *Rosie remembers mommy: Forever in her heart*. Available at *www.nctsn.org/trauma-types/traumaticgrief*.

Goodman, R., Miller, D., Cohen, J., & Major, C. H. (2011). *Ready to Remember: Jeremy's journey of hope and healing*. Available at *www.nctsn.org/trauma-types/traumatic-grief*.

Holmes, M. M. (2000). *A terrible thing happened: A story for children who have witnessed violence or trauma*. Washington, DC: Magination.

Jessie (Sandra Hewitt). (1991). *Please tell!: A child's story about sexual abuse*. Minneapolis: Hazelden Foundation.

Johnson, K. (1986). *The trouble with secrets*. Seattle, WA: Parenting Press.

Kehoe, P. (1997). *Something happened and I'm scared to tell: A book for young victims of abuse*. Seattle, WA: Parenting Press.

McGrath, B. B. (2006). *The storm: Students of Biloxi, Mississippi, remember Hurricane Katrina*. Watertown, MA: Charlesbridge.

Rogers, F., & Sharapan, H. (1992). *I do, and I don't*. Harrisburg, PA: Pennsylvania Against Domestic Violence.

Runyon, M. K., Cooper, B., & Glickman, A. R. (2007). *Helping families heal: A story about child physical abuse*. Stratford, NJ: University of Medicine and Dentistry of New Jersey, School of Osteopathic Medicine.

Sanford, D. (1986). *I can't talk about it: A child's book about sexual abuse*. Sisters, OR: Gold'n Honey Books.

Wachter, O. (2002). *No more secrets for me* (rev. ed.). Boston: Little, Brown.

Wilgocki, J., & Wright, M. K. (2002). *Maybe days: A book for children in foster care*. Washington, DC: Magination Press.

안전 및 신체 안전 강화

Aboff, M. (2003). *Uncle Willy's tickles: A child's right to say no* (2nd ed.). Washington, DC: Magination Press.

Annunziata, J., & Nemiroff, M. (2003). *Sex and babies: First facts*. Washington, DC: Magination Press.

Britain, L. (1982). *It's my body*. Seattle, WA: Parenting Press.

Cole, J. (2009). *Asking about sex and growing up: A question and answer book for kids*. New York: HarperCollins.

Cook, J. (2007). *Personal space camp*. Chattanooga, TN: National Center for Youth Issues.

DePino, C. (2004). *Blue cheese breath and stinky feet: How to deal with bullies*. Washington, DC: Magination Press.

Freeman, L. (1984). *It's my body: A book to teach young children how to resist uncomfortable touch*. Seattle, WA: Parenting Press.

Girard, L. W. (1984). *My body is private.* Morton Grove, IL: Albert Whitman.

Harris, R. H., & Emberley, M. (1994). *It's perfectly normal: Changing bodies, growing up, sex and sexual health.* Cambridge, MA: Candlewick Press.

Harris, R. H., & Emberley, M. (1994). *It's so amazing: A book about eggs, sperm, birth, babies and families.* Cambridge, MA: Candlewick Press.

Hindman, J. (1983). *A very touching book . . . for little people and for big people.* Baker City, OR: Alexandria.

Madaras, L., & Madaras, A. (2000). *My body, my self for girls* (2nd ed.). New York: Newmarket Press.

Mayle, P. (1975). *Where did I come from?: The facts of life without any nonsense and with illustrations.* New York: Kensington.

Moles, K. (2001). *The teen relationship workbook: For professionals helping teens to develop healthy relationships and prevent domestic violence.* Plainview, NY: Wellness Reproductions.

Planned Parenthood. (1986). *How to talk with your child about sexuality.* St. Charles, MO: Main Street Books.

Rosenzweig, J. (2012). *The sex-wise-parent: The parent's guide to protecting your child, strengthening your family, and talking to kids about sex, abuse, and bullying.* New York: Skyhorse Publishing.

Schaefer, V. (2013). *The care and keeping of you: The body book for girls* (rev. ed.). Middleton, WI: Pleasant Company Publications.

Spelman, C. (1997). *Your body belongs to you.* Morton Grove, IL: Albert Whitman.

Stauffer, L., & Deblinger, E. (2003). *Let's talk about taking care of you: An educational book about body safety.* Hatfield, PA: Hope for Families (*www. hope4families.com*).

Stauffer, L., & Deblinger, E. (2004). *Let's talk about taking care of you: An edu-*

cational book about body safety for young children. Hatfield, PA: Hope for Families (*www.hope4families.com*).

게임

Cavanaugh-Johnson, T. *Let's talk about touching: A therapeutic game.* South Pasadena, CA: Author (*www.tcavjohn.com*).

외상적 애도 구성요소

Agee, J. (1957). *A death in the family.* New York: Bantam.

Buscaglia, L. (1982). *The fall of Freddie the leaf: A story of life for all ages.* Thorofare, NJ: Slack.

Deaton, W., & Johnson, K. (2002). *No more hurt: A growth and recovery workbook.* Alameda, CA: Hunter House.

Dougy Center. (2001). *After a suicide: A workbook for grieving kids.* Portland, OR: Author.

Dougy Center. (2002). *After a murder: A workbook for grieving kids.* Portland, OR:

Author. Gray, A. (1999). (Ed.). *Stories for a teen's heart.* Sisters, OR: Multnomah.

Grollman, E. (1993). *Straight talk about death for teenagers: How to cope with losing someone you love.* Boston: Beacon Press.

Gunther, J. (1949). *Death be not proud: A memoir.* New York: Harper.

Harris, R. H. (2001). *Goodbye mousie.* New York: Margaret K. McElderry Books.

Kremnetz, J. (1988). *How it feels when a parent dies.* New York: Knopf.

Mellonie, B., & Ingen, R. (1983). *Lifetimes: A beautiful way to explain death to children.* New York: Bantam.

O'Toole, D. (1998). *Aarvy aardvark finds hope: A read aloud story for people of all ages about loving and losing, friendship and loss.* Burnsville, NC: Celo Press.

Karst, P. (2000). *The invisible string.* Camarillo, CA: DeVorss.

Romain, T. (1999). *What on earth do you do when someone dies?* Minneapolis: Free Spirit.

Thomas, P. (2001). *I miss you: A first look at death.* Hauppauge, NY: Barrons.

Varley, S. (1984). *Badger's parting gifts.* New York: Lothrop.

White, E. B. (1952). *Charlotte's web.* New York: Harper.

게임

The goodbye game. Available at *www.childswork.com.*

The grief game. (1996). London: Jessica Kingsley (*www.jkp.com*).

추가 전문적 자원

TF-CBT 간단한 연습 체크리스트

TF-CBT 교육

TF-CBT 간단한 연습 체크리스트

오늘 실행한 PRACTICE 구성요소는 무엇인가?

치료사: 회기 유형과 PRACTICE 구성요소를 적용한 대상을 표시하기 위해 C(아동), P(부모), J(공동) 중 선택하여 상자에 기록한다.

TF-CBT 구성요소	회기번호	1	2	3	4	5	6	7	8	9	10
	날짜	/	/	/	/	/	/	/	/	/	/
A: 평가 도구(assessment measures) 수행 및 참여(engagement) 방식 사용하기 GE: 평가 및 참여 과정에서 외상 언급함		/	/	/	/	/	/	/	/		
P: 외상, 반응, 알림요인 및 치료에 대한 심리교육(psychoeducation) 제공하기 GE: 외상 및 신체 부위에 대한 적절한 단어 사용; 외상 알림요인 파악											
P: 양육 기술(parenting skills) 제공하기(예: 칭찬, 선택적 주의, 적극적 경청, 타임아웃) GE: 부모 반응 및 청소년 증상/행동을 외상과 연결함											
R: 개별화된 이완 기술(relaxation skills) 제공하기(예: 집중 호흡, 마음챙김) GE: 이완 기술 사용을 청소년의 외상 알림요인과 연결함											
A: 정서(affect)의 표현, 알아차림 및 조절 기술 제공하기 GE: 정서 관련 기술 사용을 청소년의 외상 알림요인과 연결함											
C: 아동에게 인지적 삼각도구(cognitive triangle) 및 낙관적 사고 방법을 일반적인 용어로 소개하기 GE: 부모가 외상과 관련된 부적응적 사고에 대해 인지적 대처법을 사용하도록 도움											
T: 청소년의 생각, 느낌, 감각, 긍정적이거나 공적한 순간에 대해 신중하게 계획하여 점진적으로 외상 서술(TN) 작업을 돕기; 부적응적 사고를 인지적으로 처리하고, 자기와 타인, 부모, 미래에 대한 긍정적인 교훈으로 TN을 마치기; 임상적으로 적절한 경우 개별 회기에서 TN을 부모와 공유하기 GE: TN을 쓰고, 읽고/또는 검토함											
I: GE: 필요에 따라 범죄피성에 대해 실제 상황을 적용하기 위한 둔감화 계획하기											
C: 외상에 초점을 둔 공동(conjoint) 청소년-부모 회기: 청소년 및 부모 외상 교육하기; 임상적으로 적절한 경우 TN 공유하기; Q&A; 소통 개선하기 GE: 공동 회기에서 TN을 공유하거나 기타 외상 관련 문제를 다룸											
E: 개인 안전 기술 및 단호한 소통법 다루기; 문제 해결 기술 및/또는 사회적 기술에 대한 인식 놀이가; 필요한 경우 성교육 제공하기 GE: 청소년의 외상 및 향후 발달과 관련된 안전 기술을 다룸											

유의사항. GE = 점진적 노출(Gradual Exposure)

(계속)

TF-CBT 구성요소	회기번호	1	2	3	4	5	6	7	8	9	10
	날짜	/	/	/	/	/	/	/	/	/	/
A: 평가 도구(assessment measures) 수행 및 참여(engagement) 방식 사용하기											
GE: 평가 및 참여 과정에서 외상 연급함											
P: 외상, 반응, 알림요인 및 치료에 대한 심리교육(psychoeducation) 제공하기											
GE: 외상 및 신체 부위에 대한 적절한 단어 사용; 외상 알림요인 파악											
P: 양육 기술(parenting skills) 제공하기(예: 칭찬, 선택적 주의, 적극적 경청, 타임아웃)											
GE: 부모 반응 및 청소년 증상/행동을 외상과 연결함											
R: 개별화된 이완 기술(relaxation skills) 제공하기(예: 집중 호흡, 마음챙김)											
GE: 이완 기술 사용을 청소년의 외상 알림요인과 연결함											
A: 정서(affect)의 표현, 알아차림 및 조절 기술 제공하기											
GE: 정서 관련 기술 사용을 청소년의 외상 알림요인과 연결함											
C: 아동에게 인지적 삼각도구(cognitive triangle) 및 낙관적 사고 방법을 일반적인 용어로 소개하기											
GE: 부모가 외상과 관련된 부적응적 사고에 대해 인지적 대처법을 사용하도록 도움											
T: 청소년의 생각, 느낌, 감각, 긍정적이거나 긍정적인 순간에 대해 신중하게 계획하여 점진적으로 외상 서술(TN) 작업 돕기; 부적응적 사고를 인지적으로 처리하고, 자기와 타인, 부모, 미래에 대한 긍정적인 교훈으로 TN을 마치기; 임상적으로 적절한 경우 개별 회기에서 TN을 부모와 공유하기											
GE: TN을 쓰고, 읽고/또는 검토함											
I: GE: 필요에 따라 범죄피상성에 대해 실제 상황을 작용한 둔감화 계획하기											
C: 외상에 초점을 둔 공동(conjoint) 청소년-부모 회기; 청소년 및 부모 외상 교육하기; 임상적으로 적절한 경우 TN 공유하기; Q&A; 소통 개선하기											
GE: 공동 회기에서 TN을 공유하거나 기타 외상 관련 문제를 다룸											
E: 개인 안전 기술 및 단호한 소통을 다루기; 문제 해결 기술 및/또는 사회적 기술에 대한 인식 놀이하기; 필요한 경우 성교육 제공하기											
GE: 청소년의 외상 및 향후 발달과 관련된 안전 기술을 다룸											

TF-CBT 교육

권장되는 TF-CBT 교육 진행은 다음과 같다.

1. TF-CBTWeb(10시간 무료 지속 교육 학점 제공).
2. TF-CBT 개발자 또는 승인된 국가 전문가가 이틀 간 진행하는 TF-CBT 대면 교육.
3. TF-CBT 개발자, 승인된 국가 전문가 또는 조직 자문가와의 최소 6개월 이상 연속적인 TF-CBT 전화 상담.

또는(2번과 3번의 대안으로):

4. NCTSN, 거주 지역, 또는 기타 승인된 TF-CBT 학습 협력체 참여.
5. 선택사항: 교육 시행 문제 및/또는 특정 인구와 관련된 고급 TF-CBT 교육.

TF-CBTWeb(http://tfcbt.musc.edu)은 사우스캐롤라이나 의과대학(Medical University of South Carolina)이 후원하는 TF-CBT 학습을 위한 웹 기반 교육 과정이다. 이 과정은 TF-CBT PRACTICE의 모든 핵심 구성요소를 다루며, 여기에는 스트리밍 비디오 시연, 임상 스크립트, 문화적 고려사항, 임상적 어려움 및 기타 많은 학습 자원이 포함되어 있다.

TF-CBTWeb은 증거 기반 TF-CBT를 배우고 싶으면서도, 자신의 일정에 따라 유연하고, 비용 효율적이며, 편리한 학습 방법이 필요한 바쁜 정신건강 전문가들을 위해 개발되었다. 전체 TF-CBTWeb 과정을 이수하는 전문가들은 열 시간 연속으로 연락을 취하며 교육을 받은 것에 대해 수료증을 받는다. TF-CBTWeb은 모든 사용자에게 무료로 제공된다. 또한 PC와 매킨토시(Macintosh) 컴퓨터, 인터넷 익스플로러, 파이어폭스(Firefox), 모질라(Mozilla), 넷스케이프(Netscape)와 같은 대부분 주요 웹 브라우저와 호환된다. TF-CBT에 대해 자세히 알고 싶거나 TF-CBTWeb 강좌를 듣고자 한다면 http://tfcbt.musc.edu에 방문하면 된다.

이용 가능한 TF-CBT 교육 및 자문 집단 목록은 TF-CBT 국가 치료사 인증(National TF-CBT Therapist Certification) 웹사이트인 https://tfcbt.org/training에 게시되어 있다.

국립 아동 외상 스트레스 네트워크(National Child Traumatic Stress Network: NCTSN)는 학습 협력체를 통해 TF-CBT 교육을 제공하며, 해당 웹사이트인 www.nctsn.org를 통해 TF-CBT 시행에 대한 풍부한 정보 또한 제공한다. 예를 들어, "기억할 용기

(The Courage to Remember)"라는 비디오와 함께 제공되는 교육 과정(웹사이트에서 인쇄 형태와 다운로드 가능한 형식으로 제공됨)은 외상적 애도 반응을 위한 TF-CBT 시행에 대한 정보를 제공하며, www.nctsn.org/what-is-child-trauma/trauma-types/traumatic-grief에서 무료로 이용할 수 있다. 성학대에 대한 TF-CBT 시행 관련 정보와, 외상을 입은 LGBTQ 청소년을 위한 안전하고 안락한 환경 조성에 관한 정보는 https://www.nctsn.org/what-is-child-trauma/trauma-types/sexual-abuse에서 확인할 수 있다. NCTSN은 물질 남용 및 정신건강 서비스국(Substance Abuse and Mental Health Services Administration)의 자금 지원을 받는다.

Achenbach, T. M. (1991). *Manual for the Child Behavior Checklist/4–18 and 1991 profile.* Burlington: Department of Psychiatry, University of Vermont.

Ahmad, A., & Mohammad, K. (1996). The socioemotional development of orphans in orphanages and traditional foster care in Iraqi Kurdistan. *Child Abuse and Neglect, 20,* 1161–1173.

Alexander, D. W. (1993a). *All my dreams* (Creative Healing Book Series). Plainview, NY: Bureau for At-Risk Youth.

Alexander, D. W. (1993b). *It happened in autumn* (Creative Healing Book Series). Plainview, NY: Bureau for At-Risk Youth.

Alexander, D. W. (1993c). *It's my life* (Creative Healing Book Series). Plainview, NY: Bureau for At-Risk Youth.

Alexander, D. W. (1993d). *When I remember* (Creative Healing Book Series). Plainview, NY: Bureau for At-Risk Youth.

American Academy of Child and Adolescent Psychiatry. (1997). Practice parameters for the psychiatric assessment of children and adolescents. *Journal of the American Academy of Child and Adolescent Psychiatry, 36,* 4S–20S.

American Academy of Child and Adolescent Psychiatry. (2010). Practice parameters for the assessment and treatment of children and adolescents with posttraumatic stress disorder. *Journal of the American Academy of Child and Adolescent Psychiatry, 49,* 414–430.

American Psychiatric Association. (2013). *Diagnostic and statistical manual of mental disorders* (5th ed.). Arlington, VA: Author.

Arata, C. M. (2000). From child victim to adult victim: A model for predicting sexual revictimization. *Child Maltreatment, 5,* 28–38.

Bancroft, L., & Silverman, J. G. (2002). *The batterer as parent.* Thousand Oaks, CA: Sage.

Barkley, R. (2000). *Taking charge of ADHD: The complete, authoritative guide for parents* (rev. ed.). New York: Guilford Press.

Beck, A. T., Steer, R. A., & Brown, G. K. (1996).

BDI-II: Beck Depression Inventory manual (2nd ed.). San Antonio, TX: Psychological Corporation.

Beck, J. S. (2011). *Cognitive behavior therapy: Basics and beyond* (2nd ed.). New York: Guilford Press.

Beck, J. S., Beck, A. T., & Jolly, J. B. (2001). *Beck Youth Depression Inventory.* San Antonio, TX: Psychological Corp.

Benson, H. (1975). *The relaxation response.* New York: Avon Books.

Birmaher, B. (2004). *New hope for children and teens with bipolar disorder: Your friendly authoritative guide to the latest in traditional and complementary solutions.* New York: Three Rivers Press.

Birmaher, B., Khetarpal, S., Brent, D., Cully, M., Balach, L., Kaufman, J., et al. (1997). The Screen for Child Anxiety Related Emotional Disorders (SCARED): Scale construction and psychometric characteristics. *Journal of the American Academy of Child and Adolescent Psychiatry, 36,* 545–553.

Black, C. (1984). *The stamp game: A game of feelings.* Denver: MAC Printing.

Black, D. (1998). Coping with loss, bereavement in childhood. *British Medical Journal, 316,* 931–933.

Bloomquist, M. L. (2006). *Skills training for children with behavior problems: A parent and therapist guidebook* (rev. ed.). New York: Guilford Press.

Boney-McCoy, S., & Finkelhor, D. (1995). Prior victimization: A risk factor for child sexual abuse and for PTSD related symptomatology among sexually abused youth. *Child Abuse and Neglect, 19*(12), 1401–1421.

Briere, J. (1995). *Trauma Symptom Checklist for Children (TSC-C) manual.* Odessa, FL: Psychological Assessment Resources.

Briere, J., & Spinazzola, J. (2005). Phenomenology and psychological assessment of complex posttraumatic states. *Journal of Traumatic Stress, 18,* 410–412.

Brown, E. J., Cohen, J. A., Amaya-Jackson, L.,

Handel, S., & Layne, C. (2003). *Characteristics and responses upon exposure to death (CARED youth report and CARED parent report)*. New York: National Child Traumatic Stress Network.

Brown, E. J., & Goodman, R. F. (2005). Childhood traumatic grief following September 11th, 2001: Construct development and validation. *Journal of Clinical Child and Adolescent Psychology, 34*, 248–259.

Brown, L. K., & Brown, M. (1996). *When dinosaurs die: A guide to understanding death*. Boston: Little, Brown.

CATS Consortium. (2010). Implementation of CBT for youth affected by the World Trade Center disaster: Matching need to treatment intensity and reducing trauma symptoms. *Journal of Traumatic Stress, 23*, 699–707.

Chaffin, M., Silovsky, J. F., Funderburk, B., Valle, A. V., Brestan, D. V., Balachova, T., et al. (2004). Parent–child interaction therapy with physically abusive parents: Efficacy for reducing future abuse reports. *Journal of Consulting and Clinical Psychology, 72*, 500–510.

Chemtob, C. M., Nakashima, J. P., & Hamada, R. S. (2002). Psychosocial interventions for postdisaster trauma symptoms in elementary school children. *Archives of Pediatric and Adolescent Medicine, 156*, 211–216.

Christ, G. H. (2000). *Healing children's grief: Surviving a parent's death from cancer*. New York: Oxford University Press.

Cisler, J. M., Sigel, B. A., Kramer, T. L., Smitherman, K., Pemberton, J., & Kilts, C. D. (2015). Amygdala response predicts trajectory of symptom reduction during trauma-focused cognitive-behavioral therapy among adolescent girls with PTSD. *Journal of Psychiatric Research, 71*, 33–40.

Cloitre, M., Davis, L., & Mirvis, S. (2002). *A phase-based treatment for adolescent trauma survivors of childhood abuse*. Report to the DeWitt Wallace/New York Hospital Fund, New York.

Cloitre, M., Garvert, D. W., Brewin, C. R., Bryant, R. A,, & Maercker, A. (2013). Evidence for proposed ICD-11 PTSD and complex PTSD: A latent profile analysis. *European Journal of Psychotraumatology, 4*, 20706.

Cohen, J. A., Deblinger, E., Mannarino, A. P., & De Arellano, M. A. (2001). The importance of culture in treating abused and neglected children: An empirical review. *Child Maltreatment, 6*(2), 148–157.

Cohen, J. A., Deblinger, E., Mannarino, A. P., & Steer, R. A. (2004). A multisite, randomized controlled trial for children with sexual abuse-related PTSD symptoms. *Journal of the American Academy of Child and Adolescent Psychiatry, 43*, 393–402.

Cohen, J. A., Greenberg, T., Padlo, S., Shipley, C., Mannarino, A. P., Deblinger, E., et al. (2001). *Cognitive behavioral therapy for traumatic grief in children*. Unpublished treatment manual, Allegheny General Hospital, Pittsburgh, PA.

Cohen, J. A., & Mannarino, A. P. (1992). *Trauma-focused CBT for sexually abused preschool children*. Unpublished treatment manual, University of Pittsburgh School of Medicine, Pittsburgh, PA.

Cohen, J. A., & Mannarino, A. P. (1993). A treatment model for sexually abused preschoolers. *Journal of Interpersonal Violence, 8*(1), 115–131.

Cohen, J. A., & Mannarino, A. P. (1994). *Trauma-focused CBT treatment manual for children and adolescents*. Unpublished treatment manual, MCP–Hahnemann University School of Medicine, Allegheny General Hospital, Pittsburgh, PA.

Cohen, J. A., & Mannarino, A. P. (1996a). A treatment outcome study for sexually abused preschooler children: Initial findings. *Journal of the American Academy of Child and Adolescent Psychiatry, 35*(1), 42–50.

Cohen, J. A., & Mannarino, A. P. (1996b). Factors that mediate treatment outcome of sexually abused preschool children. *Journal of the American Academy of Child and Adolescent Psychiatry, 35*(10), 1402–1410.

Cohen, J. A., & Mannarino, A. P. (1997). A treatment study of sexually abused preschool children: Outcome during one-year follow-up. *Journal of the American Academy of Child and Adolescent Psychiatry, 36*(9), 1228–1235.

Cohen, J. A., & Mannarino, A. P. (1998a). Interventions for sexually abused children: Initial treatment findings. *Child Maltreatment, 3*(1), 17–26.

Cohen, J. A., & Mannarino, A. P. (1998b). Factors that mediate treatment outcome of sexually abused preschoolers: Six and 12-month follow-ups. *Journal of the American Academy of Child and Adolescent Psychiatry, 37*, 44–51.

Cohen, J. A., & Mannarino, A. P. (2000). Predictors of treatment outcome in sexually abused children. *Child Abuse and Neglect,* *24*(7), 983–994.

Cohen, J. A., & Mannarino, A. P. (2011). Supporting children with traumatic grief: What educators need to know. *School Psychology International, 32,* 117–131.

Cohen, J. A., Mannarino, A. P., & Deblinger, E. (2006). *Treating trauma and traumatic grief in children and adolescents.* New York: Guilford Press.

Cohen, J. A., Mannarino, A. P., & Deblinger, E. (Eds.). (2012). *Trauma-focused CBT for children and adolescents: Treatment applications.* New York: Guilford Press.

Cohen, J. A., Mannarino, A. P., & Iyengar, S. (2011). Community treatment of PTSD for children exposed to intimate partner violence: A randomized controlled trial. *Archives of Pediatrics and Adolescent Medicine, 165,* 16–21.

Cohen, J. A., Mannarino, A. P., Jankowski, M. K., Rosenberg, S., Kodya, S., & Wolford, G. (2016). A randomized implementation study of trauma-focused cognitive behavioral therapy for adjudicated teens in residential treatment facilities. *Child Maltreatment, 21,* 156–167.

Cohen, J. A., Mannarino, A. P., & Kinnish, K. (2016). Trauma-focused cognitive behavioral therapy for commercially sexually exploited youth. *Journal of Child and Adolescent Trauma.* [Published online first December 24, 2015]

Cohen, J. A., Mannarino, A. P., Kliethermes, M., & Murray, L. A. (2012). Trauma-focused CBT for youth with complex trauma. *Child Abuse and Neglect, 36,* 528–541.

Cohen, J. A., Mannarino, A. P., & Knudsen, K. (2004). Treating childhood traumatic grief: A pilot study. *Journal of the American Academy of Child and Adolescent Psychiatry, 43,* 1225–1233.

Cohen, J. A., Mannarino, A. P., & Knudsen, K. (2005). Treating sexually abused children: 1year follow-up of a randomized controlled trial. *Child Abuse and Neglect, 29*(2), 135–145.

Cohen, J. A., Mannarino, A. P., & Murray, L. A. (2011). Trauma-focused CBT for youth who experience ongoing trauma. *Child Abuse and Neglect, 35,* 637–646.

Cohen, J. A., Mannarino, A. P., Perel, J. M., & Staron, V. (2007). A pilot randomized controlled trial of combined trauma-focused CBT and sertraline for childhood PTSD symptoms. *Journal of the American Academy*

of Child and Adolescent Psychiatry, 46, 811–819.

Cohen, J. A., Mannarino, A. P., & Staron, V. (2006). A pilot study of modified cognitive behavioral therapy for children with traumatic grief. *Journal of the American Academy of Child and Adolescent Psychiatry, 45,* 1465–1473.

Craske, M. G., Kircanski, K., Zelikowski, M., Mystkowski, J., Chowdhury, N., & Baker, A. (2008). Optimizing inhibitory learning during exposure therapy. *Behaviour Research and Therapy, 46,* 5–27.

Cunningham, C. (1992). *All kinds of separation.* Indianapolis: Kidsrights.

Davis, M., Eshelman, E. R., & McKay, M. (2008). *The relaxation and stress reduction workbook* (6th ed.). Oakland, CA: New Harbinger.

De Bellis, M. D., Baum, A. S., Birmaher, B., Keshavan, M. S., Eccard, C. H., Boring, A. M., et al. (1999a). Developmental traumatology: Part I. Biological stress systems. *Biological Psychiatry, 45,* 1259–1270.

De Bellis, M. D., Keshavan, M. S., Clark, D. B., Casey, B. J., Giedd, J. N., Boring, A. M., et al. (1999b). Developmental traumatology: Part II. Brain development. *Biological Psychiatry, 45,* 1271–1284.

Deblinger, E., Behl, L. E., & Glickman, A. R. (2006). Treating children who have experienced sexual abuse. In P. C. Kendall (Ed.), *Child and adolescent therapy: Cognitive-behavioral procedures* (3rd ed., pp. 383–416). New York: Guilford Press.

Deblinger, E., & Heflin, A. H. (1996). *Treating sexually abused children and their nonoffending parents: A cognitive behavioral approach.* Thousand Oaks, CA: Sage.

Deblinger, E., Lippmann, J., & Steer, R. (1996). Sexually abused children suffering posttraumatic stress symptoms: Initial treatment outcome findings. *Child Maltreatment,* 1(4), 310–321.

Deblinger, E., Mannarino, A. P., Cohen, J. A., Runyon, M. K., & Heflin, A. H. (2015). *Child sexual abuse: A primer for treating children, adolescents, and their nonoffending parents* (2nd ed.). New York: Oxford University Press.

Deblinger, E., Mannarino, A. P., Cohen, J. A., Runyon, M. K., & Steer, R. (2011). Trauma-focused cognitive behavioral therapy for children: Impact of the trauma narrative and treatment length. *Depression and Anxiety, 28,* 67–75.

Deblinger, E., Mannarino, A. P., Cohen, J. A., & Steer, R. (2006). A follow-up study of a multi-site, randomized controlled trial for children with sexual abuse-related PTSD symptoms: Examining predictors of treatment response. *Journal of the American Academy of Child and Adolescent Psychiatry, 45*, 1474–1484.

Deblinger, E., McLeer, S. V., Atkins, M., Ralphe, D., & Foa, E. (1989). Post-traumatic stress in sexually abused, physically abused, and nonabused children. *Child Abuse and Neglect, 13*, 403–408.

Deblinger, E., McLeer, S. V., & Henry, D. (1990). Cognitive-behavioral treatment for sexually abused children suffering post-traumatic stress: Preliminary findings. *Journal of the American Academy of Child and Adolescent Psychiatry, 29*, 747–752.

Deblinger, E., Neubauer, F., Runyon, M., & Baker, D. (2006). *What do you know?: A therapeutic card game about child sexual and physical abuse and domestic violence.* Stratford, NJ: CARES Institute.

Deblinger, E., Pollio, E., & Dorsey, S. (2015). Applying trauma-focused cognitive behavioral therapy in group format. *Child Maltreatment, 17*, 1–15.

Deblinger, E., Pollio, E., Runyon, M. K., & Steer, R. A. (2016). *Improvements in personal resiliency among youth who have completed trauma-focused cognitive behavioral therapy.* Manuscript submitted for publication.

Deblinger, E., Stauffer, L. B., & Steer, R. (2001). Comparative efficacies of supportive and cognitive-behavioral group therapies for young children who have been sexually abused and their non-offending mothers. *Child Maltreatment, 6*, 332–343.

Deblinger, E., Steer, B., & Lippmann, J. (1999). Maternal factors associated with sexually abused children's psychosocial adjustment. *Child Maltreatment, 4*, 13–20.

Derogatis, L. R., Lipman, R. S., & Covi, L. (1973). SCL-90: An outpatient psychiatric rating scale—preliminary report. *Psychopharmacology Bulletin, 9*(1), 13–28.

Diehle, J., Opmeer, B. C., Boer, F., Mannarino, A. P., & Lindauer, R. J. L. (2015). Trauma-focused cognitive behavioral therapy or eye movement desensitization and reprocessing: What works in children with posttraumatic stress symptoms?: A randomized controlled trial. *European Child and Adolescent Psychiatry, 24*, 227–236.

DiNicola, V. F. (1996). Ethnocentric aspects of PTSD and related disorders among children and adolescents. In A. J. Marsalla, M. J. Friedman, E. T. Gerrity, & R. M. Scurfield (Eds.), *Ethnocultural aspects of PTSD: Issues, research, and clinical applications* (pp. 389–414). Washington, DC: American Psychological Association.

Dorsey, S., Pullmann, M. D., Berliner, L., Koschmann, E., McKay, M., & Deblinger, E. (2014). Engaging foster parents in treatment: A randomized trial of supplementing trauma-focused cognitive behavioral therapy with evidence-based engagement strategies. *Child Abuse and Neglect, 38*, 1508–1520.

Eth, S., & Pynoos, R. S. (1985). Interaction of trauma and grief in childhood. In S. Eth & R. S. Pynoos (Eds.), *Posttraumatic stress disorder in children* (pp. 171–186). Washington, DC: American Psychiatric Association.

Feiring, C., Taska, L., & Lewis, M. (2002). Adjustment following sexual abuse discovery: The role of shame and attributional style. *Developmental Psychology, 38*, 79–92.

Felitti, V. J., Anda, R. F., Nordenbeg, D., Williamson, D. F., Spitz, A. M., Edwards, V., et al. (1998). Relationship of childhood abuse and household dysfunction to many of the leading causes of death in adults: The adverse childhood experiences survey (ACE) study. *Amerian Journal of Prevention Medicine, 14*, 245–258.

Finkelhor, D., Asdigian, N., & Dzuiba-Leatherman, J. (1995). The effectiveness of victimization prevention instruction: An evaluation of children's responses to actual threats and assaults. *Child Abuse and Neglect, 19*(2), 141–153.

Finkelhor, D., & Browne, A. (1985). The traumatic impact of child sexual abuse: A conceptualization. *American Journal of Orthopsychiatry, 55*, 530–541.

Finkelhor, D., Ormrod, R. K., & Turner, H. A. (2007). Poly-victimization: A neglected component in child victimization. *Child Abuse and Neglect, 31*, 7–26.

Fitzgerald, H. (1992). *The grieving child: A parent's guide.* New York: Simon & Schuster.

Fitzgerald, H. (1995). *The mourning handbook: The most comprehensive resource offering practical and compassionate advice on coping with all aspects of death and dying.* New York: Simon & Schuster.

Foa, E. B., Asnaani, A., Zang, Y., Capaldi, S.,

& Yeh, R. (2016). *Psychometric properties of the Child PTSD Symptom Scale for DSM-5*. Manuscript submitted for publication.

Foa, E. B., Johnson, K. M., Feeny, N. C., & Treadwell, K. R. H. (2001). The Child PTSD Symptom Scale: A preliminary examination of its psychometric properties. *Journal of Clinical Child and Adolescent Psychology, 30*, 376–384.

Foa, E. B., Keane, T. M., Friedman, M. J., & Cohen, J. A. (2009). Introduction. In E. B. Foa, T. M. Keane, M. J. Friedman, & J. A. Cohen (Eds.), *Effective treatments for PTSD: Practice guidelines from the International Society on Traumatic Stress Studies* (2nd ed., pp. 1–22). New York: Guilford Press.

Foa, E. B., Molnar, C., & Cashman, L. (1995). Change in rape narratives during exposure therapy for PTSD. *Journal of Traumatic Stress, 8*, 675–690.

Ford, J. D., & Cortois, C. A. (2013). *Treating complex traumatic stress disorders in children and adolescents: Scientific foundations and therapeutic models*. New York: Guilford Press.

Ford, J. D., Racusin, R., Daviss, W. B., Ellis, C. G., Thomas, J., Rogers, K., et al. (1999). Trauma exposure among children with oppositional defiant disorder and attention deficit-hyperactivity disorder. *Journal of Consulting and Clinical Psychiatry, 67*(5), 786–789.

Fox, S. S. (1985). *Good grief: Helping groups of children when a friend dies*. Boston: New England Association for the Education of Young Children.

Frankl, V. E. (1985). Paradoxical intention. In G. R. Weeks (Ed.), *Promoting change through paradoxical therapy* (pp. 99–110). Homewood, IL: Dow Jones-Irwin.

Gidron, Y., Peri, T., Connolly, J. F., & Shalev, A. Y. (1996). Written disclosure in PTSD: Is it beneficial for the patient? *Journal of Nervous and Mental Disease, 185*, 505–507.

Goenjian, A. K., Karaya, I., Pynoos, R. S., Minassian, D., Najarian, L. M., Steinberg, A. M., et al. (1997). Outcome of psychotherapy among early adolescents after trauma. *American Journal of Psychiatry, 154*, 536–542.

Goldbeck, L., Muche, R., Sachser, C., Tutus, D., & Rosner, R. (2016). Effectiveness of trauma-focused cognitive behavioral therapy (TF-CBT) for children and adolescents: A randomized controlled trial in eight German mental health clinics. *Psychotherapy and Psychosomatics, 85*(3), 159–170.

Goldman, L. (1996). *Breaking the silence: A guide to help children with complicated grief—suicide, homicide, AIDS, violence and abuse*. London: Taylor & Francis.

Goldman, L. (1998). *Bart speaks out: Breaking the silence on suicide*. Los Angeles: Manson Western Corp.

Goldman, L. (2000). *Life and loss: A guide to help grieving children* (2nd ed.). London: Taylor & Francis.

Goodman, A., & Goodman, R. (2009). The Strengths and Difficulties Questionnaire as a dimensional measure of child mental health. *Journal of the American Academy of Child and Adolescent Psychiatry, 48*, 400–403.

Goodman, R. (1997). The Strengths and Difficulties Questionnaire: A research note. *Journal of Child Psychology and Psychiatry, 38*, 581–586.

Goodman, R. F., Miller, D., Cohen, J. A., & Lieberman, A. F. (2015). *Traumatic grief book for young children: Rosie remembers Mommy: Forever in her heart*. Los Angeles, CA and Durham, NC: National Center for Child Traumatic Stress, UCLA, and Duke University.

Goodman, R. F., Miller, D., Cohen, J. A., & Major, C. H. (2011). *Ready to remember: Jeremy's journey of hope and healing*. Los Angeles, CA & Durham, NC: National Center for Child Traumatic Stress.

Guldin, M., Li, J., Petersen, J. S., Obel, C., Agerbo, E., Gissler, M., et al. (2015). Incidence of suicide among persons who had a parent who died during their childhood: A population-based cohort study. *JAMA Psychiatry, 72*(12), 1227–1234.

Harris, R. H. (2001). *Goodbye mousie*. New York: Margaret K. McElderry Books.

Hemery, K. (1998). *The brightest star*. Omaha, NE: Centering Corp.

Holmes, M. M. (1999a). *Molly's mom died: A child's book of hope through grief*. Omaha, NE: Centering Corp.

Holmes, M. M. (1999b). *Sam's dad died: A child's book of hope through grief*. Omaha, NE: Centering Corp.

Holmes, M. M. (2000). *A terrible thing happened*. Washington, DC: Magination Press.

Jaycox, L. H., Cohen, J. A., Mannarino, A. P., Langley, A., Walker, D. W., Geggenheimer, K., et al. (2010). Children's mental health care following Hurricane Katrina: A field trial of trauma psychotherapies. *Journal of Traumatic Stress, 23*, 223–231.

Jenkins, E. J., & Bell, C. C. (1994). Exposure

to violence, psychological distress, and risk behaviors in a sample of inner city high school students. In S. Friedman (Ed.), *Anxiety disorders in African Americans* (pp. 76–88). New York: Springer.

Jensen, T., Holt, T., Ormhaug, S. M., Egeland, K., Granley, L., Hoaas, L. C., et al. (2013). A randomized effectiveness study comparing trauma-focused cognitive behavioral therapy to therapy as usual for youth. *Journal of Clinical Child and Adolescent Psychology, 43,* 359–369.

Jessie. (1991). *Please tell.* Center City, MN: Hazelden Foundation.

Joseph, S. A., Williams, R., Yule, W., & Walker, A. (1992). Factor analysis of the Impact of Events Scale with survivors of two disasters at sea. *Personality and Individual Differences, 13,* 693–697.

Kabat-Zinn, J. (1990). *Full catastrophe living: Using the wisdom of your body and mind to face stress, pain, and illness.* New York: Delta.

Kameoka, S., Yagi, J., Arai, Y., Nosaka, S., Miyake, W., Takada, S., et al. (2015, July 3). Feasibility of trauma-focused cognitive behavioral therapy for traumatized children in Japan: A pilot study. *International Journal of Mental Health Systems, 9,* 26.

Kaplow, J., & Pincus, D. (2007). *Samantha Jane's missing smile: A story about coping with the loss of a parent.* Washington, DC: Magination Press.

Kaplow, J. B., Howell, K. H., & Layne, D. M. (2014). Do circumstances of the death matter?: Identifying socioenvironmental risks for grief-related psychopathology in bereaved youth. *Journal of Traumatic Stress, 27,* 43–49.

Kaplow, J. B., Layne, C. M., Saltzman, W. R., Cozza, S. R., & Pynoos, R. S. (2013). Using multidimensional grief theory to explore effects of deployment, reintegration, and death on military youth and families. *Clinical Child and Family Psychology Review, 16,* 322–340.

Kataoka, S. H., Stein, B. D., Jaycox, L. H., Wong, M., Escudero, P., Windl, T., et al. (2003). A school-based mental health program for traumatized Latino immigrant children. *Journal of the American Academy of Child and Adolescent Psychiatry, 42,* 311–318.

King, N. J., Tonge, B. J., Mullen, P., Myerson, N., Heyne, D., Rollings, S., et al. (2000). Treating sexually abused children with posttraumatic stress symptoms: A randomized clinical trial. *Journal of the American Academy of Child and Adolescent Psychiatry, 39,* 1347–1355.

Kisiel, C., Conradi, L., Fehrenbach, T., Togersen, E., & Briggs, E. C. (2014). Assessing the effects of trauma in children and adolescents in practice settings. *Child and Adolescent Psychiatric Clinics of North America, 23,* 223–242.

Klein, I., & Janoff-Bulman, R. (1996). Trauma history and personal narratives: Some clues to coping among survivors of child abuse. *Child Abuse and Neglect, 20,* 45–54.

Kliethermes, M. (2009). The "What Are You Thinking?" Team. Available at www.episcenter. *psu.edu/sites/default/files/ebp/Thinking-Mistakes-for-Kids.pdf.*

Kliethermes, M., & Wamser, R. (2012). Adolescents with complex trauma. In J. A. Cohen, A. P. Mannarino, & E. Deblinger (Eds.), *Trauma-focused CBT for children and adolescents: Treatment applications* (pp. 175–198). New York: Guilford Press.

Kliewer, W., Murrelle, L., Mejia, R., Torresde, G. Y., & Angold, A. (2001). Exposure to violence against a family member and internalizing symptoms in Colombian adolescents: The protective effects of family support. *Journal of Consulting and Clinical Psychology, 69,* 971–982.

Kolko, D. J., & Swenson, C. C. (2002). *Assessing and treating physically abused children and their families: A cognitive-behavioral approach.* Thousand Oaks, CA: Sage.

Konanur, S., Muller, R. T., Cinamon, J. S., Thornback, K., & Zorzella, K. P. (2015). Effectiveness of trauma-focused cognitive-behavioral therapy in a community-based program. *Child Abuse and Neglect, 50,* 159–170.

Kovacs, M. (1985). The Children's Depression Inventory (CDI). *Psychopharmacology Bulletin, 113,* 164–180.

LaGreca, A. M., Silverman, W. K., & Wasserstein, S. B. (1998). Children's predisaster functioning as a predictor of posttraumatic stress following Hurricane Andrew. *Journal of Consulting and Clinical Psychology, 66,* 883–892.

Lamb-Shapiro, J. (2000). *The hyena who lost her laugh: A story about changing your negative thinking.* Plainview, NY: Childswork/Childsplay.

Laor, N., Wolmer, L., & Cohen, D. J. (2001). Mothers' functioning and children's symptomsfive years after a SCUD missile attack. *American Journal of Psychiatry, 158,*

1020–1026.

Layne, C. M., Kaplow, J. B., & Pynoos, R. S. (2014). *The Persistent Complex Bereavement Disorder (PCBD) Checklist—Youth Version: Test and administration manual.* Los Angeles: University of California, Los Angeles.

Layne, C. M., Pynoos, R. S., Saltzman, W. R., Arslanagic, B., Black, M., & Savjak, N., et al. (2001). Trauma/grief-focused group psychotherapy: School based post-war intervention with traumatized Bosnian adolescents. *Group Dynamics: Theory, Research, and Practice, 5*(4), 277–290.

Layne, C. M., Saltzman, W. S., Savjak, N., & Pynoos, R. S. (1999). *Trauma/grief-focused group psychotherapy manual.* Sarajevo, Bosnia: UNICEF Bosnia & Herzegovina.

Lieberman, A. F., & Van Horn, P. (2008). *Psychotherapy for infants and young children: Repairing the effects of stress and trauma on early attachment.* New York: Guilford Press.

Lyons, J. S., Weiner, D. A., & Scheider, A. (2006). A *field trial of three evidence-based practices for trauma with children in state custody* (Report to the Illinois Department of Children and Family Services). Evanston, IL: Mental Health Resources Services and Policy Program, Northwestern University.

Mad Sad Glad Game. (1990). Loveland, CO: Peak Potential.

Mannarino, A. P., & Cohen, J. A. (1996). Family related variable and psychological symptom formation in sexually abused girls. *Journal of Child Sexual Abuse, 5,* 105–119.

Mannarino, A. P., & Cohen, J. A. (2015). *TF-CBT triangle of life game.* Pittsburgh, PA: Allegheny Health Network. Available at Apple iTunes and Google Play.

Mannarino, A. P., Cohen, J. A., & Berman, S. (1994). The Children's Attribution and Perceptions Scale: Methodological implications of a two-stage survey. *Child Abuse and Neglect, 16,* 399–407.

Mannarino, A. P., Cohen, J. A., Deblinger, E., Runyon, M. K., & Steer, R. A. (2012). Trauma-focused cognitive-behavioral therapy for children: Sustained impact of treatment 6 and 12 months later. *Child Maltreatment, 17,* 231–241.

March, J. S., Amaya-Jackson, L., Murray M. C., & Schulte, A. (1998). Cognitive-behavioral psychotherapy for children and adolescents with PTSD after a single-episode stressor. *Journal of the American Academy of Child and Adolescent Psychiatry, 37,* 585–593.

March, J. S., Parker, J. D. A., Sullivan, K., Stallings, P., & Conners, C. K. (1997). The Multidimensional Anxiety Scale for Children: Factor structure, reliability and validity. *Journal of the American Academy of Child and Adolescent Psychiatry, 36*(4), 554–565.

McKay, M., & Bannon, Jr., W. M. (2004). Engaging families in child mental health services. *Child and Adolescent Psychiatric Clinics of North America, 13,* 905–921.

McKinnon, A., Smith, P., Bryant, R., Salmon, K., Yule, W., Dalgleish, T., et al., (2016). An update on the clinical utility of the Children's Post-Traumatic Cognitions Inventory. *Journal of Traumatic Stress, 29,* 253–258.

McLaughlin, K. A., Peverill, M., Gold, A. L., Alves, S., & Sheridan, M. A. (2015). Child maltreatment and neural systems underlying emotional regulation. *Journal of the American Academy of Child and Adolescent Psychiatry, 54,* 753–762.

McMullen, J., O'Callaghan, P., Shannon, C., Black, A., & Eakin, J. (2013). Group trauma-focused cognitive behavioural therapy with former child soldiers and other war-affected boys in the DR Congo: A randomized controlled trial. *Journal of Child Psychology and Psychiatry, 54,* 1231–1241.

Melhem, N. M., Day, N., Shear, M. K., Day, R., Reynolds, C. F., & Brent, D. (2004). Traumatic grief among adolescents exposed to a peer's suicide. *American Journal of Psychiatry, 161,* 1411–1416.

Melhem, N. M., Porta, G., Payne, M. W., & Brent, D. A. (2013). Identifying prolonged grief reactions in children: Dimensional and diagnostic approaches. *Journal of the American Academy of Child and Adolescent Psychiatry, 52,* 599–607.

Melhem, N. M., Porta, G., Shamsedden, W., Payne, M. W., & Brent, D. A. (2011). Grief in children and adolescents bereaved by sudden parental death. *Archives of General Psychiatry, 68,* 911–919.

Melhem, N. M., Walker, M., Moritz, G., & Brent, D. A. (2008). Antecedents and sequelae of sudden parental death in offspring and surviving caregivers. *Archives of Pediatrics and Adolescent Medicine, 162,* 403–410.

Mitlin, M. (1998). *Emotional bingo: Creative therapy store.* Los Angeles: WPS Publishers.

Mueser, K. T., Jankowski, M. K., Rosenberg, H. J., Rosenberg, S. D., & Hamblen, J. L. (2004).

Cognitive-behavioral therapy for PTSD in adolescents [provider manual]. Lebanon, NH: Dartmouth Medical School and New Hampshire–Dartmouth Psychiatric Research Center.

Murray, L. K., Cohen, J. A., & Mannarino A. P. (2013). Trauma-focused cognitive behavioral therapy for youth who experience continuous traumatic exposure. *Peace and Conflict: Journal of Peace Psychology, 19,* 180–195.

Murray, L. K., Dorsey, S., Bolton, P., Jordans, M. J., Rahman, A., Bass, J., et al. (2011). Building capacity in mental health interventions in low resource countries: An apprecnticeship model for training local providers. *International Journal of Mental Health Systems, 5,* 30.

Murray, L. K., Familiar, I., Skavenski, S., Jere, E., Cohen, J., Imasiku, M., et al. (2013). An evaluation of trauma focused cognitive behavioral therapy for children in Zambia. *Child Abuse and Neglect, 37,* 1175–1185.

Murray, L. K., Skavenski, S., Kane, J. C., Mayeya, J., Dorsey, S., Cohen, J. A., et al. (2015). A randomized controlled trial of trauma-focused cognitive behavioral therapy among trauma-affected children in Lusaka, Zambia. *JAMA Pediatrics, 169,* 761–769.

Nader, K. O. (1997). Childhood traumatic loss: The interaction of trauma and grief. In C. R. Figley, B. E. Bride, & N. Mazza (Eds.), *Death and trauma: The traumatology of grieving* (pp. 17–41). New York: Hamilton.

O'Callaghan, P., McMullen, J., Shannon, C., Rafferty, H., & Black, A. (2013). A randomized controlled trial of trauma-focused cognitive behavioral therapy for sexually exploited, war-affected Congolese girls. *Journal of the American Academy of Child and Adolescent Psychiatry, 52,* 359–369.

O'Connor, K. J. (1983). Color-Your-Life technique. In C. E. Schaefer & K. J. 'Connor (Eds.), *Handbook of play therapy* (pp. 251–258). New York: Wiley.

O'Donnell, K., Dorsey, S., Gong, W., Ostermann, J., Whetten, R., Cohen, J. A., et al. (2014). Treating maladaptive grief and posttraumatic stress symptoms in orphaned children in Tanzania: Group-based trauma-focused cognitive behavioral therapy. *Journal of Traumatic Stress, 27,* 664–671.

Ormhaug, S. M., Jensen, T. K., Wentzel-Larsen, T., & Shirk, S. R. (2014). The therapeutic alliance in treatment of traumatized youth: Relation to outcome in a randomized clinical trial.

Journal of Consulting and Clinical Psychology, 82, 52–64.

Patterson, G., & Forgatch, M. (1987). *Parents and adolescents: Living together, part 1: The basics.* Eugene, OR; Castalia Press.

Pennebaker, J. W. (1993). Putting stress into words: Health, linguistic and therapeutic implications. *Behavioral Research Therapy, 31,* 539–548.

Pennebaker, J. W., & Francis, M. (1996). Cognitive, emotional and language processes in disclosure. *Cognitions and Emotion, 10,* 601–626.

Pine, D. S., & Cohen, J. A. (2002). Trauma in children: Risk and treatment of psychiatric sequelae. *Biological Psychiatry, 51,* 519–531.

Pine, D. S., Mogg, K., Bradley, B., Montgomery, L. A., Monk, C. S., McClure E., et al. (2005). Attention bias to threat in maltreated children: Implications for vulnerability to stress-related psychopathology. *American Journal of Psychiatry, 162,* 291–296.

Prigerson, H. G., & Jacobs, S. C. (2001). Caring for bereaved patients: All the doctors just suddenly go. *Journal of the American Medical Association, 286*(11), 1369–1376.

Prigerson, H. G., Maciejewski, P. K., Reynolds, C. F., Bierhals, A. J., Newsom, J. T., Fisiczka, A., et al. (1995). Inventory of Complicated Grief: A scale to measure maladaptive symptoms of loss. *Psychiatric Research, 59,* 65–79.

Putnam, F. W. (2003). Ten year research update review: Child sexual abuse. *Journal of the American Academy of Child and Adolescent Psychiatry, 42,* 269–278.

Pynoos, R. S. (1992). Grief and trauma in children and adolescents. *Bereavement Care, 11,* 2–10.

Pynoos, R. S., & Nader, K. (1988). Psychological first aid and treatment approach for children exposed to community violence: Research implications. *Journal of Traumatic Stress, 1,* 445–473.

Pynoos, R. S., & Steinberg, A. (2014). *The UCLA PTSD Reaction Index for DSM-5.* Los Angeles: University of California, Los Angeles.

Rando, T. A. (1993). *Treatment of complicated mourning.* Ottawa, Ontario, Canada: Research Press.

Rando, T. A. (1996). Complications of mourning traumatic death. In K. J. Doka (Ed.), *Living with grief after sudden loss* (pp. 139–160). Washington, DC: Hospice Foundation of America.

Ready, C. B., Hayes, A. M., Yasinski, C. W., Webb, C., Gallop, R., Deblinger, E., et al. (2015). Overgeneralized beliefs, accommodation, and treatment outcome in youth receiving trauma-focused cognitive behavioral therapy for childhood trauma. *Behavior Therapy, 46*(5), 671–688.

Rey, J. M., Schrader, E., & Morris-Yates, A. (1992). Parent–child agreement on children's behaviors reported by the Child Behavior Checklist (CBCL). *Journal of Adolescence, 15,* 219–230.

Reynolds, C. R., & Kamphaus, R. W. (1992). *Behavior Assessment System for Children manual.* Circle Pines, MN: American Guidance Service.

Riverdeep Interactive Learning Limited. (2005). *Storybook Weaver Deluxe.* San Francisco: Riverdeep Interactive Learning Limited.

Romain, T. (1999). *What on earth do you do when someone dies?* Minneapolis, MN: Free Spirit.

Ross, T. (1994). Eggbert: The slightly cracked egg. New York: Putnam & Grosset.

Runyon, M., Basilio, I., Van Hasselt, V. B., & Hersen, M. (1998). Child witnesses of interparental violence: A manual for child and family treatment. In V. B. Van Hasselt & M. Hersen (Eds.), *Sourcebook of psychological treatment manuals for children and adolescents* (pp. 203–278). Hillsdale, NJ: Erlbaum.

Ryan, G. (1989). Victim to victimizer: Rethinking victim treatment. *Journal of Interpersonal Violence, 4*(3), 325–341.

Sacher, C., Keller, F., & Goldbeck, L. (in press). Complex PTSD as proposed in ICD-11: Validation of a new disorder in children and adolescents and their response to traumafocused cognitive-behavioral therapy. *Journal of Child Psychology and Psychiatry.*

Salloum, A., Brent, B. J., Robst, J., Scheeringa, M. S., Cohen, J. A., & Storch, E. A. (2015, September 24). Stepped and standard care for childhood trauma: A pilot randomized clinical trial. *Research on Social Work Practice.* [Epub ahead of print]

Salloum, A., Wang, W., Robst, J., Murphy, T. K., Scheeringa, M. S., Cohen, J. A., et al. (2016). Stepped care versus standard trauma-focused cognitive behavioral therapy for young children. *Journal of Child Psychology and Psychiatry, 57*(5), 614–622.

Saunders, B. E. (2003). Understanding children exposed to violence: Toward an integration of overlapping fields. *Journal of Interpersonal Violence, 18,* 356–376.

Saunders, B. E., Berliner, L., & Hanson, R. F. (Eds.). (2001, April 26). *Child physical and sexual abuse: Guidelines for treatment* (Revised report). Charleston, SC: National Crime Victims Research and Treatment Center.

Scheeringa, M. S., Zeanah, C. H., Myers, L., & Putnam, F. W. (2003). New findings on alternative criteria for PTSD in preschool children. *Journal of the American Academy of Child and Adolescent Psychiatry, 42*(5), 561–570.

Schor, H. (2002). *A place for Starr: A story of hope for children experiencing family violence.* Indianapolis, IN: Kidsrights.

Seligman, M. E. P. (1998). *Learned optimism: How to change your mind and your life* (2nd ed.). New York: Knopf.

Seligman, M., Reivich, K., Jaycox, L., & Gillham, J. (1995). *The optimistic child.* New York: Houghton Mifflin.

Sheppard, C. H. (1996). *Brave Bart: A story for traumatized and grieving children.* Grosse Pointe Woods, MI: Institute for Trauma and Loss in Children.

Siegel, K., Karus, D., & Raveis, V. (1996). Adjustment of children facing death of a parent due to cancer. *Journal of the American Academy of Child and Adolescent Psychiatry, 35*(4), 442–450.

Siegel, K., Raveis, V., & Karus, D. (1996). Patterns of communication with children when a parent has cancer. In C. Cooper, L. Baider, & A. Kaplan-DeNour (Eds.), *Cancer and the family* (pp. 109–128). New York: Wiley.

Simpson, M. A. (1997). Traumatic bereavements and death-related PTSD. In C. R. Figley, B. E. Bride, & N. Mazza (Eds.), *Death and trauma: The traumatology of grieving* (pp. 3–16). Washington, DC: Taylor & Francis.

Spaccareli, S. (1994). Stress, appraisal, and coping in child sexual abuse: A theoretical and empirical review. *Psychological Bulletin, 116,* 340–362.

Spielberger, C. D. (1973). *Manual for the State–Trait Anxiety Inventory for Children.* Palo Alto, CA: Consulting Psychologists Press.

Stauffer, L. B., & Deblinger, E. (1996). Cognitive behavioral groups for non-offending mothers and their young sexually abused children: A preliminary treatment outcome study. *Child Maltreatment, 1,* 65–76.

Stauffer, L. B., & Deblinger, E. (2003). *Let's talk about taking care of you: An educational book about body safety*. Hatfield, PA: Hope for Families.

Stauffer, L. B., & Deblinger, E. (2004). *Let's talk about taking care of you: An educational book about body safety for young children*. Hatfield, PA: Hope for Families.

Stein, B. D., Jaycox, L. H., Kataoka, S. H., Wong, M., Tu, W., Elliott, M. N., et al. (2003). A mental health intervention for school children exposed to violence: A randomized controlled trial. *Journal of the American Medical Association, 290,* 603–611.

Sternberg, K. J., Lamb, M. E., Hershkowitz, I., Yudilevitch, L., Orbach, Y., Esplin, P. W., et al. (1997). Effects of introductory style on children's abilities to describe experiences of sexual abuse. *Child Abuse and Neglect, 21,* 1133–1146.

Stubenbort, K., Donnelly, G. R., & Cohen, J. (2001). Cognitive-behavioral group therapy for bereaved adults and children following an air disaster. *Group Dynamics: Theory, Research, and Practice, 5,* 261–276.

Thomas, P. (2001). *I miss you: A first look at death*. Hauppauge, NY: Barrons.

Webb, C., Hayes, A. M., Grasso, D., Laurenceau, J., & Deblinger, E. (2014). Trauma-focused cognitive behavioral therapy for youth: Effectiveness in a community setting. *Psychological Trauma: Theory, Research, Practice, and Policy, 6,* 555–562.

Webb, N. B. (2002). Traumatic death of a friend/peer: Case of Susan, age 9. In N. B. Webb (Ed.), *Helping bereaved children* (2nd ed., pp. 167–194). New York: Guilford Press.

Webb, N. B. (2010). *Helping bereaved children: A handbook for practitioners* (3rd ed.). New York: Guilford Press.

West Coast Children's Clinic. (2012). *Research to Action: Sexually exploited minors (SEM) needs and strengths*. Oakland, CA: Author.

Whetten, K. (2011). *Improving health outcomes for orphans by preventing HIV/STD risk*. Grant No. R01MH 096633-04, funded by the National Institute of Mental Health, to Duke University, Durham, NC.

Wilcox, H. C., Kuramoto, S. J., Lichtenstein, P., Langstrom, N., Brent, D. A., & Runeson, B. (2010). Psychiatric morbidity, violent crime, and suicide among children and adolescents exposed to parental death. *Journal of the American Academy of Child and Adolescent Psychiatry, 49,* 514–523.

Wilkinson, J. M., & Carrion, V. G. (2012). Pharmacotherapy in pediatric PTSD: A developmentally focused review of the evidence. *Current Psychopharmacology, 1,* 252–270.

Wolfe, V. V., Gentile, C., Michienzi, T., Sas, L., & Wolfe, D. A. (1991). The Children's Impact of Events Scale: A measure of post-sexual abuse PTSD symptoms. *Behavioral Assessment, 13,* 159–183.

Wolfelt, A. (1991). Children. *Bereavement Magazine, 5*(1), 38–39.

Worden, J. W. (1996). *Children and grief: When a parent dies*. New York: Guilford Press.

Yasinski, C., Hayes, A., Ready, C. B., Cummings, J., Berman, I., McCauley, T., et al. (2015). *In session caregiver behavior predicts symptom change in youth receiving trauma-focused cognitive behavioral therapy*. Manuscript submitted for publication.

Zorzella, K. P., Muller, R. T., & Cribbie, R. A. (2015). The relationships between therapeutic alliance and internalizing and externalizing symptoms in trauma-focused cognitive behavioral therapy. *Child Abuse and Neglect, 50,* 171–181.

찾아보기